Denis Scheck

Schecks Bestsellerbibel

Deutschlands bekanntester Literaturkritiker Denis Scheck hält in seinem neuen Buch furchtlos Strafgericht über die *SPIEGEL*-Bestsellerlisten der letzten 20 Jahre: Welche Bücher sind ärgerliche Zeitfresser, welche beglückende Lebensbegleiter? Schecks Bestsellerbibel lehrt, wie man Spreu von Weizen, Säue von Perlen unterscheidet – und stiftet die Zehn Gebote des Lesens. Von der Frage, wie man sich in ein Buch verliebt, bis hin zur Bedeutung von Literatur in Zeiten der Einsamkeit – Denis Scheck nimmt uns mit auf eine literarische Zeitreise durch die Höhen und Tiefen der deutschen Leselandschaft.

Denis Scheck, geboren 1964 in Stuttgart, lebt heute in Köln. Bereits im Alter von 13 Jahren gründete er eine eigene literarische Agentur. Als literarischer Übersetzer und Herausgeber engagierte er sich für Autoren wie Michael Chabon, William Gaddis und David Foster Wallace, Antje Strubel und Judith Schalansky. Lange arbeitete er als Literaturkritiker im Radio, heute ist er Moderator der Fernsehsendung »Druckfrisch« in der ARD.

Torben Kuhlmann, geboren 1982, lebt als freiberuflicher Illustrator und Kinderbuchautor in Hamburg.

von Anke

Denis Scheck

SCHECKS BESTSELLERBIBEL

Schätze und Schund aus 20 Jahren

Mit 21 Schwarz-Weiß-Illustrationen
von Torben Kuhlmann

PIPER

Mehr über unsere Autorinnen, Autoren und Bücher:
www.piper.de

Von Denis Scheck liegen im Piper Verlag vor:
Schecks Kanon
Schecks kulinarischer Kompass
Schecks Bestsellerbibel

Unser Versprechen für mehr Nachhaltigkeit
• Klimaneutrales Produkt
• FSC®-zertifiziertes Papier
• Hergestellt in Europa

FSC www.fsc.org MIX Papier | Fördert gute Waldnutzung FSC® C014889

ISBN 978-3-492-07294-6

Umschlaggestaltung: Cornelia Niere, München
Illustrationen für Umschlag und Inhalt: Torben Kuhlmann
Satz: psb, Berlin
Gesetzt aus der Dante
Litho: Lorenz & Zeller, Inning am Ammersee
Druck und Bindung: Pustet, Regensburg
Printed in Germany

»Viele Bestseller hätten durch gute Lehrer verhindert werden können.«
Flannery O'Connor

»Am Ende werden wir alle zu Geschichten.«
Margaret Atwood

»Allein die Literatur vermittelt uns das Gefühl von Verbundenheit mit einem anderen menschlichen Geist, mit allem, was diesen Geist ausmacht, mit seinen Schwächen und seiner Größe, seinen Grenzen, seinen Engstirnigkeiten, seinen fixen Ideen, seinen Überzeugungen; mit allem, was ihn berührt, interessiert, erregt oder abstößt.«
Michel Houellebecq

»Die Bestsellerlisten, ein sicherer Indikator für den Massengeschmack, belehren uns mit unerbittlicher Regelmäßigkeit, dass Marian Keyes oder Jeffrey Archer, sowohl was ihre Auflagen als auch was ihre Vorschüsse betrifft, um schwindelerregend sechsstellige Zahlen bessere Autoren sind als etwa J. M. Coetzee oder Patrick White. Haben sie recht?«
Neel Mukherjee

Die zehn Gebote des Lesens

1. Lesen Sie skeptisch. Trainieren Sie Ihr Gespür für den Unterschied zwischen Brillanz und Blödsinn.
2. Lesen Sie mehr Bücher von Autoren aus dem Ausland als aus dem Inland.
3. Lesen Sie mehr Bücher von Autoren eines anderen Geschlechts als Ihres eigenen.
4. Lesen Sie mehr Bücher aus vergangenen Zeiten als aus Ihrer eigenen.
5. Betrachten Sie alle Autoren aus allen Epochen als Ihre Zeitgenossen.
6. Beurteilen Sie ein Buch weder nach seinem Umschlag noch seinem Genre, noch nach seinem Verlag.
7. Lügen Sie nicht über das Gelesene! Wenn Ihnen ein Buch langweilig wurde oder wenn es Sie amüsiert hat, behaupten Sie nicht das Gegenteil.
8. Urteilen Sie öffentlich nur über Bücher, die Sie von der ersten bis zur letzten Seite gelesen haben.
9. Urteilen Sie über Bücher, nicht über Menschen.
10. Seien Sie sich dessen bewusst, wenn Sie eine Übersetzung lesen, und achten Sie auf den Namen des Übersetzers.

Vorwort

Neulich ging ich abends in Köln nach Hause, und vor einer Kneipe sagte ein junger Mann zu seiner Freundin: »Schau mal, das ist dieser Literaturkritiker, der wirft Bücher gegen die Wand!« Ich habe schon einiges mit Büchern angestellt, dieses aber habe ich noch nicht getan. Nicht weil ich davor zurückschreckte; es hat sich einfach noch nicht ergeben. Denn seit ich Monat um Monat die Bestsellerliste bespreche, sind mir durchaus Bücher begegnet, die selbst die Langmut buddhistischer Heiliger überfordert hätten. Manchmal fehlte nicht viel, dass ich über der Lektüre dieser Bestseller meinen Kinderglauben an die Bücher verloren hätte.

Die Klage über misslungene, unnötige und überflüssige Bücher ist fast so alt wie das Medium Buch selbst. *Tempora mala sunt. Parentibus pueri non obsequuntur, et scriptor est unusquisque.* Wann immer mein Blick mit einem gewissen Widerwillen über die aktuelle *Spiegel*-Bestsellerliste streift und auf neue Werke von Paulo Coelho oder Sebastian Fitzek, Jojo Moyes oder Susanne Fröhlich fällt, trösten mich diese über 2000 Jahre alten Sätze Ciceros: »Die Zeiten sind schlecht. Die Kinder gehorchen ihren Eltern nicht mehr, und jeder schreibt ein Buch.«

»Der Mensch ist, was er isst«, sagt der Religionsphilosoph Ludwig Feuerbach. Aber ist der Mensch auch, was er *liest*? Ich hoffe, nicht. Um ehrlich zu sein: Ich bete, dass es nicht so ist. Denn seit 20 Jahren lese ich die Bücher auf der deutschen Bestsellerliste. Monat um Monat jeweils abwechselnd die Top Ten

Belletristik oder Sachbuch. Freiwillig, so viel vorab, sollte sich das kein Mensch antun. Es ist keine vergnügungssteuerpflichtige Tätigkeit. Aber warum stehen so viele absurd schlechte Bücher auf den vorderen Rängen der Bestsellerliste? Das ist insofern verwunderlich, als diese Bücher ja den meisten Menschen so sehr gefallen, dass sie sie kaufen. Woran liegt das?

In jüngster Zeit haben die Gruppendenkfabriken der sozialen Netzwerke und insbesondere die Follower der BookTok-Influencer dafür gesorgt, dass mit kruden Sexszenen aufgepimpte, in unsäglicher Sprache verfasste New-Adult-Schmöker meist ein oder zwei Wochen lang auf den Spitzenplätzen der Bestsellerliste aufpoppen, um dann auf Nimmerwiedersehen im endlosen Ozean des Schunds zu versinken. Was der Regionalkrimi in den 2010er-Jahren war, ist die Romantasy in den 2020ern: Hirnpest in Buchform.

Es gibt eine Ecke meiner Bibliothek, die ich zärtlich mein

»Doofelregal« nenne. Ein Regalfach, in dem ich in meiner Kölner Wohnung exemplarisch misslungene Bücher aufbewahre, um sie bei Gelegenheit öffentlich Hohn und Spott preiszugeben. Wann immer vom vermeintlichen Bedeutungsverlust des Mediums Buch die Rede ist, verweise ich gern darauf, dass alle, die es in der Bundesrepublik Deutschland – sei es in Politik, Sport, Wirtschaft oder Popkultur – zu einer gewissen Bekanntheit gebracht haben, früher oder später Bücher veröffentlichen. Ein Buch schmückt offenbar mehr als eine selbst eingesungene CD. »Abgehalfterte Politiker, Schauspieler etc. schreiben plötzlich einen Roman; Neuausstellung der Person; so attraktiv ist die Exaltation«, notiert Wilhelm Genazino in *Der Traum des Beobachters*. Nackter als in der Sauna zeigt sich die herrschende Klasse unserer Zeit denn auch in dem, was sie schreibt oder schreiben lässt.

Wer zu lesen versteht, wird erlöst aus der Froschperspektive und Unmündigkeit des Untertans. In meiner Schule in Stuttgart habe ich, allerdings unter der Schulbank, Denis Diderots Sentenz gelesen: »Der Mensch wird erst frei sein, wenn der letzte König an den Gedärmen des letzten Priesters erdrosselt werden wird.« Dieser Satz hat mir als politischer Kompass während der letzten 40 Jahre keine schlechten Dienste geleistet. Wie heißen die Könige und Priester unserer Zeit?

Mein Lieblingszitat aus den Elaboraten der Stammgäste der deutschen Bestsellerliste stammt aus Oliver Kahns Autobiografie *Nummer eins*, eine Erkenntnis, über deren philosophische Unauslotbarkeit man lange nachdenken kann: »Die Trennung von meiner Frau hatte nichts mit ihrer Person zu tun.« Zumindest eines ist klar: Oliver Kahn hat dieses Buch, das erste seiner mittlerweile vier Werke, zweifellos selbst geschrieben, auch dem fantasiebegabtesten Ghostwriter wäre ein solcher Satz niemals in den Sinn gekommen.

Ein weiteres Lieblingsbuch in meinem Doofelregal trägt den Titel *Anmutig älter werden* und stammt von Ruth Maria Kubitschek. Als Schauspielerin, etwa in ihrer hinreißenden Verlegerinnen-Rolle in Helmut Dietls genialer Fernsehserie *Kir Royal*, schätze ich sie durchaus, doch als verschwurbelte Esoterikautorin unterbietet sie alles, was mir seit Shirley MacLaines Veröffentlichungen in diesem Genre untergekommen ist. *Anmutig älter werden* ist ein Dumm-dumm-Geschoss in Buchform. Zitat: »Ich bedanke mich jeden Abend bei meinem Körper dafür, dass er mich durch den Tag getragen hat … Mit meiner Vorstellungskraft sehe ich wieder den kosmischen Scheinwerfer, der mich ganz und gar in Licht einhüllt. Ich bedanke mich bei meinem Gehirn … Ich bedanke mich bei meiner Nase und meinen Gehörgängen … Dann atme ich tief ein und bedanke mich bei meinen Atemorganen … Ich bedanke mich bei meinem Magen … Ich bedanke mich bei meiner Galle … Ich bedanke mich auch bei meiner Leber und bei meiner Niere … Die Milz darf man nicht vergessen … Ich bedanke mich bei meinen Verdauungsorganen … Mein ganz besonderer Dank gilt meinen Füßen … Am Schluss bedanke ich mich noch bei meiner Urzelle, diesem Urlicht. Diese Art Gedanken wiegen mich in den Schlaf.« Mich auch, liebe Frau Kubitschek, mich auch.

Solche Bücher sind auf deutschen Bestsellerlisten nicht die Ausnahme. Solche Bücher sind eher die Regel. Zum Beispiel auch die Veröffentlichungen Peter Hahnes, angefangen bei *Schluss mit lustig*, einer wahren Stilblütenfibel, in der sich tatsächlich Sätze finden wie »Die Höhenflüge seiner Lebensziele kann man nicht auf Sand bauen« oder »Jetzt bezahlen wir die Quittung«. Hahnes bevorzugtes Stilmittel ist die Katachrese, also die Konstruktion von Sätzen mit unstimmigen, in sich widersprüchlichen Bildern wie »Wenn alle Stricke reißen, hänge ich mich auf«. Oder wie es unsere heutige Staatsministerin für Kultur und Medien Claudia Roth vor einigen Jahren einmal so unsterblich in den *Tagesthemen* formulierte: »Ich verspreche dieser Regierung einen heißen Herbst: sie mögen sich warm anziehen!«

Ich liebe Bücher – leidenschaftlich und von Kindesbeinen an. Und ich möchte möglichst viele Menschen mit dieser Leidenschaft anstecken. Ich liebte das Lesen selbst schon in jener Zeit, als ich noch gar nicht lesen konnte, nämlich vom ersten Tag an, als mir vorgelesen wurde. Was für ein wundervolles Gefühl, sich ganz und gar in einer Geschichte zu verlieren … und sich hernach gestärkt wiederzufinden. Vorgelesen wurde mir erst von meiner Mutter aus *Grimms Märchen*, später von meiner einige Jahre älteren Schwester aus Erich Kästners *Pünktchen und Anton*. Des Teufels Großmutter, die sieben Geißlein im Uhrenkasten, der Goldklumpen von Hans im Glück – aber auch die sechs Schwanenhemden für die sechs Brüder, der Machandelboom oder der Fischer und seine raffgierige Frau, die erst Kaiser, dann Papst werden möchte, ohne den Hals je voll genug zu bekommen – ich weiß nicht, was mir damals realer erschien: die Wirklichkeit von Pünktchen und Anton, die im Berlin der Weimarer Republik beide betteln, die eine, weil ihre Kinderfrau sie dazu zwingt, der andere aus Not, oder die Angst der Geißlein vor dem bösen Wolf.

Wenig später kamen die Europa-Märchenplatten im Plattenspielerschrank dazu: Hans Paetsch erzählte vom kleinen

Muck, von Zwerg Nase und Kalif Storch, Joachim Rake vom Schatzhauser und Holländermichel im Schwarzwalddrama *Das kalte Herz*, das mich heute noch das Gruseln lehrt. Ich wusste nicht, dass all diese für mich an grellfarbigster Exotik kaum überbietbaren Geschichten mein schwäbischer Landsmann Wilhelm Hauff ersonnen hatte, der vor rund 200 Jahren mit noch nicht mal 25 an Typhus starb und heute auf dem kleinen Hoppenlaufriedhof mitten in Stuttgart begraben liegt. Es ist einer der wenigen wirklich schönen und entspannenden Orte in der Innenstadt, den ich gern besuche, wenn ich etwas lesen will. Glasmännlein habe ich dort noch keine gesehen, aber ist es ein Zufall, dass rund um Wilhelm Hauffs Grab immer besonders viele Eichhörnchen herumzuflitzen scheinen?

Dass eine Stimme buchstäblich Stroh zu Gold spinnen, allein durch Worte die Bedrängnisse der Gegenwart vollkommen auslöschen und einen stattdessen mit Haut und Haar in eine unausdenkbar zauberhafte Fantasiewelt versetzen kann, erschien mir damals schlicht als ein Wunder. Und das ist auch ein gutes halbes Jahrhundert später noch so. Literatur ist Zauberei. Wortmagie. Für mich die größte Kunstleistung der Menschheit.

Wenn ich Gert Westphal vom alten Stechlin erzählen höre, mit Andreas Fröhlich Bilbo Beutlin nach Mordor begleite oder mit Eva Mattes den irrwitzigen Dschungel von Vorurteilen und Missverständnissen zwischen Elizabeth Bennet und Fitzwilliam Darcy durchforste, spüre ich manchmal noch die Gänsehaut, mit der ich von den Zauberpantoffeln und dem vergrabene Schätze anzeigenden Spazierstock des kleinen Muck hörte.

Seither weiß ich den Reichtum der Bücher zu schätzen. Es ist anders als das Talmigold der Märchen ein unaufzehrbares Kapital, sicher vor dem Auf und Ab von DAX, Dow Jones und Bitcoins. Bücher zählen zu meinen unverzichtbaren, weil verlässlichsten Lebensbegleitern. Sie sind mir ein Fels in der Brandung in Zeiten innerer Nöte und Anfechtungen, dienen zuverlässig gleichermaßen als Flucht- wie Trostmittel, an besseren Tagen aber auch als Türöffner zu ungeahnten Freiheits- und Möglichkeitsräumen, zu unermesslichen Spielflächen der Imagination. Lesend habe ich mich in einen Bienenstaat integriert, Wälder gerodet und Land urbar gemacht, Familien und Städte gegründet und zerstört, alle Arten von Eheschlachten geschlagen, war Ritter, König, Bettelknabe, nicht zu vergessen Kurtisane, Hofdame und Kupplerin, habe gemordet und wurde gemeuchelt, sah im Verlauf von Jahrzehntausenden galaktische Imperien entstehen und wieder zerfallen.

Fragt mich ein Fotograf heute nach einem Vorschlag für ein Motiv, zitiere ich gern Gotthold Ephraim Lessing, der vor gut 250 Jahren als kleines Kind einmal von einem Maler gefragt wurde, wie er porträtiert werden wolle, und darauf die Antwort gab: »Am liebsten mit einem großen Haufen Bücher!«

Dabei ist Lesen kein solipsistischer Akt der Selbstversenkung, kein Rückzug in sich selbst und keine Nabelschau, sondern das schiere Gegenteil: Alles Lesen ist Zusammenarbeit. Jedes Buch ist im Grunde eine Halbfertigware. Erst durch Kooperation zwischen unserem Bewusstsein und dem Text entsteht das, was wir Lesen nennen. Wenn wir das Buch nicht durch unsere Aufmerksamkeit zum Leben erwecken, bleibt es ein toter Gegenstand. Wie Tee oder Kaffee ohne heißes Wasser. Meine kluge Kritikerkollegin Anne-Dore Krohn zitiert in diesem Zusammenhang gern den britisch-palästinensischen Autor Mohsin Hamid, der sagt, jedes Buch sei nur eine Hälfte. Die andere Hälfte müsse die Leserin oder der Leser ergänzen. In dieser Aussage ist meiner Meinung nach eine tiefe Weisheit enthalten. Lesen ist kein passiver Akt, sondern aktives Mitgestalten.

Erich Kästners *Pünktchen und Anton* war kein *Best-*, aber ein *Longseller.* Und Jacob und Wilhelm Grimms Märchen lagen zur Zeit ihrer Erstausgabe 1812 zunächst wie Blei in den Buchhandelsregalen, bis einige Jahre später eine vom dritten Grimm-Bruder Ludwig Emil illustrierte Ausgabe auf den Markt kam und das schlagartig änderte: Bis auf den heutigen Tag sind *Grimms Märchen* in immer wieder neuen und neu illustrierten Ausgaben ein Bestseller, ja, sie haben vielleicht mehr zur Prägung des deutschen Nationalcharakters beigetragen als jedes andere Buch seit Luthers Bibelübersetzung – dem Big Bang, der am Anfang des Deutschen als moderne Literatursprache steht.

Stellen wir an dieser Stelle ein kleines Gedankenexperiment an. Können Sie sich eine elegante Boutique auf dem Berliner Ku'damm vorstellen, auf der Düsseldorfer Kö oder in der Münchner Maximilianstraße, die ein Regal für »Die 10 meistverkauften Pullover Deutschlands« frei räumt? Oder einen exquisiten Juwelier, der »Die 10 meistverkauften Armbanduhren Deutschlands« in seinem Schaufenster präsentiert? Und was würden Sie von einem Restaurant halten, das uns auf seiner Speisekarte »Die 10 meistverkauften Mahlzeiten Deutschlands« anböte? Jede Wette: Kein Mensch verfiele auf den Gedanken, in einem solchen Lokal auf kulinarische Köstlichkeiten zu hoffen und irgendetwas anderes als bis zur Ungenießbarkeit zerkochten Autobahnraststätten-Mampf zu erwarten. Wir wissen sowohl instinktiv wie aus Erfahrung, dass uns in der Mode, der Uhrmacherkunst und der Spitzengastronomie der Verweis auf die Kaufentscheidungen der Mehrheit unserer Mitmenschen schmählich in die Irre führt. In der klassischen Rhetorik nennt man so etwas ein *Argumentum ad populum* – etwas wird als wahr bzw. gut behauptet, weil es eine Mehrheit für wahr oder gut hält. In der Kunst sind Argumenta ad populum so ziemlich das Schlimmste, weil Abgeschmackteste, sprich Beifallsheischendste. Wann immer Sie eine Kritikerin sagen hören: »Endlich mal ein Buch für uns Mädels!«, können Sie Ihre Ohren auf Durchzug schalten: klassisches Argumentum ad populum.

Was also bringt uns um Himmels willen nur auf die Idee, uns ausgerechnet bei der Auswahl unserer Lektüren wie Trittbrettfahrer zu verhalten? Die alberne Fixierung der Öffentlichkeit auf Bestseller liegt wohl an einem semantischen

Missverständnis: der Verwechslung der besten mit den meistverkauften Büchern. Bestseller sind qua Definition der kleinste gemeinsame Nenner eines Massengeschmacks – das sollte wissen, wer zu *Germany's Next Topnovel* greift.

Es sind solche Bücher, die mich verstummen lassen, wenn als Minimalkonsens unter Kulturbeflissenen die Parole ausgegeben wird, wir alle seien doch dafür, dass mehr gelesen werden solle. Ich bin mir da gar nicht so sicher. Sind denn auch alle Köche dafür, dass mehr gegessen, und alle Winzer, dass mehr getrunken wird? Sollte statt mehr nicht eher Besseres gelesen und meinetwegen auch gegessen und getrunken werden?

Ich möchte mich in diesem Buch jedoch nicht in der Selbstgefälligkeit eines blasiert über dem Massengeschmack schwebenden Intellektuellen ausruhen. Arroganz steht niemandem. Tatsache ist, dass über die Jahre auch sehr viele Autorinnen und Autoren, die ich liebe und verehre, mit einigen ihrer wichtigsten Werke auf den deutschen Bestsellerlisten standen. Philip Roth und Umberto Eco, Salman Rushdie, Annie Ernaux, Jeffrey Eugenides, Jonathan Franzen, Juli Zeh, Toni Morrison, Daniel Kehlmann, Michel Houellebecq, Saša Stanišić, Eva und Robert Menasse, Julia Franck, Bernardine Evaristo, Martin Walser, Hervé Le Tellier, Antje Rávik Strubel, Günter Grass, Kim de l'Horizon, Frank Schätzing, Thomas Hettche und Cornelia Funke etwa – ich könnte die Liste beliebig verlängern.

Aber Kritiker dürfen nicht lügen – jedenfalls nicht, wenn sie sich einen Rest von Glaubwürdigkeit erhalten wollen. Eine Kölner Rezensentin, selbst Bestsellerautorin, vertraute mir im persönlichen Gespräch einmal an, sie arbeite zeit ihres Lebens mit einem literaturkritischen Doppelstandard. Natürlich wisse auch sie, dass dies oder jenes von ihr hochgejazzte Werk bloß ein ambitionsloser Schmöker sei. Aber man könne und dürfe Lieschen Müller doch nicht mit den Zumutungen eines Marcel Proust oder Arno Schmidt überfordern, sondern müsse in den Massenmedien Radio und Fernsehen einfach zugängliche Bücher preisen, die niemanden verstörten oder intellektuell quälten. Das nenne ich Wein trinken und Wasser predigen! Damit ist dem Verlust aller Maßstäbe Tür und Tor geöffnet. Und ich glaube, wer so verfährt, der bringt sich um eine der schärfsten Waffen im Arsenal der Literaturkritik: die Wahrheit des ästhetischen Arguments. Vor fast 200 Jahren setzte sich Stendhal in seiner Autobiografie *Leben des Henri Brulard* mit den Bestsellerautoren seiner Zeit auseinander und schrieb 1835: »Wer denkt in zwanzig Jahren noch an den verlogenen Plunder dieser Herren? Ich aber setze auf ein Los in einer Lotterie, deren Hauptgewinn nur in einem besteht: 1935 gelesen zu werden.« Später korrigierte er sich – und sprach vom Jahr 2000.

Machen wir es uns also nicht zu einfach. Sehen wir genauer hin – denn was anderes ist das ganze schöne Unternehmen Literatur als eine Einladung, genauer hinzusehen?

Seit wann gibt es eigentlich Bestseller? Als Erstes kam ein Brite auf die Idee, einige Londoner Buchhandlungen abzufragen, welche Titel bei ihnen am meisten gekauft wurden. Ab 1891 druckte das Magazin *The Bookman* eine auf den Angaben von drei Londoner Buchläden basierende Liste mit zehn Positionen. Im Februar 1895 kopierte dann ein namensgleiches US-Magazin die Idee und präsentierte eine zehn Titel umfassende amerikanische Liste, auf der unter anderem Anthony Hopes im fiktiven Land Ruritanien spielender Abenteuerroman *Der Gefangene von Zenda* stand.

Die erste deutsche Bestsellerliste wurde hingegen erst sehr viel später erstellt, nämlich am 14. Oktober 1927 im Auftrag der von Willy Haas herausgegebenen *Literarischen Welt* in Berlin. Willy Haas war in Prag ein Freund Franz Kafkas gewesen und in der Weimarer Republik ein umtriebiger Publizist, Filmkritiker und Drehbuchautor, der die Verfolgung durch die Nazis im Exil in Indien überlebte und nach seiner Rückkehr in der jungen Bundesrepublik weiter journalistisch tätig war. Auf dieser ersten deutschen Bestsellerliste in der *Literarischen Welt* standen fünf Titel, die uns Heutige durchaus eine gewisse Demut lehren können:

1. Hermann Hesse: *Steppenwolf* (S. Fischer, Berlin)
2. Alfred Neumann: *Der Teufel* (Deutsche Verlagsanstalt, Stuttgart)
3. Gunnar Gunnarsson: *Die Leute auf Borg* (Langen Müller, München)
4. John Galsworthy: *Der silberne Löffel* (Paul Zsolnay, Wien)
5. John Galsworthy: *Jenseits* (Knaur, »Romane der Welt«, Berlin)

Mit den Titeln von Hermann Hesse und John Galsworthy, berühmt für seine Forsythe-Saga, zu der auch der Roman *Der silberne Löffel* zählt, stammen sage und schreibe drei der fünf Bücher auf der ersten deutschen Bestsellerliste von späteren Literaturnobelpreisträgern. Der heute weitgehend vergessene Alfred Neumann wurde für seinen historischen Roman *Der Teufel* um Ludwig XI. und dessen Kammerdiener Olivier le Daim immerhin mit dem Kleist-Preis ausgezeichnet, musste 1933 vor den Nazis ins Exil nach Italien und in die USA flüchten und würde eine Wiederentdeckung lohnen. Das gilt nicht für den Isländer Gunnar Gunnarsson, der über Jahrzehnte als heißer Nobelpreis-Anwärter galt – denn er wird und wurde in Deutschland immer wieder neu aufgelegt und gelesen. Und nicht zuletzt ist Hermann Hesses *Steppenwolf* bis heute ein internationaler Bestseller und – auch das ist wichtig, sich in Erinnerung zu rufen – in Deutschland sogar Schullektüre.

Was Diversität anlangt, muss man sich hingegen nach heutigen Maßstäben für diese Liste eher schämen. Keine einzige Frau. Alles weiße Cis-Männer, wenn auch mit dem 60-jährigen John Galsworthy, dem 50-jährigen Hesse, dem 38-jährigen Gunnarsson und dem 32-jährigen Neumann mit einem Durchschnittsalter von 45 auch nach heutigen Maßstäben annehmbar. Interessant auch: Sieht man sich die nicht ohne Grund mit angegebenen Verlagsstandorte an, merkt man, wie polyzentrisch die deutsche Verlagslandschaft mit Berlin, Wien, München und Stuttgart damals war – fast stärker diversifiziert als heute. Immerhin sah man damals in Deutschland schon über den nationalen Tellerrand und rezipierte andere Nationalliteraturen, wenn auch nur nordeuropäische. Bis auf den heutigen Tag ist Deutschland Weltmeister, was literarische Übersetzungen angeht. Ich bin zutiefst überzeugt davon, dass unsere wirtschaftliche Stärke als Exportweltmeister ganz eng mit unserer Offenheit als Leserschaft für die Literaturen der Welt zusammenhängt. Wie sollte es denn auch anders sein?

Paradox gesprochen, war die erste deutsche Bestsellerliste allerdings ein Flop und alles andere als ein Bestseller. Die Reaktionen der Buchbranche auf ihre Einführung fielen mehr als verschnupft aus – das 1834 gegründete, also schon damals altehrwürdige und etwas tüdelige *Börsenblatt für den deutschen Buchhandel* grantelte gouvernantenhaft, diese Bestsellerliste trage lediglich zur »Verengung und Verflachung des geistigen Lebens« bei. Offen gestanden ermahne ich mich während des Schreibens dieses Vorworts unablässig, nicht genau in jenes alte Argumentationsmuster zurückzufallen. Zwar verteidigte Willy Haas seine Innovation mit Hinweis auf deren »statistischen und kulturhistorischen Wert«, doch bereits im Mai 1929 wurde die Bestsellerliste in der *Literarischen Welt* sang- und klanglos wieder eingestellt. Und danach war viele Jahrzehnte Ruhe im Karton.

Erst lange nach dem Zweiten Weltkrieg, im Juni 1957, warb das Hamburger Wochenmagazin *Die Zeit* mit einer neuen Kolumne im Feuilleton. Auf Basis der Angaben von sieben Buchhandlungen in Großstädten, welches ihre meistverkauften Titel seien, erstellte man dort unter dem gewöhnungsbedürftigen Titel »Seller-Teller« eine Top-Ten-Liste, die keinen Unterschied zwischen Belletristik und Sachbüchern machte. Einige Jahre später wurde der Kreis der beteiligten Buchhandlungen auf 13 in der Bundesrepublik ausgeweitet. Die DDR zu beteiligen kam in Zeiten des Kalten Krieges offenbar niemandem in den Sinn, dafür reduzierte man die aufgelisteten Topseller später von zehn auf fünf – und versah jedes Buch mit einem mal mehr, mal minder erhellenden redaktionellen Kommentar. Im Rückblick muss auffallen, wie naiv man die Mittel der Demoskopie damals handhabte – natürlich war die Verlockung für die beteiligten Buchhandlungen groß, statt sich an den realen Verkaufszahlen zu orientieren, diejenigen Titel zu melden, die man in beträchtlicher Zahl auf Lager gelegt hatte und nun dringend abverkaufen musste. Damals gab es noch keine Warenwirtschaftssysteme, die zwischen *wishful thinking* und Realität an der Kasse scharf unterschieden. Insofern ist den damaligen Bestsellerlisten nicht minder zu misstrauen als den heutigen. Aber darüber gleich mehr.

Die Liste der *Zeit* wurde 1974 eingestellt, wohl weil das Nachrichtenmagazin *Der Spiegel* seit Herbst 1961 eine eigene, vom Elisabeth Noelle-Neumanns Allensbacher Institut für Demoskopie erstellte Liste publizierte, die wöchentlich erschien und immer größere Aufmerksamkeit fand. Sie orientierte sich an der Bestsellerliste der *New York Times*, die Woche um Woche parallel die Bestseller in den Genres Belletristik und Sachbuch präsentierte. Anders als die *New York Times*, die 20 Bücher vorstellt, entschied sich der *Spiegel* zunächst aber für die Auflistung der zehn meistverkauften Titel.

Anfang der 70er-Jahre wechselte der Auftrag zur Erstellung der *Spiegel*-Bestsellerliste ans Fachmagazin *Buchreport*. Dieses veröffentlichte bis 2024 eine erweiterte Form der Bestsellerliste mit 50 Plätzen sowie eine Jahresbestsellerliste mit 100 Titeln und weitete den Kreis der befragten Buchhandlungen immer mehr aus, ohne allerdings ein wirklich repräsentatives Abbild der Buchverkäufe im wiedervereinigten Deutschland zu erreichen. Dies gelang erst durch die Zusammenarbeit mit der Marktforschungsfirma Media Control, die schon seit 1993 die Bestsellerliste des mit dem *Spiegel* konkurrierenden *Focus* erstellte. Media Control wertet inzwischen die elektronischen Kassendaten von über 3500 Bücherverkaufsstellen aus – auch von Onlineshops, Kiosken und Kaufhäusern. Im Frühjahr 2024 wechselte die Betreuung der Liste nach der Insolvenz des *Buchreports* zur Zeitschrift *Buchmarkt*.

Das heißt aber immer noch nicht, dass auf den Top Ten der *Spiegel*-Bestsellerliste wirklich die zehn meistverkauften Bücher der Bundesrepublik erscheinen. Alle Jahre wieder gibt es deshalb einen publizistischen Sturm im Wasserglas, und die verblüffte Öffentlichkeit erfährt, dass diese Listen immer schon beträchtlichen redaktionellen Eingriffen ausgesetzt sind, gewissermaßen kuratiert werden. Zuletzt war dies bei der postum erschienenen Essaysammlung *Finis Germania* des neorechten Historikers Rolf Peter Sieferle der Fall, die im übel beleumundeten Antaios Verlag erschien. In Sieferles Fall war die Unterdrückung dieses gewiss skandalösen Titels schlicht Zensur. Die ursprüngliche Motivation für die Eingriffe seitens der Redaktion waren aber harmloser: Auf diese Weise wollte man vermeiden, dass auf den vorderen Listenplätzen über Jahre hinweg immer wieder der Rechtschreibduden, Fitnessratgeber, das Bürgerliche Gesetzbuch, Schulbücher, Autoatlanten, Kochbücher oder die Bibel stehen. Auch Kinder- und Jugendbücher hat die Redaktion immer wieder von der Liste verbannt, blieb in den Kriterien für ihre Entscheidungen aber oft undurchsichtig: So schafften es zwar J. K. Rowlings Harry-Potter-Romane auf die Liste, auch Michael Ende, Astrid Lindgren und J. R. R. Tolkien, nicht aber die literarisch sicherlich nicht schlechtere Cornelia Funke mit dem ersten *Tintenherz*-Roman.

Im Grunde verhält es sich mit den Bestsellerlisten wie mit den Fernsehquoten oder dem Euro: Bei allen berechtigten Zweifeln an ihrer korrekten Abbildung der ökonomischen oder medialen Wirklichkeit sind sie nun mal die einzige praktisch funktionierende Währung – gewissermaßen the *only game in town*. Allzu viel Misstrauen gegen sie führt schnell ins Lager unseriöser Verschwörungstheoretiker, und wer möchte sich schon darin wiederfinden?

Längst hat die Bestsellerliste auch selbst Eingang in die Literatur gefunden. Martin Walser etwa verzeichnet in seinen Tagebüchern akribisch und nicht ohne Neid das Auf und Ab seiner Bücher im Vergleich zu Neuerscheinungen seiner

Generationsgenossen Heinrich Böll und Günter Grass – meist mit deprimiertem Unterton, obwohl der Bestsellerautor Walser dazu eigentlich keinen Grund hatte. Am 10.10.1966 wird notiert: »Immer noch Platz 1. Aber Böll kommt näher.« Am 17.10.1966: »Platz 2: Böll hat überholt«, am 24.10.1966: »Platz 2, hinter Böll«, am 14.11. 1966 dann: »Hinter Böll«, und schließlich am 21.11.1966: »Jetzt Platz 3.« So verständlich Walsers Sorgen als freiberuflicher Selbstständiger, der eine vielköpfige Familie zu versorgen hatte, auch erscheinen mögen, im Grunde erinnert seine Jammerlitanei fatal an das Gedicht *Immer* des großen und unvergessenen Robert Gernhardt:

Immer einer behender als du
Du kriechst – Er geht
Du gehst – Er läuft
Du läufst – Er fliegt:

Einer immer noch behender.

Immer einer begabter als du
Du liest – Er lernt
Du lernst – Er forscht
Du forschst – Er findet:
Einer immer noch begabter.

Immer einer berühmter als du
Du stehst in der Zeitung – Er steht im Lexikon
Du stehst im Lexikon – Er steht in den Annalen
Du stehst in den Annalen – Er steht auf dem Sockel:
Einer immer noch berühmter.

Immer einer betuchter als du
Du wirst besprochen – Er wird gelesen
Du wirst gelesen – Er wird verschlungen
Du wirst geschätzt – Er wird gekauft:
Einer immer noch betuchter.

Immer einer beliebter als du
Du wirst gelobt – Er wird geliebt
Du wirst geehrt – Er wird verehrt
Dir liegt man zu Füßen – Ihn trägt man auf Händen:
Einer immer noch beliebter.

Immer einer besser als du
Du kränkelst – Er liegt danieder
Du stirbst – Er verscheidet
Du bist gerichtet – Er ist gerettet:
Einer immer noch besser
Immer
Immer
Immer

Ich habe Bücher gepfählt. Ich habe Bücher in Milch schwimmen lassen (als Parodie auf die alte Werbung des Milky-Way-Schokoriegels: »Der ist so doof, der schwimmt sogar in Milch …«). Und ja, ich habe Bücher auch in Papiertonnen geworfen. Ich mache das, weil ich Fernsehen mache und dieses Medium nun mal vom Bild lebt. Wer genau hinsieht, wird allerdings zur Kenntnis nehmen, dass ich seit vielen Jahren bei der Besprechung der Bestsellerliste Titel, die mir als ästhetische und intellektuelle Zumutung erscheinen, nicht in eine Papiertonne werfe, sondern lediglich auf ein Laufband, an dessen Ende eine Kiepe steht. Jedes Buch, das Sie in einer Buchhandlung kaufen oder in einer Bibliothek ausleihen, muss aus dem Lager des Zwischenbuchhändlers händisch über solche Laufbänder in Kiepen verladen werden. Aber natürlich versuchen wir durch Kameraführung und Schnitt, den Eindruck zu erwecken, dass die Titel in eine Art Bücherorkus verstoßen werden.

Was mich selbst durchaus verblüfft, ist die einprägsame Wirkung, die solche Gesten wie das Pfählen, In-Milch-Schwimmen-Lassen oder Wegwerfen von Büchern in einer aufgeklärten kapitalistischen Gesellschaft wie der Bundesrepublik Deutschland der Gegenwart auszulösen vermögen.

Als Oliver Hardy und Stan Laurel vor 100 Jahren damit begannen, sich Sahnetorten ins Gesicht zu werfen oder mit ausgestrecktem Zeigefinger erst in den Bauch und dann in die Augen zu pieksen, war den allermeisten ihrer Zuschauer sofort und dem Rest doch zumindest recht bald eines klar: dass nämlich Laurel und Hardy, Stan und Ollie oder Dick und Doof, so ein unausrottbar nachwirkender, entsetzlich dämlicher deutscher Verleihtitel, solchen Schabernack zwar vor laufender Kamera, vermutlich jedoch nicht privat zu Hause veranstalteten. Diese Trennung von Alltag und Medienwirklichkeit war schließlich jahrtausendelang eingeübt: Auch ein Priester verwandelt jenseits des Altars nicht Wein in Blut oder Brot in Fleisch, so wie ein Bühnenzauberer in seiner Freizeit keine Jungfrauen zersägt. Die Nachfahren der ersten Zuschauer von Laurel und Hardy haben den Schritt vom Kino zum Fernsehen vollzogen und goutieren in den Spielfilmen und Serien in diesem nun auch nicht mehr so neuen Medium unzählige Brände, Autounfälle und Morde, sehen Züge entgleisen und Schiffe untergehen, ja die Erde insgesamt im Kometenhagel verglühen oder einfach in die Sonne stürzen. Kannibalismus, Gewalt gegen kleine und große Tiere sowie Kinder sind Alltag in unserer zweiten Wirklichkeit, dem Spiegel unserer Realität, ohne die Zuschauer im Mindesten zu empören, zu beunruhigen oder sonst wie aus der Fassung zu bringen.

Dennoch wird die Darstellung von Gewalt gegen Bücher als ebenso anstößig empfunden wie Gewalt gegen Bücher selbst. Erinnert sei nur an jenes Titelbild des *Spiegels*, die Fotomontage, die Marcel Reich-Ranicki beim Zerreißen eines Exemplars von Günter Grass' *Ein weites Feld* zeigte. Für diese Tabuisierung der Gewalt gegen das Buch gibt es zwei gute Gründe: zum einen unsere kollektive Abscheu vor den Bücherverbrennungen in Deutschland während der Nazizeit, eine Erfahrung, die bündig in dem berühmten Zitat von Heinrich Heine zusammengefasst wird: »Dort, wo man Bücher verbrennt, verbrennt man am Ende auch Menschen.« Zum anderen löst in vielen Menschen das Buch selbst einen Schauder kollektiver Erinnerung aus, gespeist einerseits aus der abendländisch-christlichen Erfahrung der Zugehörigkeit zu einer Buchreligion, andererseits vom Buch als bürgerlichem Emanzipationsmittel gegen die privilegiengestützte Adelsherrschaft, ein Schauder, der nachklingt in Bertolt Brechts Wort vom Buch als »heiliger Ware«.

Dieser vorgeblichen Heiligkeit verdanken wir nicht wenig, zum Beispiel, dass Bücher hierzulande eben nicht wie unbedrucktes Papier oder Kaffee behandelt werden, sondern eine steuerrechtliche Privilegierung erfahren, die wir von Autos oder Urlaubsreisen nicht kennen, also dem reduzierten Mehrwertsteuersatz von 7 statt 19 Prozent unterliegen.

Doch hat Brechts Formulierung in meinen Augen auch viel kulturfrömmelnden Unsinn produziert. Was ist mir heilig an dem, was ich die »Zombie-Bücher« nenne, jene lebenden Toten in den Buchhandelsregalen, in denen Meisterdenker wie Oliver Kahn (Sie erinnern sich: »Die Trennung von meiner Frau hatte nichts mit ihrer Person zu tun« …) oder Peter Hahne (Sie erinnern sich: »Die Höhenflüge seiner Lebensziele kann man nicht auf Sand bauen« …) ihre anderswo erworbene Prominenz in Auflage umsetzen? Verwechseln Sie mich aber nicht mit den O-tempora-o-mores-Kulturpessismisten von nebenan, die in den Schriften eines Dieter Bohlen oder einer Susanne Fröhlich. gleich den Untergang des Abendlands schlechthin wittern. Solche Zombie-Bücher gab es *seit* Gutenberg – und wie wir bei Cicero gelernt haben, gab es sie auch schon *vor* Gutenberg – und es wird sie immer geben; letztlich spricht das nur für die Attraktivität des Mediums Buch. Aber muss so etwas durch einen reduzierten Mehrwertsteuersatz begünstigt werden? Nein, muss es nicht. Mögen Bücher über Fußball, Katzen, Kristallkugellesen und die Kinder von Jesus Christus meinetwegen in Zukunft ruhig mit 38 Prozent Mehrwertsteuer belegt werden – und die Mehreinnahmen bitte gleich und sofort an unsere notleidenden Bibliotheken überweisen!

Das Buch – eine heilige Ware? Streng zu Ende gedacht, müsste das ja dann auch für jenes Buch gelten, das in Deutschland seit Mai 1945 nicht mehr verkauft werden darf, in der Türkei sowie nahezu im gesamten arabischsprachigen Raum bis auf den heutigen Tag aber zu den meistverkauften zählt: Adolf Hitlers *Mein Kampf*. Mit Verlaub, ich glaube, das Buch als heilige Ware ist Blödsinn.

Dazu zählt übrigens auch das Gejammer, wann immer die Rede auf Lesen und Literatur kommt. »What a wonderful country Germany must be« – was wie der Refrain eines sehnsuchtsvollen Popsongs klingt, war vor einigen Jahren der Beginn einer Literaturkritik von Tom LeClair in der *New York Times*. Es ging darin um Daniel Kehlmann und seinen Roman *Die Vermessung der Welt*, der gerade auf Englisch erschienen war.

LeClair wunderte sich, dass ein so intelligentes und komplexes Buch eines damals 31-jährigen Autors Dan Brown vom Spitzenplatz der deutschen Bestsellerliste verdrängen konnte. Und er wundert sich zu Recht. Deutschland heute ist das gelobte Land der Literatur. Wir leben in goldenen Zeiten. Die deutsche Gegenwartsliteratur ist reich und vielfältig wie nie. Nirgendwo gibt es eine wachere literarische Öffentlichkeit, einen besseren Buchhandel, ein vielfältigeres literarisches Leben und eine besser funktionierende Literaturkritik als im heutigen Deutschland. Nirgendwo wird so viel übersetzt, nirgendwo werden so viele Lesungen veranstaltet, nirgendwo wird ein solcher Zirkus um die Literatur gemacht: Gott sei Dank!

Aber stellen Sie sich vor, Sie leben im Paradies und keiner gibt's zu. Die allermeisten, die in Deutschland beruflich mit Literatur zu tun haben, kennen nur eine Tonlage: das Wir-Armen-Lamento auf dem Grundton Seufz, die große deutsche Fuge in Ach.

Auf der Frankfurter Buchmesse saß ich einmal mit einer überaus erfolgreichen deutschen Schriftstellerin in einem Taxi.

Sie sagte, Schriftsteller besäßen eine größere Seele als andere Menschen, weshalb Schriftsteller tiefer empfänden und auch mehr litten – tiefer und mehr als gewöhnliche Leser und insbesondere tiefer und mehr als Literaturkritiker. Als ich einige Tage später meine Bibliothek ausflöhte, machte sich Niedertracht in meiner kleinen Literaturkritikerseele breit, und ich trug die Bücher der Autorin mit der großen Seele kichernd auf den noch größeren Stapel mit den Büchern, die ich nicht mehr lesen wollte. Nachts schlich ich dann allerdings zurück zu dem Blödsinns-Stapel und stellte die Bücher der Autorin wieder ins Regal, weil es gute Bücher sind, die nichts dafür können, wenn ihre Schöpferin mal Blödsinn redet. Es wird viel Blödsinn geredet *über* Bücher. Und wie wir gesehen haben, steht ja auch viel Blödsinn *in* Büchern. Fast könnte man von einem Gleichgewicht des Blödsinns und der Bücher sprechen.

Als ich zehn Jahre alt war, Mitte der 1970er-Jahre, glaubte ich fest, der Blödsinn werde verschwinden. Irgendwann, aber noch innerhalb meiner Lebenszeit. Bestimmt vor dem Jahr 2000. Und zwar von allein. Bis dahin, dachte ich mir, hätte es sich biologisch mit dem Blödsinn von selbst erledigt. Er wäre einfach ausgestorben, so wie der Dodo und die Dinosaurier. Was Blödsinn war, dafür hatte ich damals ein schärferes Gespür als heute. In jedem Fall zählte ich Volksmusiksendungen, Nachrichten aus europäischen Adelshäusern und alle vergleichenden Angaben zur Größe menschlicher Seelen dazu.

Der Blödsinn ist aber noch nicht verschwunden. Verschwunden ist hingegen mein Kinderglaube, dass sich irgendetwas von allein erledigt. Ohne energisch vorangetriebene intellektuelle Abbrucharbeiten west alles ewig vor sich hin und kommt am Ende noch unversehens machtvoll wieder wie der Katholizismus, der Kommunismus oder der FC Bayern. Als wichtigstes Talent eines Schriftstellers galt Ernest Hemingway deshalb ein, Zitat, »eingebauter stoßsicherer Blödsinn-Detektor«. Im Original liest sich das noch schöner: »The most essential gift for a good writer is a built-in, shock-proof, bullshit detector.«

So ein Bullshit-Detektor ist in meinen Augen auch das wichtigste Instrument einer jeden Leserin und eines jeden Lesers. Insbesondere im Umgang mit Büchern auf der Bestsellerliste. Dieses Buch möchte einen Beitrag zum Kalibrieren dieses Instruments leisten.

Die zehn meistverkauften Bücher aller Zeiten …

Aus Anlass des zehnjährigen Jubiläums meiner literaturkritischen Familiensendung *Druckfrisch* in der ARD besprach ich 2013 ausnahmsweise nicht die aktuelle *Spiegel*-Bestsellerliste, sondern eine Liste der zehn meistverkauften Bücher aller Sprachen und Zeiten seit Erfindung des Buchdrucks mit Ausnahme von Comics, heiligen Schriften wie der Bibel, den Aussprüchen des Großen Vorsitzenden Mao, dem Koran und anderen Büchern, über die man im Fernsehen besser kein Urteil abgibt, sowie Büchern von oder über Helmut Schmidt …

10) Paulo Coelho: *Der Alchimist* (Deutsch von Cordula Swoboda Herzog, Diogenes, 172 S., 17,90 €)
Dieser aus dem protoliterarischen Urschleim gekrochene Einzeller der Erbauungsliteratur erzählt von dem Hirtenjungen Santiago, der auf der Suche nach irdischen Schätzen das ewige Seelenheil findet. Ein Buch, dessen Streicheleinheiten für die Psyche so profund sind wie Kalenderweisheiten der Sorte: »Wenn's Arscherl brummt, ist's Herzl g'sund.« Langsam ausgesprochen, fasst die letzte Silbe des Titels das Buch schlüssig zusammen.

9) J. D. Salinger: *Der Fänger im Roggen* (Deutsch von Eike Schönfeld, Kiepenheuer & Witsch, 272 S., 15 €)
Der 16-jährige Holden Caulfield rebelliert gegen die Verlogenheiten der US-amerikanischen Gesellschaft Anfang der 1950er-Jahre. In gewisser Weise ist diese Darstellung pubertärer Auflehnung wohl ein ewiges Motiv in der Literatur, und Salinger ist ohne Frage ein blendender Stilist. Aber wenn ich heute diesen einst so heiß gelieb-

ten Roman wieder lese, bin ich doch verblüfft, mit wie großer moralischer Selbstgerechtigkeit Salingers Held über seine Mitwelt urteilt. So leid es mir tut: Dieser Roman hat sein Verfallsdatum deutlich überschritten.

8) Dan Brown: *Sakrileg* (Deutsch von Piet van Poll, Bastei Lübbe, 624 S., 19,90 €)
Dan Brown erzählt eine abstruse Mär über den Heiligen Gral, die Kinder von Jesus Christus und ein über Jahrtausende gehütetes Geheimnis. Literarisch völlig unerheblicher Schrott, aber: wahnsinnig spannend und durch die Stoffwahl von einer schwer zu schlagenden Grandezza.

7) Henry Rider Haggard: *Sie* (Deutsch von Helmut Degner, Diogenes, vergriffen)
Nie hat die Angst vor der starken Frau schöneren Ausdruck gefunden als in dieser Länder- und Zeitengrenzen sprengenden Abenteuergeschichte um die unsterbliche Ayesha, genannt Sie, die in einem Engländer des 19. Jahrhunderts die Wiedergeburt ihres antiken Geliebten sieht und kurzerhand beschließt, mit ihm nach England zu gehen und sich an die Stelle Königin Victorias zu setzen. Haggards Roman ist immer noch ein literarisches Lehrstück darüber, wie man aus Ängsten von Kleinbürgern Literatur macht. Von Margaret Atwood stammt übrigens der Hinweis, dass Haggards »Sie« in Tolkiens Mittelerde in gleich zwei Figuren eingeflossen ist: die Elbenkönigin Galadriel und die Monsterspinne Shelob, wo sie ja schon im Namen steckt.

6) C. S. Lewis: *Der König von Narnia* (Deutsch von Wolfgang Hohlbein und Christian Rendel, Ueberreuter, 162 S., 12,95 €)
Vier während des Zweiten Weltkriegs aus London aufs Land evakuierte Kinder, ein Schrank, durch den man in ein Land namens Narnia gelangt, in dem die Tiere sprechen können und in dem seit 100 Jahren Winter herrscht, sowie eine uralte Prophezeiung – mehr braucht es nicht für eines der wunderbarsten Werke der Fantasyliteratur, das den Katholizismus mit der Zauberei versöhnt. Von seinem Autor C. S. Lewis stammt der schöne, an uns Leser gerichtete Satz: »Eines Tages werden Sie alt genug sein, wieder Märchen zu lesen.«

5) Agatha Christie: *»Und dann gabs keines mehr«* (Deutsch von Sabine Deitmer, Fischer, 224 S., 7,95 €)
Zehn Menschen werden auf eine unbewohnte Insel eingeladen und finden dort einer nach dem anderen den Tod, weil sie in ihrer Vergangenheit schwere Schuld auf sich geladen haben. Der Clou: Der Mörder muss unter ihnen sein. Dieser Roman der momentan eher unterschätzten Agatha Christie wurde zum meistverkauften Krimi aller Zeiten. So reizvoll die aristotelische Einheit von Zeit, Ort und Handlung auch ist: Dieser Ruhm ist sicher unverdient. Amüsant und spannend liest sich das im Original 1939 unter dem Titel *Ten Little Niggers* erschienene Buch aber immer noch.

4) Cao Xueqin: *Der Traum der roten Kammer* (Deutsch von Martin Woesler und Rainer Schwarz, Europäischer Universitätsverlag, 2200 S., 48 €)
Der Verfall einer chinesischen Adelsfamilie im 18. Jahrhundert steht im Mittelpunkt dieses mit an die 400 Charakteren überaus figurenreichen Romans. Seine Textgestalt ist umstritten, doch bis heute hat dieser Roman über das Schicksal von zwölf jungen Frauen, die ihrem Wesen nach alle sehr unterschiedlich sind, und dem tagträumerischen, antriebslosen Adelsprössling Jia Baoyu, einem Wesensverwandten Hanno Buddenbrooks, nichts von seiner Faszination eingebüßt. Die Mutter aller Familienromane, auf Deutsch leider oft absurd gekürzt: ein Werk für die großen Ferien.

3) Antoine de Saint-Exupéry: *Der kleine Prinz* (Deutsch von Elisabeth Edl, Rauch, 103 S., 14,90 €)
»Ich möchte nicht, daß man mein Buch leicht nimmt«, hat Saint-Exupéry hellsichtig in seinem wunderbaren kleinen Meisterwerk geschrieben. Deshalb an dieser Stelle nur der Hinweis, dass nicht der Prinz, sondern der Fuchs die Quelle aller Weisheit in diesem Buch ist. Vom Fuchs stammt nicht nur der oft zitierte Satz »Man sieht nur mit dem Herzen gut«, sondern die weit weniger populäre Erkenntnis: »Du bist zeitlebens für das verantwortlich, was du dir vertraut gemacht hast.« Man sollte sich also zum Beispiel gut überlegen, welche Bücher man sich ins Regal stellt. Sie färben unweigerlich auf einen ab.

2) J. R. R. Tolkien mit *Der Herr der Ringe* (Deutsch von Margaret Carroux, Klett, 1292 S., 49,95 €) und die auf vielen Listen auf Platz 4 stehende Vorgeschichte *Der Hobbit* (Deutsch von Wolfgang Krege, Klett, 384 S., 14,95 €)
Dass eine Sprache selbst Geschichten braucht, um zu wachsen und sich zu entfalten: Diese wunderbare Erkenntnis machte Tolkien, als er sich als junger Mann einige Fantasiesprachen ausdachte. Die Folge war die Mythologie von Mittelerde – und eines der großen Meisterwerke der Literatur des 20. Jahrhunderts.

1) Charles Dickens: *Die Geschichte zweier Städte* (Deutsch von Julius Seybt, Insel, 505 S., 13 €)
Paris und London in Zeiten unmittelbar vor und während der Französischen Revolution, vertauschte Identitäten, dunkle Familiengeheimnisse, psychische Beschädigungen nach 18 Jahren Haft in der Bastille, zu Unrecht zum Tode Verurteilte, Leichenschänder und Wiedergänger Christi, himmelschreiendes Unrecht und grausam vollzogene Rache: Das sind die Ingredienzen des meistverkauften Romans aller Zeiten. Kolportage? Wenn es um den Rang von Charles Dickens geht, vergessen wir Heutigen gern, dass etwa Franz Kafka seine ersten Schreibversuche als »glatte Dickensnachahmung« bezeichnet hat. Allein der erste Satz dieses Romans ist ein Fanfarenstoß, für mich der brillanteste Romananfang aller Zeiten, in dem sich der Triumph des historischen Romans und des Erzählers Charles Dickens ankündigt: »Es war die beste Zeit, es war die schlimmste Zeit, ein Jahrhundert der Weisheit und des Unsinns, eine Epoche des Glaubens und des Unglaubens, eine Periode des Lichts und der Finsternis: es war der Frühling der Hoffnung und der Winter der Verzweiflung; wir hatten alles, wir hatten nichts vor uns; wir steuerten alle unmittelbar dem Himmel zu und auch alle unmittelbar in die entgegengesetzte Richtung – mit einem Wort, diese Zeit war der unsrigen so ähnlich, daß ihre geräuschvollsten Vertreter im guten wie im bösen nur den Superlativ auf sie angewendet wissen wollen.« Um nach diesem Anfang weiterzulesen, würde man sogar darauf verzichten, gen Himmel zu fahren.

2023

Sind Literaturkritiker Schadchen?

Manchmal komme ich mir als Literaturkritiker vor wie ein *Schadchen.* Ein Wort, über das man zu Recht stolpert. So nennt man in der vieltausendjährigen jüdischen Tradition einen Heiratsvermittler. Ein guter Schadchen – diesen Beruf üben genau wie den des Literaturkritikers Frauen *und* Männer gleichermaßen aus – hat durch jahrzehntelange Erfahrung einen untrüglichen Blick dafür entwickelt, wer mit wem wieso gut zusammenpassen könnte. Gute Literaturkritiker müssen genau wie gute Buchhändler und gute Bibliothekare auch über dieses intuitive Einschätzungsvermögen verfügen, welches Buch zu welcher Leserin, zu welchem Leser passt.

Der erste Schadchen war übrigens Eliëser von Damaskus. Im Buch Genesis aus dem Alten Testament schickt ihn sein Dienstherr Abraham ins Zweistromland nach Nordsyrien. Der umsichtige und mit allen Wassern gewaschene Eliëser soll dort für Abrahams Sohn Isaak eine geeignete Frau suchen – wahrhaft eine Vertrauensstellung. Ein mehr als heikler Job. Doch Eliëser ist schlau, lässt sich was einfallen und hat ein glückliches Händchen. An einer Wüstenoase prüft er die potenzielle Zukünftige Rebekka nicht nur auf ihre Menschen-, sondern auch auf ihre Tierliebe, indem er sie um Wasser für sich, aber auch für die zehn Kamele seiner Karawane bittet. Ein echter Charaktertest – mir plausibler als vieles, was ich über die Aufgaben in unseren heutigen Job-Assessment-Centern höre und lese. Rebekka kümmert sich in dieser Geschichte aufopferungsvoll um Mensch und Höckertier und besteht somit die Prüfung glänzend – man kann nicht anders, als beim Lesen unwillkürlich an das Grimm'sche Märchen von Goldmarie und Pechmarie zu denken. Jedenfalls kehrt Eliëser so schon kurze Zeit später mit der Schwiegertocher Rebekka nach Hebron zu Abraham und Isaak zurück: *Mission accomplished!*

Es sind Geschichten wie diese aus dem Alten Testament, die mich trotz meiner Skepsis gegen das Christentum und organisierte Religionen überhaupt immer wieder zu diesem Gründungstext unserer Kultur greifen lassen – genauso wie zum Koran oder Talmud. Hat der gläubige Kommunist Bertolt Brecht in den 1920er-Jahren nicht auf die Frage nach seinem Lieblingsbuch die überraschende Antwort gegeben: »Sie werden lachen: die Bibel!« Ich bevorzuge, anders als Brecht allerdings, dann doch das Alte Testament – Fortsetzungen sind in der Literatur meist einfach schwächer.

Ohne Vermittlung und Orientierungsstiftung scheint es angesichts der Überfülle der Novitäten nicht zu gehen – dafür erscheinen in Deutschland jedes Jahr schlicht viel zu viele Bücher. Die Zahlen schwanken je nach Quelle – zwischen 70 000 und 90 000 sind es jedoch sicher. Aber vom Vermitteln zum Verkuppeln ist es eben nur ein kleiner Schritt – und Verkuppeln, das hat im Deutschen nun gar keinen guten Klang.

Ob die Liebe zu einem Buch ein Leben lang hält, ist ebenso ungewiss wie die Frage, ob unsere Liebe zu einem Menschen ein Leben lang hält. Liebe kann erkalten. Zu einer bloßen Gewohnheit werden und in Routinen erstarren. Alles, was man an Buch oder Mensch einmal attraktiv und aufregend fand, kommt einem plötzlich schal und öd vor. Die beste Beschreibung für diesen Zustand findet sich in Erich Kästners Gedicht *Sachliche Romanze*, das nun schon vielen Generationen als *éducation sentimentale* dient:

Sachliche Romanze

Als sie einander acht Jahre kannten
(und man darf sagen: sie kannten sich gut),
kam ihre Liebe plötzlich abhanden.
Wie andern Leuten ein Stock oder Hut.

Sie waren traurig, betrugen sich heiter,
versuchten Küsse, als ob nichts sei,
und sahen sich an und wußten nicht weiter.
Da weinte sie schließlich. Und er stand dabei.

Vom Fenster aus konnte man Schiffen winken.
Er sagte, es wäre schon Viertel nach Vier
und Zeit, irgendwo Kaffee zu trinken.
Nebenan übte ein Mensch Klavier.

Sie gingen ins kleinste Cafe am Ort
und rührten in ihren Tassen.
Am Abend saßen sie immer noch dort.
Sie saßen allein, und sie sprachen kein Wort
und konnten es einfach nicht fassen.

Mir ist es so mit meiner Liebe zur Science-Fiction und Fantasy ergangen. Zugegeben: ganz erkaltet ist sie nie. Noch heute kann ich mich etwa für die Science-Fiction-Romane des Chinesen Cixin Liu begeistern. Aber diese Begeisterung hat nichts mit der Affenliebe zu tun, mit der ich mich als kleiner Junge auf diese Genres stürzte und alles begeistert in mich aufnahm, was mir unter die Finger kam: Meine Herzensautoren hießen Jack Vance, Cordwainer Smith, Ursula K. Le Guin, Frederik Pohl, Robert Sheckley, Marion Zimmer-Bradley, Robert A. Heinlein – die Aufzählung ließe sich noch beträchtlich erweitern. Heute lassen mich die meisten Werke der Genannten ziemlich kalt. Woran liegt das? Gewiss hat es etwas mit unserer

Persönlichkeitsentwicklung zu tun. Wer durch einen Umzug von seinen Eltern zu einem Leben in einem öden Kaff auf dem Land vergattert wird, flüchtet eben gern in Romane mit Handlungsräumen, in denen selbst intergalaktische Distanzen zu einem Klacks werden. Irgendwann entwickelte ich aber einen Überdruss an dieser Art ideengetriebener Literatur und fand Jane Austen, Marcel Proust und Theodor Fontane spannender als Philip K. Dick oder Stanisław Lem.

Salman Rushdie hat in einem langen Essay einmal über die Ursache solcher plötzlich aufflammenden oder erkaltenden Lieben zu Literatur nachgedacht und ist zu dem Schluss gekommen, dass die Bücher, in die wir uns verlieben, uns zu dem machen, was wir sind. »Oder, um nicht zu übertreiben«, schränkt Rushdie ein, »dass der Akt des Sichverliebens in ein Buch oder in eine Geschichte uns auf eine bestimmte Weise verändert und die geliebte Geschichte zu einem Teil unserer Weltsicht wird, einem Teil der Art und Weise, wie wir in unserem täglichen Leben Dinge verstehen, Urteile fällen und Entscheidungen treffen. Als Erwachsene, die sich weniger leicht verlieben, enden wir vielleicht mit nur einer Handvoll Bücher, von denen wir aufrichtig sagen können, dass wir sie lieben. Vielleicht fällen wir darum so viele Fehlurteile. Diese Liebe ist weder bedingungslos noch für die Ewigkeit. Ein Buch sagt uns vielleicht nichts mehr, wenn wir älter werden und unser Gefühl für es verblasst. Oder wir sind mit einem Mal, wenn sich unser Leben formt und unser Verständnis hoffentlich wächst, in der Lage, ein Buch wertzuschätzen, über das wir früher hinweggegangen sind, wir sind vielleicht mit einem Mal in der Lage, seiner Musik zu lauschen, sind hingerissen von seinem Lied.«

Ich finde es sehr interessant, dass Salman Rushdie im Zusammenhang des Sichverliebens in Bücher auf die Musik zu sprechen kommt. Mir ist es in der Musik sehr oft so ergangen, dass just jene, die mir in späteren Jahren am meisten bedeuten sollte – Gustav Mahler, Richard Strauss, Guiseppe Verdi

in der Klassik, aber auch Laurie Anderson, Tom Waits oder David Bowie im Pop –, mich beim ersten Hören eher kaltließ, ja manchmal sogar regelrecht abstieß. Im Fall von Salman Rushdie war es übrigens ausgerechnet ein deutsches Buch, mit dem er bei der ersten Begegnung so gar nichts anfangen konnte – Günter Grass' *Die Blechtrommel*. Später wurde die Geschichte Oskar Matzeraths für Rushdie zum Buch seines Lebens. Spuren der *Blechtrommel* finden sich denn auch in allen seinen eigenen Romanen.

Aber zurück zu den Schadchen. Solche jüdischen Heiratsvermittler gibt es bis heute. »Ich kuppel so gern!«, hat mir mal der frühere Rowohlt-Verleger und damals gerade frisch ernannte Staatsminister für Kultur Michael Naumann gesagt, als er mich in Frankfurt auf dem Weg von der Buchmesse zur Paulskirche, wo der Friedenspreis verliehen wurde, mit einer Frau bekannt machte. Daraus ist leider nichts geworden – bislang! Immerhin gelang es Naumann aber erfolgreich, mich mit seiner Liebe zu Thomas Pynchon und Cormac McCarthy anzustecken.

Und just in dieser Frankfurter Paulskirche erhielt 2023 Salman Rushdie den Friedenspreis des Deutschen Buchhandels. Seine Rede, die Fiktion und Analyse brillant verbindet, zählt zu den klügsten, die ich je vernommen habe, und lohnt eine Lektüre als Ganzes. Sie bringt auf den Punkt, warum es Kritiker als Schadchen der Literatur auch in unserer Gegenwart unverändert braucht:

»Wir leben in einer Zeit, von der ich nicht geglaubt habe, sie erleben zu müssen: eine Zeit, in der die Freiheit – insbesondere die Meinungsfreiheit, ohne die es die Welt der Bücher nicht gäbe – auf allen Seiten von reaktionären, autoritären, populistischen, demagogischen, halbgebildeten, narzisstischen und achtlosen Stimmen angegriffen wird, eine Zeit, in der sich Bildungseinrichtungen und Bibliotheken Zensur und Feindseligkeit ausgesetzt sehen; in der extremistische Religionen und bigotte Ideologien beginnen, in Lebensbereiche vorzudringen, in denen sie nichts zu suchen haben. Und es gibt sogar progressive Stimmen, die sich für eine neue Art von *bien-pensant* Zensur aussprechen, eine Zensur, die sich den Anschein des Tugendhaften gibt und die viele, vor allem junge Menschen, auch für eine Tugend halten. Von links wie rechts gerät die Freiheit also unter Druck, von den Jungen wie den Alten. Das hat es so bislang noch nicht gegeben und wird durch neue Kommunikationsformen wie das Internet noch komplizierter, da gut gemachte Webpages mitsamt ihren böswilligen Lügen gleich neben der Wahrheit stehen, weshalb es vielen Menschen schwerfällt, das eine vom anderen zu unterscheiden. Außerdem wird in unseren sozialen Medien Tag für Tag die Idee der Freiheit missbraucht, um dem Mob online das Feld zu überlassen, wovon die milliardenschweren Besitzer dieser Plattformen profitieren und was sie zunehmend in Kauf zu nehmen scheinen. Was aber tun wir in Sachen Meinungsfreiheit, wenn sie auf derart vielfältige Weise missbraucht wird? Die Antwort ist, dass wir weiterhin und mit frischem Elan machen sollten, was wir schon immer tun mussten: schlechte Rede mit besserer Rede kontern, falschen Narrativen bessere entgegensetzen, auf Hass mit Liebe antworten und nicht die Hoffnung aufgeben, dass sich die Wahrheit selbst in einer Zeit der Lügen durchsetzen kann. Wir müssen sie erbittert verteidigen und sie so umfassend wie möglich definieren, was natürlich heißt, dass wir die freie Rede auch dann verteidigen, wenn sie uns beleidigt, da wir die Meinungsfreiheit sonst überhaupt nicht verteidigen würden.«

*

Ein schweres Erdbeben in der Türkei und Syrien fordert über 50 000 Tote. Mit dem Abschalten der letzten drei Kernkraftwerke vollzieht die Bundesrepublik den Atomausstieg. Die Krönung von Charles III. ist das Medienereignis des Jahres. Fünf Menschen sterben an Bord des U-Boots *Titan* auf einer Expedition zur *Titanic*, Tausende Flüchtlinge verlieren ihr Leben auf dem Weg nach Europa auf dem Mittelmeer. Der Söldnerführer Prigoschin putscht gegen Putin, der russische Angriffskrieg gegen die Ukraine setzt sich auch im zweiten Jahr mit unverminderter Härte fort. Am 7. Oktober überfallen Hamas-Terroristen aus dem Gazastreifen Israel und töten über 1200 Menschen, in der Folge marschiert die israelische Armee in Gaza ein.

Der Preis der Leipziger Buchmesse geht für *Unser Deutschlandmärchen* an den Schriftsteller und Verleger des auf Lyrik spezialisierten Elif Verlags Dinçer Güçyeter, der sich bei seiner Frau Ayshe bedankt, die nach einem Blick in die Speisekammer gesagt habe: »Es sind noch genug Nudeln da, lebe deinen Traum!« Slowenien ist Gastland der Frankfurter Buchmesse.

Die literarische Welt trauert um Fay Weldon, Russell Banks, Charles Simic, Kenzaburō Ōe, Ernst Tugendhat, Richard Wagner, Dubravka Ugrešić, Anne Perry, Meir Shalev, Sibylle Lewitscharoff und Martin Amis.

Arno Geiger outet sein Containern in den Altpapiersammelstellen Wiens und konstatiert die allmähliche Verdrängung des Handschriftlichen durchs Digitale und das Ende eines die Literatur seit Jahrhunderten dominierenden Genres: »Die Liebesromane wurden von Jahr zu Jahr weniger, die Kriminalromane von Jahr zu Jahr mehr.«

FEBRUAR 2023

Sachbuch

10) Kurt Krömer: *Du darfst nicht alles glauben, was du denkst* (Kiepenheuer & Witsch, 192 S., 20 €)
Auf die Volkskrankheit Depression aufmerksam machen zu wollen, ist allemal verdienstvoll. Aber Kurt Krömer möchte mit diesem Buch vor allem auf sich selbst aufmerksam machen, was auch nicht weiter schlimm wäre, wenn dies nicht in einer derart aufgesetzten pseudojugendlichen Fäkalsprache geschähe, die für einen 48-Jährigen schlicht erbärmlich ist. Aber vielleicht hilft als Therapie zehn Jahre Friedrich Hölderlin lesen, Theodor Fontane und Wisława Szymborska?

9) Hamed Abdel-Samad: *Islam – eine kritische Geschichte* (dtv, 320 S., 24 €)
Es ist ein echter Schandfleck für unsere freiheitliche Demokratie, dass kluge Religionskritiker wie Hamed Abdel-Samad in der Bundesrepublik Deutschland des Jahres 2023 unter 24-stündigem Personenschutz mit wechselnden Wohnsitzen leben müssen. Genau so, wie auf jeden Benedikt XVI. mindestens zwei Karlheinz Deschners und Herbert Achternbuschs gehören, so hält auch eine starke Religion wie der Islam einen Hamed Abdel-Samad spielend aus. Nach Lektüre seines erkenntnisreichen Buchs, das einen aufgeklärten Islam fordert, gilt jedenfalls: Lasst uns endlich weniger Heilsideologien wagen!

8) Manfred Krug: *Ich bin zu zart für diese Welt* (Kanon, 304 S., 24 €)
Die süffig zu lesenden Tagebücher Krugs aus den Jahren 1998 und 1999 lassen uns einen 61-Jährigen erleben, der zwischen Mobilat und Morosität schwankt: »Wir werden immer mehr ein Volk von Blöden«, schreibt Manfred Krug. »Aber auch wir haben an der Verblödung mitgewirkt.« Stimmt.

7) Stefanie Stahl: *Wer wir sind* (Kailash, 384 S., 22 €)
Wir alle möchten uns so schrecklich gern selbst auf die Spur kommen – erfahren, wie wir ticken, was uns zum Ausrasten bringt, wie unser Begehren, unser Hass und unsere Liebe, ja überhaupt unser

Betriebscode funktioniert. Stefanie Stahl macht sich diese Neugier auf uns selbst in ihren populärpsychologischen Sachbüchern zunutze. Und warum auch nicht – Selbsterkenntnis war schließlich schon die Triebfeder der Vorsokratiker.

6) Richard David Precht und Harald Welzer: *Die vierte Gewalt* (S. Fischer, 288 S., 22 €)
Auch wenn ich viele Aspekte ihrer Kritik an der Berichterstattung der Medien etwa im Ukrainekrieg nicht teile, finde ich den Ansatz dieses Buches richtig, über die Rolle der Medien in unserer Gegenwart und den sich laufend verengenden Meinungskorridor kritisch nachzudenken. Machen wir uns nicht viel zu oft mit der Meinung der Regierenden gemein? Verwechseln wir inzwischen nicht Journalismus mit Aktivismus, und treiben wir nicht viel zu häufig die Sau durchs Dorf, ohne jeden erkennbaren erkenntnisstiftenden Mehrwert?

5) Torsten Sträter: *Du kannst alles lassen, du musst es nur wollen* (Ullstein, 288 S., 19,99 €)

Albern, langweilig und geistlos: ein wirklich unnötiges Druckwerk.

4) Michael Thumann: *Revanche* (C. H. Beck, 288 S., 25 €)
Der deutsche Russland-Korrespondent der *Zeit* analysiert in diesem Sachbuch, warum Putin und Co. für den Zerfall der Sowjetunion 1990/91 Revanche nehmen möchten – nicht nur in der Ukraine. Ein scharfsinniges, ein horizonterweiterndes Buch.

3) Elke Heidenreich: *Ihr glücklichen Augen* (Hanser, 256 S., 26 €)
Wo sie alles war! Was sie alles gesehen hat! Aber die Augen der Elke Heidenreich sind nicht zu beneiden, denn Augen, Augen hat Elke Heidenreich immer nur für sich selbst.

2) Brianna Wiest: *101 Essays, die dein Leben verändern werden* (Deutsch von Ursula Pesch und Anja Lerz, Piper, 432 S., 22 €)
Ja, es ist möglich, durch Denken das Empfinden der eigenen Lebenslage zu beeinflussen. Wie das gelingt, erfährt man in diesem lesenswerten Selbsthilfe-Ratgeber.

1) Henry Duke of Sussex: *Reserve* (Deutsch von Stephan Kleiner, Katharina Martl, Johannes Sabinski, Anke Wagner-Wolff und Alexander Weber, Penguin, 512 S., 26 €)
Über 500 Seiten Wehleid und Selbstmitleid eines überprivilegierten weißen Mannes, nicht zu vergessen peinliche Prahlereien über seine Kampfeinsätze in Afghanistan. Definitiv ein Fall für die literaturkritische Guillotine.

MÄRZ 2023

Belletristik

10) Giuliano da Empoli: *Der Magier im Kreml* (Deutsch von Michaela Messmer, C.H. Beck, 265 S., 25 €)
Wie sich Putins Paranoia in Terror auf den Schlachtfeldern in Tschetschenien, Georgien, Syrien und jetzt in der Ukraine übersetzt, aus diesem Buch lässt es sich erfahren. Das steht zwar alles schon besser in Shakespeares Königsdramen, aber diese Aktualisierung in Form eines süffigen und wirklich spannenden Schlüsselromans aus der Feder des italienischen Politikberaters Giuliano da Empoli über Wladimir Putins Spindoktor und Putins Weg an die Macht und zum Morden ist das Buch der Stunde.

9) Trude Teige: *Als Großmutter im Regen tanzte* (Deutsch von Günther Frauenlob, S. Fischer, 384 S., 22 €)

Tekla liebt Otto. Aber Tekla ist Norwegerin, Otto ein deutscher Besatzungssoldat im Zweiten Weltkrieg, und Teklas Mutter will nichts von den Beteuerungen ihrer Tochter wissen, wonach Otto ein anständiger Mann und wirklich nett ist. »Es gibt keine netten Deutschen!«, sagt sie. Nett ist aber bekanntlich die kleine Schwester von scheiße, und so ist das vernichtendste Urteil über diesen zu betulichen Roman über ein sogenanntes Deutschenmädchen und drei Frauengenerationen in Norwegen denn auch: Er ist einfach zu nett.

8) Mariana Leky: *Kummer aller Art* (DuMont, 176 S., 22 €)
Wie man mit seinen Schrullen leben lernt, wie man mit sich selbst besser auskommt und was gegen die gröbsten Hirnrissigkeiten zu unternehmen ist: Aus dieser vergnüglichen Kolumnensammlung aus *Psychologie heute* lässt es sich erfahren.

7) Julia Schoch: *Das Liebespaar des Jahrhunderts* (dtv, 192 S., 22 €)
Viele von Julia Schochs Romanen handeln vom Verschwinden eines Staats, dem Untergang der DDR. Ihr neues Projekt, die Romantrilogie »Biografie einer Frau«, hat den Untergang sicher geglaubter Gewohnheiten zum Gegenstand. »Im Grunde ist es ganz einfach: Ich verlasse dich.« Mit diesem Hammersatz lässt Julia Schoch ihren

neuen Roman über eine Frau, die seit 30 Jahren mit ihrem Mann zusammen ist, beginnen. Dabei fing doch alles ganz anders an: Man fühlte sich als »Das Liebespaar des Jahrhunderts«. Die Kinder sind aus dem Haus, alle Schlachten einer Ehe geschlagen, die Liebe längst erloschen. Vor der finalen Konsequenz hält die Erzählerin Rückschau: Was stand am Beginn der Beziehung? Wie wandelte sich Ekstase in Ernüchterung? Und: Wie prägen politische Ideen unsere Vorstellungen von Liebe? Das beste Buch auf dieser Liste.

6) Dörte Hansen: *Zur See* (Penguin, 256 S., 24 €)
Lust und Leid des Lebens auf einer deutschen Nordseeinsel sind das Thema dieses gleichermaßen einsichtsreichen wie beobachtungsstarken Romans. Dörte Hansen schildert den wenig idyllischen Inselalltag, aber auch die Aussteigerfantasien der Zugezogenen: »Ein Haus am Meer gekauft. Das Luftschloss festgemacht mit Backstein, Rosenhecke und Alarmanlage. Und dann ernüchtert festgestellt, dass es nicht schwebt.«

5) Jochen Gutsch und Maxim Leo: *Frankie* (Penguin, 192 S., 22 €)
Tier macht Sachen, in diesem Fall einem Lebensmüden mit Strick um den Hals neuen Lebensmut spenden. Ein gutes Beispiel, warum deutscher Humor international gefürchtet ist – und ein Beleg dafür, dass man gleichzeitig über und für die Katz schreiben kann.

4) Ewald Arenz: *Die Liebe an miesen Tagen* (DuMont, 384 S., 24 €)
Was für ein Genuss: endlich mal eine klug erzählte romantische Liebesgeschichte über erwachsene Menschen mit all den Problemen, die erwachsene Menschen nun mal so mit sich rumschleppen: demente Mütter, Kinder aus früheren Beziehungen, Jobverlust und Selbstzweifel. Ein Extralob verdient Ewald Arenz' präzise Sprache, die dieser Geschichte einer Amour fou den nötigen Drive verleiht.

3) Bonnie Garmus: *Eine Frage der Chemie* (Deutsch von Ulrike Wasel und Klaus Timmermann, Piper, 464 S., 22 €)
Garmus' Debütroman über eine Chemikerin, die es in den 1960er-Jahren als Moderatorin einer Kochsendung zum Fernsehstar bringt, ist ein feministischer Unterhaltungsroman, der einen abwechselnd fuchsteufelswild über die himmelschreienden Ungerechtigkeiten der Vergangenheit werden lässt, einen dann von Herzen froh stimmt

über das bislang Erreichte und einem schließlich Mut macht für die in Sachen Geschlechtergerechtigkeit noch auszutragenden Kämpfe. Was will man mehr?

2) Jojo Moyes: *Mein Leben in deinem* (Deutsch von Karolina Fell, Wunderlich, 512 S., 25 €)
Jojo Moyes erzählt Mark Twains *Der Prinz und der Bettelknabe* neu in einer Version mit zwei Frauen namens Sam und Nisha. Eine im Fitnessstudio vertauschte Tasche sorgt dafür, dass die eine sich unverhofft mit Christian-Louboutin-Schuhen ausgestattet sieht, die andere hingegen auf abgelatschten Pumps durch die Trümmer ihrer Luxusehe stapft. Literarisch hat mich dieser Roman hingegen eher an den Latschen erinnert, den Charlie Chaplin in *Goldrausch* zu verzehren versucht: echt schmale Kost!

1) Juli Zeh und Simon Urban: *Zwischen Welten* (Luchterhand, 448 S., 25 €)
»Eine Art schriftliche Konfrontationstherapie« inszenieren Juli Zeh und Simon Urban in ihrem Roman *Zwischen Welten*: Eine Biobäuerin und ein woker Journalist diskutieren per E-Mail die Schmerzpunkte unserer Gegenwart – vom Klimawandel über Cancel Culture und den Ukrainekrieg bis zur Agrarpolitik. So viel Gegenwart war selten in der deutschen Literatur – und seit Honoré de Balzacs *Verlorene Illusionen* ließ sich aus der Literatur nicht mehr so viel über die Spielregeln des Journalismus erfahren.

OKTOBER 2023

Sachbuch

10) Gabriele von Arnim: *Der Trost der Schönheit* (Rowohlt, 222 S., 22 €)
Unser Land ist zwar reich, aber unsere Städte mitunter so hässlich, dass einem die Brillengläser zerspringen möchten. Umso dringender sind wir auf den Trost der Schönheit angewiesen. »Man braucht innere Freiheit und die eigene innere Zeit, um jenseits von Klischees und herkömmlichen Normen sehen zu können. Um Schönheit zu finden und zu empfinden«, schreibt Gabriele von Arnim in diesem augenöffnenden Essay. Bravo!

9) Michel Friedman: *Schlaraffenland ist abgebrannt* (Berlin, 224 S., 24 €)
Engagiert, klug und berechtigt wütend erzählt Michel Friedman von seiner Angst vor einem Deutschland, das es normal findet, wenn die AfD bei über 20 Prozent liegt. Eine notwendige Intervention.

8) Florence Gaub: *Zukunft* (dtv, 224 S., 23 €)
Die Politologin Florence Gaub besitzt das rare Talent, Menschen die Angst vor der Zukunft zu nehmen, indem sie in ihrem Buch auf den Wert von aktivem Handeln, positiven Visionen und neuen Ideen hinweist – und auch vor dem sogenannten Zukunftskolonialismus warnt, der, Zitat, »gewalttätigen Aneignung von etwas, das einem nicht gehört«.

7) Dirk Oschmann: *Der Osten: eine westdeutsche Erfindung* (Ullstein, 224 S., 19,99 €)
Dieser Essay ist ein zorniger und notwendiger Protest gegen die Benachteiligung Ostdeutschlands. Diese sollte schon deshalb aufhören, weil man dann auch, wie Oschmann am Ende seines Buchs schreibt, aufhören könnte, Zitat: »das unfreie und idiotisch binäre West-Ost-Schema zu bedienen … und stattdessen das ganze Land im historisch gewachsenen Reichtum seiner unterschiedlichen Regionen, Dialekte, Mentalitäten und Kulturlandschaften zu sehen und zugleich als eigentliches Zukunftspotenzial ernst zu nehmen.« Schön wär's.

6) Ewald Frie: *Ein Hof und elf Geschwister* (C. H. Beck, 191 S., 23 €)
Wie kann es sein, dass eine über viele Jahrhunderte dominierende Lebensform binnen weniger Jahre fast komplett verschwunden ist? Ein Memorial für den deutschen Bauernstand.

5) Brianna Wiest: *101 Essays, die dein Leben verändern werden* (Deutsch von Ursula Pesch und Anja Lerz, Piper, 432 S., 22 €)
Ein US-amerikanischer Ratgeber, der neben mancher Binsenweisheit auch erstaunlich viele profunde Wahrheiten darüber enthält, wie wir ticken, was uns krank macht und wie wir uns dank unserer Einsicht und Fähigkeit zur Selbstwirksamkeit aus unserem Elend erlösen können.

4) Walter Isaacson: *Elon Musk* (Deutsch von Sylvia Bieker, Gisela Fichtl, Katharina Martl, Ulrike Strerath-Bolz, Anke Wagner-Wolff, Henriette Zeltner-Shane, C. Bertelsmann, 832 S., 38 €)
Wie tickt der reichste Mensch der Welt? Musks DNA, erfahre ich aus dieser Biografie, besteht wie die von Jeff Bezos zu wesentlichen Tei-

len aus früher Science-Fiction-Lektüre. Gut möglich, dass man ein Soziopath sein muss, wenn man das Elektroauto neu erfinden und die Menschheit auf den Mars bringen möchte, um sie von einer »Ein Planeten Zivilisation« zu einer »multiplanetaren« werden zu lassen. Musks Tweets sind jedenfalls mitunter so blöd, dass man an der Existenz intelligenten Lebens auf der Erde zweifelt.

3) Reinhold Beckmann: *Aenne und ihre Brüder* (Propyläen, 352 S., 26 €)
Reinhold Beckmanns Mutter Aenne hatte vier Brüder, die alle im Zweiten Weltkrieg starben, ihre Feldbriefe und einige Dokumente blieben im Besitz der Familie. »Normalerweise kommen Onkel ja an Feiertagen zu Besuch«, schreibt Beckmann. »Meine vier Onkel kamen immer im Schuhkarton … zu mir. In Sütterlin.« Spannend wird diese anrührende Familienaufstellung, weil Beckmann sie etwa durch die Schilderung seiner Kriegsdienstverweigerung in Bezug zu seinem eigenen Leben setzt.

2) Sophie Passmann: *Pick Me Girls* (Kiepenheuer & Witsch, 224 S., 22 €)
»In einer coolen Welt würden Männer Bücher von Frauen lesen«, schreibt Sophie Passmann. Ich habe mich in diesem Fall ehrlich

bemüht, aber ein Zuviel an Nabelschau, an Internet und Popmusik und ein Zuwenig an Geist, Tiefe und Ideen haben mir den Zugang zu diesem zähfadigen Text über weibliche Autoaggression verleidet. Lesen wir also bitte Simone de Beauvoir, Hannah Arendt oder Silvia Bovenschen, gern auch Antje Rávik Strubel, Ursula K. LeGuin oder Siri Hustvedt, aber bitte nicht diesen erkenntnisarmen narzisstischen Diarrhoe-Essay über Larifari-Feminismus. Definitiv ein Pick-me-not-Book.

1) Axel Hacke: *Über die Heiterkeit in schwierigen Zeiten und die Frage, wie wichtig uns der Ernst des Lebens sein sollte* (DuMont, 224 S., 20 €)
Herrn Hacke und mich verbindet etwas: Wir beide möchten gern heiter sterben. Also am liebsten gar nicht, schon klar. Aber wenn schon, dann bitte heiter. Das Geheimnis der Selbstverständlichkeit, mit der Axel Hacke Platz eins dieser Bestsellerliste erobert, liegt an der Sprechhaltung seines Buchs, in dem er erkundet, was das eigentlich ist: Heiterkeit. Und warum statt Heiterkeit heute moralische Schwere regiert. Das macht er nie auftrumpfend, nie laut, immer leicht, elegant und mit einem Lächeln. Heiter eben.

DEZEMBER 2023

Belletristik

10) Dirk Rossmann und Ralf Hoppe: *Das dritte Herz des Oktopus* (Lübbe, 704 S., 20 €)
Ein Dagobert Duck, der Romane schreibt, ist mir allemal lieber als ein Dagobert Duck, der Geldspeicher baut. Der Drogeriemarkt-Milliardär Dirk Rossmann schreibt Thriller, mit denen er auf den Klimawandel aufmerksam machen möchte. Dieser ist schon der dritte und handelt von der »Klima-Allianz«, einer neuen Weltregierung, gegründet 2022 von Wladimir Putin, Joe Biden und Xi Jinping. Spannender als die Thrillerhandlung – ein Minister wird entführt – fand ich allerdings, wie Rossmann und sein Co-Autor mit Putins politischem Verfall umgehen.

9) Ken Follett: *Die Waffen des Lichts* (Deutsch von Dietmar Schmidt und Rainer Schumacher, Lübbe, 881 S., 26 €)
Ein weiterer Fall von literarischem Aktivismus: Der in der Wolle gefärbte Sozialdemokrat Ken Follett inszeniert den Kampf ausgebeuteter Arbeiter gegen die Industrialisierung in seinem Kathedralen-Städtchen Kingsbridge. Politische Fortbildung in Gestalt eines Unterhaltungsromans.

8) Klaus-Peter Wolf: *Der Weihnachtsmann-Killer* (Fischer, 256 S., 15 €)
Sind Regionalkrimis schon eine Pest, führt ihre Anbindung an saisonale Feiertage noch zu einer bedeutenden Steigerung des Grauens. Zwar habe ich mich selten so gut in die Psychologie eines Serienkillers einfühlen können wie in die des »Weihnachtsmann-Killers«, den die »christlich-klebrige Energie« des Jahresendrummels ekelt, aber natürlich ist dieses Buch genauso abgeschmackt wie die Glühweinplörre, die Persipanpampe und der Lebkuchenpapp auf deutschen Weihnachtsmärkten.

7) Tonio Schachinger: *Echtzeitalter* (Rowohlt, 368 S., 24 €)
Ein Internatsroman, ausgezeichnet mit dem Deutschen Buchpreis, der den Vergleich mit Robert Musil oder Hermann Hesse nicht scheuen muss. Ein Höhepunkt der Schlusssatz, als die Hauptfigur

Till nach dem Abitur einen Mitschüler in Wien trifft, der meint: »Es war schon super, eigentlich.« Worauf Till erwidert: »Spinnst du? … Es war die Hölle.«

6) Daniel Kehlmann: *Lichtspiel* (Rowohlt, 464 S., 26 €)
Je länger ich über diesen Roman nachdenke, umso besser gefällt er mir wegen seiner emotionalen Wucht und ausgeklügelten Artistik. Am Beispiel der Regielegende G. W. Pabst erzählt Daniel Kehlmann von Kunst und Macht und von der Unmöglichkeit, im Nationalsozialismus seine künstlerische Integrität zu bewahren. Für mich der beste deutschsprachige Roman des Jahres.

5) Bonnie Garmus: *Eine Frage der Chemie* (Deutsch von Klaus Timmermann und Ulrike Wasel, Piper, 464 S., 22 €)
Dieser feministische Unterhaltungsroman über eine Chemikerin, die in den 1960er-Jahren zu einer Fernsehköchin wird, ist ein echtes Lesevergnügen. Denn er feiert euphorisch jene Freiheiten, an die wir uns, abgestumpft, wie wir sind, leider schon allzu sehr gewöhnt haben. Eine augenöffnende Lektüre!

4) Cornelia Funke: *Die Farbe der Rache* (Dressler, 359 S., 23 €)
Was wäre, wenn der Pinselstrich eines Illustrators ein Leben auslöschen könnte? Das ist die Ausgangsidee dieses vierten *Tintenwelt*-Romans von Cornelia Funke, der genau wie seine Vorgänger eine Liebeserklärung an die Literatur, ein Roman über die Magie von Bildern und Worten ist, ja mehr noch: ein Buch über die Zauberkraft des Erzählens.

3) Mona Kasten: *Fallen Princess* (Lyx, 432 S., 20 €)
In diesem Fantasyroman wird die Heldin Zoey als Heilerin in der Everfall-Akademie ausgebildet. Nach dem Tod einer Mitschülerin wird offenbar, dass sie eine Banshee ist und Todesmagie bewirken kann. Auch mir ist in diesem zum in den Hintern treten dämlichen Buch der Tod begegnet: der Tod jeglicher Fantasie, der Tod aller sprachlichen Schönheit, vor allem aber der Tod jeglicher Intellektualität. Kein Buch, eher ein Verblödungsprogramm.

2) Sebastian Fitzek: *Die Einladung* (Droemer, 384 S., 24 €)
Die Hauptfigur des neuen Thrillers von Sebastian Fitzek leidet an

Prosopagnosie, das heißt, ein Gesicht sieht für sie aus wie das andere. Mir geht es mit Fitzeks Gewaltorgien ganz genauso: Jede in der Badewanne ertrinkende Frau, jeder sich erst die Augen ausstechende, dann die Kehle durchschneidende Mann, jeder in Plastikplanen eingewickelte Killer sieht für mich aus wie der andere. So hinterließ auch diese Mindfuck-Version von *Das doppelte Lottchen* keinen bleibenden Eindruck in mir.

1) Nele Neuhaus: *Monster* (Ullstein, 560 S., 24,99 €)
Die Taunus-Krimis von Nele Neuhaus begeistern mich nicht sonderlich: Dafür sind sie stilistisch zu bieder, in der Psychologie zu konventionell, in der Konstruktion ihrer Handlung zu einfallslos. Dies gesagt, muss ich aber zugeben, dass mich diese elfte Geschichte um den Mord an einer 16-Jährigen und Selbstjustiz innerhalb der hessischen Polizei trotz allem auf bodenständig-bräsige Art einigermaßen unterhalten hat.

2022

Können Bücher Trost spenden?

In seinem letzten Lebensjahr traf Dr. Franz Kafka, als er endlich den Absprung aus Prag geschafft hatte und mit seiner Geliebten Dora Diamant in Berlin zur Zeit der Hyperinflation lebte, in einem Park in Steglitz einmal ein kleines Mädchen, das weinte, weil es seine Puppe verloren hatte. Kafka konnte gut mit Kindern und erklärte dem Mädchen spontan, die Puppe sei wohlauf, sie habe eine Reise angetreten und ihm einen Brief geschrieben, in dem sie alles erkläre. Ob er den Brief dabeihabe, wollte das Mädchen wissen. Leider nicht, sagte Kafka, der liege zu Hause. Aber wenn sie morgen wieder in den Park komme, bringe er den Brief mit und lese ihn ihr vor, denn selbst lesen konnte das Mädchen noch nicht.

Kafka machte auf dem Absatz kehrt und stürzte sich mit Feuereifer in die Arbeit. Tags darauf traf man sich wieder im Park. Sogleich las Kafka der Kleinen seinen Puppenbrief vor, in dem die Puppe ihr eröffnete, sie sei weggegangen, weil ihr die Decke auf den Kopf gefallen sei – immer dieselbe Familie, immer dieselbe Stadt, das halte doch die stärkste Puppe nicht aus! Sie habe das Mädchen wirklich sehr lieb, schrieb sie, aber es verlange sie nach Abwechslung und Abenteuer. Sie habe dringend einen Tapetenwechsel gebraucht. Doch um zu zeigen, dass sie nach wie vor sehr an dem Mädchen hänge und es keineswegs vergessen habe, versprach sie, täglich zu schreiben. Dora Diamant hat in ihren Erinnerungen an Kafka festgehalten, dass dieses Spiel mit der Puppenpost mindestens drei

Wochen so weiterging und Kafka nicht weniger Schweiß über der Arbeit an diesen Briefen vergoss wie über sonst einem seiner Texte. »Nach einigen Tagen«, so Dora Diamant, »hatte das Kind den wirklichen Verlust seines Spielzeugs vergessen und dachte nur noch an die Fiktion, die man ihm als Ersatz dafür angeboten hatte. Franz schrieb jeden Satz des Romans so ausführlich und so humorvoll genau, dass die Situation der Puppe völlig fassbar wurde; die Puppe war gewachsen, zur Schule gegangen, hatte andere Leute kennengelernt. Sie versicherte das Kind immer wieder ihrer Liebe, spielte dabei aber auf die Komplikationen ihres Lebens an, auf andere Pflichten und auf andere Interessen, die ihr im Augenblick nicht gestatteten, das gemeinsame Leben wieder aufzunehmen. Das kleine Mädchen wurde gebeten, darüber nachzudenken, und wurde so auf den unvermeidlichen Verzicht vorbereitet.«

Da war das Mädchen mit Kafka allerdings an den Richtigen geraten. Im Ausflüchtefinden, Aufschieben und Hinauszögern machte ihm so schnell keiner etwas vor – das hatte er in seiner jahrelangen On-off-Beziehung zu seiner zweifachen Verlobten Felice Bauer bis zur Meisterschaft trainiert. Dora Diamant zufolge zermarterte sich Kafka lange das Gehirn, wie er den Puppenbriefroman zu Ende führen könnte – schließlich waren alle seine anderen drei Romane, *Das Schloss*, *Der Prozess* und *Der Verschollene*, Fragmente geblieben, weil ihren Autor die Kraft zum Abschluss verlassen hatte. Schließlich verfiel er auf dieselbe Plot-Lösung, die bis auf den heutigen Tag die Dramaturgie Hollywoods bestimmt: die berühmte Restitution der Kleinfamilie, mit anderen Worten: *boy meets girl*. »Er suchte lange und entschied sich endlich dafür, die Puppe heiraten zu lassen«, schreibt Dora Diamant in *Mein Leben mit Franz Kafka*. »Er beschrieb zunächst den jungen Mann, die Verlobungsfeier, die Hochzeitsvorbereitungen, dann in allen Einzelheiten das Haus der Jungverheirateten: ›Du wirst selbst einsehen, dass wir in Zukunft auf ein Wiedersehen verzichten müssen.‹ Franz hatte den kleinen Konflikt eines Kindes durch die Kunst gelöst, durch das wirksamste Mittel, über das er persönlich verfügte, um Ordnung in die Welt zu bringen.«

Ich greife mit demselben unstillbaren Trostbedürfnis immer wieder zum Buch, wie das kleine Mädchen im Park in Steglitz sich Brief um Brief von Kafka vorlesen ließ. Mein Verlust, über den ich getröstet werden möchte, ist natürlich keine Puppe. Vielleicht ist es eine verlorene Liebe. Der Tod einer nahestehenden Person. Eine berufliche oder private Niederlage. Ein Teppich, der einem unter den Füßen weggezogen wird. Eine zerplatzte Illusion. Ein Besuch beim Arzt. Post vom Finanzamt. Gute Geschichten können einem sogar den Glauben an Gott ersetzen. Ja, unter Umständen lassen sie einen vielleicht sogar erkennen, dass Gott nichts anderes als eine gute Geschichte sein mag. Aber verraten Sie das keinem religiösen Fundamentalisten.

Man hat im Lauf der Jahrzehnte mehrere Anläufe unternommen, Kafkas kleines Mädchen aus Steglitz zu finden – leider vergebens. Sie müsste heute gut 100 Jahre alt sein. Und auch Kafkas Puppenbriefroman ist leider nicht erhalten. Während einer Hausdurchsuchung der Gestapo bei Dora Diamant in Berlin 1933 wurden alle Briefe, Manuskripte und Papiere Kafkas in ihrem Besitz beschlagnahmt und gelten seither als verschollen. Doch wer weiß – vielleicht werden wir durch einen spektakulären Dachbodenfund irgendwann in der Zukunft einmal noch den Kinderbuchautor Franz Kafka entdecken dürfen?

*

Krieg in Europa: Präsident Putin lässt russische Truppen die Ukraine überfallen. Erstmals übersteigt die Weltbevölkerung die Zahl von acht Milliarden Menschen. Die Welt erholt sich nach und nach von der Pandemie, und viele Länder lockern ihre Schutzmaßnahmen, nicht aber China. Europa misst den heißesten Sommer seit Beginn der Wetteraufzeichnungen. Die britische Königin Elizabeth II. und der frühere deutsche Papst Benedikt XVI. sterben. Emmanuel Macron wird im Amt des französischen Staatspräsidenten bestätigt. Die iranische Sittenpolizei tötet Jina Amini und löst weltweite Proteste und Sanktionen aus. Mittlerweile sind mehr als 5000 extrasolare Planeten entdeckt.

Die französische Autorin Annie Ernaux, Meisterin der Autofiktion, die in ihren meist schmalen Büchern immer wieder Themen wie Scham, Klassismus und Feminismus aufgreift, wird mit dem Literaturnobelpreis ausgezeichnet. Emine Sevgi Özdamar erhält für ihr beeindruckendes Pionierwerk, in dem sie die Erfahrung von Migration und Sprachwechsel verarbeitet, den Georg-Büchner-Preis, den prestigeträchtigsten aller deutschen Literaturpreise, verliehen von der Akademie für Sprache und Dichtung in Darmstadt. Der aus Sri Lanka stammende Shehan Karunatilaka wird für *The Seven Moons of Maali Almeida* mit dem Booker Prize ausgezeichnet, dem wichtigsten britischen Literaturpreis, Brigitte Giraud für *Vivre vite* mit dem Prix Goncourt (dito Frankreich), Joshua Cohen für *Die*

Netanjahus mit dem Pulitzer Prize (dito USA). Die Schweizer nonbinäre Person Kim de l'Horizon gewinnt mit *Blutbuch* den Deutschen Buchpreis – und auch den Schweizer Buchpreis. Der Preis der Leipziger Buchmesse geht an Tomer Gardi für *Eine runde Sache*. Der spanische Prinzessin-von-Asturien-Preis ehrt Juan Mayorga. Spanien ist auch Gastland der Frankfurter Buchmesse, die fast schon wieder eine normale Messe ist. Die Literaturwelt nimmt Abschied von Sybil Gräfin Schönfeldt, Wolf Schneider, Michael Braun, Marie-Luise Scherer, Barbara Noack, Wulf Kirsten, Hans Magnus Enzensberger, Bruno Latour, Jim Nisbet, Wolf Erlbruch, Hilary Mantel, Erica Pedretti, Javier Marias, Maria Frisé, Johannes Willms, Herbert W. Franke, Peter Straub, Jacques Berndorf, Abbas Maroufi, Gerhard Roth, Nicholas Evans, Herbert Achternbusch, Thomas Rosenlöcher, Franz Mon, Henning Boëtius, Jean-Jacques Sempé und Uri Orlev. Das Wort des Jahres lautet »Zeitenwende«, das Unwort »Klimaterroristen«.

Die aus einer Psychiaterdynastie stammende Mariana Leky legt Deutschland auf die Couch und landet mit ihren ursprünglich in *Psychologie heute* erschienenen Kolumnen einen überraschenden Erfolg. Mit *Wir haben es nicht gut gemacht* steht die traurigste Liebesgeschichte der deutschsprachigen Literatur auf der Bestsellerliste – in der Kategorie Sachbuch. Unter ihrem Pseudonym Robert Galbraith beweist J. K. Rowling, dass sie auch Krimis schreiben kann. Die in England lebende Deutsche, auch auf Englisch schreibende Andrea Wulf entdeckt in der kleinen deutschen Universitätsstadt Jena um 1800 das Zentrum der geistigen Welt. Richard David Precht und Harald Welzer analysieren die Bubble der vierten Gewalt – die Medienwelt nimmt übel.

FEBRUAR 2022

Sachbuch

10) Hendrik Bolz: *Nullerjahre* (Kiepenheuer & Witsch, 336 S., 20 €)
Erzählungen über depravierte Kindheiten im Nachwendeosten haben Konjunktur. Derb, aber anschaulich erzählt Hendrik Bolz von einer Kindheit im Ostdeutschland der Nullerjahre und der Allgegenwart der Neonazis, von Rassismus, Vandalismus, Drogen, Gewalt und sozialem Abstieg. Warum dieses Buch allerdings auf einer Sachbuchliste auftaucht, ist mir ein Rätsel. Es arbeitet durch und durch mit romanhaften Mitteln. Das Buch besitzt ohne Frage Drive, bleibt aber in meinen Augen erkenntnisarm und schwach in der Analyse.

9) Daniel Schreiber: *Allein* (Hanser Berlin, 160 S., 20 €)
Ganz im Gegensatz zu diesem wirklich berauschend klugen Essay. Egal, ob Daniel Schreiber über den »grausamen Optimismus« einer in eine immer unwahrscheinlichere Zukunft projizierten Überwindung des Alleinseins schreibt, Ideen zur Selbstreparatur wie Gärtnern, Wandern oder Stricken ausbreitet oder über die Depression, die sich nach dem Auftauchen der ersten Weihnachtsbeleuchtungen in Alleinlebenden ausbreitet: Dieses Buch ist ein Upgrade für das Betriebssystem der über 40 Prozent, die in der Bundesrepublik allein leben.

8) Manfred Krug: *Ich sammle mein Leben zusammen* (Kanon, 208 S., 22 €)
Auf Seite eins trifft Manfred Krugs langjährige Ehefrau in seiner Wohnung unverhofft auf seine spärlich bekleidete Geliebte, mit der er ein Kind hat. Vor Schreck nimmt sie den vier Monate alten Säugling gar nicht wahr. Manfred Krug hat sein Leben lang unfassbares Glück gehabt – und dafür gesorgt, dass es auch so blieb. Wie man das – trotz Schlaganfalls – macht, lässt sich aus seinen Tagebüchern erfahren, die ihn als ebenso witzigen wie gewitzten Querkopf zeigen. Bitte gern mehr davon.

7) Klaus von Dohnany: *Nationale Interessen* (Siedler, 240 S., 22 €)
Eine Streitschrift für das Aufwachen aus der »Illusion der Freundschaft« mit den USA und die Wiederentdeckung nationaler Interessen als handlungsbestimmendes Prinzip in der Außenpolitik. Mir kommt das zwar so vor, als wollte man mit den Rezepten des 19. Jahrhunderts die Probleme des 21. lösen – aber Dohnanys Plädoyer für eine neue Außenpolitik ist definitiv ein Buch der Stunde.

6) Hape Kerkeling: *Pfoten vom Tisch!* (Piper, 304 S., 22 €)
Das Wissen, das Katzenhalter Kerkeling in seinem Bestseller über Katzen ausbreitet, ist überschaubar – etwa wenn er über seine erste Begegnung mit einer Maine-Coon-Katze schreibt: »Ich hatte das Gefühl, einer sympathischen Person gegenüberzustehen: intelligent, bezaubernd, unterhaltsam und einfühlsam.« All diese Qualitäten besitzt dieses Buch nicht.

5) Dr. med Marianne Koch: *Alt werde ich später* (dtv, 157 S., 18 €)
Gesunde Ernährung, viel Bewegung und lebenslanges Lernen sind die Schlüssel für ein gutes Altern – nicht zu vergessen Erotik, Begehren, Liebe und Sex. Ein kluges, unprätentiöses Buch einer Ärztin und Schauspielerin.

4) Florian Illies: *Liebe in Zeiten des Hasses* (S. Fischer, 432 S., 24 €)
Illies erzählt, wer mit wem wieso in den letzten Jahren der Weimarer Republik und bis zum Ausbruch des Zweiten Weltkriegs in Künstler- und Intellektuellenkreisen durch die Betten tobte. Das Ergebnis ist dabei nicht Klatsch, sondern ein faszinierendes Kaleidoskop der großen Gefühle. Das mache Florian Illies einer nach: so viele Bälle gleichzeitig in der Luft zu halten, ohne dass einer herunterfällt!

3) David Wengrow und David Graeber: *Anfänge* (Deutsch von Henning Dedekind, Helmut Dierlamm und Andreas Thomsen, Klett-Cotta, 667 S., 28 €)
Der kürzlich verstorbene David Graeber und sein Kollege David Wengrow nehmen sich in *Anfänge* nichts weniger vor, als eine neue Geschichte der Menschheit zu schreiben – eine Erzählung, wie alles begann jenseits des Rousseau'schen Urzustands des edlen Wilden und Thomas Hobbes' düsterer Diagnose, dass der Mensch dem Menschen ein Wolf sei. Das Ergebnis ist ein archäologischer und anthropolo-

gischer Anarchismus, in dem enormer politischer Sprengstoff steckt. »Das wirkliche Rätsel ist nicht, wann erstmals Häuptlinge oder Chefs oder sogar Könige und Königinnen auf der Bildfläche erschienen«, so Wengrow und Graeber, »sondern ab wann es nicht mehr möglich war, sie einfach durch Gelächter zu vertreiben«. Ein großer Wurf.

2) Tim Pröse: *Hans-Erdmann Schönbeck: »... und nie kann ich vergessen«*
(Heyne, 287 S., 18 €)
Ich halte den Ton dieser Lebensbeschreibung über einen Oberleutnant im 24. Panzerregiment, Stalingrad-Überlebenden und späteren, Zitat, »Topmanager in der Automobilindustrie« für vollkommen unangemessen und degoutant: »Er hatte kaum vom Leben gekostet und ein wenig von dem berührt, was man Glück nennt, da gehörte er schon Hitler.« Das ist Kitsch. Man sollte einen Täter der Nazi-Wehrmacht nicht einfach erzählen lassen, ohne die Fakten zu überprüfen, und dann das Ganze mit Reportageelementen und Anekdoten über den eigenen Großvater mischen.

60 **1)** Navid Kermani: *Jeder soll von da, wo er ist, einen Schritt näher kommen*
(Hanser, 240 S., 22 €)
Im 11. Jahrhundert reist ein berühmter Mystiker in die iranische Stadt Tus. Als die Moschee daraufhin einen ungewohnten Andrang von Gläubigen erlebt, ruft der Platzanweiser: »Jeder soll von da, wo er ist, einen Schritt näher kommen.« Der Mystiker macht daraufhin auf dem Absatz kehrt und erklärt, alles, was er habe sagen wollen und vor ihm die Propheten gesagt hätten, habe der Platzanweiser bereits gesagt. Es sind solche lang nachhallenden Geschichten, die das Gespräch Navid Kermanis mit seiner Tochter über die Frage nach Gott auch für Atheisten wie mich zu einer anregenden Lektüre machen.

MÄRZ 2022

Belletristik

10) Edgar Selge: *Hast du uns endlich gefunden* (Rowohlt, 302 S., 24 €)
Ein autobiografisches Schauspielerbuch – und doch mehr, nämlich ein Beitrag zur Psychopathologie einer ganzen Generation, der Elterngeneration des 1948 geborenen Edgar Selge.

9) Susanne Abel: *Stay away from Gretchen* (dtv, 528 S., 20 €)
Die Liebesgeschichte zwischen einem schwarzen amerikanischen Besatzungssoldaten und einer weißen Deutschen nach dem Zweiten Weltkrieg – und die wirklich unter die Haut gehende Beschreibung eines auch heute keineswegs überwundenen Alltagsrassismus, mit dem sich die Liebenden auseinandersetzen müssen.

8) Juli Zeh: *Über Menschen* (Luchterhand, 416 S., 22 €)
Juli Zeh versteht es, gesellschaftliche Antagonismen brillant zu inszenieren. In *Über Menschen* trifft Stadt auf Land, woke Urbanisten auf AfD-wählende Landeier, linke Hipster auf Dorfnazis, und es knallt richtig schön. Ein wohltuend beunruhigender Roman.

7) Michel Houellebecq: *Vernichten* (Deutsch von Stephan Kleiner und Bernd Wilczek, DuMont, 624 S., 28 €)
Houellebecq ist der Dichter der Einsamkeit. Sein neuer Roman zeigt den Prozess dieser Vereinsamung in westlichen Gesellschaften im Leben und im Sterben in schärfster Eindringlichkeit. Wir schreiben das Jahr 2027. Was wie ein Thriller über neue Formen von Terrorismus beginnt, mit Innenansichten aus dem französischen Politikbetrieb fasziniert, entwickelt sich überraschend zu einem Familien- und Eheroman. *Vernichten* ist Michel Houellebecqs zärtlichster Roman.

6) Carsten Henn: *Der Buchspazierer* (Pendo, 240 S., 24 €)
Carsten Henn ist Schriftsteller, aber auch Weinkritiker. Sein Roman über einen 72 Jahre alten Buchhändler und dessen philosophische Gespräche mit einem neunjährigen Mädchen ist eine unerträgliche Plörre, zusammengepanscht aus Rührseligkeit und den übelsten

Klischees über Literatur, versehen mit einer möpselnden Dosage Schmalz. Wohl bekomm's!

5) Bernhard Schlink: *Die Enkelin* (Diogenes, 368 S., 25 €)
Auch Bernhard Schlink wählt sich für seine deutsch-deutsche Ehegeschichte einen Buchhändler als Helden, der nach dem Selbstmord seiner Frau um ein im völkischen Milieu aufgewachsenes Kind kämpft. Bieder, aber nicht blöd.

4) Nino Haratischwili: *Das mangelnde Licht* (Frankfurter Verlagsanstalt, 832 S., 34 €)
Zugegeben: In Zeiten des Krieges lese ich diesen Roman anders als in Zeiten des Friedens. Nino Haratischwilis Vollfett-Stufe des Erzählens ist mir normalerweise zu kitschig, zu sentimental, zu kalkuliert – zu viel Simmel, zu wenig Annie Ernaux. Aber von allen adjektivlastigen Romanen, die ich bislang von Haratischwili gelesen habe, ist diese Geschichte einer Freundschaft zwischen den vier jungen Mädchen Ira, Nene und Dina und der Erzählerin Keto im postsowjetischen Georgien der bislang beste: weil er historische Hintergründe transportiert, psychologisch schlaue Einblicke gewährt und wirklich sehr süffig zu lesen ist. Aus der ästhetischen Ferne zugerufen: Respekt!

3) Laetitia Colombani: *Das Mädchen mit dem Drachen* (Deutsch von Claudia Marquardt, S. Fischer, 272 S., 22 €)
Wie würde Rudyard Kipling heute über Indien schreiben? Wohl so wie die Französin Laetitia Colombani, die aus »white man's burden« flugs »white women's burden« macht und über die Gründung einer Frauenschule schreibt – den imperialistisch herablassenden europäischen Blick aber konsequent beibehält. »Ein Ort wie ein Ameisenhaufen«, schreibt ihre Erzählerin: »Die Unberührbaren gelten immer noch als Parias, als unreine Menschen, sie sind aus der Gesellschaft ausgeschlossen. Und Mädchen betrachtet man als minderwertig gegenüber Jungen.« Feministische Reiseführerprosa.

2) Yasmina Reza: *Serge* (Deutsch von Frank Heibert und Hinrich Schmidt-Henkel, Hanser 208 S., 22 €)
Ein heiterer Roman über den Besuch einer jüdischen Familie in Auschwitz: Das gelingt in unserer Gegenwartsliteratur niemandem so stilsicher wie Yasmina Reza. Innerfamiliäre Konflikte und welt-

historische Bruchlinien ambivalent, komplex und doch unterhaltend darzustellen: Das schafft große Literatur. Bravo!

1) Wolf Haas: *Müll* (Hoffmann und Campe, 288 S., 24 €)
Er ist wieder da, der unverwechselbare Erzähler aus Wolf Haas' Brenner-Romanen mit seinem süchtig machenden Duktus: »Beim Müll geht es ja immer um das Trennen. Darum sag ich, Müll beste Schule für das Denken. … Weil du darfst eines nicht vergessen. Ohne die Wiederverwertung wäre die Welt schon längst untergegangen.« Ein Leichenfund auf einem Recyclinghof steht am Anfang des neuen Brenners: genialer Krimi Hilfsausdruck!

NOVEMBER 2022

Belletristik

10) Mariana Leky: *Kummer aller Art* (DuMont, 172 S., 22 €)
Wie schwer es ist, aus seinem Hirnkasten zu springen, sich von seinen Ängsten, Neurosen, inneren Verwachsungen zu befreien, davon erzählt die einer Psychiaterdynastie entstammende Mariana Leky in dieser Kolumnensammlung ebenso lebensklug wie kurzweilig.

9) Ingrid Noll: *Tea Time* (Diogenes, 320 S., 25 €)
Das Personal von Ingrid Nolls neuem Krimi könnte Mariana Lekys Kolumnen entsprungen sein: Alle diese sich zum Tee treffenden Freundinnen haben nämlich, höflich gesagt, einen Spleen oder, deutlicher gesprochen, einen Knall. Die eine spioniert wildfremden Menschen hinterher, die andere hält das Leben von Unkraut auf »Arm-Kräutlein«-Fotos fest, die Nächste hat stets einen Teppichkamm parat, mit dem sie Teppichfransen anderer Leute geradezieht. Angesichts so viel Skurrilität fällt so ein kleiner Mord gar nicht weiter auf. Amüsant.

8) Ferdinand von Schirach: *Nachmittage* (Luchterhand, 175 S., 22 €)
Seit William Somerset Maugham wurde selten weltläufiger in der Literatur geplaudert. Von Schirachs Geschichten, etwa über eine Starpianistin in Paris, die vor zehn Jahren aus dem Konzertbetrieb ausgestiegen ist, weil sie keine Lust mehr hatte, den Hofnarren zu spielen, strahlen alle gleichermaßen Wehmut und Melancholie aus. Ein Sound wie ein gutes trauriges Chanson.

7) Kim de l'Horizon: *Blutbuch* (DuMont, 336 S., 24 €)
Kim de l'Horizon ist mit dem diesjährigen Deutschen Buchpreis ausgezeichnet worden. Der sehr vielschichtige, auch formal mutige Roman erzählt von der Suche eines jungen Menschen, der sich nicht ins Mann-Frau-Raster einordnen möchte. Dieser Roman, in dem sehr viel Spracharbeit steckt, ist nicht halb so zeitgeistkonform, wie er auf den ersten Blick scheinen mag. Wütend, einsichtsreich, berührend – einfach ein gutes Buch.

6) Charlotte Link: *Einsame Nacht* (Blanvalet, 562 S., 25 €)
In ihrem neuen Roman lässt Charlotte Link einen Jugendlichen nach einer grausamen Folter in ein lebenslanges Wachkoma fallen. Mir erging's beim Lesen dieser sterilen Krimi-Konfektionsware genauso.

5) Bonnie Garmus: *Eine Frage der Chemie* (Deutsch von Klaus Timmermann und Ulrike Wasel, Piper, 464 S., 22 €)
Warum macht mir dieser feministische Unterhaltungsroman über eine Chemikerin, die von ihren Machokollegen sexuell belästigt und ausgebootet wird, bis sie als Fernsehköchin Karriere macht, so gute Laune? Weil er pfiffig erzählt ist und etwas von dem gesamtgesellschaftlichen Fortschritt erahnen lässt, der in den letzten 50 Jahren erzielt wurde.

4) Volker Kutscher: *Transatlantik* (Piper, 592 S., 26 €)
Wie Alexandre Dumas in *Der Graf von Monte Christo* gelingt es Volker Kutscher, uns die Grausamkeit der Macht und die Mechanismen ihrer perfiden Infamie spüren zu lassen. Und weil Kutscher in *Transatlantik* neben dem Nazi-Berlin auch noch das New York Mitte der 1930er-Jahre als Handlungsort atmosphäredicht etabliert, deshalb ist dieser neunte Roman um den in Deutschland für tot gehaltenen Gereon Rath und Charly Ritter, um Heroin, den Kampf ums Leben eines 16-Jährigen und den Absturz der *Hindenburg* ein spannender, gut konstruierter und gelungener historischer Thriller.

3) Colleen Hoover: *It starts with us – nur noch einmal und für immer* (Deutsch von Katarina Ganslandt und Anja Galić, dtv, 352 S., 20 €)
Häusliche Gewalt ist ein ernstes Thema, und die texanische Autorin tut in dieser Dreiecksgeschichte ihr Möglichstes, diesem Thema gerecht zu werden. Nur ist das Möglichste von Colleen Hoover nicht eben viel. Wenn Sie einen bewegenden Liebesroman lesen wollen, eine wirklich herzzerreißende Geschichte von großen und gebrochenen Menschen, die sich lieben und dennoch verfehlen, dann vergessen Sie diese geistlose amerikanische Plastikprosa und lesen Sie lieber den gerade unter dem Titel »*Wir haben es nicht gut gemacht*« erschienenen Briefwechsel zwischen Ingeborg Bachmann und Max Frisch!

2) Dörte Hansen: *Zur See* (Penguin, 256 S., 24 €)
Wie in ihren ersten beiden Romanen geht die Idyllenzerstörerin Dörte Hansen in *Zur See* an einen Ort, den viele für das Paradies halten, und porträtiert ihn als Hölle. Das macht sie im Fall der im Roman ungenannt bleibenden Nordseeinsel in *Zur See* ebenso gewitzt wie anrührend. Ein großer Wurf!

1) Sebastian Fitzek: *Mimik* (Droemer, 384 S., 24 €)
Dasselbe, einen großen Wurf, möchte ich auch der dumpfen Geil-auf-Gewalt-Prosa Sebastian Fitzeks angedeihen lassen, der sich diesmal eine Expertin für Körpersprache und Mimik als Hauptfigur für sein Prosadesaster ausgedacht hat und Vierjährige mit dem Taschenmesser ihre Amok laufenden Erzieher abstechen lässt … Mein Urteil über dieses Machwerk dürfte sich an meiner Mimik denn auch für Laien leicht ablesen lassen.

DEZEMBER 2022

Sachbuch

10) Bob Dylan: *Die Philosophie des modernen Songs* (Deutsch von Conny Lösch, C. H. Beck, 352 S., 35 €)
Was der Literaturnobelpreisträger Bob Dylan hier über seine 66 Lieblingssongs zusammenschwurbelt, hat eher Fanzinecharakter. Und so ist dies eben kein wirklich durchdachtes und durchgearbeitetes Buch, geschweige denn eine »Philosophie«, sondern schlicht und einfach ein Fanartikel. Und ein solcher muss sich auch nicht für die deplorable Frauenquote verantworten.

9) Brianna Wiest: *101 Essays, die dein Leben verändern werden* (Deutsch von Ursula Pesch und Anja Lerz, Piper, 432 S., 22 €)
Rilkes berühmter Appell an sich selbst beim Anblick des Torsos Apolls »Du musst dein Leben ändern!« findet seine praktische Umsetzung in diesem Ratgeber. Wiests wichtigster Rat an uns: Hör auf, unablässig um deinen Nabel zu kreisen!

8) Andrea Wulf: *Fabelhafte Rebellen* (Deutsch von Andreas Wirthensohn, C. Bertelsmann, 526 S., 30 €)
»Wann stellten wir uns zuerst die Frage: Wie kann ich frei sein?«, schreibt Andrea Wulf in ihrem faszinierenden Sachbuch. Die Antwort auf diese Frage führt sie ins Jena der Jahre 1795 bis 1805, zu Heroen der Philosophie wie Fichte, Hegel und Schelling, aber auch zu Novalis, den Brüdern Schlegel und Caroline Schlegel, der heimlichen Heldin dieses glänzend erzählten Sachbuchs.

7) Ulrike Hermann: *Das Ende des Kapitalismus* (Kiepenheuer & Witsch, 352 S., 22 €)
Ein kluger und überzeugend argumentierender Essay über den Abschied von einem abgewirtschafteten Wirtschaftssystem. Warum aber der Verlag, der ja wohl sein eigenes Buch gelesen haben wird, dennoch darauf insistiert, 22 Euro dafür zu bekommen, muss wohl ein Systemwiderspruch sein.

6) Stefanie Stahl: *Wer wir sind* (Kailash, 384 S., 22 €)
Wie ticken wir? Der Millionenerfolg der Sachbücher von Stefanie Stahl erklärt sich daraus, dass sie auf die Frage nach den unsere Psyche bestimmenden Strukturen einfache und klar nachvollziehbare Antworten gibt. Trivial kann das nur finden, wer noch nie sein Bewusstsein als Bedrängnis erlebt hat.

5) Torsten Sträter: *Du kannst alles lassen, du musst es nur wollen* (Ullstein, 285 S., 19,99 €)
Es gibt schlechtere und geistlosere Comedians als Torsten Sträter. Diese unterm Strich aber für mich trostlose Ansammlung schon im Fernsehen und Radio nicht sonderlich amüsanter Texte über Autospielzeug, Fantomas-Filme und die Abkürzung »Fett i. Tr.« auf Käseschachteln (heißt nicht »Fett in Trance«, so Sträter, sondern »Fett in Trockenmasse« ...) hätte es für meinen Geschmack nicht gebraucht.

4) Elke Heidenreich: *Ihr glücklichen Augen* (Hanser, 256 S., 26 €)
Das Beste, was ich über diese Reiseanekdoten sagen kann, ist, dass

Elke Heidenreich genauso gut schreibt wie Bob Dylan.

3) Richard David Precht und Harald Welzer: *Die vierte Gewalt* (S. Fischer, 288 S., 22 €)
Auch wenn das Autorenduo Precht und Welzer reichlich mediale Klassenkeile für dieses Buch erhält: Ich fand *Die vierte Gewalt* als Essay darüber, wie Deutungseliten ihre Meinung als Mehrheitsmeinung darzustellen vermögen, ein Selbstkritik auslösendes Buch über die Empörungs-Beschleuniger, zu denen sich viele Fernseh- und Radiosender, Zeitungen und Zeitschriften inzwischen entwickeln.

2) Ingeborg Bachmann und Max Frisch: *»Wir haben es nicht gut gemacht«* (Piper, Suhrkamp, 1039 S., 40 €)
Jahrzehntelang durfte der Briefwechsel eines der berühmtesten Paare der Literaturgeschichte des 20. Jahrhunderts nicht veröffentlicht werden. So sind diese Briefe zu einem Mythos geworden, und das gesamte deutschsprachige Feuilleton war aus dem Häuschen, als sie endlich herauskamen. Aber sind diese Briefe wirklich so eine Sensation? In meinen Augen schon – und gar nicht, weil man darin so unendlich viel Neues über die beiden erfährt. Aber wie sich hier zwei lieben und dennoch verfehlen, wie hier gestritten und gelitten, wie

hier Wunden geschlagen und Leid verursacht und poetisch bewirtschaftet wird: Das ist in meinen Augen ganz und gar einmalig und extrem berührend.

1) Michelle Obama: *Das Licht in uns* (Deutsch von Astrid Gravert, Norbert Juraschitz, Frank Lachmann, Sabine Reinhardus und Franka Reinhart, Goldmann, 383 S., 28 €)
Wem wie Michelle Obama auf einem Parteitag der Demokraten der Satz einfällt: »If they go low, we go high!«, dessen Ratschlägen zur Bewältigung moderner Konflikte liest man gern. Zum Beispiel diesen: »Es ist nicht notwendig, jeden persönlichen Schmerz, unter dem jemand leidet, oder jede Meinung, die jemand im Kopf hat, mitzuteilen. Vielleicht hören wir eine Weile einfach nur zu.« Goldene Worte.

2021

Warum Bücher?

Mein Vater war kein Leser. »Papier ist geduldig«, so seine stets gleichlautende Antwort, wann immer ich ihn mit etwas aus einem Buch Aufgeschnapptem zu begeistern versuchte. Manchmal gefolgt von dem Satz: »Hat der, der das schreibt, das wirklich selbst erlebt?« Für Ausgedachtes und Erfundenes besaß er nicht nur keinen Sinn – Fiktion löste regelrechte Abscheu, ja sogar echte Wut in ihm aus. Seine Meinung über Schriftsteller brachte er denn auch kurz und knapp auf den Nenner: »Alles Lügenbeutel!«

Damals wusste ich nicht, dass mein Vater im Grunde dasselbe Misstrauen gegen die Dichter hegte, das schon vor über 2000 Jahren Plato im antiken Griechenland umtrieb. Deshalb wollte Plato die Dichter aus seinem Idealstaat verbannen. Wobei genau genommen Platos Misstrauen weniger der Dichtung, sondern der Schrift als solcher galt. Er glaubte nicht, dass sie das Gedächtnis der Welt sei, ein verlässliches Speichermedium. Im Gegenteil, so lässt Plato im berühmten *Phaidros*-Dialog den Pharao Thamus gegen den Erfinder der Schrift, den ägyptischen Gott Theuth, argumentieren: »Diese Erfindung wird der Lernenden Seelen vielmehr Vergessenheit einflößen aus Vernachlässigung des Gedächtnisses, weil sie im Vertrauen auf die Schrift sich nur von außen vermittelst fremder Zeichen, nicht aber innerlich sich selbst und unmittelbar erinnern werden. Nicht also für das Gedächtnis, sondern nur für die Erinnerung hast du ein Mittel erfunden, und von der Weisheit bringst du deinen Lehrlingen nur den Schein bei, nicht die Sache selbst.« Umberto Eco kommentierte diese oft zitierte Stelle aus Platos *Phaidros* einmal sehr lustig mit den Worten: »Das gleiche Erschrecken muß denjenigen überkommen haben, der zum ersten Mal ein Rad sah. Er wird gedacht haben, jetzt würden die Menschen das Gehen verlernen.«

Mein Vater kannte weder Plato noch Theuth, noch Thamus, ja nicht einmal Umberto Eco. Und ohne despektierlich sein zu wollen: Mit Weisheit hatte er auch nicht gerade viel am Hut. Doch eines hatten ihn seine Kindheit und Schulzeit gelehrt: Trau nichts und niemandem, vor allem nichts, was in Zeitungen oder Büchern steht. Kein Wunder – mein Vater war Jahrgang 1927. Für ihn fielen Schul- und Nazizeit in eins. Alles Lehrmaterial, das ihm von der ersten Klasse an vor Augen kam, war komplett von der NS-Propaganda durchseucht. Eigentlich mehr als verblüffend, dass er bei so viel Indoktrination in Jungvolk, Hitlerjugend, Schule und ganz zuletzt kurz vor Ende des Zweiten Weltkriegs in der Wehrmacht bei der Ausbildung in einer Sturmboot-Flottille in Ulm nicht selbst zum Nazi wurde. Dagegen schützten ihn wohl sein pietistisches Elternhaus und sein schwäbischer Eigensinn. Vor allem aber in den 60er- und 70er-Jahren seine Bewunderung für Muhammad Ali. Mein Vater hatte kurz nach Kriegsende eine Zeit lang selbst geboxt. Und zu den schönsten Erinnerungen an meinen schweigsamen und literaturfernen Vater zählen die an die vor dem Schwarz-Weiß-Fernseher gemeinsam verfolgten Boxkämpfe des Kriegsdienstverweigerers Ali nach seiner dreijährigen Sperre Anfang der 70er-Jahre auf dem Weg zur Rückeroberung seiner Schwergewichts-Weltmeisterschaft: den »Rumble in the Jungle« gegen George Foreman, den »Thrilla in Manila« gegen Joe Frazier, die Kämpfe gegen Ken Norton, Floyd Patterson und Leon Spinks. Mehr als an die Boxkämpfe selbst erinnere ich mich an die Euphorie des Mitten-in-der-Nacht-Gewecktwerdens, die Begeisterung meines Vaters und seine enthusiasmierten Versuche, mir das Besondere, ja nahezu Überirdische von Alis

Technik zu erklären. Auch wenn ich wenig von Boxen verstand, eines wurde mir in diesen Nächten klar: Mein Vater verehrte diesen Schwarzen. Und diese seine grenzenlose Bewunderung für den Athleten Ali ließ ihn den in seiner Generation fest eingewurzelten Rassismus tatsächlich überwinden.

Nun war aber Muhammad Ali nicht nur ein Ausnahmesportler, sondern auch ein Sprachereignis. Das ging meinem wortkargen Vater eigentlich gegen den Strich. Aber selbst er, der sein Leben lang nach der pietistischen Devise »Nichts gesagt ist genug gelobt« lebte, musste unwillkürlich grinsen, wenn Großmaul Ali, der erste Rapper der Welt, mit Sprüchen kam wie: »I've done something new for this fight. I've wrestled with an alligator, I've tussled with a whale, I did handcuff lightning, and threw thunder in jail. I'm bad. Last week I've murdered a rock, injured a stone and hospitalized a brick. I'm so mean I make medicine sick. Last night I cut the light off in my bedroom, hit the switch and was in bed before the room was dark. I'm so fast, man, I can run through a hurricane and don't get wet. When George Foreman meets me he'll pay his debt. I can drown and drink the water and kill a dead tree, wait 'til you see Muhammad Ali.« Ich kam ganz schön ins Schwitzen, als mich mein Vater bat, ihm das zu übersetzen – wer hatte schon von einem Menschen gehört, der mit einem Alligator rang, sich mit einem Wal stritt, Blitz und Donner verhaftete und zudem durch einen Hurrikan laufen konnte, ohne nass zu werden – und das alles auch noch gereimt?

Der Mäzen und Literaturwissenschaftler Jan Philipp Reemtsma, selbst eine Ausnahmegestalt, hat 1995 ein besonders schönes und anregendes Buch über Muhammad Ali geschrieben, in dem er von ganz ähnlichen Erlebnissen berichtet: *Mehr als ein Champion. Über den Stil des Boxers Muhammad Ali*. Wenn ich mitunter besonders streng mit Büchern von und über Sportler bin, liegt dies nicht zuletzt an Reemtsmas beglückend einsichtsreichem Buch. Es ist ein tatsächlich ziemlich gnadenloser Maßstab.

Zu meiner nicht geringen Überraschung durfte ich Muhammad Ali einmal die Hand schütteln. Es geschah 2003 auf der Frankfurter Buchmesse, am Stand des Taschen Verlags, der damals einen Bildband über Ali veröffentlichte – natürlich im Superschwergewichtsformat. Mein Vater war zu der Zeit noch nicht lange tot, und vielleicht machte ich dem sichtlich von seiner Parkinson-Erkrankung gezeichneten Champion deshalb als Erstes das eigentlich törichte Kompliment: »My father admired you greatly!« Doch Ali antwortete zwar langsam, doch souverän wie immer: »Your father was a wise man.«

*

Das zweite Jahr der Corona-Pandemie mit Lockdowns weltweit, aber auch Impfkampagnen mit rasend schnell entwickelten Impfstoffen. Im Januar stürmen Trump-Anhänger das

Kapitol, um die Bestätigung von Joe Bidens Wahl zum Präsidenten zu verhindern. Stehen die USA vor einem Staatsstreich? Nach dem teils chaotisch verlaufenden Abzug der westlichen Truppen regieren die Taliban wieder Afghanistan. Olaf Scholz wird Bundeskanzler einer Ampelkoalition. Im Sommer kostet eine Flutkatastrophe in der Eifel und an der Ahr 186 Menschenleben und verursacht Schäden in Höhe von 33 Milliarden Euro. Tesla-Chef Elon Musk ist der reichste Mensch der Welt mit einem geschätzten Vermögen von umgerechnet 182,9 Milliarden Euro. Am 25. Dezember wird das James-Webb-Weltraumteleskop von einer Ariane-5-Rakete in den Orbit transportiert und liefert bald spektakuläre Bilder.

Der Literaturnobelpreis geht an den aus Sansibar stammenden Briten Abdulrazak Gurnah, von dem die meisten Deutschen noch nie gehört haben – obwohl er sich in mehreren seiner Romane mit dem Erbe der deutschen Kolonialgeschichte in Ostafrika auseinandersetzt. Der Österreicher Clemens J. Setz erhält den Georg-Büchner-Preis. Der Prix Goncourt ehrt Mohamed Mbougar Sarr für *Die geheimste Erinnerung der Menschen*, der Booker Prize Damon Galgut für *Das Versprechen*, der Pulitzer Louise Erdrich für *Der Nachtwächter*. Der Prinzessin-von-Asturien-Preis zeichnet Emmanuel Carrère aus. Antje Rávik Strubel wird für *Blaue Frau* mit dem Deutschen Buchpreis geehrt, Iris Hanika für *Echos Kammern* mit dem Preis der Leipziger Buchmesse. Die literarische Welt trauert um Barbara Köhler, Ludwig Fels, Urs Jaeggi, Lawrence Ferlinghetti, Philippe Jaccottet, Adam Zagajewski, Larry McMurtry, SAID, Eric Carle, Friederike Mayröcker, Roberto Calasso, Karl Heinz Bohrer, Oswald Wiener, Robert Bly, Noah Gordon, Horst Pillau, Andrew Vachss, Almudena Grandes, Günther Rühle, Anne Rice, bell hooks, Klaus Wagenbach, Joan Didion, Inge Jens, Birgit Vanderbeke und E. O. Williams. Das Wort des Jahres lautet »Wellenbrecher«, das Unwort »Pushback«.

Der Bachmannpreisträgerin 2020 Helga Schubert gelingt das literarische Comeback des Jahres. Antje Rávik Strubel,

Judith Hermann, Ewald Arenz, Eva Menasse, Daniela Krien und Benedict Wells markieren die stilistische Bandbreite der deutschsprachigen Gegenwartsliteratur. Nach wie vor ist der deutsche Humor zu Recht international gefürchtet – die Kabarettistenbücher in den Charts sind eine trostlose Lektüre. Juli Zeh erweist sich als furchtlose Chronistin der deutschen Gegenwart, zeichnet das gleichermaßen Abscheu und Mitleid auslösende Porträt eines Neonazis in Brandenburg und löst damit Schnappatmung unter Feuilletonisten aus, die jeden Abend mit dem wohligen Gedanken zu Bett gehen, auf der richtigen Seite zu stehen. Nicht nur im Internet ist *cat content* eine sichere Bank.

JUNI 2021

Belletristik

10) Carsten Henn: *Der Buchspazierer* (Pendo, 240 S., 14 €)
Selten eine so völlig aus der Zeit gefallene Grusel-Prosa gelesen wie diese Geschichte um einen Buchhändler-Opi, der für jedes geschundene Seelchen den richtigen Schmöker auf Lager hat. Ein Roman wie ein mit den Mitteln von *Jurassic Park* zum Leben erwecktes Fossil aus der Adenauer-Ära.

9) Leïla Slimani: *»Das Land der Anderen«* (Deutsch von Amelie Thoma, Luchterhand, 384 S., 22 €)
Ebenfalls konventionell, aber weniger bräsig und vor allem nie stereotyp erzählt Leïla Slimani von der Elsässerin Mathilde und dem Marokkaner Amine. Die beiden haben sich im Zweiten Weltkrieg kennen- und lieben gelernt, nun holt sie der Alltag zwischen islamischer Archaik und Moderne auf dem ererbten Bauernhof in Marokko ein. Überraschungslos, aber annehmbar.

8) Susanne Abel: *Stay away from Gretchen* (dtv, 528 S., 20 €)
Und zum dritten Mal eine konventionell erzählte Geschichte, aber eine, die durch Empathie und Beobachtungsschärfe überzeugt. »Stay away from Gretchen« wurde nach dem Ende des Zweiten Weltkriegs US-Besatzungssoldaten als Fraternisierungsverbot eingeschärft. Susanne Abel erzählt von einem deutschen Nachrichtensprecher, dessen von Demenz bedrohter Mutter Greta – und den Folgen derer Liebe zu dem schwarzen Panzersoldaten Robert Cooper.

7) Benedict Wells: *Hard Land* (Diogenes, 352 S., 24 €)
Gut geschrieben hat Benedict Wells schon immer, aber diesmal legt er noch ein Schippchen drauf. Die Magie seiner Coming-of-Age-Geschichte ist schlicht unwiderstehlich: Ein 16-jähriger Außenseiter erlebt in der amerikanischen Provinz zum ersten Mal Freundschaft, Liebe und echten Schmerz, ist mal himmelhoch jauchzend, mal zu Tode betrübt. »Euphancholie« ist denn auch der Neologismus, der die Stimmung dieses Romans am treffendsten beschreibt.

6) Ewald Arenz: *Der große Sommer* (DuMont, 320 S., 20 €)
Auch Ewald Arenz erzählt von der ersten Liebe und den Häutungen der Pubertät, geht in seinem Roman dafür aber noch ein paar Jahre weiter in die Vergangenheit zurück als Benedict Wells und bleibt in der Bundesrepublik. Weil ihm Dialogsätze gelingen wie: »Jedenfalls gibt es das nur in der Liebe, dass du dich quälst bis zur Verzweiflung und gleichzeitig glücklich bist«, deshalb ist das ein ebenso unterhaltsames wie weises Buch.

5) Judith Hermann: *Daheim* (S. Fischer, 192 S., 21 €)
Ein komplexer Roman, und eigentlich ist es nicht fair, ihn auf eine Liebesgeschichte zu reduzieren. Aber *Daheim* ist nun mal die stärkste Liebesgeschichte, die ich seit Langem gelesen habe. Im Zentrum: eine Frau, die verheiratet war, ihre Tochter ist inzwischen erwachsen, und gerade hat sich diese Frau von ihrem Mann getrennt und ist von Berlin raus ans Meer gezogen, wo ihr Bruder eine Kneipe betreibt. Dort fängt sie ausgerechnet eine Affäre mit einem Schweinebauern an. Können Sie sich etwas Unattraktiveres vorstellen als so einen Mann, der 1000 Schweine zur Quälfleischerzeugung hält?
Und doch schafft Judith Hermann es, diese Liebesgeschichte atmosphärisch dicht, spannend und doppelbödig zu entfalten. Sie erzählt von verpassten Möglichkeiten, von nicht beschrittenen Wegen, vom Klimawandel und den Wüsteneien in unseren Herzen.

4) Helga Schubert: *Vom Aufstehen* (dtv, 224 S., 22 €)
Wie behält man in einem »Zwergenstaat« namens DDR, der seine Untertanen einmauert, einen Anflug von Würde? Darüber, von der Kraft der Wut, der Gefahr des Pathos und der Macht der Wahrheit schreibt Helga Schubert in diesem besonderen Erzählungsband. Und wir alle, die wir uns an unseren Vätern oder Müttern abarbeiten, dürfen uns darüber amüsieren, wie stark im Buch einer über 80-jährigen Autorin deren Mutter, die im Alter von 101 Jahren starb, präsent ist.

3) Donna Leon: *Flüchtiges Begehren* (Deutsch von Werner Schmitz, Diogenes, 320 S., 24 €)
Wenige Autoren schreiben so tiefenentspannt wie Donna Leon heute. Vielleicht liegt es daran, dass Commissario Brunettis 30. Fall – es geht um Menschenschmuggel und zwei junge Touristinnen, die bei einem nächtlichen Ausflug in die Lagune verletzt werden – einerseits

entwaffnet in seiner gewohnten Harmlosigkeit, andererseits beeindruckt durch die Lässigkeit, mit der Leon die ganz großen Themen anschneidet: Wo endet Verantwortung? Was ist Schuld? Und: Wie kann man sich entsühnen?

2) Juli Zeh: *Über Menschen* (Luchterhand, 416 S., 22 €)
Eine Berliner Werberin, aufgeklärt, Fahrradfahrerin und Grünen-Wählerin sowieso, lernt in Brandenburg das abgehängte Prekariat in Gestalt ihres hilfreichen Nachbarn kennen, eines selbsterklärten »Dorfnazis«. Und damit beginnt das große Vergnügen dieses Romans, der die Lebenslügen der Bundesrepublik scharf in den Fokus rückt. Die Rezeption dieses Romans scheint mir sehr stark durch ideologische Scheuklappen bestimmt. Ein Versuch zur Einigung: Lange nicht mehr so gelacht?

1) Lucinda Riley: *Die verschwundene Schwester* (Deutsch von Karin Dufner, Sonja Hauser, Sibylle Schmidt und Ursula Wulfekamp, Goldmann, 829 S., 22 €)

Die Autorin ~~dieser Schund-Saga~~ dieser Buchreihe ist in diesem Monat gestorben. ~~Leider~~ Zum Glück konnte sie ihren ~~elend dämlichen~~ originellen Romanzyklus um sieben Schwestern, die nach dem Ableben ihres Adoptivvaters ihre Herkunft zu klären versuchen, noch abschließen. ~~Unterirdischer Schrott, dumm, banal, reaktionär – jedes weitere Wort über diese literarische Zumutung wäre Verschwendung.~~ Über Tote bekanntlich nur Gutes.

OKTOBER 2021

Belletristik

10) Sally Rooney: *Schöne Welt, wo bist du* (Deutsch von Zoë Beck, Claasen, 352 S., 20 €)
Der Titel stammt von Friedrich Schiller, der in seinem Gedicht »Die Götter Griechenlands« über unsere entseelte Welt klagte: »Schöne Welt, wo bist du? Kehre wieder,/Holdes Blütenalter der Natur!/Ach, nur in dem Feenland der Lieder/Lebt noch deine fabelhafte Spur.« Sally Rooney fragt nun, was eigentlich schiefgelaufen ist, warum unsere Gegenwart nicht die schöne Welt ist, die wir und Schiller uns erträumten. Was für eine irre Mischung: Rooney schreibt über zwei junge irische Freundinnen, deren Liebesqualen und salonkommunistische Weltanschauungen, Jane Austen begegnet hier Karl Marx, recht detaillierte Sexszenen wechseln sich ab mit Klimawandel-Weltuntergangsfantasien und essayistischen Passagen über den Kollaps der Bronzezeit-Kulturen im Mittelmeerraum um 1200 vor Christus. Intelligente Unterhaltungsliteratur – mindestens.

9) Carsten Henn: *Der Buchspazierer* (Pendo, 240 S., 14 €)
Dieser zum Gruseln verkitschte Roman über einen Buchhändler, der für jeden armen Tropf den richtigen Schmöker parat hat, soll eine Reklame fürs Lesen sein, ist aber eher ein Grund, damit aufzuhören.

8) Daniela Krien: *Der Brand* (Diogenes, 272 S., 22 €)
Ein seit 28 Jahren verheiratetes Paar aus Ostdeutschland scheint vor dem Aus seiner Ehe zu stehen. Der Mann, ein Germanistikprofessor, wird zur Zielscheibe der politisch Korrekten; die Frau, eine Psychotherapeutin, sinnt darüber nach, inwiefern die Traumata ihrer Familiengeschichte in ihr weiterwirken. Ihre gemeinsame Tochter ist ein Vampir von Ego-Monster. Daniela Krien ist unter den deutschen Gegenwartsautoren die Beziehungsexpertin und besitzt einen Röntgenblick für Familienkonstellationen.

7) Susanne Abel: *Stay away from Gretchen* (dtv, 528 S., 20 €)
Dieser gut konstruierte Roman über die Liebe zwischen der deutschen Greta und dem schwarzen Besatzungssoldaten Robert nach

dem Zweiten Weltkrieg erinnert daran, wie lang der Weg aus einem von Rassismus und Bigotterie geprägten Nachkriegsdeutschland war – und welche Wegstrecke zu einer gerechteren Gesellschaft noch vor uns liegt.

6) Simon Beckett: *Die Verlorenen* (Deutsch von Karen Witthuhn und Sabine Längsfeld, Wunderlich, 416 S., 24 €)
Beckett hat einen neuen Ermittler namens Jonah Colley erfunden, der vor zehn Jahren seinen Sohn verlor und von seiner Ehefrau betrogen wurde; sonst ist es aber ganz derselbe Gewaltporno wie eh und je.

5) Volker Klüpfel und Michael Kobr: *Morgen, Klufti, wird's was geben* (Ullstein, 141 S., 14 €)
Eine Weihnachtsgeschichte mit dem Allgäuer Kultkommissar, der leider, seit er Opa geworden ist, an fortschreitender »Butzele«-Verblödung leidet. Was kommt als Nächstes: Themen-Bettwäsche? Motiv-Socken? Strandtücher?

4) Sven Regener: *Glitterschnitter* (Galiani, 480 S., 24 €)
In seinem neuen Roman inszeniert Sven Regener erneut ein großes Festival der Dialekte und kehrt zurück ins Westberlin der 80er. Er erzählt von Kunst, Kommerz und Liebe, vom Aufstieg einer Band namens Glitterschnitter in der Besetzung Synthesizer, Schlagzeug, Bohrmaschine und vom Siegeszug des Milchkaffees in Kreuzberg. Ein großer Spaß.

3) Eva Menasse: *Dunkelblum* (Kiepenheuer & Witsch, 528 S., 25 €)
In einem burgenländischen Städtchen namens Dunkelblum wurden im Frühjahr 45 an die 200 jüdische Zwangsarbeiter massakriert. Die Einwohner halten über Jahrzehnte dicht, wer die Täter waren und wo die Toten verscharrt wurden. Eva Menasses Roman ist eine Meditation über die Mechanismen der Erinnerung, die Macht des Schweigens und die Wiederkehr des Verdrängten – vor allem aber ist *Dunkelblum* eine grandios inszenierte Sprachoper.

2) Juli Zeh: *Über Menschen* (Luchterhand, 416 S., 22 €)
Eine Frau ist genervt von ihrer Beziehung, die immer »sortenreiner« wird: Also verlässt sie ihren kontrollsüchtigen Berliner Mann, kauft sich ein renovierungsbedürftiges Haus auf dem platten Land in Bran-

denburg und kommt dort in der politischen Realität Ostdeutschlands an. Weil Juli Zeh Ambivalenzen darzustellen weiß, gelingt ihr die glaubhafte Charakterzeichnung von Neonazis, Rassisten, Verschwörungstheoretikern, AfD-Wählern und sozial Depravierten. Man wird diese Menschen nicht mögen, aber man lernt sie in diesem Roman kennen und verstehen. Auch das ist eine Aufgabe von Literatur.

1) Hervé Le Tellier: *Die Anomalie* (Deutsch von Jürgen und Romy Ritte, Rowohlt, 352 S., 22 €)
Ein Flugzeug auf dem Weg von Paris nach New York landet im Abstand von 106 Tagen zweimal in den USA: an Bord exakt dieselben Menschen. Ein Zeichen Gottes? Oder des Teufels? Reißt das dünne Gewebe unserer Wirklichkeit? Wie nun mit den Klonen umgehen? Wer ist mit wem verheiratet? Wer hat Zugriff aufs Konto? Selten stand ein intelligenteres Buch an der Spitze der deutschen Bestsellerliste. *Vive la France, vive la littérature française, vive Hervé Le Tellier!*

NOVEMBER 2021

Belletristik

10) Sabine Ebert: *Die zerbrochene Feder* (Knaur, 480 S., 20 €)
Sabine Eberts historische Romane hinterlassen in mir einen mehr als zwiespältigen Eindruck. So sympathisch mir ihr feministisch und aufklärerisch motiviertes Anliegen ist, zu zeigen, wie stark etwa das Leben einer schreibenden, intellektuellen Frau in Zeiten der Metternich'schen Restauration fremdbestimmt war, lassen andererseits ihre Holzhammerdidaktik und die grobschlächtige Figurenmotivation wie generell die Beschränktheit ihrer erzählerischen Mittel jeden künstlerischen Anspruch in sich zusammenfallen.

9) Jonathan Franzen: *Crossroads* (Deutsch von Bettina Abarbanell, Rowohlt, 826 S., 28 €)
Zunächst war ich skeptisch: Ist die Form des Familienromans wirklich noch ein geeignetes Erkenntnisinstrument für die westliche Gegenwart? Jonathan Franzens neuer Roman spielt 1971 in der Vorstadt Chicagos und erzählt am Beispiel einer Pfarrersfamilie von den Übeln unserer Zeit, also von Gier, Sucht und Konsumismus, Umweltzerstörung, Ausbeutung und der daraus resultierenden seelischen Leere, die Mensch und Planet zerstören. Doch so ästhetisch konventionell Franzens Erzählen auch sein mag, so stark ist die emotionale Wucht, die es entfaltet, und ich freue mich schon auf die Wiederbegegnung mit der Familie Hildebrandt in den beiden Folgebänden der angekündigten Trilogie.

8) Michael Hjorth und Hans Rosenfeldt: *Die Früchte, die man erntet* (Deutsch von Ursel Allenstein, Wunderlich, 505 S., 24 €)
Ein Heckenschütze in Schweden. Ein ehemaliger Kriminalpsychologe, der nun wieder frei praktiziert. Und ein Polizist, der Lust am Töten entwickelt. Ein solider Serienkrimi.

7) Volker Klüpfel und Michael Kobr: *Morgen, Klufti, wird's was geben* (Ullstein, 141 S., 14 €)
Eine klischeestrotzende Weihnachtsgeschichte mit nervtötenden Dialogen wie: »›Klufti-San‹, sagte Yoshifumi Sazuka und streckte

lächelnd ein großes Glas Eierlikör hin: ›I love your German Christmas. I will celebrate exactly this way in Japan!‹ Kluftinger nahm das Glas und stieß mit seinem Gast an. ›Ich bin zwar froh, when it g'falls you by us. Aber überleg dir das mit dem Feiern noch mal.‹« Wenn die Autoren Geld brauchen, feiert Kluftinger bald auch Ostern, Pfingsten und Vatertag.

6) Kerstin Gier: *Vergissmeinnicht – Was man bei Licht nicht sehen kann* (Fischer, 480 S., 20 €)
Eine actionreiche Jugend-Fantasy, gleichzeitig eine Neuauflage von Romeo und Julia, abwechselnd erzählt aus der Perspektive der jugendlichen Protagonisten Matilda Martin und Quinn Jonathan Yuri Alexander von Arensburg. Literarisches Junkfood, das durch seine Geschlechterstereotype reichlich altbacken wirkt.

5) Edgar Selge: *Hast du uns endlich gefunden* (Rowohlt, 302 S., 24 €)
Erinnerungsbücher berühmter Schauspieler sind gerade en vogue, und Edgar Selge liefert, was der Markt erwartet. Allerdings enthält sein Buch über eine Kindheit in der deutschen Nachkriegszeit ein unerwartetes Surplus: Immer wieder blitzt da die Erfahrung von Gewalt, Missbrauch und Verdrängung auf, die einen beim zunehmend faszinierten Lesen das Gruseln lehrt.

4) Antje Rávik Strubel: *Blaue Frau* (S. Fischer, 429 S., 24 €)
Wie eine durch die Erfahrung sexualisierter Gewalt traumatisierte junge Frau ins Leben zurückfindet und um Gerechtigkeit kämpft – und welche Parallelen sich durch den Stalinismus ziehen lassen, davon erzählt Antje Rávik Strubel in ihrem zu Recht mit dem Deutschen Buchpreis ausgezeichneten Roman. Die vielleicht schönsten Szenen sind die poetologischen Unterhaltungen mit der mythischen Blauen Frau, hinter der man sich eine Mischung aus Silvia Bovenschen und Frau Holle vorstellen darf.

3) Bernhard Schlink: *Die Enkelin* (Diogenes, 368 S., 25 €)
Bernhard Schlink ist der Diesel unter den deutschen Erzählmotoren. Das ist ästhetisch nicht sonderlich aufregend, bringt diesen Roman aber sicher ans Ziel. Schlink erzählt von der Ehe einer Ostdeutschen mit einem Westdeutschen, einem in der DDR zurückgelassenen Kind und einer Enkelin, die in der Wahnsinnszone völkischer Siedler auf-

wächst. Deutsch-deutsche Geschichte, schwere Kost, stellenweise geschrieben wie fürs Lesebuch.

2) Dirk Rossmann und Ralf Hoppe: *Der Zorn des Oktopus* (Lübbe, 605 S., 20 €)
In dieser neuen deutschen Milliardärsprosa bedroht ein Bösewicht die Nahrungsressourcen einer Welt, in der die USA, China und Russland eine Klima-Allianz bilden und die UNO aus ihrer Lethargie aufrütteln. Dieses kurzweilige, wenn auch ein wenig naive Buch verdankt sich dem Literaturspleen eines Drogeriemarkt-Nabobs, der statt Autorennen fahren lieber Ökothriller schreiben will. Warum auch nicht?

1) Sebastian Fitzek: *Playlist* (Droemer Knaur, 396 S., 22,99 €)
Fitzeks dumpfdeutscher Voyeurthriller um ein entführtes Mädchen in Berlin bedient sich derselben altbewährten Mittel wie die Boulevardmedien: Unter dem Deckmantel der vermeintlichen Abscheu und der Aufklärung wird sich genüsslich an der Schilderung der Gewalt gegen Kinder und Frauen geweidet. Manche Bücher widern einen an.

DEZEMBER 2021

Sachbuch

10) Paul McCartney: *Lyrics* (Deutsch von Conny Lösch, C.H. Beck, 912 S., 78 €)
Im Gespräch mit dem großen irischen Lyriker Paul Muldoon kommentiert Paul McCartney die Entstehungsumstände seiner eigenen Songs – und zu meiner nicht geringen Überraschung ergibt diese Auskunft über 154 Songs nicht nur eine Art Autobiografie, sondern gewährt tatsächlich faszinierende Einblicke in eine produktive Dichterwerkstatt. Ich war überrascht, wie viel Shakespeare und vor allem Lewis Carroll in Paul McCartneys Lyrics stecken.

9) Roland Kaiser und Sabine Eichhorst: *Sonnenseite* (Heyne, 400 S., 20 €)
Von Paul McCartney kommend, ist die Fallhöhe für Roland Kaiser besonders groß. Aber ich muss zugeben, dass diese Autobiografie handwerklich nicht schlecht gemacht ist und der Lebensweg von Ronald Keiler, der in Berlin als erstes uneheliches Kind einer Mutter mit sechs Kindern von sechs Männern zur Welt kam, erst im Lebensmittelhandel und dann als Autoverkäufer arbeitete, ehe er als Roland Kaiser die Schlagerwelt eroberte, nicht weltbewegend, aber auch nicht uninteressant ist.

8) Dr. med Anne Fleck: *Energy!* (dtv, 432 S., 25 €)
Meiner Lebenserfahrung nach führt eine neue Liebe weit verlässlicher aus der in diesem Buch diagnostizierten »Müdigkeitsfalle« als die Einschränkung auf eine Diät mit maximal 125 Gramm Fleisch zweimal die Woche, was Anne Fleck empfiehlt. Doch so vernünftig die Ratschläge im Großteil dieses Buchs auch sind, das Grundproblem ist, dass Anne Fleck mit der »Müdigkeitsfalle« oder dem »Energiemangel« eine Passepartout-Diagnose schafft, die nichts anderes als ein Beschäftigungsprogramm für Mediziner darstellt.

7) Mai Thi Nguyen-Kim: *Die kleinste gemeinsame Wirklichkeit* (Droemer, 368 S., 20 €)
Sind Tierversuche ethisch vertretbar? Ist Intelligenz erblich? Wie sicher sind Impfungen? Und wie wichtig ist gesellschaftlicher Kon-

sens für die Handlungsfähigkeit von Staaten? Das sind spannende Fragen, die unsere Gesellschaft gleichwohl gerade spalten, und wie sie die Wissenschaftsjournalistin Mai Thi Nguyen-Kim klug und gelassen erörtert, macht dieses Buch trotz einiger stilistischer Nachlässigkeiten lesenswert.

6) Boris Herrmann und Andreas Wolfers: *Allein zwischen Himmel und Meer* (C. Bertelsmann, 320 S., 24 €)
Wer sagt denn, dass man es bei der Vendée Globe, dem härtesten Segelrennen der Welt, nicht auch mal richtig krachen lassen kann? »Mein Abendessen zelebriere ich«, schreibt Boris Herrmann über seine fast drei Monate auf hoher See. »Ich schneide kleine Ecken von einem italienischen Hartkäse ab und dünne Scheiben von einer Salami. Heute haben wir ja Silvester, kommen auch noch Schwarzbrot, Leberwurst und ein Schluck Wein dazu. Und für eine halbe Stunde werfe ich die Heizung an.« Ein gutes Buch für *armchair traveller*, also jene Menschen, die Weltreisen am liebsten vom Lehnstuhl aus unternehmen.

5) Dr. med Marianne Koch: *Alt werde ich später* (dtv, 157 S., 18 €)
»Das Alter ist kein Kampf; das Alter ist ein Massaker«, zitiert Marianne Koch einen berühmten Satz des US-Autors Philip Roth. Sie setzt die Forderung dagegen: »Wir brauchen mehr Zugehörigkeit«, und ruft auf zum Kampf »Gegen die große Traurigkeit«. Mich hat dieses Buch überzeugt, weil es Sätze enthält wie: »Niemand kann Sie darauf vorbereiten, was es bedeutet, einen geliebten Menschen zu verlieren.«

4) Elke Heidenreich: *Hier geht's lang!* (Eisele, 192 S., 26 €)
Elke Heidenreich muss niemandem mehr beweisen, wie klug sie ist. In ihrem neuen Buch verzichtet sie deshalb auch ganz darauf.

3) Barack Obama und Bruce Springsteen: *Renegades* (Deutsch von Stephan Kleiner und Henriette Zeltner-Shane, Penguin, 320 S., 42 €)
So interessant die Konstellation dieser Gesprächspartner – weißer Popstar aus der Arbeiterklasse, schwarzer Politmessias – und so spannend mancher Gesprächsansatz, so enttäuschend unterm Strich das Ergebnis: Ein verschriftlichter Podcast ist einfach etwas anderes als ein durchkomponierter Text. *Renegades* ist ein Fanartikel, kein Buch.

2) Florian Illies: *Liebe in Zeiten des Hasses* (S. Fischer, 432 S., 24 €)
In einer furiosen Nummernrevue erzählt Florian Illies, wie zwischen 1929 und 1939 geliebt, gelebt, gesehnt und gelitten wurde. Am Beispiel der Amouren von Josephine Baker, Marlene Dietrich, Ruth Landshoff, Kurt Tucholsky, Klaus Mann, Gottfried Benn und Aberdutzend anderer illustriert er, wie Kälte, Gewalt und Hass auch in die Liebe einsickern. Ein Buch, das gleichermaßen als Bildungserlebnis wie als Schule des Gefühls begeistert.

1) Hape Kerkeling: *Pfoten vom Tisch!* (Piper, 304 S., 22 €)
Formulierungen wie »Liebe Katzeneltern« oder »besorgter Katzenpapa« lösen offen gestanden literarischen Brechreiz in mir aus. Deshalb kann ich mit dieser äußerst luftig zusammengekleisterten Anekdotensammlung über die Katzen seines Lebens von einem der beliebtesten Fernsehstars Deutschlands wirklich nichts, aber auch gar nichts anfangen.

2020

Lesen Bücher ihre Leser?

Jedes Buch sei im Grunde eine Halbfertigware, erklärte der pakistanisch-britische Schriftsteller Mohsin Hamid auf der Frankfurter Buchmesse einmal – fast so wie Pulverkaffee oder eine Instantsuppe. Die eine Hälfte stamme von ihren Urhebern. Die andere Hälfte aber müsse jede Leserin und jeder Leser erst durch die ins Buch investierte Aufmerksamkeit beisteuern.

Nur so werde ein Ganzes daraus. Das ist ein schöner Gedanke, der das Lesen gegen die schon seit der Antike geäußerten Kritik der Absonderung und Vereinzelung verteidigt und aus der angeblich in solipsistischer Selbstversunkenheit absolvierten Tätigkeit des Lesens eine Teamarbeit macht. Mohsin Hamid, der in Harvard Jura studiert hat, seit Langem in London arbeitet und zwischen Großbritannien und Pakistan pendelt, wurde mit seinen stilistisch experimentellen, wunderbar satirischen Romanen wie *Der Fundamentalist, der keiner sein wollte*, *So wirst du stinkreich im boomenden Asien* und *Der letzte weiße Mann* weltweit bekannt. Hamid ist mit seinen Werken so wie Salman Rushdie, Arundhati Roy und das Mutter-Tochter-Autorenteam Anita und Kiran Desai einer der wichtigen Brückenbauer zwischen Orient und Okzident und zählt zudem als Berater in der Londoner City zu den wenigen Schriftstellern mit Erster-Hand-Erfahrung im modernen Geschäftsleben.

»Nur mittels Romanen kann man einen anderen Menschen in seinen Kopf lassen und gemeinsam mit ihm etwas Neues schaffen«, so Mohsin Hamid. Bücher interagieren tatsächlich mit uns, sie machen ein Gesprächsangebot und treten in einen Dialog mit uns. Jede Lektüre löst eine Wechselwirkung aus zwischen Text und Leser – die übrigens sogar messbare medizinisch positive Auswirkungen auf uns ausübt. Nicht nur sprechen Bücher immer von anderen Büchern – jede Geschichte erzählt immer auch eine Geschichte, die schon erzählt wurde –, sondern Bücher sprechen auch immer von anderen Menschen, wenn sie zu uns sprechen. Insofern kann man durchaus die Behauptung wagen, dass auch Bücher uns Leser »lesen« – nicht nur elektronische Lesegeräte wie Amazons Kindle, die unsere Datenspur wie Orwell'sche Lektürespitzel ausspionieren und an ihre Firmenzentrale melden, wann, wo und wie lange wir welche Texte lesen. Bildlich gesprochen, könnte man sagen, dass Bücher ihre Leser »lesen«, indem sie uns beeinflussen, unsere Gedanken anregen, unsere Gefühle ansprechen und uns in Welten der Fantasie und des Wissens entführen. Wir interpretieren und verarbeiten Informationen, die wir aus Büchern erhalten, auf jeweils individuelle Weise. Und unsere Interpretation hängt zweifellos stark von unseren persönlichen Erfahrungen, Überzeugungen und Emotionen, quasi unseren Grundeinstellungen als Lesende ab – die Summe unserer Erfahrungen und unseres Wissens, aber auch unserer Vorlieben und Sehnsüchte. Welche Wohltat, sich wie in Donna Leons *Geheime Quellen* mit den Brunettis in Venedig an einen Esstisch zu setzen und wie ein adoptiertes Familienmitglied Roman um Roman die Nuancen eines zwar nicht spannungsfreien, aber letztlich harmonischen Zusammenlebens mitzuerleben, wie es wohl den allerwenigsten von Leons Lesern in Wirklichkeit vergönnt ist. Leons Krimis können unsere geheimen Bedürfnisse und Sehnsüchte wie ein darauf seit 35 000 Jahren konditionierter Hund lesen und bedienen sie entsprechend.

Doch auch auf einer ganz wörtlichen Ebene können Bücher durchaus uns Leser »lesen«, wenn man bedenkt, dass sie Informationen und Geschichten enthalten, die von ihren Lesern aufgenommen und verstanden werden müssen, um sie zu nutzen und zu genießen. Dafür ist meiner Erfahrung nach gut, sich immer wieder einige Grundvoraussetzungen der literarischen, ja überhaupt jeder Kommunikation vor Augen zu führen. Ich zum Beispiel verwende beim Lesen wie beim Schreiben einen »elaborierten Code«, wie das die Sprachwissenschaft nennt, was mit meiner Vorliebe für Ironie zusammenhängt. Ich weiß, dass Ironie ein Hemmnis in der Kommunikation darstellt. Aber ich weiß auch, dass man es sich nie zu einfach machen darf. Deshalb versuche ich zeit meines Lebens, mich von den Sprachgewohnheiten meiner Schicht, meiner Generation, ja selbst meiner Nationalität so gut es geht zu lösen und sprachliche Freiheitsgrade auszuloten – mit anderen Worten abwechselnd so zu sprechen und zu schreiben wie Dagobert Duck und Jil Sander, Spock aus dem *Raumschiff Enterprise*, Theodor Fontane, Marc-Uwe Klings Känguru oder Anke Engelke, Loriot und Pippi Langstrumpf. Na gut, das gelingt mir nicht immer

perfekt, aber aus meiner Zeit als literarischer Übersetzer habe ich mir immer eine Vorliebe für den sprachlichen Quick-Change bewahrt.

Bücher »lesen« ihre Leser auch insofern, dass natürlich zunächst einmal ein semantisches und grammatikalisches Verständnis auf der reinen Textebene gegeben sein muss, um die Wort- und Satzstruktur einer Geschichte zu verstehen. Dieses Verständnis ermöglicht in einem zweiten Schritt dann eine Interpretation der Bedeutung des Gelesenen. Schließlich folgt die Überlegung, aus welcher Zeit und aus welchen gesellschaftlichen Bedingungen mich ein Text erreicht – handelt es sich um ein Gebet aus dem alten Ägypten, einen Zeitzeugenbericht aus dem Dreißigjährigen Krieg oder eben um die Schilderung eines Mittagessens bei den Brunettis? All dies liefert die Basis, um über das Gelesene nachzudenken, es aufs eigene Leben, die eigene Erfahrung zu beziehen und daraus unter Umständen neue Einsichten zu gewinnen – und sei es nur, wie die Brunettis zu Mittag heute Abend einen Risotto mit Radicchio zu kochen … So oder so bedeutet die Idee, dass Bücher ihre Leser

»lesen«, die Erkenntnis, dass wir Leser aktiv am Prozess des Verstehens und der Interpretation von Texten beteiligt sind. Wir sind, in den Worten von Mohsin Hamid, die andere Hälfte, die es braucht, damit aus der Halbfertigware Buch ein lebendiges Ganzes wird. Ein gutes Gefühl!

*

Das erste Jahr der Pandemie: Das Corona-Virus legt in weiten Teilen der Welt das kulturelle, wirtschaftliche und gesellschaftliche Leben lahm. Joe Biden wird der 46. Präsident der USA. In Minneapolis wird der Schwarze George Floyd Opfer von Polizeigewalt, landesweite Proteste unter dem Slogan »I can't breathe« der Black-Lives-Matter-Bewegung folgen. In Hanau erschießt ein Rechtsextremist aus rassistischen Gründen neun Menschen und seine Mutter. Als erstes Unternehmen im DAX geht Wirecard in die Insolvenz.

Die US-Lyrikerin Louise Glück erhält zur Verblüffung der Fachwelt den Literaturnobelpreis. Elke Erb wird mit dem

Georg-Büchner-Preis geehrt. Der Prix Goncourt geht an Hervé Le Tellier für *Die Anomalie*, der Booker Prize an Douglas Stuart für *Shuggie Bain*, der Pulitzer an Colson Whitehead für *Die Nickel Boys*. Der Prinzessin-von-Asturien-Preis zeichnet Anne Carson aus. Den Deutschen Buchpreis gewinnt Anne Weber mit *Annette, ein Heldinnenepos*, den Preis der Leipziger Buchmesse Lutz Seiler für *Stern 111*. Kanada verschiebt seinen Auftritt als Gastland der Frankfurter Buchmesse auf 2021, die Messe selbst ist eine Gespensterveranstaltung mit einer Handvoll Fachbesucher, abends lädt Messechef Jürgen Boos zum Essen in den verwaisten Frankfurter Hof – an einem Tisch zu sechst. Die Literaturwelt nimmt Abschied von Wilfried F. Schoeller, Gudrun Pausewang, Christoph Meckel, Mary Higgins Clark, George Steiner, Giwi Margwelaschwili, Ror Wolf, Ernesto Cardenal, Eduard Limonow, Albert Uderzo, Eva Hesse, Rubem Fonseca, Luis Sepúlveda, Per Olov Enquist, Rolf Hochhuth, Albert Memmi, Alfred Kolleritsch, Carlos Ruiz Zafón, Dieter E. Zimmer, Karl Otto Conrady, Juan Marsé und John le Carré. Das Wort des Jahres ist, wie könnte es anders sein, »Corona-Pandemie«, Unwörter des Jahres gibt's gleich zwei: »Rückführungspatenschaften« und »Corona-Diktatur«.

Der deutschsprachige Buchhandel liebt Delia Owens' *Der Gesang der Flusskrebse*, ein Roman, der weniger durch seine Handlung als durch seine Naturschilderungen überzeugt. Der späte Bestsellererfolg der grandiosen Österreicherin Monika Helfer ist ein Lichtblick in den Charts. Zu den Helden unserer Zeit gehören Whistleblower wie Edward Snowden, die uns aufgezeigt haben, in welchem Maß westliche Geheimdienste, aber auch Firmen unsere Daten abschöpfen und auswerten; dass Snowden nach wie vor in Russland leben muss, weil ihm kein westliches Land Exil anbot, ist ein Skandal und ein moralischer Makel.

Das merkwürdigste Buch auf der Bestsellerliste stammt von George Saunders und handelt von einem Fuchs, der sich selbst »Mänschisch« beigebracht hat, indem er Menschen zuhörte, die ihren Kindern Gutenachtgeschichten vorlasen; nur mit der Rechtschreibung tut sich »Fuchs 8« noch etwas schwer, etwa wenn er seine Art gegen klischeebefrachtete Rollenzuschreibungen verteidigt: »Wir legen keine Hüner rein! Wir sind sehr offen und ehrlich mit Hünern. Mit Hünern haben wir einen super fairen Dil, der get so: Sie machen di Aja, wir nehmen die Aja, sie machen noie Aja. Und manchmal essen wir sogar ein leemdes Hun, falls dises Hun seine Zustimmung zeigt, von uns gegessen zu werden, indem es nich wekloift, wenn wir neer komm.« Ein besonderer Dank an die literarischen Übersetzer wie Frank Heibert, die durch ihre viel zu schlecht bezahlte und viel zu wenig gewürdigte Arbeit dafür sorgen, dass wir Weltliteratur lesen können.

FEBRUAR 2020

Belletristik

10) Bov Bjerg: *Serpentinen* (Claassen, 272 S., 22 €)
Selten habe ich um eine Romanfigur so gebangt wie in *Serpentinen*. Bov Bjerg stellt eine zentrale Frage: Wie kann man sich aus seiner Familiengeschichte befreien? »Unsere Eltern hatten alle einen Dachschaden«, schreibt Bjerg, und für die im Schatten des Zweiten Weltkriegs und des Holocaust aufgewachsenen Deutschen wird man da in den seltensten Fällen widersprechen können.

9) Monika Helfer: *Die Bagage* (Hanser, 160 S., 19 €)
Ebenfalls sehr zu Recht auf dieser Liste: Die Österreicherin Monika Helfer erzählt in *Die Bagage* von Fesseln, denen noch keiner entkommen ist: unseren Familienbanden. »Erinnerung muss als heilloses Durcheinander gesehen werden. Erst wenn man ein Drama daraus macht, herrscht Ordnung«, schreibt Helfer in ihrem bezwingenden Roman über Schönheit als Fluch, Eifersucht und ein vom Vater ignoriertes Kind.

8) George Saunders: *Fuchs 8* (Deutsch von Frank Heibert, Luchterhand, 56 S., 12 €)
Das ungewöhnlichste Buch seit Langem, das auf einer deutschen Bestsellerliste steht: Ein Fuchs liest in einem langen Brief uns Menschen die Leviten. Ein Meisterwerk und ein tierisches Sprachvergnügen.

7) Lucinda Riley: *Die Sonnenschwester* (Deutsch von Sonja Hauser, Sibylle Schmidt, Ursula Wulfekamp, Goldmann, 832 S., 22 €)
Die sechste Fortsetzung der Romanreihe um sieben Schwestern, die nach dem Tod ihres Adoptivvaters ihre Herkunft zu klären versuchen, widmet sich diesmal einem Modemodel und besitzt die literarische Finesse, intellektuelle Substanz und geistige Standfestigkeit eines Päckchen Magerquarks.

6) Sebastian Fitzek: *Das Geschenk* (Droemer, 367 S., 22,99 €)
Vulgär, abgeschmackt, gewaltgeil: Die auf Schockeffekte zielende

Zombieprosa Fitzeks löst in mir nach wenigen Zeilen den Wunsch aus, für den Rest des Tages Friedrich Hölderlin lesen zu dürfen.

5) Susanne Fröhlich: *Ausgemustert* (Knaur, 336 S., 16,99 €)
Der schöne Adorno-Satz: »Bei vielen Menschen ist es bereits eine Unverschämtheit, wenn sie ich sagen«, trifft in besonderer Weise auf die Autorin Susanne Fröhlich zu. Dieser Roman um eine von ihrem Ehemann verlassene 47-Jährige ist ein Durchlauferhitzer dümmlichster Klischees, billiger Stanzen und abgeschmacktester Binsenweisheiten mit einer erstaunlichen Neigung zur Fäkalsprache. Das beginnt schon beim ersten Satz. »Ich stehe mit drei vollgepackten Tüten auf dem Parkplatz eines Discounters, als mir eine Taube auf den Kopf kackt.« Dieses Buch ist alles andere als ein heißer Scheiß.

4) Saša Stanišić: *Herkunft* (Luchterhand, 368 S., 22 €)
Wie Politik und Krieg dazu zwingen, sich mit Herkunft und Identität auseinanderzusetzen – und wie man sich von solchen Zuschreibungen befreit: Davon erzählt Saša Stanišić in diesem formal bestechenden Roman über Bosnien und Deutschland, Familien und Drachen.

3) Lisa Taddeo: *Three Women. Drei Frauen* (Deutsch von Maria Hummitzsch, Piper, 416 S., 22 €)
Anders als Susanne Fröhlichs deprimierend narzisstischer Trennungsroman adressiert die moderne Unterhaltungsliteraturautorin Lisa Taddeo weibliches Begehren in drei packenden Geschichten zwischen den Polen Lust und Macht. Es geht um das Verhältnis einer Minderjährigen mit einem Lehrer, um das Verhältnis einer Hausfrau mit ihrer Jugendliebe und um die offene Ehe einer Ehefrau, die Lust am Sex mit wechselnden Partnern empfindet. Allerdings möchte ich hinter der Versicherung der Autorin, dass es sich bei ihrem Buch um eine Reportage handelt, angesichts der durchgehenden Literarisierung und systematischen Verschleierung zwischen Autorinnenstimme und Figurenerfahrung ein dickes Fragezeichen setzen. *Drei Frauen* hat mich nicht als Soziologie oder Generationenbeschreibung überzeugt, sondern als Literatur.

2) Delia Owens: *Der Gesang der Flusskrebse* (Deutsch von Ulrike Wasel und Klaus Timmermann, Hanserblau, 461 S., 22 €)
Halb *Nature Writing,* halb Krimi: Als die Leiche eines Quarterbacks

im Marschland North Carolinas gefunden wird, fällt der Verdacht auf seine ehemalige Geliebte, die dort, von ihrer Familie verlassen, in engem Kontakt zur Natur aufgewachsen ist. Ein spannender Buchzwitter.

1) Pascal Mercier: *Das Gewicht der Worte* (Hanser, 576 S., 26 €)
Philip Roth hat mal gesagt, für ihn besäßen die Tatsachen erst dann Wirklichkeit, wenn sie beschrieben seien. Diesen Grundsatz teilt Roth mit der Hauptfigur in Pascal Merciers neuem Roman, einem Übersetzer und Verleger, der aufgrund einer Fehldiagnose gerade seinen italienischen Verlag verkauft hat und nach London zurückgekehrt ist. Pascal Mercier ist ein erzählerischer Kaltblüter. Wer sich an seiner Brauereigaulprosa nicht stört, wird in diesem literatursüchtigen Roman anständig unterhalten.

MÄRZ 2020

Die amerikanische Neurowissenschaftlerin Maryanne Wolf hat herausgefunden, dass unser Gehirn durch das, was wir lesen, unwiderruflich geprägt wird – und zwar sowohl physiologisch als auch intellektuell. Das aber heißt nichts anderes, als dass Sie Ihr Gehirn irreparabel schädigen, wenn Sie einen Roman etwa von Sebastian Fitzek, Susanne Fröhlich oder Paulo Coelho lesen. Da können Sie sich hinterher die nächsten 20 Jahre in Hölderlin-Hymnen oder Kafka-Parabeln vertiefen – irreparabel ist irreparabel, ein Fitzek, eine Fröhlich oder ein Coelho bedeuten für Ihr Gehirn dasselbe wie täglich fünf Schachteln Roth-Händle ohne Filter über drei Dekaden für Ihre Lunge. Aus aktuellem Anlass zur Corona-Pandemie daher nicht die *Spiegel*-Bestsellerliste mit Fitzek, Fröhlich und Co., sondern meine persönliche Top Ten der Bücher, die in Krisenzeiten helfen können, einen kühlen Kopf zu bewahren.

10) Albert Camus: *Die Pest* (Deutsch von Uli Aumüller, Rowohlt, 349 S., 12 €)
In der algerischen Stadt Oran lässt Camus den Arzt Rieux gegen die Pest kämpfen. Rieux weiß, dass »die dreißig großen Pestepidemien der Geschichte an die hundert Millionen Tote gefordert« haben, aber Rieux weiß eben auch, dass ein toter Mensch nur »dann etwas wiegt, wenn man ihn tot gesehen hat«. Gegen die Epidemie hilft nur Solidarität, so die Quintessenz dieses Meisterwerks über den Einbruch eines Verhängnisses.

9) Dorothy Parker: *Denn mein Herz ist frisch gebrochen* (Deutsch von Ulrich Blumenbach, Dörlemann, 400 S., 34 €)
Dorothy Parker zählt zu den wenigen Autoren, deren Texte mir Hilfe, Trost und Rat bieten, wenn Matthei am Letzten ist und ich mit meinem Latein am Ende bin. Ihr Esprit und ihre spitze Zunge machten sie schon unter ihren Zeitgenossen legendär: »Heterosexualität ist nicht normal, sondern bloß weitverbreitet« – »Sieh mich bitte nicht in einem solchen Ton an!« –»Schönheit geht nur bis unter die Haut,

aber Hässlichkeit reicht bis ins Mark.« Von Dorothy Parker stammt auch das schönste Selbstmord-Gedicht aller Zeiten und Sprachen, das sicher mehr Menschen davon abgehalten hat, sich das Leben zu nehmen, als alle Ratgeberliteratur: »Résumé/Razors pain you,/Rivers are damp,/Acids stain you,/And drugs cause cramp./Guns aren't lawful,/Nooses give,/Gas smells awful./You might as well live.« In der Übersetzung von Ulrich Blumenbach: »Résumé/Klingen ritzen;/Flüsse sind nass;/Säuren ätzen;/Gift macht blass;/Colts sind strafbar;/Stricke könnten nachgeben;/Gas stinkt furchtbar;/Da kannst du auch leben.«

8) Charles M. Schulz: *Peanuts* (Werkausgabe in 26 Bänden, Carlsen, je Band ca. 344 S., 34 €)
Dass ich mich mit einem kleinen glatzköpfigen Jungen mit abstehenden Ohren identifizieren kann, der seine Lebensziele nie erreicht und den das kleine rothaarige Mädchen nie erhören wird, kann niemand verwundern. Dass sich in Charles M. Schulz' Welttheater en miniature aber auch unerschöpfliche Reserven an Zuversicht und Optimismus finden lassen, vielleicht schon. Was stärkt eine Seele besser als jenes berühmte Panel, in dem Charlie Brown und Snoopy auf einem Bootssteg sitzen und Charlie Brown sagt: »Eines Tages werden wir alle sterben, Snoopy.« Worauf der weltweise Beagle erwidert: »Ja, das stimmt. Aber an allen anderen Tagen nicht.«

7) Giovanni di Boccacio: *Das Dekameron* (Deutsch von Albert Wesselski, Insel, 2 Bände, 988 S., 19 €)
Sieben Frauen und drei Männer fliehen 1348 vor der Pest in ein Landhaus vor den Toren von Florenz und erzählen sich an zehn Tagen jeweils zehn Geschichten: Alles, was man über die Angst bannende, das Selbstdenken stärkende Kraft der Literatur wissen muss, ist in diesem Buch zu finden.

6) Kenneth Grahame: *Der Wind in den Weiden* (Deutsch von Harry Rowohlt, Kein & Aber, 238 S., 24 €)
Haben Sie Kinder? Mit ihnen den Maulwurf und den Dachs, die Wasserratte und den herrlich aufgeblasenen Kröterich zu entdecken, ist eines der großen Vergnügen der Weltliteratur – idealerweise in der Übersetzung von Harry Rowohlt, der das auch genial als Hörbuch vorliest.

5) Marcel Proust: *Auf der Suche nach der verlorenen Zeit* (Deutsch von Eva Rechel-Mertens, hrsg. von Luzius Keller, Suhrkamp, 5300 S., 98 €)
Schluss mit allen Ausreden: Wann, wenn nicht jetzt?

4) Arno Schmidt: *Schwarze Spiegel* (Suhrkamp, 154 S., 7 €)
Fünf Jahre nach einem Atomkrieg trifft der letzte Mann auf der Welt endlich eine Frau. Aber diese Frau, seine Lebensliebe, verlässt ihn mit den Worten: »Morgen fahre ich ab: es ist gerade noch Zeit, ehe ich ganz behäbig werde. Du bist mir zu stark.« Sollten Sie jemals verlassen worden sein, in dieser hochromantischen Liebesgeschichte kommt alles noch viel schlimmer.

3) Thomas Mann: *Der Tod in Venedig* (Fischer, 144 S., 11 €)
Die Geschichte des alternden Erfolgsautors Gustav von Aschenbach, der sich am Lidostrand in den Jüngling Tadzio verguckt, ist die Mustergeschichte schlechthin darüber, dass mitunter Liebe in bürgerlichen Existenzen noch größere Sauereien anrichtet als Pest, Typhus und Cholera zusammengenommen.

2) Cormac McCarthy: *Die Straße* (Deutsch von Nikolaus Stingl, Rowohlt, 256 S., 9,99 €)
Die tollste Post-Doomsday-Geschichte der US-amerikanischen Gegenwartsliteratur: Ein Junge und sein Vater wandern nach einer unbenannt bleibenden Katastrophe durch die Ascheödnis der USA, immer auf der Suche nach etwas zu essen und ständig auf der Hut vor allgegenwärtigen Kannibalen. Eine existenzielle Parabel von enormer stilistischer Wucht.

1) Marlen Haushofer: *Die Wand* (List, 285 S., 10 €)
Stell dir vor, du bist von einem Moment auf den anderen durch eine Glaswand von deiner Umgebung isoliert: So geschieht es Marlen Haushofers Erzählerin, die nur mal einen Ausflug in die österreichischen Alpen unternehmen wollte. Eine packende feministische Vision, an deren Ende ein Mord steht – und eine Frau, die ihr Leben in die Hand nimmt.

APRIL 2020

Belletristik

10) Saša Stanišić: *Herkunft* (Luchterhand, 368 S., 22 €)
Saša Stanišić kam mit 14 auf der Flucht vor dem Bosnienkrieg nach Deutschland und ist heute einer der sprachmächtigsten deutschen Schriftsteller. Wie das geht, davon erzählt er in seinem auch formal innovativen Buch über all das, was einen Menschen ausmacht: »Ich weiß noch, wie es sich anfühlt, für etwas keine Sprache zu haben«, schreibt Stanišić. »Wie ich manche Unterhaltungen am liebsten abgebrochen hätte, wenn meine Gesprächspartner ihre Ungeduld kaum verbergen konnten, weil ich so lange brauchte, um mich mitzuteilen.« Das Buch selbst ist das Happy End dieser Geschichte.

9) Ingo Schulze: *Die tollkühnen Mörder* (S. Fischer, 320 S., 21 €)
Heinrich von Kleist charakterisiert seinen Michael Kohlhaas als »einen der rechtschaffensten und zugleich entsetzlichsten Menschen seiner Zeit«. Norbert Paulini, Dresdner Antiquar und die Hauptfigur in Ingo Schulzes neuem Roman, ist ein Nachfahre von Kohlhaas. An seinem Beispiel beantwortet Schulze die Frage, warum so viele Ostdeutsche politisch ins rechte Abseits drifteten. Ein faszinierend konstruiertes, ein kühnes und gedankenreiches Buch.

8) Elizabeth Strout: *Die langen Abende* (Deutsch von Sabine Roth, Luchterhand, 350 S., 20 €)
Eine angenehm profunde, warmherzige, aber nie kitschige Geschichte über Liebe im Alter mit der bereits aus *Mit Blick aufs Meer* bekannten Olive Kitteridge. Die amerikanische Autorin Elizabeth Strout verfügt über zwei bemerkenswerte Stärken: Sie kann glaubhafte Charaktere zeichnen, und sie vermag diese Charaktere in eine Handlung einzubetten, die einen unwiderstehlichen Sog erzeugt. Kluge, plausible und intelligente Unterhaltung.

7) Lucinda Riley: *Die Sonnenschwester* (Deutsch von Sonja Hauser, Sibylle Schmidt, Ursula Wulfekamp, Goldmann, 832 S., 22 €)
Im Vergleich zu Elizabeth Strout nimmt sich Lucinda Riley aus wie ein Morchel-Soufflé zu einer Tiefkühlpizza. Frustrierend ist

die Dummheit, die Lieblosigkeit und die Abgeschmacktheit dieser Romanreihe um sieben Schwestern, die nach dem Tod ihres Adoptivvaters ihre Herkunft zu klären versuchen, diesmal mit einem internationalen Modemodel als Heldin. Von deren Drogen- und Alkoholsucht und Friseurproblemen zu lesen, ist etwa so aufregend, wie einen Weltrekordversuch im Pfahlsitzen zu verfolgen.

6) John Grisham: *Die Wächter* (Deutsch von Bea Reiter, Imke Walsh-Araya und Kristiana Dorn-Ruhl, Heyne, 447 S., 24 €)
Als Thrillerautor kann John Grisham Stephen King nicht das Wasser reichen. Seine Charaktere sind flach, seine Plots hölzern, seine Methoden zur Spannungserzeugung grob. Dennoch kann das auch sein neues Buch um einen auf Wiederaufnahmeverfahren von Insassen in Todeszellen spezialisierten Anwalt in seiner Substanz nicht beschädigen. Und das liegt an dem einfachen Grund, dass die Substanz von Grishams Bestsellern aus der Retorte nicht innerhalb, sondern außerhalb dieser Bücher liegt – will sagen: nicht in Grishams Fiktion, sondern in der Realität der US-Justiz.

5) Pascal Mercier: *Das Gewicht der Worte* (Hanser, 576 S., 26 €)
Pascal Mercier kommt aus der Siegfried-Lenz-Schule des Erzählens. Seine Devise lautet: doppelt genäht hält besser, lieber alles dreimal laut aussprechen als einmal zart andeuten. Das führt zu einer bräsigen Biederkeit. Wer sich daran nicht stört, den wird Merciers neuer Roman zum Nachdenken bringen und gut unterhalten. Es geht um einen Übersetzer und Verleger, der nach 77 Tagen mit einer Todesdiagnose sein Leben neu geschenkt bekommt und nun versucht, sich darüber klar zu werden, ob er sich als Mensch verfehlt oder das Potenzial seiner Individualität ausgeschöpft hat.

4) Monika Helfer: *Die Bagage* (Hanser, 160 S., 19 €)
Der schön doppeldeutige Titel von Monika Helfers bemerkenswertem Roman bezieht sich auf das Gepäck unserer Familiengeschichten, an dem manche ihr Leben lang schwer zu tragen haben – und auf eine sozial randständige, wenig geachtete Familie in einem österreichischen Dorf zu Beginn des Ersten Weltkriegs, »die Bagage« eben. Wunderbar verdichtet und enorm präzise in der Beobachtung erzählt Helfer von Unordnung und frühem Leid in prekären Familienverhältnissen.

3) Laetitia Colombani: *Das Haus der Frauen* (Deutsch von Claudia Marquardt, S. Fischer, 255 S., 20 €)
Laetitia Colombani erzählt die Geschichte des ersten Pariser Frauenhauses, verbunden mit der Geschichte einer Staranwältin, die nach einer beruflichen und privaten Niederlage an einem Burn-out leidet. In seiner extremen Oberflächlichkeit, Vereinfachung und manipulativen Lesersympathielenkung ist Colombanis Roman ein gutes Beispiel für heutigen Kitsch: ganz ungeheuer gut gemeint und ganz ungeheuer schlicht gedacht.

2) Delia Owens: *Der Gesang der Flusskrebse* (Deutsch von Ulrike Wasel und Klaus Timmermann, Hanserblau, 461 S., 22€)
Ein befriedigender Schmöker, dessen etwas maue Krimi-Handlung durch seine hinreißenden Naturschilderungen der Sumpflandschaften North Carolinas herausgerissen wird.

1) Lutz Seiler: *Stern 111* (Suhrkamp, 528 S., 24 €)
In diesem Roman erzählt Lutz Seiler betörend sinnlich und mit großer Sprachkraft von einer Kultkneipe in Ostberlin, dem durch den Fall der Mauer 1989 ausgelösten Rausch der Möglichkeiten, von der Notwendigkeit der Utopie, vom Altern von Träumen und dem ewig jungen Verlangen nach Freiheit. Ein beglückendes Buch – und ein Glücksfall der deutschen Literatur.

OKTOBER 2020

Sachbuch

Vorab: Seit meinem 13. Lebensjahr besuche ich die Frankfurter Buchmesse. Sie ist so etwas wie das Weihnachten des Literaturbetriebs: ein großes Familienfest mit vielen schrägen Tanten und verrückten Onkeln aus allen Teilen der Welt. In diesem Jahr ist alles anders. Wegen der Pandemie sind die internationalen Wurzeln der Messe weitgehend gekappt. Ob die virtuellen Begegnungen einen befriedigenden Ersatz bieten können, wird sich erweisen. In jedem Fall erscheint es mir aber als Zeichen der Solidarität mit der Frankfurter Buchmesse dringend geboten, alles zu versuchen, den Neuerscheinungen und ihren Autoren so viel Aufmerksamkeit zukommen zu lassen wie möglich – natürlich unter Einhaltung strikter Abstands- und Hygieneregeln. Denn dass die bedeutendste und internationalste Buchmesse der Welt bei uns in Deutschland stattfindet, ist keine Selbstverständlichkeit, sondern ein Glück und ein Privileg. Generationen von Verlegerinnen und Buchhändlern, Übersetzern und Autorinnen haben hart dafür gearbeitet.

10) Otto Kernberg und Manfred Lütz: *Was hilft Psychotherapie, Herr Kernberg?* (Herder, 192 S., 20 €)
Otto Kernberg ist einer der bekanntesten Psychoanalytiker der Welt. In diesem Gesprächsband erzählt er vom Nutzen seiner Disziplin, von ihren Grenzen und von seinem Leben, das ihn als jüdischen Österreichischer auf der Flucht vor den Nazis von Wien über Chile nach New York geführt hat. Am spannendsten ist das Buch immer dann, wenn Fragen diskutiert werden wie die, ob Adolf Hitlers bösartiger Narzissmus therapierbar gewesen wäre.

9) Maja Göpel: *Unsere Welt neu denken* (Ullstein, 208 S., 17,99 €)
Dass der Kapitalismus den Kommunismus besiegt hat, ist kein Grund, das Nachdenken über unser Wirtschaftssystem einzustellen.

Maja Göpel beschreibt in ihrem ermutigenden Essay, wir wir alle angesichts endlicher Ressourcen und planetarer Herausforderungen unsere Gier und unsere Dummheit überwinden können.

8) Ferdinand von Schirach und Alexander Kluge: *Trotzdem* (Luchterhand, 80 S., 8 €)
Ein Büchlein über Corona, das in jeder Hinsicht beruhigend wirkt. Erstens, weil es eine intellektuelle Freude ist, zwei klugen Menschen beim Nachdenken über die Pandemie zu folgen. Zweitens, weil Ferdinand von Schirachs Bekenntnis, während des Lockdowns zum ersten Mal seit 15 Jahren den Herd in seiner Wohnung eingeschaltet zu haben, was zu einem furchtbaren Gestank nach verbranntem Plastik führte, weil noch die Transportsicherungen unter den Herdplatten gewesen seien, den meisten Lesern den Trost beschert, noch nicht den allergrößten Grad von Schrulligkeit erreicht zu haben.

7) Richard David Precht: *Künstliche Intelligenz und der Sinn des Lebens* (Goldmann, 256 S., 20 €)

Eine dringend nötige und höchst beachtenswerte Warnung vor Anwendungen der künstlichen Intelligenz im Militär und an der Börse, im Alltag und in der Arbeitswelt und vor der politischen Entmündigung durch Programmierer und ihre Finanziers.

6) Marianne Koch: *Unser erstaunliches Immunsystem* (dtv, 208 S., 20 €)
Ein Gesundheitsratgeber aus der Feder der Ärztin, des Filmstars und der Fernsehmoderatorin Marinne Koch. Die Lektüre blieb ohne Nebenwirkungen.

5) Philippa Perry: *Das Buch, von dem du dir wünschst, deine Eltern hätten es gelesen* (Deutsch von Karin Schuler, Ullstein, 303 S., 19,99 €)
Ein Erziehungsratgeber mit vielen beherzigenswerten Ratschlägen: »Was Kinder – und wir alle – brauchen, sind Liebe und Grenzen, nicht nur das eine oder nur das andere«, schreibt Philippa Perry. Allerdings fehlt der wichtigste Ratschlag über Kinder, nämlich die Einsicht der unvergessenen Katharina Rutschky: »Kinder sind ein sehr schlechter Hundeersatz.«

4) Hamed Abdel-Samad: *Aus Liebe zu Deutschland* (dtv, 224 S., 20 €)
Ein sympathisches Buch der Selbstvergewisserung. Hamed Abdel-

Samad möchte im Gespräch mit Historikern, Politikern und Publizisten herausfinden, »was Deutschland wirklich ausmacht«, »was Deutsch-Sein bedeutet und was Deutschland – über die Zeitläufte hinweg – im Innersten zusammenhält«. Mein Verdacht ist allerdings, dass er durch ein gründliches Studium des Gesamtwerks von Loriot mehr darüber erfahren hätte.

3) Jan Böhmermann: *Gefolgt von niemandem, dem du folgst* (Kiepenheuer & Witsch, 464 S., 22 €)
»Twitter ist Literatur«, schreibt der Satiriker Jan Böhmermann und versucht mit seinen gesammelten Tweets aus zwölf Jahren den Beweis anzutreten. In seiner vogeligen Wirrheit, Redundanz und Selbstbezüglichkeit erinnert mich das Böhmermann'sche Gezwitscher eher an gesammelte CB-Funksprüche der 70er-Jahre. Immerhin finden sich aber einige schöne Gedankenspiele, dieses etwa: »In einem Paralleluniversum gibt es hoffentlich eine Sendung, in der anthropomorphe Bücher die verschiedenen Krawatte-Hut-Dreiteiler-Kombinationen von Denis Scheck besprechen und bewerten.« Sagen wir so: Mein Einstecktuch war von Böhmermanns Buch geplättet. Meinem Hemd platzte der Kragen. Meine Schuhe wollten daran unbedingt den Unterschied zwischen Satire und Schmähkritik demonstrieren. Meine Krawatte fand es zum Kringeln, meine Socken fanden, es stank, meine Weste fand es intellektuell zu eng, und meinem Jackett war es zu ungebügelt.

2) Manfred Lütz: *Neue Irre. Wir behandeln die Falschen* (Kösel, 208 S., 20 €)
Der Psychiater und Theologe Manfred Lütz nimmt psychisch Kranke davor in Schutz, mit politischen Irren wie Jair Bolsonaro, Kim Jong-un oder Donald Trump gleichgesetzt zu werden. Selten wurde mit leichterer Hand über Demenz, Sucht, Schizophrenie, Angst-, Ess- und bipolare Störungen, Trauma, Manie und Depression geschrieben.

1) Mary L. Trump: *Zu viel und nie genug* (Deutsch von Christiane Bernhardt, Pieke Biermann, Gisela Fichtl, Monika Köpfer, Eva Schestag, Heyne, 288 S., 22 €)
Mary Trump ist die Nichte des Mannes im Weißen Haus, ihr Vater war der alkoholkranke ältere Bruder Donald Trumps, den der Vater Fred Trump immer mies behandelt hat, während er Donald in jeder

Hinsicht bevorzugte. Mary Trump, selbst promovierte klinische Psychologin, zögert nicht, ihrem Onkel im Weißen Haus eine ungünstige Ferndiagnose zu stellen: Dieser sei ein soziopathischer Narzisst. So erschütternd die geschilderte Lieblosigkeit in dieser Familie wirkt, so gering bleibt der Erkenntniswert dieses Klatschbuchs.

2019

Können Bücher Freunde sein?

Die Erde ist eine Scheibe. Frauen haben keinen Verstand. Schwarze sind weniger wert als Weiße. Und Fantasy ist keine Literatur. Es gibt Schlachten, in die auch gutwilligste Aufklärer nur mit dem Enthusiasmus des Pferds Boxer aus Orwells *Farm der Tiere* ziehen – Sie wissen schon, der Gaul, dem zu allen Problemen dieser Welt immer nur der Satz einfällt: »Ich will und werde noch härter arbeiten!«

Immer wenn ich zu glauben beginne, in Wirklichkeit stehe es mit diesem Land und seiner Literatur eigentlich recht gut, begegne ich Menschen, die ganz genau wissen, was ein Gedicht ist und was nicht. Oder was Literatur ist und was nicht. Und Fantasy, sagen solche Menschen oft, so viel stehe doch bitte schön schon mal fest, Fantasy sei keine Literatur. Solche offen eingestandenen Begrenzungen des persönlichen Geschmacks und des kulturellen Horizonts mag es geben. Sie sind, wie jede intellektuelle Beschränktheit, bedauerlich. Aber nicht jedes persönliche Handicap kann und muss überwunden werden. Nur wird, wer partout keinen Fisch mag, es in der Gastrokritik nicht weit bringen. In der Literaturkritik scheint es da anders zuzugehen. Die Verachtung ganzer Genres gehört hier seit Jahrzehnten, ja seit Jahrhunderten zum guten Ton.

Hartnäckig hält sich das Gerücht, es gebe so etwas wie eine realistische Literatur. Eine Literatur, die von unserem wirklichen Leben mit Beziehungsstress und Ärger mit der Steuer, dem Dauerclinch im Büro, Orgasmusschwierigkeiten und Erektionsproblemen erzählt – im Gegensatz zu all den Märchengeschichten mit Feen und Zauberern, Kämpfen gegen Drachen oder Hexen und den Abenteuern von Hobbits oder Harry Potter, die nichts, aber rein gar nichts mit unserem Alltag zu tun haben, sondern nur eine billige Flucht aus diesem ermöglichen. »Eskapismus« heißt denn auch der Killervorwurf gegen diese Art von Literatur. Geflissentlich unterschlagen wird dabei jedoch, dass die Flucht aus der Wirklichkeit überhaupt der Urgrund aller Literatur und allen Lesens ist. Wir lesen, weil wir das Bedürfnis haben, von unseren eigenen Lebensumständen, den jeweils opportunen politischen und sozialen Glaubensgewissheiten, der permanenten Nabelschau einmal abzusehen, um nach dem Genuss einer Geschichte mit frischem Blick, ausgelüftetem Hirn und wachem Herz in unser eigenes Leben zurückzukehren.

Deshalb sagte Tolkien, die Einzigen, die etwas gegen Eskapismus hätten, seien die Gefängniswärter. Und von solchen

Gefängniswärtern wimmelt es in Deutschland – nicht nur in der Literaturkritik. So verweigerte mir die katholische Kirche in Köln noch unlängst eine Drehgenehmigung, als ich in einer ihrer schicken Immobilien in unwiderstehlicher Innenstadtlage mit Cornelia Funke über ihre grandiose Tintenwelt-Trilogie sprechen wollte. Zu unchristlich sei die Botschaft von Funkes Büchern, so wurde mir seitens des Kölner Kardinals bedeutet, als dass in einem katholischen Gotteshaus ein Gespräch darüber infrage komme.

Übersetzt aus der kurzlebigen Sprache des Journalismus in die langlebigen Worte des Johannesevangeliums heißt das: »In meines Vaters Haus sind viele Wohnungen« – aber für Glasmänner oder Moosweibchen, Halblinge, Elfen und Trolle, Feen, Zwerge und Riesen findet sich noch nicht einmal eine Dienstbotenkammer. Für fantastisches Gesindel dieser Art gilt dasselbe wie für Hunde vor Türen von Fleischereien: »Wir müssen leider draußen bleiben.«

Dabei ließen sich gerade in katholischen Kirchen die schönsten, weil spannendsten und anregendsten Fragen diskutieren!

Zum Beispiel: »Ist Christus auch für die Hobbits von Mittelerde gestorben?« Oder: »Besteht ein Bedürfnis nach Erlösung auch ohne Sündenfall und Vertreibung aus dem Paradies?« Ganz zu schweigen von: »Dürfen durch Vergewaltigung schwanger gewordene Elfen abtreiben – und falls ja, bis zu welchem Monat?«

Solche Fragen haben so gar nichts mit den Debatten unserer Gegenwart zu tun, die von wirklich wichtigen Themen wie dem Dosenpfand, dem reduzierten Mehrwertsteuersatz auf Schnittblumen und der steuerlichen Abzugsfähigkeit von Zahnersatz dominiert werden. Die katholische Kirche und der deutsche Literaturbetrieb teilen mindestens zwei Eigenarten: Sie nehmen gern übel und waren immer schon auf der Seite der Drachentöter. Und deshalb wurde über Autoren von Fantasy-, Horror- und Science-Fiction-Geschichten ein pauschaler Trivialitätsverdacht verhängt, der für Autoren von Kinderbüchern ja sowieso schon lange und fast ausnahmslos galt, denn Geschichten über und mit Glasmännern oder Moosweibchen, Halblingen, Elfen und Trollen, Feen, Zwergen und Riesen wurden als eskapistisch angesehen und damit als aliterarischer Schmutz und Schund.

Schön wäre es, diese dunkle Epoche der Fantasy-Verachtung im deutschen Geistesleben als lange schon beendet zu erklären, sie der grauen Vorzeit der dünkelhaften Vorurteile zuzurechnen, dem trostlosen und öden Denken der DDR-Kulturfunktionäre, jenen Sloterdijk'schen »beispiellos finsteren Jahre[n]« der bundesrepublikanischen Adenauer-Zeit oder auch der 68er-Zeit mit ihrer ausgeprägten Kultur des Zuhörens, ihrer Toleranz und ihrer Affinität zur Differenz im geistigen Feld, wie sie Theodor W. Adorno selig noch erleben durfte. Oder vielleicht doch jenem goldenen Dezennium deutschen Geisteslebens, den 1970ern, wo weltläufige Intellektuelle wie Luise Rinser und Gerhard Zwerenz das Bild bestimmten, Margarete Hannsmann als »wichtige« Schriftstellerin galt und Schwule und Lesben noch waren, »wo sie hingehörten«.

Cornelia Funke ist heute die weltweit erfolgreichste deutschsprachige Schriftstellerin. Mit ihren Jugendbüchern um die Mädchenbande *Die Wilden Hühner*, mit ihren *Tintenwelt*-, *Reckless*- und *Drachenreiter*-Romanen erreichte sie Auflagen von über 30 Millionen Exemplaren weltweit. Vor allem aber hat Cornelia Funke in ihren Romanen immer wieder das Erzählen selbst reflektiert und dabei überaus originelle und einprägsame Bilder für die Wechselwirkungen der Literatur auf unser Leben gefunden und auch kleine Einblicke in ihre Dichterwerkstatt gewährt. So lässt sie in *Tintenherz* etwa den Dichter Fenoglio über seine Helden sagen: »Ich stehle hier, ich stehle dort, und schon beginnen sie zu atmen, bis jeder, der von ihnen liest oder hört, glaubt sie anfassen zu können.« Trifft das auch auf die Dichterwerkstatt von Cornelia Funke zu?

Ihre schönste Idee ist zweifellos die der »Zauberzungen«, Menschen, die einen Text so anschaulich und inbrünstig zum Vortrag bringen können, dass sie die darin geschilderten Figuren zum Leben erwecken und in die Realität der Zuhörenden holen – oder die Zuhörenden in die Welt des Buchs hineinlesen können. Funkes *Tintenwelt*-Tetralogie ist eine einzige Liebeserklärung an die Literatur. Meggie, eine der Hauptfiguren, hat denn auch immer ein Kistchen mit ihren Lieblingsbüchern griffbereit, das ihr Vater, der Buchbinder Mo, ihr angefertigt hat. »Wenn du ein Buch auf eine Reise mitnimmst«, hatte Mo gesagt, als er ihr das erste in die Kiste gelegt hatte, »dann geschieht etwas Seltsames: Das Buch wird anfangen, deine Erinnerungen zu sammeln. Du wirst es später nur aufschlagen müssen, und schon wirst du wieder dort sein, wo du zuerst darin gelesen hast. Schon mit den ersten Wörtern wird alles zurückkommen: die Bilder, die Gerüche, das Eis, das du beim Lesen gegessen hast … Glaub mir, Bücher sind wie Fliegenpapier. An nichts haften Erinnerungen so gut wie an bedruckten Seiten.« Vermutlich hatte er damit recht. Doch Meggie nahm ihre Bücher noch aus einem anderen Grund auf jede Reise mit. Sie waren ihr Zuhause in der Fremde – vertraute Stimmen, Freunde, die sich nie mit ihr stritten, kluge, mächtige Freunde, verwegen und mit allen Wassern der Welt gewaschen, weit gereist, abenteuererprobt.

*

Ein heimlich auf Ibiza gedrehtes Video mit den Politikern Heinz-Christian Strache und Johann Gudenus offenbart in Österreich die Korrumpierbarkeit der FPÖ und löst den Bruch der Regierungskoalition mit der ÖVP aus. Ein Großbrand zerstört die Kathedrale Notre-Dame in Paris. Naruhito wird in Japan zum 126. Tenno gekrönt. Die Demokratiebewegung in Hongkong organisiert Massenproteste. Wolodymyr Selenskyj wird Präsident der Ukraine. Das Europäische Parlament wählt Ursula von der Leyen zur Kommissionspräsidentin. Boris Johnson wird britischer Premierminister. Am 31.12. erhält die Weltgesundheitsorganisation WHO erste Informationen aus China über eine »Lungenkrankheit mit unbekannter Ursache« in Wuhan – die ersten Covid-19-Fälle.

Der Österreicher Peter Handke erhält den Nobelpreis für Literatur, was aufgrund der kontroversen Aussagen des Autors zum Jugoslawienkrieg für ein zwiespältiges Echo sorgt. Der Schweizer Lukas Bärfuss wird mit dem Georg-Büchner-Preis geehrt. Jean-Paul Dubois gewinnt mit *Jeder von uns bewohnt die Welt auf seine Weise* den Prix Goncourt. Margaret Atwood für *Die Zeuginnen* und Bernardine Evaristo für *Mädchen, Frau etc.* teilen sich den Booker Prize, Richard Powers erhält für *Die Wurzeln des Lebens* den Pulitzer. Der Prinzessin-von-Asturien-Preis geht an Siri Hustvedt. Der Deutsche Buchpreis zeichnet Saša Stanišić für *Herkunft* aus, der Preis der Leipziger Buchmesse an Anke Stelling für *Schäfchen im Trockenen*. Gastland der Frankfurter Buchmesse ist Norwegen. Koch, Neff und Volkmar, das größte deutsche Barsortiment, geht in die Insolvenz. Die literarische Welt trauert um Mirjam Pressler, Horst Stern, Leonie Ossowski, Rosamunde Pilcher, Tomi Ungerer, Dieter Forte, Andrea Camilleri, Luciano De Crescenzo, Werner Söllner, Judith Kerr, Peter Hamm, Kiran Nagarkar, Brigitte Kronauer, Toni Morrison, György Konrád, Ernst Augustin und Günter Kunert. Das Wort des Jahres lautet »Respektrente«, das Unwort »Klimahysterie«.

Ob Atkins, Fletschern, Kohlsuppen, Makrobiotik, Weight-Watchers-Punkte, Slimfast, Steinzeit, Low Fat oder High Carb: Die Deutschen ernähren sich seit Jahrzehnten von Diätratgebern. Wann immer man in der Belletristik an der Übermacht der Doofelbücher verzweifeln möchte, bleibt der Blick an Autoren wie Julian Barnes, Michel Houellebecq, T. C. Boyle, Daniela Krien, Walter Moers oder Saša Stanišić hängen, die, so man Glück hat, sogar im selben Monat mit ihren neuen Romanen auf der Liste stehen. Noch gibt es also literarische Lichtblicke im Morast des Schunds. Und dass sich ein Drogeriemarkt-Milliardär erst eine als Biografie getarnte Lobhudelei kauft und dann selbst Romane schreibt, ist im Grunde auch ein gutes Zeichen für die Attraktivität des Mediums Buch.

JANUAR 2019

Belletristik

10) Charlotte Link: *Die Suche* (Blanvalet, 656 S., 24 €)
»Es war dunkel. Es war kalt.« So weit ins Risiko wagen sich die wenigsten Sätze, die in diesem wie immer in England spielenden Krimi der Deutschen Charlotte Link auf über 600 Seiten folgen. Links Ermittler, der alkoholkranke Detective Chief Inspector Caleb Hale und die unter einem Minderwertigkeitskomplex leidende Detective Sergeant Kate Linville, sind bekannt. Die Handlung um einen Mädchen mordenden Serienkiller ist albern wie üblich. Bleibt eben die Sprache. »Es war dunkel. Es war kalt.« Muss ich mehr sagen?

9) Carmen Korn: *Zeitenwende* (Kindler, 560 S., 19,95 €)
Der Abschlussband einer Romantrilogie über vier Freundinnen aus Hamburg-Uhlenhorst leidet schwer unter der Holzhammerdidaktik, mit der die Autorin acht Jahrzehnte deutscher Zeitgeschichte als Familiengeschichte erzählt. Ob RAF-Terror oder Eiserner Vorhang, Holocaust oder Zweiter Weltkrieg, sexuelle Revolution oder Studentenrevolte: Dies alles in einem Freundschaftsbilderbogen zu behandeln führt zu bedeutungsschwangeren Sätzen wie: »Die Erinnerung kann ein schrecklicher Ort sein. Den Tod meiner Mutter in Neuengamme habe ich dann vor Augen. Und Kurt kommt mir in den Sinn, vielleicht hätte er die Nazis überlebt.« Manchmal kann aber auch ein Buch ein schrecklicher Ort sein.

8) Juli Zeh: *Neujahr* (Luchterhand, 192 S., 20 €)
Ferien mit kleinen Kindern als ultimativer Stresstext für die Psyche und den Geldbeutel: Das erlebt der Held in Juli Zehs neuem Roman auf Lanzarote. In *Neujahr* teilt sich ein modernes Mittelstandspaar Kinder, Haushalt und Beruf ganz vorbildlich fifty-fifty. Doch das Ergebnis ist trotzdem totale Überforderung – die Panikattacken lassen nicht lange auf sich warten. »Arbeit ist nicht mehr der Feind der Freizeit, sondern eine Verteidigungsstrategie gegen den Dauerzugriff der Kinder«, schreibt Juli Zeh. Ein Psychothriller mit hohem soziologischem Erkenntniswert.

7) Lucinda Riley: *Die Mondschwester* (Deutsch von Sonja Hauser, Goldmann, 672 S., 19,99 €)
Band fünf der Romanreihe um sieben Schwestern, die nach dem Ableben ihres Adoptivvaters ihre Herkunft zu klären versuchen. Unterirdischer Schrott, dumm, banal, reaktionär – jedes weitere Wort über diese literarische Zumutung wäre Verschwendung.

6) Jürgen von der Lippe: *Nudel im Wind* (Penguin, 240 S., 18 €)
Aus demselben Schoß, der das grenzdebile Genre der sogenannten Fernsehunterhaltung gebar, kroch auch dieser Roman um eine fiktive Abnehm-Show im Privatfernsehen. Gewohnt krachlederner Pipi-Kacka-Humor von einem Autor, der auf der Bühne lustig sein kann, der mir auf der Buchseite aber durch sein schenkelklatschendes Aufs-Publikum-Schielen und seine dumpfen Dauerzoten unerträglich ist. Literatur zum Fremdschämen.

5) Robert Galbraith: *Weißer Tod* (Deutsch von Wulf Bergner, Christoph Göhler und Kristof Kurtz, Blanvalet, 864 S., 24 €)

Drei lange Jahre hat die Harry-Potter-Autorin auf einen neuen Cormoran-Strike-Krimi warten lassen, und es hat sich gelohnt: Diesmal geht's um einen britischen Kulturminister in der Klemme, ein lange verschollenes Bild des Pferdemalers George Stubbs und die unsichtbaren Klassenschranken Großbritanniens. Allein das Anfangskapitel, die Schilderung einer Hochzeit, während der Strikes Assistentin den Falschen heiratet, lohnt das ganze Buch. Brexit hin oder her, solange Großbritannien Autorinnen hervorbringt wie J. K. Rowling, die unter ihrem Pseudonym Robert Galbraith schreibt, muss einem um das Schicksal der Insel nicht bange sein.

4) Sebastian Fitzek: *Der Insasse* (Droemer, 384 S., 22,99 €)
Aber um Deutschland beginne ich mir angesichts des anhaltenden Erfolgs von Sebastian Fitzek schon Sorgen zu machen. Der Grobmotoriker unter den deutschen Thrillerautoren setzt auch in diesem Buch über den Vater eines ermordeten Kindes, der sich in eine geschlossene Psychiatrie einweisen lässt, um an den dort verwahrten Täter heranzukommen, wieder auf Schockeffekte und Gewalt pur und predigt ein Evangelium der Selbstjustiz, das ich schlicht widerwärtig finde.

3) Nele Neuhaus: *Muttertag* (Ullstein, 560 S., 22 €)
Sämtliche Opfer der Mordserie, die Neuhaus' Ermittler Pia Sander und Oliver von Bodenstein aufzuklären trachten, sind Frauen, die ihre Kinder verlassen haben – einen »deutscheren« Krimi habe ich lange nicht mehr gelesen. Aber unterm Strich reichen die literarischen Mittel von Nele Neuhaus nicht aus, um aus diesem Stoff wirklich literarische Funken zu schlagen. Und für Krimi-Konfektion bin ich nicht zu haben.

2) Dörte Hansen: *Mittagsstunde* (Penguin, 320 S., 22 €)
Dörte Hansens Debüt *Altes Land* machte sie populär, in *Mittagsstunde* legt die sich ihrer Kunst sicherer werdende Autorin literarisch ein Schippchen drauf: Am Beispiel des fiktiven nordfriesischen Dorfs Brinkebülls und seiner Bewohner erzählt Dörte Hansen von den Folgen der Flurbereinigung und Modernisierung. Der Roman beginnt mit dem Auftritt einer leicht devianten jungen Frau, genannt Marret Ünnergang, die auf Holzpantinen durchs Dorf klappert und ständig ruft: »Die Welt geiht unner!« Am Ende dieses Romans über eine ungewöhnliche Patchworkfamilie wissen wir Leser, dass Marret Ünnergang in diesem starken Roman recht behalten hat.

1) Michel Houellebecq: *Serotonin* (Deutsch von Stephan Kleiner, DuMont, 320 S., 24 €)
Welche Freude, was für ein Vergnügen, welche Wohltat ist dieses Buch, gemessen an dem mediokren Schrott, der sonst die Bestsellerliste dominiert! Michel Houellebecqs Geschäft ist die Provokation. Und bis zur Schnappatmung provoziert er denn auch die Gralshüter der linksliberalen Feuilletons in diesem Roman über einen altnormannischen Adeligen, der in seinem an Kleists Michael Kohlhaas erinnernden Kampf für ein freies Bauerntum zum Terroristen wird. Na gut, daneben erzählt Houellebecq auch ein bisschen krudes Zeug über Japanerinnen, Sex mit Hunden und deutsche Päderasten. Aber wer wird denn gleich in die Luft gehen? Wo zum Teufel findet man intelligentere Gegenwartsdiagnosen von schmerzhafterer Klarheit und zwingenderer Radikalität als bei Houellebecq? Natürlich frage ich mich auch: Ist dieser Hass gegen die EU, die Globalisierung, ja gegen die Moderne selbst echt oder nur Rollenprosa eines einsamen Losers? Doch ich kann mir intellektuell nicht leisten, ohne die Zwischenreden dieses Autors auszukommen. Und ich würde es auch niemandem empfehlen.

OKTOBER 2019

Sachbuch

10) Biyon Kattilathu: *Der Rikschafahrer, der das Glück verschenkt* (Gräfe und Unzer, 192 S., 16,99 €)
Eine haarsträubende Ansammlung banalster Binsenweisheiten, gekleidet in angebliche Lebensregeln eines in einem Slum groß gewordenen Rikschafahrers aus Neu-Delhi. Weniger ein Buch, eher eine Peinlichkeit.

9) Michelle Obama: *Becoming* (Deutsch von Harriet Fricke, Tanja Handels, Elke Link, Andrea O'Brien, Jan Schönherr und Henriette Zeltner, Goldmann, 544 S., 26 €)
Wie man mit Benachteiligungen zurande kommt, ohne Zuflucht zum für alles persönliche Scheitern als Ausrede dienenden Opferdiskurs zu nehmen: Auch das lässt sich aus der unprätentiösen Autobiografie dieser souveränen Frau lernen.

8) Boris Palmer: *Erst die Fakten, dann die Moral* (Siedler, 240 S., 20 €)
Dieses Buch ist eine überfällige Erinnerung daran, dass die Grundlage jeder Meinung Wissen sein sollte. »Wenn aus einer moralischen Grundhaltung ein allgegenwärtiges Moralisieren wird, wenn Menschen die eigene Moral zum Maßstab für alles machen und jede andere Moral verdammen, wenn also aus Moral Überheblichkeit, Hochmut, Arroganz und Abwertung wird, dann ist es Zeit für eine Antithese«, schreibt der grüne Oberbürgermeister von Tübingen. »Sie lautet: Erst die Fakten, dann die Moral.« Palmers Einlassungen zur Kommunalpolitik, zu Themen wie Windkraft, Tierversuchen und innere Sicherheit bestechen durch eine erfreulich unideologische Herangehensweise und beherzigen einen Satz des ersten Nachkriegsvorsitzenden der SPD, Kurt Schumacher: »Politik beginnt mit dem Betrachten der Wirklichkeit.«

7) Sascha Lobo: *Realitätsschock* (Kiepenheuer & Witsch, 400 S., 22 €)
Sascha Lobo diagnostiziert einen durch Globalisierung und Digitalisierung ausgelösten »Realitätsschock« in westlichen Gesellschaften, der in der plötzlichen Wahrnehmung von Themen wie Klimawandel,

Rechtsruck, Künstlicher Intelligenz oder der veränderten Bedeutung Chinas besteht, und lobt dabei das Engagement der von ihm sogenannten »Klimajugend«. Allerdings vermisse ich eine für mich auf der Hand liegende Konsequenz seiner Überlegungen: Weniger Menschen sind gut fürs Klima. Sehr viel weniger Menschen wären sogar noch sehr viel besser. Also wäre die beste Nachricht fürs Klima, wenn viele Menschen auf Nachwuchs verzichteten. Auf diesen Realitätsschock wartete ich in diesem Buch vergebens.

6) Stephen Hawking: *Kurze Antworten auf große Fragen* (Deutsch von Susanne Held und Hainer Kober, Klett-Cotta, 253 S., 20 €)
Einer der klügsten Köpfe unserer Zeit widmet sich in seinem letzten Buch Kinderfragen und erläutert eloquent und elegant den Unterschied zwischen Information und Wissen, ob wir mehr Angst vor dem Zusammenstoß mit einem Asteroiden oder vor dem Klimawandel haben sollten und wie das überhaupt so ist mit der Angst. Hawkings ermutigendes Fazit: »Seid neugierig! Und ganz egal, wie schwierig euch euer Leben vorkommt: Es gibt immer etwas, das ihr tun – das ihr erfolgreich tun könnt.«

5) Bahar Yilmaz: *Du wurdest in den Sternen geschrieben* (Integral, 224 S., 16 €)
Lange habe ich keine solch törichte Ansammlung durch und durch verlogener Allgemeinplätze zur Lebenshilfe gelesen wie in diesem absurden Machwerk einer Youtuberin. »Dieses Buch soll dich dazu einladen, zu einer Forscherin in deinem eigenen Universum zu werden, unentdeckte innere Welten zu erobern und die Symphonie deines gesamten Wesens, so wie sie in den Sternen geschrieben wurde, zu empfangen«, schreibt Yilmaz. Zu solch albernem Schrott hat der große deutsche Dichter Robert Gernhardt bereits vor über drei Jahrzehnten in seinem Gedicht »Selbstbefragung« das letzte Wort gesagt: »Ich horche in mich rein./In mir muß doch was sein./Ich hör nur ›Gacks‹ und ›Gicks‹./In mir da ist wohl nix.«

4) Thomas Gottschalk: *Herbstbunt* (Heyne, 272 S., 20 €)
So richtig ernst nimmt Thomas Gottschalk das Bücherschreiben offenbar nicht. Man merkt dies in seinem zweiten Memoirenband daran, dass er je nach Entstehungszeit der Kapitel noch mit seiner langjährigen Ehefrau zusammen ist und dann wieder mit einer neuen

Partnerin. Hier war der Autor schlicht zu faul zum Überarbeiten. Aber wahrscheinlich kommt es in diesem Wust aus Erinnerungen, Rechtfertigungen und, in seinen besten Passagen, aufschlussreichen Einsichten in den Medienbetrieb wirklich nicht drauf an, bekennt Gottschalk doch mit entwaffnender intellektueller Koketterie: »Ich wollte immer als lustig und nicht als klug wahrgenommen werden.«

3) Bas Kast: *Der Ernährungskompass* (C. Bertelsmann, 320 S., 20 €)
Eine leicht verständliche Betriebsanleitung für den eigenen Körper: Wenn Sie ein Diätbuch suchen, lesen Sie dieses. Aber, sehen Sie mir das offene Wort nach, es gibt Wichtigeres als Diäten.

2) Peter Wohlleben: *Das geheime Band zwischen Mensch und Natur* (Ludwig, 240 S., 22 €)
Staunend und dankbar habe ich bei der Lektüre erfahren, dass manche Bäume schlafen, Pflanzen mit den Wurzeln hören können, die Nadeln der Douglasie nach Orangeat schmecken und die Raupen des Blutbärs sich durch die Giftstoffe des Kreuzkrauts vor Fressfeinden schützen. Dies alles zu wissen, macht mich froh. Auch wenn ich keineswegs immer einer Meinung mit Peter Wohlleben bin – Sind Förster wirklich Baummetzger? Sollte man die Jagd in Deutschland verbieten? –, kann ich mir kaum eine lohnendere Lektüre vorstellen als dieses Schatzhaus des Wissens!

1) Edward Snowden: *Permanent Record* (Deutsch von Kay Greiners, S. Fischer, 432 S., 22 €)
Edward Snowden ist ein Held unserer Zeit. Als Systemadministrator deckte er 2013 auf, in welch ungeheuerlichem Umfang die US-amerikanische National Security Agency Menschen weltweit überwacht. Seither muss er undercover in Moskau leben, dies ist seine überraschend kurzweilige und einsichtsreiche Autobiografie. »Für einen kurzen, wunderschönen Zeitraum … wurde das Internet vorwiegend von Menschen für Menschen gemacht. Sein Zweck war es nicht, Geld zu verdienen, sondern aufzuklären«, so Edward Snowden. Warum kann dieser Mann, der großen Mut bewiesen und der Menschheit einen Dienst erwiesen hat, kein Asyl in Deutschland erhalten?

NOVEMBER 2019

Sachbuch

10) Michael Horeni mit Hans-Joachim Watzke: *Echte Liebe* (C. Bertelsmann, 286 S., 20 €)
Eine moderne Heiligenlegende über einen Selfmademan, der sein Leben seinem Unternehmen und seiner Familie, der CDU und einem Fußballverein weiht, geschrieben von einem *FAZ*-Sportjournalisten in martialischer Wochenschau-Sprache: »… dieser Kampf, den Hoeneß an vorderster Front gegen Borussia Dortmund führt …« So sehen sie aus, die Stalin-Oden unserer Zeit.

9) Peter Wohlleben: *Das geheime Band zwischen Mensch und Natur* (Ludwig, 240 S., 22 €)
Längst haben wir Deutschen nicht nur einen Nationaltorhüter, sondern auch einen Nationalförster – beziehungsweise Ex-Förster, denn Peter Wohlleben nennt seine Försterkollegen von früher ja »Baummetzger«. Dieses schlaue Buch, in dem Wohlleben sein breites Wissen um den Wald ausbreitet und etwa erklärt, warum die aktuelle Sehnsucht nach dem Wald keineswegs Eskapismus ist, liefert einen schönen Beleg dafür, dass Wissen froh macht.

8) Stephen Hawking: *Kurze Antworten auf große Fragen* (Deutsch von Susanne Held und Hainer Kober, Klett-Cotta, 253 S., 20 €)
Wissen macht froh: Das gilt auch für dieses Buch, in dem der Astrophysiker Stephen Hawking nichts Geringeres als Ziele für das Streben der Menschheit nennt: »Für die Zukunft stehen uns zwei Möglichkeiten offen«, schreibt er. »Erstens die Erkundung des Weltalls mit dem Ziel, alternative Planeten zu finden, auf denen wir leben können; und zweitens der gezielte Einsatz Künstlicher Intelligenz zur Verbesserung unserer Welt.« Na denn, packen wir's an!

7) Max Otte: *Weltsystem Crash* (FBV, 639 S., 24,99 €)
»Weitgehend ungebremste Migrationsströme nach Europa sorgen in der Alten Welt für tiefe Risse und Spaltungen in den Gesellschaften«, schreibt der AfD-Vordenker Max Otte, unterschlägt dabei aber, dass es gerade alarmistische Aufmerksamkeitsprofiteure wie er sind, die

dafür sorgen, die Risse und Spaltungen in westlichen Demokratien größer werden zu lassen und das Vertrauen in unsere politischen Institutionen zu erschüttern. Aus diesem Buch lässt sich lernen, wie ein Feindbild konstruiert wird – Angela Merkel, die EU, der »Mainstream«, »die herrschende politisch-mediale Elite« – und wie man als Autor auf dem selbst entzündeten Feuer der Empörung sein unappetitliches Süppchen kocht. Ein Buch, das Ekel in mir auslöst. Meine Eitelkeit ist groß genug, mich selbst zu dieser herrschenden politisch-medialen Elite zu zählen. Und noch ist diese Elite handlungsfähig …

6) Richard David Precht: *Sei du selbst* (Goldmann, 608 S., 24 €)
Wie schön, dass der dritte Band einer kompetent geschriebenen populären Philosophiegeschichte hierzulande auf der Bestsellerliste steht. Precht beleuchtet, wie »Philosophieren nach Gott« in einer ganz offenbar nicht für den Menschen geschaffenen Welt etwa bei Søren Kierkegaard und Arthur Schopenhauer, Sigmund Freud und Friedrich Nietzsche, Karl Marx und Max Weber im 19. Jahrhundert aussieht.

5) Doris Dörrie: *Leben, Schreiben, Atmen* (Diogenes, 176 S., 18 €)
Der Mensch als das erzählende Tier steht im Mittelpunkt von Doris Dörries inspirierender, ganz und gar unprätentiöser Schule des Schreibens: Mit autobiografischen Geschichten motiviert Dörrie ihre Leserinnen und Leser, schreibend ihr eigenes Leben neu zu entdecken. Ein wirklich begeisterndes Buch!

4) Bas Kast: *Der Ernährungskompass* (C. Bertelsmann, 320 S., 20 €)
Das beste Diätbuch, das ich kenne. Doch wie Sie sehen: Wissen macht vielleicht schlau, aber leider nicht schlank …

3) Edward Snowden: *Permanent Record* (Deutsch von Kay Greiners, S. Fischer, 432 S., 22 €)
Als Angestellter der National Security Agency deckte Edward Snowden vor sechs Jahren auf, in welch empörendem Ausmaß der amerikanische Geheimdienst unsere Daten abschöpft. Dafür musste er als klassischer Whistleblower einen hohen Preis zahlen und in Russland um Asyl bitten. Seine spannende Autobiografie ist ein flammendes Plädoyer, uns digital nicht versklaven zu lassen.

2) Marc Friedrich und Matthias Weik: *Der größte Crash aller Zeiten* (Eichborn, 400 S., 20 €)
Noch zwei Finanz-Alarmisten, die mit der Bewirtschaftung unserer Ängste ein einträgliches Auskommen auf der Bestsellerliste finden. Der Euro, so Friedrich und Weik, scheitert spätestens 2023. Warten wir's ab. Wer allerdings wie diese beiden allen Ernstes die *Bild*-Zeitung in einem Atemzug mit dem *Spiegel* unter »Qualitätsblättern« einordnet, der hat nicht nur seinen Kompass verloren, sondern sein Schiff. Solchen Bauernfängern begegnete man früher eher auf Jahrmärkten als zwischen zwei Buchdeckeln.

1) Jonathan Safran Foer: *Wir sind das Klima!* (Deutsch von Stefanie Jacobs und Jan Schönherr, Kiepenheuer & Witsch, 336 S., 22 €)
Ein Kapitel gibt es in diesem Buch, das mich ein wenig Hoffnung schöpfen ließ. Foer geht ins Kino, schaut sich Al Gores *Eine unbequeme Wahrheit* an und denkt dann in einem langen Kapitel darüber nach, warum dieser Film die unbequemste Wahrheit verschweigt. Endlich, dachte ich, endlich spricht es mal jemand aus, endlich sagt der zweifache Familienvater Foer, dass der wichtigste Beitrag, den wir zum Schutz des Klimas leisten können, der Verzicht auf Kinder ist. Leider wurde ich enttäuscht. Ab Seite 73 schreibt Foer von den Auswirkungen landwirtschaftlicher Tierhaltung auf die Umwelt und fordert einen Verzicht auf tierische Produkte – nicht immer, aber wenigstens vor dem Abendessen. Erst auf Seite 115 wird in einem lapidaren Nebensatz erwähnt, dass »weniger Kinder kriegen« ein guter Beitrag wäre, aber diese Erkenntnis wird mit dem Satz konterkariert: »Die wenigsten Leute denken aktuell über ein Kind nach.« Das finde ich intellektuell unredlich – so bewirtschaftet man ein aktuelles Thema für seine eigene Agenda. Enttäuschend.

DEZEMBER 2019

Belletristik

10) Ursula Poznanski: *Erebos 2* (Loewe, 512 S., 19,95 €)
Der schöne Begriff »Schadsoftware« erhält in diesem Buch über ein sich verselbstständigendes Computerspiel eine ganz neue Bedeutung: Ursula Poznanski gelingt ein spannendes Jugendbuch über die sich auflösende Grenze zwischen realer und virtueller Wirklichkeit.

9) Ildikó von Kürthy: *Es wird Zeit* (Wunderlich, 384 S., 20 €)
Die Mutter ist tot, die Kinder sind aus dem Haus, in der Ehe ist der Ofen aus, die einstige beste Freundin stirbt an Krebs: Kürthys Romanheldin ist wahrlich nicht zu beneiden. Aber Chapeau vor einer Autorin, die es schafft, einem solchen Stoff einen zwar illusions-, aber nicht hoffnungslosen Unterhaltungsroman abzuringen!

8) Volker Klüpfel und Michael Kobr: *Draußen* (Ullstein, 384 S., 19,99 €)
Mut zur Neuerfindung haben sie ja, die Autoren der Kultkrimis um Kommissar Kluftinger. In ihrem neuen Buch verzichten sie auf den Allgäuer, dadurch aber eben auch auf ihre größten Stärken: Humor und Ortskenntnis. Ergebnis ist so ein gewaltgeiler, abstrus konstruierter Thriller über Prepper, einen Blackout in Deutschland und korrupte Fremdenlegionäre.

7) Delia Owens: *Der Gesang der Flusskrebse* (Deutsch von Ulrike Wasel und Klaus Timmermann, Hanserblau, 461 S., 22€)
Ein merkwürdiger Zwitter von einem Buch: die eine Hälfte enorm eindrückliche Naturschilderungen aus dem Marschland North Carolinas, die andere Hälfte ein Krimi über ein Mädchen, das – von Mutter, Vater und Geschwistern verlassen – als eine Art moderner Menschenjunge Mogli aus dem *Dschungelbuch* dort aufwächst und dann in einen Mordfall verstrickt wird. Ergebnis: ein *Nature-Writing*-Thriller. Interessant.

6) Ian McEwan: *Die Kakerlake* (Deutsch von Bernhard Robben, Diogenes, 133 S., 19 €)
»Als Jim Sams, klug, doch beileibe nicht tiefgründig, an diesem Morgen aus unruhigen Träumen erwachte, fand er sich in eine ungeheure

Kreatur verwandelt.« In Ian McEwans Brexit-Satire und Parodie auf Franz Kafkas *Die Verwandlung* erwacht eine Kakerlake eines Morgens als britischer Premierminister. Aber für Literatur bedarf es eben doch mehr als einer bloßen lustigen Idee, und deshalb verröchelt dieser Kurzroman in seinem eigenen Witz nach viel zu langen 130 Seiten.

5) Jojo Moyes: *Wie ein Leuchten in tiefer Nacht* (Deutsch von Karolina Fell, Wunderlich, 544 S., 24 €)
Jojo Moyes' neuer Roman erzählt eine wahre Geschichte: Als Strukturfördermaßnahme im Rahmen von Präsident Roosevelts New Deal wurden im US-Bundesstaat Kentucky 1937 sogenannte *packhorse libraries* gegründet: Reitende Bibliothekarinnen versorgten die Bevölkerung abgelegener Landstriche mit Lesestoff. Die reale Geschichte ist toll, die literarische Bearbeitung von Jojo Moyes ein Grauen. Was mich auf eine in der Literaturkritik bewährte equestrische Formel zurückgreifen lässt: Wäre dieser Roman ein Pferd, man müsste es aus Mitleid erschießen.

4) Saša Stanišić: *Herkunft* (Luchterhand, 368 S., 22 €)
Unser Blut und der Boden, auf dem wir geboren wurden, definieren nicht, wer wir sind. Die Natur kennt weder Deutsche noch Bosnier. Diese Erkenntnisse setzt Saša Stanišić in diesem grandiosen Roman über die Suche nach seinen bosnischen Wurzeln in ein formal bestechend klug konstruiertes Leseabenteuer über seine Großmutter und andere Drachen um.

3) Jussi Adler-Olsen: *Opfer 2117* (Deutsch von Hannes Thiess, dtv, 592 S., 24 €)
Über 18 000 Menschen sind seit 2014 auf der Flucht vor Armut und Unterdrückung im Mittelmeer ertrunken. Das ist schlimm. Schlimm ist aber auch dieser Krimi, der den vermeintlichen Unfalltod einer Ertrunkenen zum Ausgangspunkt einer absurden Rachegeschichte inmitten des Krieges nimmt: leidlüstern, haarsträubend unlogisch, klischeeüberfrachtet – literarisches Junkfood.

2) Sebastian Fitzek: *Das Geschenk* (Droemer, 367 S., 22,99 €)
Glauben Sie, man gelangt zu einer schöne Seele, wenn man Sätze lesen muss wie: »Ein stark keuchender 120-Kilo-Sack mit Mettwurstatem schob ihm gerade etwas ins Rektum, das sich wie ein stachel-

drahtbewehrter Morgenstern anfühlte«? Oder Sätze wie: »›Ganz genau‹, antwortete Jakob, griff sich an die hintere Hosentasche, zog das Springmesser hervor und rammte es ihr ins Auge«? Oder auch Sätze wie: »Milan … spürte den Schmerz aller vergangenen Wunden in seinem Körper aufflammen. Die im Wäscheschacht ausgekugelte Schulter, den mehrfach gebrochenen Schädel, die vernarbte Schusswunde in der Brust und das frische Ziehen in den Eingeweiden, das von der Vergewaltigung herrührte.« Ich spüre auch ein frisches Ziehen, und zwar in meinem Hirn, das von der literarischen Vergewaltigung durch diesen miesen Gewaltporno herrührt.

1) Lucinda Riley: *Die Sonnenschwester* (Deutsch von Sonja Hauser, Sibylle Schmidt, Ursula Wulfekamp, Goldmann, 832 S., 22 €)
Wenn Sie einmal soziale Konditionierung im modernen Frauenroman erfahren wollen, lesen Sie dieses Buch. Schon auf Seite eins werden Sie über Sätze stolpern wie: »Wenn es ihr nicht nur wichtig gewesen wäre, intelligent zu wirken, hätte sie durchaus attraktiv sein können.« Band sechs der Romanreihe um sieben Schwestern, die nach dem Tod ihres Adoptivvaters ihre Herkunft zu klären versuchen, diesmal mit einem internationalen Modemodel als Heldin, ist literarisch genauso unterirdisch, reaktionär und albern wie die vorangegangenen Bände. Mit Karl Lagerfeld gesprochen: Dies ist das buchgewordene Pendant zu einer Jogginghose – wer es liest, hat die Kontrolle über sein Leben verloren.

2018

Taugen Bücher als Therapie?

Selbstoptimierung ist die Devise der Stunde. Zu den bestimmenden Signaturen unserer Zeit gehört der ständige Imperativ, uns zu verbessern. Man lässt uns nicht in Ruhe. Wer rastet, rostet, heißt es, Stillstand sei tödlich, Sitzen das neue Rauchen. Und auch in intellektueller Hinsicht gilt: *Evolve or die!* Bloß nicht auf dem Niveau des Erreichten verharren, es sich bequem machen und auf den eigenen Lorbeeren ausruhen. Auf dem deutschsprachigen Ratgebermarkt feiert Leo Trotzkis Konzept der »permanenten Revolution« fröhliche Urständ. Leichter sollen wir werden. Gelenkiger. Fitter. Achtsamer. Nachhaltiger. Resilienter. Ordentlicher. Diverser. Woker. Toleranter. Klüger und empathischer sowieso. Unserem Denken ein oder besser gleich mehrere Upgrades verpassen. Nicht nur unseren Kleiderschrank und unseren Keller gilt es auszumisten, sondern unser gesamtes Leben. Entrümpelungspropheten wie Marie Kondō oder die *Simplifiy-your-life*-Autoren Werner Tiki Küstenmacher und Lothar J. Seiwert: Propheten der Entschlackung. Aber auch Bas Kast mit seinem 2018 lange auf der Bestsellerliste stehenden *Kompass für die Seele* oder Brianna Wiest mit ihren angeblich unser Leben umkrempelnden Essays sind in diesem Geschäftsfeld unterwegs. Erstaunlicherweise zählen zu den Methoden, die uns und unser Leben verändern, verbessern, ja veredeln sollen, neben Yoga und Intervallfasten auch das Lesen und die Literatur. Literatur als Lebenshilfe, ja als Therapie, als Hausapotheke randvoll mit seelischen Trostpflästerchen:

126 Dieses Denken führt dazu, dass die Werke Jane Austens tatsächlich Eingang in diverse »Romantherapien« und »Literaturapotheken« gefunden haben.

Lesen macht Freude. Dieser Meinung war übrigens durchaus auch schon die große Jane Austen selbst: »The person, be it gentleman or lady, who has not pleasure in a good novel, must be intolerably stupid«, schreibt sie in *Northanger Abbey* – keine Nachsicht also mit jenen »unerträglich Dummen«, die sich nicht an einem guten Roman zu erfreuen verstehen. Doch können wir uns, ausgehend vom besagten Satz »Lesen macht Freude«, auch auf Bücher als Allheilmittel verständigen? Oder stellt das nicht eine unzulässige Vereinnahmung, Indienstnahme und Überforderung der Literatur dar?

Auf jeden Fall hilft Lesen. Nur: Wobei eigentlich? Empathischer soll es uns machen. Aus dem Imperativ der Aufklärung *Sapere aude!* – wage zu denken – macht die Lesetherapie *Tolle lege!* – nimm und lies. Doch macht uns das Lesen an sich wirklich zu besseren Menschen? Man muss zur raschen Beantwortung dieser Frage nicht unbedingt an Hitlers *Mein Kampf* erinnern. Oder daran, dass auch Blutsäufer wie Stalin, Gaddafi oder Saddam Hussein Gedichte und Romane schrieben.

Das Buch ist als Medium zur Wissensvermittlung unschlagbar. Wer Tipps zum Abnehmen oder Einrichten, zur Geldanlage, Tierhaltung oder Gartengestaltung sucht, wer wissen möchte, wie man seine Sockenschublade aufräumt, Ordnung im Keller hält, sich das Rauchen abgewöhnt oder Salzgurken einweckt, ist mit einem Buch gut beraten. Auch wer als Leserin den keineswegs billigen Trost haben möchte, dass sie nicht die Erste ist, die verlassen oder entlassen wurde, wer als Leser den Rat benötigt, wie man mit Mobbing, Ausgrenzung oder Diskriminierung umgeht: Das alles können Bücher leisten. Aber eine echte Therapie für Menschen zu ersetzen, die psychische Probleme haben, die ihr Leben nicht mehr auf die Reihe bekommen, die bis zum Hals im Elend stecken – das vermögen Bücher nicht. Denn eine solche Therapie setzt eine systematische Kommunikation zwischen Patient und Therapeut voraus, und hier liegen die Grenzen durch die jedem Text nun einmal eingeschriebene Einwegkommunikation zwischen Buch und Leser.

Mir dienten Bücher mindestens zweimal in meinem Leben als Therapie. Ich war schon aus beruflichen Gründen immer viel geflogen, mit Anfang 30 überfiel mich aber von einem Tag auf den anderen eine lähmende Flugangst, die ich schwer in den Griff bekam. Heute ist mir klar, dass diese Flugangst lediglich ein Ventil meiner verdrängten Todesangst war. Zum Glück geriet mir damals ein Exemplar von Michael Crichtons *Airframe* in die Hände. Das ist nicht nur ein extrem spannender Technothriller, sondern ein Roman, der minutiös die Belastungstests und Verfahren schildert, die jedes neue Verkehrsflugzeug durchlaufen muss, um von der amerikanischen Flugsicherungsbehörde eine Zulassung zu erhalten. Nach der Lektüre war mir zwar immer noch nicht wieder richtig wohl an Bord eines Flugzeugs, aber zumindest hatte ich nicht mehr das Bedürfnis, mich weinend auf den Kabinengang zu werfen und Richtung Notausgang zu robben.

Die therapeutische Funktion des Lesens half mir ein zweites Mal, die Kontrolle über mein Leben wiederzuerlangen. Mein letzter Arbeitgeber zwang mich gegen Ende meiner Festanstellung zur Teilnahme an einer profund sinnlosen Abstimmungskonferenz, die der Führungsetage lediglich dazu diente, eine tägliche Heerschau ihrer Geknechteten abzuhalten. Die Diskussionskultur war in etwa so ausgeprägt wie im Zentralkomitee der albanischen kommunistischen Partei in ihrer Endphase, tatsächlich wurden fast eine Stunde lang stupide Themenzettel verlesen, über die man sich genauso gut und vor allem schneller im Intranet hätte informieren können. Gegen meinen Überdruss an den immer gleichen Säuen, die da durchs journalistische Dorf getrieben wurden, wappnete ich mich bewusst mit einem aktuellen deutschen Lyrikband. Die Sprache von Monika Rinck, Anja Kampmann und Jan Wagner, Hans Magnus Enzensberger, Silke Scheuermann und Peter Rühmkorf, Anja Utler,

Thomas Kling und Judith Zander ist ein Therapeutikum gegen das verschluderte und vernutzte Mediensprech. Bald merkte ich indes, wie sich hier ein biografischer Kreis schloss – ich fühlte mich wieder zurückversetzt auf die ungeliebte Schulbank in öden Mathestunden, die nur mit einem guten Buch unter der Bank zu bewältigen waren. Zeit zu gehen.

*

US-Präsident Donald Trump trifft sich mit dem nordkoreanischen *little rocket man* Kim Jong-un. In Frankreich beginnen die »Gelbwesten«-Proteste der vom Sozialabstieg Bedrohten. In Deutschland wird im März das vierte Kabinett Merkel vereidigt. Der Klimawandel sorgt in Europa für einen Hitzesommer mit ungewöhnlich langen Dürreperioden. Andrea Nahles wird in der Nachfolge von Martin Scholz zur ersten SPD-Vorsitzenden gewählt; Angelika Kramp-Karrenbauer folgt auf Angela Merkel im CDU-Vorsitz: beide für kurze Zeit.

Der Literaturnobelpreis wird wegen eines Sexual-Harassment-Skandals innerhalb der Jury der Schwedischen Akademie zunächst nicht vergeben; rückwirkend erhält ihn mit einjähriger Verspätung die polnische Autorin Olga Tokarczuk. Mit dem Booker Prize wird die Nordirin Anna Burns für *Milchmann* geehrt, Andrew Sean Greer für *Mister Weniger* mit dem Pulitzer, Nicolas Mathieu für *Wie später ihre Kinder* mit dem Prix Goncourt und Fred Vargas mit dem Prinzessin-von-Asturien-Preis. Terézia Mora wird mit dem Georg-Büchner-Preis ausgezeichnet, Inger-Maria Mahlke mit dem Deutschen Buchpreis, Esther Kinsky für *Hain* mit dem Preis der Leipziger Buchmesse. Gastland der Frankfurter Buchmesse ist Georgien. Die Literaturwelt nimmt Abschied von Ursula K. Le Guin, Aharon Appelfeld, Kate Wilhelm, Stephen Hawking, Philip Kerr, Sergio Pitol, Dieter Lattmann, Günter Herburger, Gardner Dozois, Ludwig Harig, Tom Wolfe, Philip Roth, Dieter Wellershoff, Harlan Ellison, Christine Nöstlinger, V. S. Naipaul, Paul Virilio, Horst Bosetzky, Stan Lee, William Goldman, Andrei Bitow, Robert Spaemann, Wilhelm Genazino, F. W. Bernstein, Amos Oz und Edgar Hilsenrath. Das Wort des Jahres lautet »Heißzeit«, das Unwort »Anti-Abschiebe-Industrie«.

Seit Hildegard Knefs *Der geschenkte Gaul* bessern Schauspielermemoiren zahlreiche Verlagsbilanzen auf; neu ist aber, wie sehr nun auch Prosa aus der Feder berühmter Schauspielerinnen und Schauspieler die Belletristikcharts erobern. Mit der Norwegerin Maja Lunde feiert die sogenannte Climate Fiction auch in Deutschland erste Triumphe. Die kuriose Verlagspolitik DuMonts beschert uns einen halben Roman von Haruki Murakami auf der Bestsellerliste. Mariana Leky und Dörte Hansen werden zu Lieblingsautorinnen im deutschen Buchhandel. Daniel Kehlmann schreibt mit *Tyll* sein Meisterwerk. Mit dem Rapper Kollegah und dem Gamer Paluten entdecken auch eher bildungsferne Schichten, dass sich mit Büchern Geld verdienen lässt.

JANUAR 2018

Sachbuch

10) Gregor Gysi: *Ein Leben ist zu wenig* (Aufbau, 583 S., 24 €)
Die Lebensgeschichte des Rechtsanwalts und Politikers aus privilegiertem SED-Parteiadel fasziniert – nicht zuletzt aufgrund von Einsichten wie dieser, in der sich Gysi mit Gerhard Schröder vergleicht: »Schröder meint, dass sozial Schwache sehr viel schaffen können, wenn sie wollen … – er selber kann sich als gelungenes Beispiel fühlen. Ich dagegen zweifle daran, unter anderen als meinen Bedingungen das erreicht zu haben, was ich jetzt mein Leben nenne. Ich bezweifle ebenfalls, dass ich so eine Kraft wie Schröder hätte entwickeln können.« Solche Zweifel machen politisch wie literarisch produktiv.

9) Eckart von Hirschhausen: *Wunder wirken Wunder* (Rowohlt, 496 S.,

19,95 €)
Lachen ist die beste Medizin … Um diese These zu überprüfen, schlägt Eckart von Hirschhausen vor, sich zweimal mit dem Hammer auf den eigenen Daumen zu schlagen, einmal allein und einmal in Gesellschaft. »Allein tut es lange weh«, schreibt Hirschhausen. »In Gesellschaft muss man über sein Missgeschick lachen, und der Schmerz lässt nach.« Ich habe das überprüft und kann bestätigen: In guter Gesellschaft lässt auch der Schmerz nach, den dieses Buch verursacht.

8) Peter Wohlleben: *Das geheime Leben der Bäume* (Ludwig, 224 S., 19,99 €)
Weil wir zu viel Zeit vor Bildschirmen verbringen und zu wenig Zeit in der Natur, fürchten wir uns vor der Natur und entwickeln gleichzeitig große Sehnsucht nach ihr. Diese Ängste und Sehnsüchte weiß der Ex-Förster Wohlleben mit seinen informationsträchtigen Büchern zu stillen.

7) Peter Wohlleben: *Das geheime Netzwerk der Natur* (Ludwig, 224 S., 19,99 €)
Immer mehr Menschen verstehen unter Natur einen Parkplatz ohne Streifen. Wohllebens Bücher sind keine Flachwurzler, sondern tief im

ökologischen Wissen verankerte Pfahlwurzler des Sachbuchs – ein Unterschied, der, wie Sturmtief Friederike gerade lehrte, alles entscheidend sein kann.

6) Erling Kagge: *Stille* (Deutsch von Ulrich Sonnenberg, Insel, 144 S., 14 €)
Seit der große Robert Gernhardt sein elftes Gebot erlassen hat – »Du sollst nicht lärmen!« –, wissen wir, dass Stille eine Ressource und genauso kostbar wie Wasser ist. Der norwegische Naturbursche Erling Kagge ist auf den Mount Everest gekraxelt und zum Nord- und Südpol getapert, er ist aber auch ein Intellektueller, zudem Jurist und Verleger und weiß, wie man Bücher verkauft. In seinem anregenden Essay über die Bedeutung der Stille denkt er darüber nach, was es bedeutet, dass die Aufmerksamkeitsspanne von Goldfischen inzwischen länger ist als die von uns Menschen, und was er auf seinen Extremtouren gelernt hat: »Die größte Herausforderung besteht darin, morgens bei minus fünfzig Grad aufzustehen. Heute genauso wie zu Zeiten von Roald Amundsen und Robert Scott. Die zweitgrößte? Mit sich im Reinen zu sein.«

5) Ranga Yogeshwar: *Nächste Ausfahrt Zukunft* (Kiepenheuer & Witsch, 400 S., 22 €)
In diesem Buch analysiert Ranga Yogeshwar nicht nur, wie heutige und kommende Technologien unser Leben verändern werden, sondern wirft erfreulicherweise auch immer wieder mal einen Blick in den Rückspiegel. »Als meine Eltern 1957 heirateten, war das für viele eine Irritation«, schreibt Yogeshwar. »Zu diesem Zeitpunkt waren Mischehen zum Beispiel in vielen Bundesstaaten der USA noch gesetzlich verboten. Ein Inder und eine Luxemburgerin, das konnte nicht gut gehen!« Es ist aber gut gegangen – sehr gut sogar – und hat zu diesem klugen Buch über die Folgen der Digitalisierung und echten Fortschritt geführt.

4) Michael Wolff: *Fire and Fury* (Little, Brown, 332 S., 17,99 €)
Dieses Buch packt uns Leser am Schlafittchen und zerrt uns in ein Weißes Haus, in dem ein unentwegter Kleinkrieg zwischen ehrgeizigen Beratern und Trumps Verwandten herrscht. Die Stärke dieses Enthüllungsbuchs sind seine Quellen: Michael Wolff ist sehr tief in den engsten Zirkel von Donald Trump im Weißen Haus

vorgedrungen. Dort traf er – wer hätte es gedacht? – auf eine bedrückende intellektuelle Leere und einen alten Mann, der zu viel Zeit vor den drei Fernsehern verbringt, die er in seinem Schlafzimmer einbauen ließ, am liebsten unentwegt Golf spielen würde und zu viel Fast Food isst. Mit anderen Worten, auf einen Amerikaner.

3) Gerhard Wisnewski: *verheimlicht – vertuscht – vergessen 2018* (Kopp, 272 S., 14,95 €)
Hat man sich von Rationalität, Begründungspflicht und Argumentationszwang erst mal verabschiedet, wie es der berüchtigte Verschwörungstheoretiker Gerhard Wisnewski in diesem wirren Kompendium »alternativer Fakten« praktiziert, ist die Welt ein einziger Hexenkessel. Emmanuel Macron feiert Sadomaso-Satanistenfeiern im Louvre, hinter dem Serienkiller von Las Vegas stecken die Freimaurer, und Angela Merkel ist eine Wiedergängerin Mao Tse-tungs. Zitat Wisnewskis: »Selbst Merkels unvermeidlicher Hosenanzug erinnert in seinem schnörkellosen und eleganzfreien Stil an die triste Parteikleidung Chinas.« Gemessen an dem in jeder Hinsicht schäbigen Lumpenlook dieses Buches, sind sowohl Merkel als auch Mao strahlende Modeikonen.

2) Axel Hacke: *Über den Anstand in schwierigen Zeiten und die Frage, wie wir miteinander umgehen* (Kunstmann, 192 S., 18 €)
In seinem unnachahmlich unaufgeregten Stil erinnert Axel Hacke an ein paar fundamentale politische Wahrheiten – zum Beispiel, warum es gut ist, von Eliten regiert zu werden – und prangert die Verwahrlosung unseres Umgangs miteinander an. Eine überfällige Moralpredigt.

1) Rolf Dobelli: *Die Kunst des guten Lebens* (Piper, 384 S., 20 €)
Die Bücher des Schweizers Rolf Dobelli machen nicht nur klüger, sondern tatsächlich glücklicher. Das liegt an seinen angenehm unaufgeregten und dafür um so profunderen Ratschlägen, zum Beispiel, die Rolle des Zufalls für unser Leben anzuerkennen und dass wir uns unsere Eltern und damit unser genetisches Erbe, unsere Herkunft und unsere Bildungschancen eben nicht aussuchen können. Dieses Wissen macht demütig, klug – und glücklich.

FEBRUAR 2018

Belletristik

10) Marc-Uwe Kling: *QualityLand* (Ullstein, 384 S., 18 €)
Diese amüsante Science-Fiction-Satire gibt es in zwei Versionen: einer dunklen und einer hellen, die Story ist dieselbe, nur die fingierten Werbeanzeigen unterscheiden sich. Mir persönlich ist die dunkle Version mit den etwas zynischeren Witzen natürlich lieber. Marc-Uwe Kling erzählt von einem Deutschland, in dem es unendliche Optionen, aber keine echte Wahl mehr gibt, keine Bürger, nur mehr Kunden, nur noch Markt, keine Freiheit – eine Zukunft, die erschreckend nahe an unserer Gegenwart ist.

9) Dan Brown: *Origin* (Deutsch von Axel Merz, Lübbe, 672 S., 28 €)
Krude Religionskritik, verpackt in eine wirre Handlung um einen Mord an einem atheistischen Millionär, zu dessen Aufklärung Brown seinen Symbologen Robert Langdon von einer Touristenattraktion Spaniens zur nächsten stolpern lässt. Langweiliger, vorhersehbarer Schrott.

8) Mariana Leky: *Was man von hier aus sehen kann* (DuMont, 320 S., 20 €)
25 Jahre lässt uns Mariana Leky am Leben von Luise teilnehmen, die bei ihrer Großmutter Selma in einem kleinen Dorf im Westerwald aufwächst. Immer wenn Selma nachts von einem Okapi träumt, kündigt dies einen Tod im Dorf an. So sympathisch skurril sind die meisten Figuren dieser Geschichte, deren eigentliche Hauptfigur das Westerwälder Dorf ist. Ein schön schräger Heimatroman.

7) Sebastian Fitzek: *Flugangst 7a* (Droemer, 400 S., 22,99 €)
Dieses absurd wirre, schlampig konstruierte, lieblos heruntergeschriebene, klischeestrotzende Buch ist ein Paradebeispiel für jenen geistlosen Schund, den man in der Regel auf deutschen Bestsellerlisten findet. Dennoch vermag auch so ein Buch noch eine nützliche Funktion zu erfüllen – zum Beispiel als Warnung vor möglichen Geschlechtspartnern, auf deren Nachttisch so was liegt.

6) Maja Lunde: *Die Geschichte der Bienen* (Deutsch von Ursel Allenstein, Btb, 512 S., 20 €)
Maja Lunde erzählt drei Geschichten zwischen dem 19. Jahrhundert in den USA und dem China des Jahres 2098 und lenkt unseren Blick auf die Bedeutung der Bienen für uns Menschen. Nicht immer frei von Stereotypen, letztlich aber aktuell und erhellend.

5) Haruki Murakami: *Die Ermordung des Commendatore – I: Eine Idee erscheint* (Deutsch von Ursula Gräfe, 480 S., 26 €)
Nihonga: so heißt ein Ende des 19. Jahrhunderts entwickelter Malstil, der japanische und westliche Traditionen verbindet. In das Haus eines greisen Meisters dieser Maltechnik zieht der Held im neuen Murakami. Seine Frau hat ihn nach sechs Jahren Ehe urplötzlich verlassen. Auf dem Dachboden des Spukhauses entdeckt er ein Bild, das die Ermordung des Commendatore aus Mozarts Oper *Don Giovanni* zeigt – und das den Maler regelrecht in Bann schlägt. Damit beginnt ein Kammerspiel über Geister und Kunst, das bis ins Konzentrationslager Treblinka führt, virtuos inszeniert von jenem Meister der einfachen Sätze und komplexen Gedanken, dessen Werk selbst für die Verschmelzung westlicher und japanischer Traditionen steht. Das einzige Haar in der Suppe: Dies ist nur ein halbes Buch. Die zweite Hälfte des Romans erscheint am 16. April. Und deshalb ist dies auch nur eine halbe Kritik – Fortsetzung folgt.

4) Daniel Kehlmann: *Tyll* (Rowohlt, 480 S., 22,95 €)
Ein geistfunkelndes Meisterwerk und ein echter Triumph der deutschsprachigen Gegenwartsliteratur. Sprachtrunken, bildersatt und verzaubert bin ich Daniel Kehlmanns Narren in die Welt des Dreißigjährigen Krieges gefolgt. Wenn Sie aus irgendeinem Grund die Freude an der Literatur verloren haben, mit diesem Buch lässt sie sich wiedergewinnen.

3) Bernhard Schlink: *Olga* (Diogenes, 224 S., 19,99 €)
Kein Meer zu tief, kein Berg zu hoch, keine Distanz zu weit, als dass Bernhard Schlink in seinem neuen Buch davor zurückschreckte. Aber die Idee, die Folgen deutscher Großmannssucht im 19. und 20. Jahrhundert vom Herero-Aufstand bis zu 1968 aus der Perspektive einer zugegeben imponierenden deutschen Frau namens Olga Rinke zu erzählen, ist einfach zu mechanisch. Bernhard Schlink hat

die Rolle von Siegfried Lenz als biederer Langweiler der deutschen Gegenwartsliteratur geerbt. Dieser Platz hätte gern verwaist bleiben können.

2) Jojo Moyes: *Mein Herz in zwei Welten* (Deutsch von Karolina Fell, Wunderlich, 592 S., 22,95 €)
Louisa, die nicht unter sonderlichen Geistesgaben leidende Heldin aus den Vorgängerromanen *Ein ganzes halbes Jahr* und *Ein ganz neues Leben*, schaut sich in diesem dritten Band mit riesengroßen Stauneaugen an ihrem neuen Arbeitsort New York um. Über die dort wohnenden Schönen, Reichen und Berühmten gelangt sie zu grundstürzenden Einsichten wie: »Ich erkannte, dass Mr. Gopnik in einer Welt lebte, in der Geld und Status weit über allem anderen standen.« Moyes tischt eine Schlachtplatte fettester Klischees über den Big Apple auf, die Verkommenheit der Reichen und die Herzensgüte der Armen.

1) Elena Ferrante: *Die Geschichte des verlorenen Kindes* (Deutsch von Karin Krieger, Suhrkamp, 614 S., 25 €)

Der Abschluss des grandiosen Romanquartetts um zwei Freundinnen aus Neapel, deren Lebenswege aufgrund unterschiedlicher Herkunft sehr unterschiedlich verlaufen, obwohl beide talentiert sind. Nun hat sich die eine als clevere Unternehmerin durchgesetzt, die andere als einflussreiche feministische Autorin: Doch das Neapel ihrer Kindheit und ihre Liebesprägungen lassen sie nicht los. Etwas flach, mäkeln einige Beckmesser. Ich finde nicht. Ferrante hat mit diesem Welterfolg ein großes Sittenbild Italiens von der Nachkriegszeit bis in die Gegenwart geschaffen, ästhetisch befriedigend, politisch anregend, süffig zu lesen.

NOVEMBER 2018

Sachbuch

10) Bob Woodward: *Furcht* (Deutsch von Sylvia Bieker, Pieke Biermann, Thomas Gunkel und Hainer Kober, Rowohlt, 512 S., 22,95 €)
»Real power is fear. Wahre Macht ist Furcht«: Das ist in den Worten Bob Woodwards die Maxime von Donald Trumps politischem Handeln – sei es in der Auseinandersetzung mit dem »little rocket man« Kim Jong-un oder im Umgang mit seiner eigenen Führungsriege. Ein beunruhigendes Buch über einen beunruhigenden Mann.

9) Thilo Sarrazin: *Feindliche Übernahme* (Finanzbuch Verlag, 450 S., 24,99 €)
Dass Religion dumm machen kann, ist eine alte Erkenntnis der Aufklärung. Dass auch der Islam eine Religion ist, wird niemand bestreiten. Wie sehr man nun die Religion oder nicht doch eher die Armut, die Sprachbarrieren, die Kluft zwischen den Kulturen oder andere Faktoren für die Rückständigkeit mancher Zuwanderer verantwortlich macht, wird Ermessensfrage bleiben. Thilo Sarrazin schreibt: »Die Religion des Islam, insbesondere der als Gottes Offenbarung verstandene Text des Korans, erzieht zu einer bestimmten Weltsicht. Diese ist dem selbstständigen Denken grundsätzlich abhold. Sie begünstigt Autoritätshörigkeit und Gewaltbereitschaft. Sie befördert eine Tendenz zum Beleidigtsein und zur Intoleranz gegenüber Andersdenkenden. Sie behindert Wissbegier und Veränderungsbereitschaft.« Ich freue mich, sollte das SPD-Mitglied Thilo Sarrazin bald ein Buch über die deutsche Mehrheitsreligion des Christentums folgen lassen. Mein Titelvorschlag: »Weniger Religion wagen!«

8) Udo Lindenberg mit Thomas Hüetlin: *Udo* (Kiepenheuer & Witsch, 352 S., 24 €)
»Entweder ich sauf mich tot, oder ich versuch noch mal ein richtiges Comeback.« So reagiert Udo Lindenberg auf den Tod seines älteren Bruders Erich und lässt uns in diesem Buch an seiner Neuerfindung teilhaben. Auch wenn die Reflektionstiefe Hüetlins selten das Niveau der Lindenberg-Passagen bei Benjamin von Stuckrad-Barre erreicht, habe ich mich bei der Lektüre gefühlt wie auf einem Ausflug auf

einen sehr fremden, sehr spannenden Planeten: der Weg raus aus Gronau nach Hamburg ins »Atlantic«, Andrea Doria, 8-Kilometer-Joggingrunden um die Außenalster nachts um drei, Sonderzug nach Pankow, Eierlikörchen.

7) Dirk Rossmann mit Olaf Köhne und Peter Käfferlein: *»... dann bin ich auf den Baum geklettert!«* (Ariston, 240 S., 20 €)
Die Autoren dieser Hagiografie eines Drogeriemarkt-Unternehmers nähern sich ihrem Gegenstand mit der Devotheit von Untertanen eines absolutistischen Herrschers von anno dunnemals. Nach einem Überraschungsbesuch in einer seiner über 2000 Filialen, bei dem Rossmann der Kassiererin doch tatsächlich die Hand schüttelt, schreiben Köhne und Käfferlein: »Auf der Rückfahrt sind wir noch beeindruckt von der Herzlichkeit, die wir gerade beobachten konnten. Wir fragen Dirk Rossmann, wie es sich anfühlt, der Chef von mehr als 50 000 Menschen zu sein? Wie schwer wiegt die Verantwortung für solch ein Riesenunternehmen? Wie muss man beschaffen sein, um ein Imperium quasi aus dem Nichts aufzubauen?« Ich frage mich: Wie muss man intellektuell beschaffen sein für so einen schleimerischen Kotau? Sagen wir so: Wer auf dem Bauch liegt, sieht wenig – die Froschperspektive ist nicht sonderlich erkenntnisfördernd.

6) Florian Illies: *1913: Was ich unbedingt noch erzählen wollte* (S. Fischer, 304 S., 20 €)
In dieser notwendigen Fortsetzung seines Sachbuchbestsellers taucht Florian Illies die Epoche vor dem Ersten Weltkrieg ins Stroboskoplicht seiner Anekdoten und schildert das Jahr 1913 als historische Nummernrevue: mal nachdenklich, mal amüsant, mal skurril – und immer Horizonte der Erkenntnis eröffnend.

5) Dirk Müller: *Machtbeben* (Heyne, 352 S., 22 €)
Dirk Müller stellt sich mit einem »Die Welt geht unter«-Schild in den Börsensaal – und empfiehlt als Versicherung dagegen allen Ernstes seine eigenen Aktienfonds. Achtung: Dieser Apokalyptiker hat es auf Ihr Sparschwein abgesehen!

4) Bas Kast: *Der Ernährungskompass* (C. Bertelsmann, 320 S., 20 €)
Das medizinische Wissen der Gegenwart zum Thema Abnehmen hat Bas Kast in seinem gut geschriebenen Sachbuch zusammenge-

fasst, das auf einer Meta-Analyse aller zwischen 1950 und 2013 durchgeführten Ernährungsstudien basiert. Kasts überraschendste und mir sympathischste Erkenntnis: »Genießen Sie!«

3) Yuval Noah Harari: *21 Lektionen für das 21. Jahrhundert* (Deutsch von Andreas Wirthensohn, C.H. Beck, 459 S., 24,99 €)
Nichts weniger als Klarheit darüber, was die brennendsten Fragen der Menschheit heute sind, verspricht der israelische Historiker Yuval Noah Harari in seinem neuen Buch. Seine Essays, in denen er etwa das Sinnversprechen des *Kommunistischen Manifests* mit dem von Disneys Zeichentrickfilm *König der Löwen* vergleicht, bestechen durch Geist und Klugheit: »Die Macht des Hokuspokus erfreut sich in unserer modernen Industriewelt bester Gesundheit«, schreibt Harari. »Für viele Menschen sind im Jahr 2018 zwei Stückchen Holz, die zusammengenagelt sind, Gott, ein farbiges Plakat an der Wand ist die Revolution und ein Stück Stoff, das im Wind flattert, ist die Nation.«

2) Dr. med Eckart von Hirschhausen und Prof. Dr. med Tobias Esch:
 Die bessere Hälfte (Rowohlt, 288 S., 18 €)
Ein buchlanges nerviges Dauergewitzel, Schulterklopfen und gegenseitiges Lobhudeln zweier Mediziner, die festgestellt haben, dass auch jenseits des 40. Geburtstags menschliches Leben möglich ist, verfasst im knopfäugigsten Höre-staune-gute-Laune-Stil – Zitat: »Mensch, Tobias, wenn ich dich nicht getroffen hätte, wären mir wirklich viele Einsichten verborgen geblieben.« Etwa diese: ein Buch, das Sterben leichter macht.

1) Stephen Hawking: *Kurze Antworten auf große Fragen* (Deutsch von Susanne Held und Hainer Kober, Klett-Cotta, 253 S., 20 €)
Ein nachgelassenes Buch des großen Astrophysikers Stephen Hawking, das ich als provozierende Botschaft an alle Glaubensapostel auf dem Planeten Erde lese: »Meiner Ansicht nach lautet die einfachste Erklärung, dass es keinen Gott gibt. Niemand hat das Universum geschaffen, und niemand lenkt unsere Geschicke«, schreibt Hawking. »Es gibt wahrscheinlich keinen Himmel und kein Leben nach dem Tod. Ich nehme an, der Glauben an ein Jenseits ist lediglich Wunschdenken.« Zeit, diese Sätze in Marmor geschlagen in unseren Schulen und öffentlichen Institutionen anzubringen.

DEZEMBER 2018

Belletristik

10) Carmen Korn: *Zeitenwende* (Kindler, 560 S., 19,95 €)
Eine Romantrilogie über vier Freundinnen aus Hamburg-Uhlenhorst und 80 Jahre deutscher Zeitgeschichte von der Weimarer Republik über die Nazizeit, das Wirtschaftswunder, die deutsche Teilung und Aids. Furchtbar gut gemeint, furchtbar schlecht geschrieben – was zu Sätzen führt wie: »Eine Familie, die auf zwei Weltkriege, drei Konzentrationslager, vier Jahre in einer Justizvollzugsanstalt, fünf Jahre Kriegsgefangenenlager im Ural und die Mitgliedschaft in einer kriminellen Vereinigung kommt, kann eine Krankheit wie deine kaum erschüttern.« Literatur auf *Lindenstraßen*-Niveau.

9) Christian Berkel: *Der Apfelbaum* (Ullstein, 416 S., 22 €)
Auf der Literatur dieses Landes lastet ein Fluch: der Fluch des schreibenden Schauspielers. Manuskripte, die sonst keine Chance hätten, werden veröffentlicht, weil die Verlage klug mit der im Kino oder Fernsehen erworbenen Popularität der Autoren rechnen. Aber ich muss zugeben: Christian Berkel hat in *Der Apfelbaum* eine spannende Geschichte zu erzählen – seine eigene Familiengeschichte. Und auch wenn die Konstruktion dieses Romans mitunter kräftig klappert und mir einige Szenen zu sehr auf Effekt geschrieben sind, hat mir unterm Strich dieser facettenreiche Berliner Familienroman zwar nicht gefallen, aber immerhin imponiert.

8) Jonas Jonasson: *Der Hundertjährige, der zurückkam, um die Welt zu retten* (Deutsch von Wibke Kuhn, C. Bertelsmann, 448 S., 20 €)
Fortsetzungen sind ja meist eine große Enttäuschung – man denke nur an das Neue im Vergleich zum Alten Testament. Dieser Roman ist eine Ausnahme. Sollte Ihnen das Verhalten Angela Merkels in letzter Zeit merkwürdig erschienen sein, Jonas Jonassons zweiter Roman um den über 100-jährigen Allan Karlsson erklärt Ihnen alles … eine augenöffnende Lektüre!

7) Charlotte Link: *Die Suche* (Blanvalet, 656 S., 24 €)
Mal abgesehen davon, dass dieser Krimi langweilig, unglaubwürdig und vorhersehbar ist – ich gebe zu, Charlotte Link ist für mich ein Phänomen. Wie kann jemand so erfolgreich sein, der so taub für die Regeln der deutschen Sprache ist und Sätze schreibt wie: »Auf Caleb wirkte Brendan allerdings nicht wie einer, der reihenweise Mädchen ermordete, aber er wusste, dass man sich täuschen konnte. Er hatte ganz offensichtlich ein Problem mit Frauen.« Vermögen Sie nach diesen Sätzen zu entscheiden, wer, Caleb oder Brendan, in diesem Roman ein Problem mit Frauen hat? Ich habe jedenfalls leider nicht nur Probleme mit Frauen, sondern Probleme mit den Romanen von Charlotte Link.

6) Walter Moers: *Weihnachten auf der Lindwurmfeste* (Penguin, 112 S., 15 €)
Dieses Buch ist eine Mogelpackung: eine mühsam auf Buchlänge aufgepimpte Satire über Weihnachten auf Schülerzeitungs-Niveau, das erste Werk von Hildegunst von Mythenmetz, das mich mächtig enttäuscht, oder in Mythenmetz' eigenen Worten: »die unterste Wassermarke der Lindwurmkultur«. Aber ein Genie wie Walter Moers darf auch mal schwächeln.

5) George R. R. Martin: *Feuer und Blut* (Deutsch von Andreas Helweg, Penhaligon, 896 S., 26 €)
Nicht wenige Deutsche kennen sich dank *Game of Thrones* zwischen Dorne und Königsmund, Casterlystein und den Eiseninseln besser aus als auf der Schwäbischen Alb. Während wir Süchtigen nach wie vor vergeblich auf die ausstehenden Abschlussbände der Romanvorlage *Das Lied von Eis und Feuer* warten, liefert uns Martin ein fiktionales Geschichtswerk über die Eroberung Westeros durch die Targaryens aus der Feder des Erzmaesters Gyldayn. *Feuer und Blut* verhält sich zu *Game of Thrones* wie Tolkiens *Silmarillion* zu *Der Herr der Ringe*: Fantasielose Konsumenten werden meckern, für echte Fans ein vorgezogenes Weihnachten!

4) Dörte Hansen: *Mittagsstunde* (Penguin, 320 S., 22 €)
Dieser Roman erzählt am Beispiel des fiktiven nordfriesischen Brinkebüll von einer über Jahrhunderte dominierenden und inzwischen ausgestorbenen Lebensform: dem deutschen Dorf. Dörte Han-

sen gelingt mit *Mittagsstunde* das erstaunliche Kunststück, sowohl auf der SWR-Bestenliste als auch auf der *Spiegel*-Bestsellerliste zu stehen: Das gleicht der Vermählung von Feuer und Wasser. Bravo!

3) Lucinda Riley: *Die Mondschwester* (Deutsch von Sonja Hauser, Goldmann, 672 S., 19,99 €)
»Das Mondkalb« wäre der passendere Titel für diesen fünften Band der Reihe um sieben Schwestern, die nach dem Tod ihres Adoptivvaters auf der Suche nach ihrer Herkunft rund um die Welt reisen. Diesmal steht eine vegane Zoologin im Mittelpunkt, die gleich zu Beginn des Romans auf eine Seifenkiste steigt und predigt, predigt, predigt, unterdessen einen schottischen Lord kennenlernt, der nebenbei noch Kardiologe ist und ein riesiges Anwesen in den Highlands besitzt, dann auf den Spuren ihrer Großmutter, einem Flamenco-Star, ins spanische Granada gelangt, alles über ihre Abstammung herausfindet und schließlich das Anwesen des schottischen Lords sowie jede Menge Wildkatzen und Hirsche rettet. Eine Kitschorgie, die Jagdlust auslöst.

2) Sebastian Fitzek: *Der Insasse* (Droemer, 384 S., 22,99 €)
Auch der neue Fitzek bietet wieder pure sich an Gewalt aufgeilende Prosa. Was mich an diesem Buch über einen Kindermörder und den Vater eines Opfers, der sich in die geschlossene Psychiatrie einweisen lässt, um an den Täter heranzukommen, neben den unerträglichen Gewaltszenen anwidert, ist seine Sprache – dieselbe Sprache, die das sogenannte gesunde Volksempfinden und seine politischen Repräsentanten sprechen. Was will uns Sebastian Fitzek sagen mit Sätzen wie: »Aber da man in Deutschland in einem Rechtsstaat lebte, war bereits die Androhung von Folter strafbar. Selbst einem Monster gegenüber.« Wäre es besser, nicht in einem Rechtsstaat zu leben? Wäre es besser, wenn Folter legal wäre? Dies ist kein Roman, dies ist eine Kloake.

1) Nele Neuhaus: *Muttertag* (Ullstein, 560 S., 22 €)
Nach dem niederschmetternden Dumpfroman von Sebastian Fitzek erscheint selbst Nele Neuhaus' neuer Taunuskrimi wie Shakespeare – na ja: fast … In *Muttertag* geht es um einen Serienkiller, der ein ungeliebtes Heimkind war, weshalb er seine Opfer bevorzugt am Muttertag umbringt, um die Schwester von Kriminalhauptkommissarin

Pia Sander, die in einer lesbischen Beziehung mit der Vorgesetzten von Sander lebt, um einen Schäferhund mit dem Biernamen Beck's, der um ein Haar verdurstet wäre ... Doch genug der Nacherzählung. Wenn ich viel, sehr viel oder noch viel mehr als sehr viel Glück habe, währt mein Leben noch 20, 30, 40 Jahre. Für Bücher dieser Art ist es aber in jedem Fall zu kurz.

2017

Zählen Geschichtsbücher zur Literatur?

Geschichte sei ein Albtraum, aus dem er zu erwachen wünsche, bekannte James Joyce einmal und brachte damit die Gefühle vieler Menschen weltweit angesichts einer möglichen zweiten Amtszeit von Donald Trump 2025 treffend auf den Punkt. Der erste deutsche Literaturnobelpreisträger war Theodor Mommsen, die Auszeichnung galt 1902 »dem gegenwärtig größten lebenden Meister der historischen Darstellungskunst, mit besonderer Berücksichtigung seines monumentalen Werkes ›Römische Geschichte‹«. Immerhin hatte Mommsen damit Leo Tolstoi, Mark Twain und Émile Zola aus dem Rennen geschlagen. Und auch wenn Mommsens Darstellung des Römischen Imperiums von der Geschichtswissenschaft längst überholt ist, lohnt die Lektüre seiner *Römischen Geschichte* genau wie die von Edward Gibbons *Verfall und Untergang des römischen Imperiums* allein schon wegen ihrer sprachlichen Schönheiten. Aber auch, was es heißt, Haltung zu bewahren und wenn nötig gegen den Zeitgeist zu argumentieren, kann man von dem liberalen Demokraten Theodor Mommsen lernen: »Der Antisemitismus ist die Gesinnung der Canaille. Er ist wie eine schauerliche Epidemie. Man kann ihn weder erklären noch teilen. Man muss geduldig warten, bis sich das Gift von selber austobt und seine Kraft verliert.« So dachten damals nicht viele deutsche Historiker – man denke nur an den schrecklichen Antisemiten Heinrich von Treitschke, der dem *Stürmer* seine Parole »Die Juden sind unser Unglück!« lieferte. Dass der Literaturnobelpreis auch einem Historiker zugesprochen werden kann, ist seit den Tagen Theodor Mommsens dem Gedächtnis entfallen und kam seither auch nicht mehr vor, wenn man von dem Grenzfall Winston Churchill absieht.

Auf der deutschen Bestsellerliste finden sich bis in die jüngste Gegenwart immer wieder Darstellungen von Historikern. Stammgäste sind etwa der auf die Napoleonzeit spezialisierte Adam Zamoyski, ein in den USA geborener Graf aus einem polnischen Adelsgeschlecht, der in Cambridge lehrende Australier Sir Christopher Clark und der Deutsche Heinrich August Winkler. Worin der Unterschied zwischen Literatur und Geschichtsschreibung besteht, darüber streiten sich die Geister seit Jahrtausenden. Schon Aristoteles schrieb als Leser von Herodot und Thukydides in seiner *Poetik*, Historiografie und Dichtung unterschieden sich nur darin, dass der Historiker darstelle, was geschehen sei, der Dichter dagegen, was geschehen müsse. Fast zweieinhalbtausend Jahre später eröffnete mir die für ihre Trilogie um Thomas Cromwell weltweit gefeierte Britin Hilary Mantel, für sie liege der Unterschied zwischen einem historischen Romancier und einem Historiker darin, dass der Historiker uns erzähle, was geschehen sei, der Romancier aber, wie es sich angefühlt habe. Und Alexandre Dumas der Ältere erklärte: »Was ist Geschichte? Ein Nagel, an dem ich meine Romane aufhänge.«

Der genialste Anfang eines Geschichtswerks gelang ohne Zweifel Gregor von Tours, dem Chronisten der Merowinger und Autor von *Zehn Bücher Geschichten*, der im 6. Jahrhundert den unsterblichen Satz schrieb: »Viele Dinge geschahen, manche gut, manche schlecht.« So wird *history in the making* nun mal von Zeitgenossen wahrgenommen, da hat sich seit Gregors Zeiten bis in unsere Gegenwart nichts verändert. Der Großmeister des historischen Romans in der deutschsprachigen Literatur ist in meinen Augen Daniel Kehlmann. Mit *Die Vermessung der Welt*, seinem Roman um den Weltreisenden Alexander von Humboldt und den Mathematiker Carl Friedrich Gauß, gelang ihm 2005 ein Welterfolg, wie es ihn in der deutschsprachigen Literatur seit Patrick Süskinds *Das Parfüm* nicht mehr gegeben hatte. Gleich zu Beginn lässt Kehlmann voller Selbstironie Gauß über den historischen Roman räsonieren: »Seltsam sei und ungerecht, sagte Gauß, so recht ein Beispiel für die erbärmliche Zufälligkeit der Existenz, dass man in einer bestimmten Zeit geboren und ihr verhaftet sei, ob man wolle oder nicht. Es verschaffe einem einen unziemlichen Vorteil vor der Vergangenheit und mache einen zum Clown der Zukunft. ... Sogar ein Verstand wie der seine ... hätte in frühen Menschheitsaltern oder an den Ufern des Orinoko nichts zu leisten vermocht, wohingegen jeder Dummkopf in zweihundert Jahren sich über ihn lustig machen und absurden Unsinn über seine Person erfinden könne.«

Meine Lieblingspassage in Kehlmanns geistfunkelnder und geschliffener Prosa ist ein Musterbeispiel für jenen magischen Realismus, den sich dieser Erzähler nur sparsam erlaubt, der aber, richtig dosiert, die Welt poetisch zu verzaubern vermag. In *Tyll*, seinem Roman über das Schicksal des unglückseligen Winterkönigs, schildert er den Universalgelehrten und Jesuitenpater Athanasius Kircher, der gegen Ende des Dreißigjährigen Krieges auf Drachenjagd nach Holstein geht. Kehlmann lässt das Kapitel mit dem Tod der alt gewordenen Nele enden, einer der Hauptfiguren des Romans, dann fügt er aber einige Zeilen an, die dem Gelehrtenwahn Kirchers eine Nase drehen:

»Im selben Jahr starb in der Holsteinischen Ebene der letzte Drache des Nordens. Er war siebzehntausend Jahre alt, und er war es müde, sich zu verstecken.

Also bettete er den Kopf ins Heidekraut, legte den Körper, der sich so vollständig seinem Untergrund anpasste, dass selbst Adler ihn nicht hätten ausmachen können, flach in die Weichheit der Gräser, seufzte und bedauerte kurz, dass es nun vorbei war mit Duft und Blumen und Wind und dass er die Wolken im Sturm nicht mehr sehen würde, nicht den Aufgang der

Sonne und die Kurve des Erdschattens auf dem kupferblauen Mond, der ihn immer besonders erfreut hatte.

Er schloss seine vier Augen und brummte noch leise, als er spürte, dass ein Spatz sich auf seine Nase setzte. Es war ihm alles recht, denn er hatte so viel gesehen, aber was mit einem wie ihm nach dem Tod geschehen würde, wusste er noch immer nicht. Seufzend schlief er ein. Sein Leben hatte lang gedauert. Nun war es Zeit, sich zu verwandeln.«

Solche Prosa vermag mich mit unserer Sterblichkeit zu versöhnen.

*

Donald Trump im Weißen Haus, im Juni kündigt er den Austritt der USA aus dem Pariser Klimaabkommen an. Frank-Walter Steinmeier wird Nachfolger von Joachim Gauck als Bundespräsident. Martin Schulz ist neuer SPD-Vorsitzender und Spitzenkandidat – ohne eine einzige Gegenstimme. Nach der Bundestagswahl im September scheitert der Versuch zur Bildung einer Jamaika-Koalition, sodass CDU/CSU und SPD unter Angela Merkel weiterregieren. Helmut Kohl ist tot. Der österreichische Bundeskanzler Sebastian Kurz von der ÖVP wird der jüngste Regierungschef der Welt. Air Berlin ist insolvent und stellt den Flugbetrieb ein.

Der Literaturnobelpreis geht an den japanischstämmigen Briten Kazuo Ishiguro. Jan Wagner wird mit dem Georg-Büchner-Preis ausgezeichnet. Der Österreicher Robert Menasse gewinnt mit seinem EU-Roman *Die Hauptstadt* den Deutschen Buchpreis, Natascha Wodin mit *Sie kam aus Mariupol* den Preis der Leipziger Buchmesse. Der Amerikaner George Saunders wird für *Lincoln im Bardo* mit dem Booker Prize geehrt, Éric Vuillard für *Die Tagesordnung* mit dem Prix Goncourt, Colson Whitehead für *Underground Railroad* mit dem Pulitzer Prize. Adam Zagajewski ist Träger des Prinzessin-von-Asturien-Preises. Die Literaturwelt trauert um John Berger, Paula Fox, Derek Walcott, Colin Dexter, Jewgeni Jewtuschenko, Robert M. Pirsig, Joachim Kaiser, Denis Johnson, Waldemar Kumming, Tankred Dorst, Juan Goytisolo, Peter Härtling, Liu Xiaobo, Eberhard Jäckel, Brian Aldiss, John Ashbery, Kate Millett, Richard Wilbur, Silvia Bovenschen und Sue Grafton. Das Wort des Jahres ist »Jamaika-Aus«, das Unwort »alternative Fakten«.

Der US-Amerikaner T. C. Boyle schreibt seit Jahrzehnten Climate Fiction – vielleicht, weil er in seinem von Frank Lloyd Wright erbauten Holzhaus im kalifornischen Montecito durch Waldbrände und Dürren besonders stark vom Klimawandel betroffen ist. Der Italienerin Elena Ferrante gelingt mit ihrem unwiderstehlichen Romanquartett über die Lebenswege zweier Freundinnen aus Neapel einer der größten Bucherfolge der Nachkriegszeit; ihre Entscheidung, wie Thomas Pynchon als Autorin anonym bleiben zu wollen, ruft wie bei Pynchon Sensationsjournalisten auf den Plan: ein publizistisches Trauerspiel. Das sind auch die als »Appelle« vermarkteten Interviewbüchlein von Franz Alt mit dem Dalai Lama und Michail Gorbatschow: eine besonders unappetitliche Form literarischer Zuhälterei. Noch schlimmer: die nun alljährlich auf der Liste auftauchenden obskuren Jahresrückblicke des Verschwörungstheoretikers Gerhard Wisnewski. Ein Lichtblick dagegen: die Bücher des originell denkenden religionsskeptischen israelischen Historikers Yuval Noah Harari.

JANUAR 2017

Belletristik

10) Jürgen von der Lippe: *Der König der Tiere* (Knaus, 223 S., 16,99 €)
Ein Buch wie eine Biertischgarnitur: verschwiemelte Zoten, öde Säuferwitze, dumpfer Schweinkram. Vulgär, peinlich, provinziell.

9) Simon Beckett: *Totenfang* (Deutsch von Sabine Längsfeld und Karen Witthuhn, Wunderlich, 556 S., 22,95 €)
Unser Held, der forensische Anthropologe Dr. David Hunter, traumatisiert sowohl durch den Unfalltod von Weib und Kind wie durch die Messerwunden eines Kriminellen, schleppt sich so leblos über die Seiten dieses Thrillers, dass er von den beiden im Zentrum der Handlung stehenden Wasserleichen kaum zu unterscheiden ist. Als Krimi ein glatter Schlag ins Wasser.

8) Nele Neuhaus: *Im Wald* (Ullstein, 560 S., 22 €)
Auf Seite 359 dieses aufgeblähten Taunus-Regionalkrimis über einen Mord, der den Ermittler zurück in seine Kindheit in den 1970er-Jahren führt, steht die Frage: »Wieso erzählen Sie mir das alles?« Dieser ärgerlich redundante, ebenso beobachtungs- wie erkenntnisschwache Roman bleibt die Antwort in jeder Hinsicht schuldig.

7) Martin Walser: *Statt etwas oder der letzte Rank* (Rowohlt, 176 S., 16,95 €)
Walser inszeniert sein neues Buch wie einen Boxkampf: in der linken Ecke ein hyperreflektiertes, sprachbesessenes Ich; in der rechten Ecke Walsers langjährige Lieblingsfeinde, die »Fallensteller, Untersteller, Verdächtiger«, kurz: die öffentliche Meinung. Und wer gewinnt in diesem Kampf der Giganten? Na, wir Leser selbstverständlich. Ein Meisterwerk.

6) T. C. Boyle: *Die Terranauten* (Deutsch von Dirk van Gunsteren, Hanser, 608 S., 26 €)
Ein Kammerspiel über acht Menschen, die zwei Jahre zu Versuchszwecken in einer »Ecosphere« eingesperrt werden sollen: Der Ro-

mancier T.C. Boyle kann hier seine alte Stärke, die glaubhafte Schilderung skurriler Charaktere unter existenziellem Druck, voll ausspielen.

5) J.K. Rowling, John Tiffany und Jack Thorne: *Harry Potter und das verwunschene Kind* (Deutsch von Klaus Fritz und Anja Hansen-Schmidt, Carlsen, 333 S., 19,99 €)
Als echter Fan einer Autorin interessiert man sich ja durchaus auch für deren schwächere Arbeiten. Um eine solche handelt es sich bei diesem Theaterstück mit furchtbar ungelenker Dramaturgie.

4) J.K. Rowling: *Phantastische Tierwesen und wo sie zu finden sind* (Deutsch von Anja Hansen-Schmidt, Carlsen, 303 S., 19,99 €)
Auch dieses Drehbuch zu einem in der Harry-Potter-Welt angesiedelten Film enthält zwar manch schöne Einfälle, dennoch ist es weit entfernt von der Brillanz der bisherigen Hauptwerke Rowlings. Als Buch hat es in etwa den künstlerischen Wert von Harry-Potter-Bettwäsche, Harry-Potter-Badelatschen oder Harry-Potter-Strandtüchern.

3) Sebastian Fitzek: *Das Paket* (Droemer, 363 S., 19,99 €)
Diese abstruse Geschichte um eine auf einem Kongress im Hotel vergewaltigte Psychiaterin kippt spätestens dann ins Absurde, als deren Nachbar unter Verdacht gerät, nur weil er seine Mutti in der Biotonne aufbewahrt, um deren Rente weiterzukassieren. Der Witz: Diese potenzielle Komik unterläuft diesem talentfreien Autor unfreiwillig, Fitzeks Schund lebt allein von seinem Schockwert.

2) Elena Ferrante: *Meine geniale Freundin* (Deutsch von Karin Krieger, Suhrkamp, 423 S., 22 €)
Ferrantes Romanquartett hat weltweit einen Hype ausgelöst wie Umberto Eco 1980 mit *Der Name der Rose* – zu Recht. Es geht ein hinreißender Sog aus von Ferrantes Geschichte um Elena und Nina, zwei Freundinnen, die in einem *Rione*, einem armen Stadtteil von Neapel, aufwachsen, dann aber denkbar verschiedene Lebenswege nehmen. Die eine, Elena, darf auf die höhere Schule und studiert, Nina, die andere, an sich begabtere, muss in der Schuhmacherwerkstatt ihres Vaters aushelfen und heiratet mit 16. Ferrante ist das Beste, was der italienischen Gegenwartsliteratur passieren konnte.

1) Elena Ferrante: *Die Geschichte eines neuen Namens* (Deutsch von Karin Krieger, Suhrkamp, 624 S., 25 €)
Am Ende von Band zwei erweist sich die Erzählerin als Romanautorin. Ihre Lektorin, die Mutter ihres Freundes an der Uni in Pisa, gibt ihr den Tipp: »Ändern Sie nicht ein Komma, da ist Ehrlichkeit, Natürlichkeit und etwas Geheimnisvolles im Stil, wie man es nur in wahren Büchern findet.« Das trifft den Nagel auf den Kopf! Und dass man diese herausragenden Romane auch auf Deutsch genießen kann, dafür gebührt der Übersetzerin Karin Krieger besonderes Lob!

FEBRUAR 2017

Sachbuch

10) Dalai Lama und Franz Alt: *Der Appell des Dalai Lama an die Welt: Ethik ist wichtiger als Religion* (Benevento, 56 S., 4,99 €)
Problematisch an diesem Buch sind weniger die Themen, die es verhandelt: Wer will schon etwas dagegen einwenden, wenn ein religiöses Oberhaupt bekennt, dass eine Welt mit weniger Religion eine bessere Welt wäre? In Harnisch gerate ich gegen diese Schrift vor allem deshalb, weil sie durch ihren Umfang von sage und schreibe 56 redundant vollgequasselten Seiten mit einem Buch ebenso wenig zu tun hat wie ein Big Mac mit Essen. Ein Fake-Book für die Generation Facebook.

9) Michail Gorbatschow und Franz Alt: *Kommt endlich zur Vernunft – Nie wieder Krieg! Ein Appell von Michail Gorbatschow an die Welt* (Benevento, 60 S., 7 €)

Die schönsten Satiren schreibt eben doch die Wirklichkeit: Nach dem Dalai Lama hat Franz Alt Michail Gorbatschow zu einem weiteren Fake-Book beschwatzt, in dem er diesen auch typografisch wie eine Powerpoint-Präsentation sprechen und Phrasen über Phrasen aufsagen lässt: »Es steht außer Frage, dass diese Herausforderungen nur gemeinsam, durch vereinte Bemühungen, bewältigt werden können.« Ah ja. Wen wird der *Report*-Zombie Alt als Nächstes in einem Interviewbuch verwursten? Werden wir den Appell von Daniel Küblböck an die Welt zu lesen bekommen? Den Appell von Peter Hahne? Oder den von Daniela Katzenberger? Das Grauen hat erst begonnen …

8) Wolf Biermann: *Warte nicht auf bessere Zeiten* (Propyläen, 576 S., 28 €)
Zu den interessantesten Gedanken in dieser einsichtsreichen Autobiografie zählt Biermanns Nachdenken über die Frage, warum sich in der DDR so wenig Widerstand gegen die SED-Diktatur entwickelt hatte. Ein Grund, so Biermann: »In der DDR hatten sich zu viele der Schriftsteller und Wissenschaftler, die die Russen ›Intelligenzija‹ nennen, bis zuletzt immer wieder mit der Partei ins Bett gelegt –

resigniert, lustlos, ängstlich, karrieregeil.« Ein Buch, aus dem sich viel lernen lässt.

7) Peter Wohlleben: *Das Seelenleben der Tiere* (Ludwig, 240 S., 19,99 €)
Alterszipperlein von Pferden, Todesahnungen von Ziegen, Empathie unter Wühlmäusen: Der Ex-Förster Peter Wohlleben lenkt den Blick seiner Leser angenehm unangestrengt auf wenig bekannte Seiten im Buch der Natur.

6) Gerhard Wisnewski: *verheimlicht – vertuscht – vergessen* 2017 (Kopp, 372 S., 14,95 €)
Wer glaubt, dass Elvis Presley zusammen mit James Dean und John F. Kennedy heute eine Straußenfarm in Südafrika betreibt, den wird dieses Hausbuch der Verschwörungstheoretiker nicht weiter schockieren. Wer aber noch ein letztes Fitzelchen Vernunft im öffentlichen Diskurs bewahrt sehen möchte, den wird diese hirnrissige Ansammlung von »alternativen Fakten« zu Themen wie Brustkrebs, das Zugunglück von Bad Aibling und Merkels Flüchtlingspolitik die Tränen in die Augen treiben.

5) Horst Lichter: *Keine Zeit für Arschlöcher* (Gräfe und Unzer, 176 S., 16,99 €)
Ausgelöst durch den Tod seiner Mutter, lässt Horst Lichter seine Fernsehkarriere Revue passieren. Wahrlich nichts Weltbewegendes, aber unprätentiös und einsichtsreich.

4) Andrea Wulf: *Alexander von Humboldt und die Erfindung der Natur* (Deutsch von Hainer Kober, C. Bertelsmann, 560 S., 24,99 €)
Niemand hat die Welt gesehen wie er: In Andrea Wulfs glänzender Biografie begegnen wir dem großen Denker der Vernetzung Alexander von Humboldt. Wulfs Buch ist ein Abenteuerspielplatz des Geistes!

3) Peter Wohlleben: *Das geheime Leben der Bäume* (Ludwig, 224 S., 19,99 €)
In seinem Ausflug in den deutschen Wohlfühlort schlechthin, den Wald, vermittelt Peter Wohlleben spannendes Wissen. Seine Überlegungen zu nicht heimischen Arten und Invasoren im Ökosystem Wald illustriert er etwa mit dem Hinweis, dass auch die bei Natur-

schützern so viel geliebten Roten Waldameisen vielerorts zu Neubürgern im Wald wurden, weil die Nadelholzwirtschaft auf Fichten und Kiefern setzte.

2) Roger Willemsen: *Wer wir waren* (S. Fischer, 64 S., 12 €)
In seiner letzten Rede denkt der vor einem Jahr gestorbene Roger Willemsen über die Zukunft von gestern und die rapide Verengung unseres Zukunftshorizonts nach. Das macht er klug und anregend. Sein früher Tod trifft umso schmerzlicher, als dieser nachgelassene Text erahnen lässt, wozu Willemsen in der Lage war.

1) Eckart von Hirschhausen: *Wunder wirken Wunder* (Rowohlt, 496 S., 19,95 €)
Der Kabarettist und Fernsehmoderator Eckart von Hirschhausen ist für viele Menschen ein Sympathieträger. Der Ton des neuen Buchs des studierten Mediziners ist durchweg anbiedernd. »Jetzt gestehe ich Ihnen etwas«, schreibt er etwa: »Als Student habe ich mich für Menschenversuche hergegeben. Ich habe meinen Körper an die Forschung verkauft. Immerhin nicht an die böse Pharmaindustrie, sondern für ein naturheilkundliches Präparat. Und auch nicht den ganzen Körper, sondern nur meinen linken Unterarm.« Über annähernd 500 Seiten nervt diese forcierte Witzischkeits-Prosa wie eine niemals endende Karnevalssitzung der Hölle.

NOVEMBER 2017

Belletristik

10) Sven Regener: *Wiener Straße* (Galiani, 304 S., 22 €)
Die enorm komischen Romane des »Element of Crime«-Sängers Sven Regener um Frank Lehmann sind brillante Schilderungen aus dem mit dem Mauerfall untergegangenen Kreuzberger Milieu und geniale Sprachopern. Niemand in der deutschen Gegenwartsliteratur bannt so souverän Dialekte und Soziolekte aufs Papier wie er.

9) Cassandra Clare: *Lord of Shadows: Die dunklen Mächte 2* (Deutsch von Franca Fritz und Heinrich Koop, Goldmann, 832 S., 19,99 €)
Ich musste ja schon einiges an Schwachsinn für diese Bestsellerliste lesen. Aber diese zwischen L. A., London und einem Feenreich spielende abstruse Geschichte über die verbotene Liebe zwischen zwei Dämonenjägern ist so fad wie aufgeweichtes Knäckebrot. Darüber können auch die politisch korrekt geschilderten Amouren der lesbisch, schwul, bisexuell und genderfluid Liebenden in diesem lahmen Fantasy-Schmöker nicht hinwegtrösten.

8) Marc-Uwe Kling: *QualityLand* (Ullstein, 384 S., 18 €)
»Leben wir in einer Diktatur, deren Methoden so sublim sind, dass keiner merkt, dass wir in einer Diktatur leben?«, fragt Marc-Uwe Kling in seiner Science-Fiction-Satire über einen Michael Kohlhaas in einer neoliberalen digitalen Welt. Kling erzählt formal bestechend und einfallsreich von einer nahen Zukunft, in der ein Android für die Präsidentschaft kandidiert und einem von Datenkraken ausgebeuteten Underdog die Erkenntnis dämmert: »Ich bin nicht ihr Kunde. Ich bin nur das Produkt, mit dessen Verkauf sie ihr Geld verdienen.« Trotz gelegentlich pennälerhaft flacher Witzchen der aufregendste politische Roman seit Langem.

7) Jo Nesbø: *Durst* (Deutsch von Günther Frauenlob, Ullstein, 624 S., 24 €)
Dieser Krimi um einen blutsaufenden Killer ist dagegen ein geistiges Ödland von bemerkenswerter Tristesse. »Smiths Finger legten sich auf Harrys Gesicht und versuchten, ihn wegzudrücken. Dann gab er

es auf. Ließ von ihm ab. War Smiths Hirn endlich so sauerstoffleer, dass es ihm die Arbeit verweigerte? Harry spürte die Erleichterung und würgte noch einmal Smiths Blut hinunter.« Mein Hirn verweigert, konfrontiert mit diesem gedankenleeren Geil-auf-Gewalt-Stuss, auf Anhieb die Arbeit.

6) Maja Lunde: *Die Geschichte der Bienen* (Deutsch von Ursel Allenstein, Btb, 512 S., 20 €)
Drei Handlungsstränge aus Vergangenheit, Gegenwart und Zukunft erzählen von der symbiotischen Beziehung zwischen Menschen und Biene – und von unserer Torheit, durch Monokulturen, Spritzmittel, Parasiten und extreme Wetterlagen das große Bienensterben auszulösen. In der Zukunft des Jahres 2098 sind die Bienen ausgestorben – bis ein kleiner Junge gestochen wird. Literarisch durchaus befriedigend, allerdings stört die Dauererektion des moralischen Zeigefingers in diesem Roman der Dänin Maja Lunde.

5) Ken Follett: *Das Fundament der Ewigkeit* (Deutsch von Markus Weber, Lübbe, 1168 S., 34 €)

In der zweiten Fortsetzung seines Kathedralenwälzers *Die Säulen der Erde* inszeniert Follett die Religionskriege des 16. Jahrhunderts als gigantisches Kasperletheater: eindimensionale Charaktere, hölzerne Dialoge, einfallslose Handlungsfäden. Definitiv ein Fall für die literarische Abrissbirne.

4) Kerstin Gier: *Wolkenschloss* (Fischer FJB, 464 S., 20 €)
Am Schluss dieses in reiner Zuckerwatteprosa geschriebenen Klischeekonzentrats um ein Zimmermädchen in einem Grand Hotel in den Schweizer Bergen stehen Sätze wie: »Manchmal fragte ich mich, ob Tristan und sein Großvater und die Leute von der geheimen Gesellschaft, für die sie angeblich arbeiteten, den Stein aus dem Collier wirklich zurück in die indischen Tempelanlagen gebracht hatten.« Auch sonst fehlt dem Roman einiges.

3) Robert Menasse: *Die Hauptstadt* (Suhrkamp, 459 S., 24 €)
Welche Idee liegt eigentlich der europäischen Einigung zugrunde, fragt der Österreicher Robert Menasse in seinem mit dem Deutschen Buchpreis ausgezeichneten, glühend proeuropäischen Roman. Running Gag in des Wortes wörtlichster Bedeutung ist ein durch Brüssel

laufendes Schwein – und die verzweifelten Versuche des Verbands der europäischen Schweinemäster, zu einem Freihandelsabkommen mit China zu kommen, um den Chinesen die Schweineöhrchen, -schnäuzchen und -schwänzchen verkaufen zu können, die in Europa im Tierfutter landen, in China aber als Delikatesse gelten. So vergnüglich und anregend wurde noch nie über die EU geschrieben, wie Menasse dies in seinem satirischen Bravourstück gelingt.

2) Daniel Kehlmann: *Tyll* (Rowohlt, 480 S., 22,95 €)
Und jetzt darf ich einen echten Triumph der deutschsprachigen Gegenwartsliteratur anzeigen. Sprachtrunken, bildersatt und verzaubert habe ich den Roman von Daniel Kehlmann zugeklappt: So ein Wunderbuch begegnet einem nicht jedes Jahr! Eindrücklich gelingt es Kehlmann, rund um den aus dem Spätmittelalter in die Zeit des Dreißigjährigen Krieges verpflanzten Tyll Ulenspiegel einen Mummenschanz um Macht, Machtmissbrauch und den Hochseiltanz unserer Existenz zu inszenieren, der es in sich hat. Hinreißend!

1) Dan Brown: *Origin* (Deutsch von Axel Merz, Lübbe, 672 S., 28 €)
Als Atheist müsste ich die Religionskritik in Dan Browns Thriller eigentlich begrüßen. Aber sie kommt in diesem Roman um einen in Bilbao ermordeten Super-Nerd und eine durch die Touristenattraktionen Spaniens führende Schnitzeljagd so stumpf und primitiv daher, dass ich lieber zu Kreuze krieche. Anders ausgedrückt: Je länger ich Brown lese, desto mehr bedaure ich den Tod von Michael Crichton.

DEZEMBER 2017

Sachbuch

10) Thorsten Schulte: *Kontrollverlust* (Kopp, 288 S., 19,95 €)
Mir ist es ein echtes Rätsel, dass es Menschen gibt, die für ihre Finanztipps Experten vertrauen, die sich auf ihrer Website »Silberjunge« nennen – aber mein Gott, es gibt ja auch Wahrsagerinnen, Heilpraktiker und Astrologinnen. Warum also nicht auch Silberjungen in der Finanzbranche? In seinem wirren Angela-Merkel-Hassbuch unterlaufen dem komplett von der Leine gelassenen Ex-Investmentbanker Thorsten Schulte permanent Sätze wie: »Lassen Sie uns alle eine Leuchtfackel für unsere Freiheit werden.« Glauben Sie diesem Mann kein Wort: Öffentliche Selbstverbrennung ist auch keine Lösung!

9) Christian Lindner: *Schattenjahre* (Klett-Cotta, 338 S., 22 €)
Dieses Buch hat mich überrascht: Der FDP-Parteivorsitzende erzählt nicht nur offen und uneitel über die größte Krise seiner Partei in ihren vier Jahren in der außerparlamentarischen Opposition, ihm gelingt mit leichter Hand zudem ein Insiderbuch, aus dem man erfährt, wie Politik funktioniert, was Liberalismus heute bedeutet und wie man gestärkt aus einer Krise hervorgeht.

8) Richard David Precht: *Erkenne dich selbst* (Goldmann, 672 S., 24 €)
Wohl dem Land, in dem Band 2 einer profunden Philosophiegeschichte die Bestsellerliste stürmt. Richard David Precht hat sich der Kärrnerarbeit unterzogen, die Geschichte des abendländischen Denkens von der Renaissance bis zum deutschen Idealismus leicht fassbar nachzuerzählen. Ein Bildungserlebnis – und eine echte Lesefreude.

7) Gerald Hüther: *Raus aus der Demenz-Falle* (Arkana, 144 S., 18 €)
Die beste Vorbeugung gegen Demenz ist nach Ansicht des Göttinger Hirnforschers Gerald Hüther die Erfahrung eines sinnhaften, gestaltbaren und verstehbaren Lebenszusammenhangs. »Kohärenzgefühl« nennt Hüther das und argumentiert in diesem schmalen Büchlein überzeugend, wie sich dieses Gefühl im Rattenrennen einer kapitalistischen Gesellschaft entwickeln lässt.

6) Gregor Gysi: *Ein Leben ist zu wenig* (Aufbau, 583 S., 24 €)
Dass Gregor Gysi keine langweilige Autobiografie schreiben würde, war ja zu erwarten: Der Mann hat einen Ruf zu verlieren, immerhin ist er mit der englischen Literaturnobelpreisträgerin Doris Lessing verwandt! Überrascht hat mich als Süddeutschen, dass mich in diesen faszinierenden, nie indiskreten Memoiren jene Passagen am meisten in Bann schlugen, in denen Gregor Gysi von seinen ersten Jahren im Bundestag des wiedervereinigten Deutschlands erzählt und davon, wie er dort angefeindet, erniedrigt und bösartig beleidigt wurde. Dafür ist Literatur da: um die Perspektive zu wechseln, um sich zu vergegenwärtigen, wie sich die Dinge aus der Perspektive des anderen, in diesem Fall des Ostdeutschen, ausnehmen. Tröstlich an diesem Buch fand ich, wie sehr dies Schlachten von gestern sind, wie weit die Wiedervereinigung längst gelebte Wirklichkeit geworden ist.

5) Axel Hacke: *Über den Anstand in schwierigen Zeiten und die Frage, wie wir miteinander umgehen* (Kunstmann, 192 S., 18 €)
Warum erleben wir von Donald Trump über Recep Tayyip Erdoğan

bis hin zu Marine Le Pen und dem VW-Vorstand einen Rücksturz in die Zeit der Säbelrassler, Ego-Shooter und Pottsäue? Und wie schützt man sich davor – Stichwort: Andrea-in-die Fresse-Nahles –, selbst Teil dieser globalen Verrohung zu werden? Durch Denken, argumentiert Axel Hacke in seinem sehr lesenswerten Essay.

4) Peter Wohlleben: *Das geheime Leben der Bäume* (Ludwig, 224 S., 19,99 €)
Noch jemand ohne? Kaum zu glauben, dass irgendwer diese extrem lesenswerten Geschichten aus dem Wald auch in der 127. Woche nach ihrem Erscheinen noch nicht doppelt im Regal stehen hat. Müsste man all diese frisch konvertierten Baumumarmer nicht einmal daran erinnern, dass auch die Seiten von Peter Wohllebens Büchern aus nichts anderem bestehen als – geschredderten Bäumen? Egal: ein ausgezeichnetes Buch!

3) Ranga Yogeshwar: *Nächste Ausfahrt Zukunft* (Kiepenheuer & Witsch, 400 S., 22 €)
Obwohl der Wissenschaftsjournalist Ranga Yogeshwar in diesem Buch ganz ad rem ist, also von Sachverhalten, neuen Technologien und Epochenumbrüchen erzählt, erfahre ich eine Menge über sein

Leben. Und gerade diese Mischung ist es, die mich bei der Stange hält, wenn Yogeshwar etwa von den Unterschieden zwischen künstlichen und menschlichen Stimmen schreibt und zu dem Fazit gelangt: »Wir sollten keine Angst vor dem Morgen haben, denn wir leben in der aufregendsten Zeit, die es je gab.«

2) Rolf Dobelli: *Die Kunst des guten Lebens* (Piper, 384 S., 20 €)
Der Schweizer Rolf Dobelli vermag unverschämt geschickt, intelligent und welthaltig seine Leserinnen und Leser auf »mentale Buchführungstricks« hinzuweisen, die enorm zur Steigerung der Lebensqualität beitragen. Einer der wenigen Ratgeber, die ihr Geld wert sind.

1) Peter Wohlleben: *Das geheime Netzwerk der Natur* (Ludwig, 224 S., 19,99 €)
Wussten Sie, dass Deutschland, auf die Fläche bezogen, eines der wildreichsten Länder der Erde ist? Aus dem neuen Buch des Ex-Försters Peter Wohlleben über Regelkreise der Natur lässt es sich erfahren. »Der Wolf gibt dem Wald seine wilde Seele zurück«, schreibt Wohlleben. Ich bin mir nicht so sicher, ob das wirklich wünschenswert ist. Aber wünschenswert ist die Beschäftigung mit diesen Fragen, und Wohllebens Bücher sorgen dafür.

2016

Was erzählen Bücher über die Natur?

Du bist, wer du sein willst! So zweifelhaft dieser Ratschlag im Leben sein mag, in der Literatur geht er auf. Wir vermögen kraft der Literatur nicht nur, in die Haut eines anderen zu schlüpfen, sondern auch in dessen Fell oder Federkleid. Bücher über Tiere lassen uns die Welt aus anderer Perspektive sehen und im besten Fall neuen Respekt vor unseren Mitgeschöpfen

gewinnen. Richard Adams' *Watership Down* um eine Gruppe von Wildkaninchen auf der Suche nach einer neuen Heimat in Hampshire hat zusammen mit J. R. R. Tolkiens Auenland den Zeitgeist der Bundesrepublik ökologisch sensibilisiert, was entscheidend zur Gründung der Grünen Anfang Januar 1980 beitrug. Weniger bekannt, aber nicht weniger eindrücklich ist Richard Adams' Roman *Traveller*, in dem er die ganze Misere des amerikanischen Bürgerkriegs aus Sicht von General Robert E. Lees Pferd schildert. Und Ulrich Raulff, langjähriger Direktor des Deutschen Literaturarchivs in Marbach, erzählt in seinem stupend bildungsreichen Sachbuch *Das letzte Jahrhundert der Pferde* vom »kentaurischen Pakt«, der Partnerschaft zwischen Mensch und Pferd, das eine entscheidende Rolle in der Landwirtschaft spielte, als schnellstes Fortbewegungsmittel Städte und Länder verband und über Jahrtausende buchstäblich kriegsentscheidend war.

Wir alle spüren: Eine Drift hat uns erfasst. Wir verbringen zu viel Zeit vor Bildschirmen und zu wenig Zeit unter freiem Himmel: im Wald, auf dem Land, am Fluss, am See, am Meer, in den Bergen. Dabei sind wir auf die Erfahrung der Natur existenziell angewiesen. Nicht nur, weil buchstäblich unser täglich Brot von ihr abhängt. Sie uns die Luft zum Atmen schenkt. Das Wasser des Lebens. Die Erfahrung der Natur stützt, stärkt und bringt uns zurück ins Gleichgewicht, wenn wir den Boden unter den Füßen zu verlieren drohen. Die Deutschen haben den Begriff der Natur im 19. Jahrhundert unerträglich romantisiert. Gleichzeitig begann mit der Industrialisierung eine rasende Ausbeutung der Natur. Wir haben in Regelkreise eingegriffen, von deren Vorhandensein wir uns keine Vorstellung machten. Die Konsequenzen treten uns heute in Gestalt von Klimawandel und Artensterben immer erschreckender vor Augen. Zum Jammern ist es zu spät. Längst müssen wir Konsequenzen ziehen. Nachhaltigkeit ist das Zauberwort der Stunde. Nicht nur in Architektur und Mode, auch in der Landwirtschaft – und in der Literatur.

Viele Menschen sehnen sich in unsicheren Zeiten nach der Erfahrung von Wald, der offenen Landschaft, dem Wind, dem Wasser. Seit Novalis und Friedrich Hölderlin war die deutschsprachige Literatur immer ein Medium schärfster Naturbeobachtung. Arno Schmidt, Sarah Kirsch und W. G. Sebald setzten diese Tradition bis in unsere Gegenwart fort. Und heute? Zu den globalen Trends der Gegenwartsliteratur zählt das *Nature Writing*. »Es ist uns absolut unmöglich, die Natur zu betrachten, ohne in ihr auch einen Teil unserer selbst zu sehen«, schreibt Helen McDonald, die mit *H wie Habicht* einen Weltbestseller landete, in dem sie die Trauer um ihren verstorbenen Vater und die Beziehung eines Menschen zum Bewusstsein eines Tiers schildert. Der Ex-Förster Peter Wohlleben schafft neben der Funktion des deutschen Bundestrainers das neue Amt des deutschen Waldmeisters, er dominiert mit *Das geheime Leben der Bäume*, das auch 2016 auf Platz eins steht, und seinen weiteren Waldbüchern über Jahre die deutschen Bestsellerlisten.

Man sieht nur, was man weiß – der alte Goethe-Satz erklärt die anhaltende Popularität von Büchern über Fauna und Flora.

Dabei muss es in der literarischen Beschäftigung mit der Natur nicht immer tierisch ernst zugehen, wie Robert Gernhardt in seinem Gedicht »Was wollen die Schwäne uns sagen« beweist:

Wir leben und schweben
Wir kreisen und weisen
Wir finden und binden
Wir ketten und retten
Wir halten und walten
Wir schlichten und richten
Wir sind überhaupt ganz tolle Vögel –
Das wollen die Schwäne uns sagen.

*

Die Briten stimmen für den Brexit und verlassen die EU. Ein Putschversuch gegen den türkischen Präsidenten Erdoğan scheitert und kostet 290 Menschenleben. Donald Trump wird 45. Präsident der USA. Nizza, Brüssel und Berlin werden zum Ziel islamistischer Terroristen. Den US-amerikanischen LIGO-Observatorien gelingt erstmals die direkte Beobachtung von Gravitationswellen.

Der Literaturnobelpreis geht an Bob Dylan, der nicht zur Preisverleihung im Dezember in Stockholm erscheint. Marcel Beyer erhält den Georg-Büchner-Preis. Paul Beatty wird für *Der Verräter* mit dem Booker Prize ausgezeichnet, Leïla Slimani für *Dann schlaf auch du* mit dem Prix Goncourt, Viet Than Nguyen für *Der Sympathisant* mit dem Pulitzer Prize. Richard Ford wird mit dem Prinzessin-von-Asturien-Preis geehrt. Der Deutsche Buchpreis zeichnet *Widerfahrnis* von Bodo Kirchhoff aus, der Preis der Leipziger Buchmesse geht an *Frohburg* von Guntram Vesper. Die Niederlande und Flandern sind Gastländer der Frankfurter Buchmesse. Die Literaturwelt trauert um Michel Tournier, Roger Willemsen, Umberto Eco, Harper Lee, Karl Dedecius, Imre Kertész, Lars Gustafsson, Yves Bonnefoy, Elie Wiesel, Peter Shaffer, Péter Esterházy, Angelika Schrobsdorff, Fasil Iskander, Hermann Kant, Michel Butor, Edward Albee, Klaus Harpprecht, Dario Fo, Leonard Cohen, Ilse Aichinger, William Trevor und Richard Adams. Das Wort des Jahres ist »postfaktisch«, das Unwort »Volksverräter«.

J. K. Rowling verhilft Harry Potter zu einem Comeback in einem Theaterstück. Adolfs Hitlers *Mein Kampf* steht in einer mustergültigen kritischen Edition auf Platz eins der deutschen Bestsellerliste. Martin Walser vermisst Buch um Buch den Kontinent des Alterns. Mit Cecelia Ahern, Jojo Moyes und Nicholas Sparks etabliert sich eine neue Generation Kitschiers. Joachim Meyerhoff gelingt mit seinem autobiografischen Romanzyklus *Alle Toten fliegen hoch* die Quadratur des Kreises: geistreiche Unterhaltungsliteratur. Benedict Wells etabliert sich als souveräner Erzähler, Juli Zeh ist die scharfsichtigste Gesellschaftsanalytikerin der Bundesrepublik Deutschland.

JANUAR 2016

Belletristik

10) Cecelia Ahern: *Der Glasmurmelsammler* (Deutsch von Christine Strüh, Krüger, 365 S., 19,99 €)
Im neuen Roman der Kitschmeisterin Cecelia Ahern, die sich offenbar als Teil der irischen Tourismusindustrie versteht, findet eine Tochter nach dem Schlaganfall ihres Vaters heraus, dass dieser jahrzehntelang ein Doppelleben führte, unter dem Namen seines früh verstorbenen Bruders ein weltberühmter Murmelspieler war und die wertvollsten Stücke seiner Murmelsammlung nun fehlen. *To lose ones marbles*, seine Murmeln verlieren, ist im Englischen eine schöne Redewendung für die Einbuße jeglicher Verstandesfähigkeiten. Sagen wir so: Hier hat ein Stoff zweifellos die ihm adäquate Autorin gefunden.

9) Donna Leon: *Endlich mein* (Deutsch von Werner Schmitz, Diogenes, 307 S., 24 €)

Die Idee zu Commissario Brunetti kam Donna Leon während einer Opernaufführung. Im neuen Fall kehrt Brunetti zurück ins Teatro La Fenice, wo *Tosca* auf dem Spielplan steht und ein Stalker eine weltberühmte Sopranistin bedroht. Die Wahrheit über La Fenice und den kurzweiligen neuen Brunetti äußert im Roman der Schwiegervater des Commissario, wenn er sagt: »Ich glaube, mit La Fenice verhält es sich wie mit einem Cousin, der auf die schiefe Bahn geraten ist … Was er auch anstellt und wie viel er gestohlen haben mag, man erinnert sich immer daran, wie reizend er in früheren Jahren war und was für schöne Zeiten man mit ihm und seinen Freunden in der Jugend verbracht hat.«

8) David Safier: *Mieses Karma hoch 2* (Kindler, 313 S., 18,95 €)
In seiner Fortsetzung von *Mieses Karma* erzählt David Safier von einer untalentierten Serienschauspielerin und einem internationalen Kinostar, die in Gestalt von Ameisen, Goldfischen, Störchen und Schnecken wiedergeboren werden. Ein ideenloses, langweiliges Eigenplagiat – und ein Fall für den literarischen Tierschutz.

7) Kerstin Gier: *Silber – Das dritte Buch der Träume* (Fischer FJB, 464 S., 19,99 €)
Auch wenn Kerstin Gier diesen Schlussband ihrer Jugendbuch-Trilogie um die pubertierende Liv Silber und ihren Freund Henry mit viel Zeitgeistthemen wie erstem Sex, anonym verfassten Blogs und einer von mehreren Träumenden geteilten Traumwelt aufpimpt, bleibt es doch letztlich eine banale Hanni-und-Nanni-Geschichte, für die solche Sätze repräsentativ sind: »Wie sollen wir denn die Welt retten und dabei gleichzeitig unsere Abschlussprüfungen machen?«

6) Sebastian Fitzek: *Das Joshua-Profil* (Bastei Lübbe, 430 S., 19,99 €)
Ein Gewaltporno um einen Schriftsteller, der Opfer einer Verschwörung wird: sprachlich auf dem Niveau eines Heftchenromans, intellektuell weit darunter. Unliterarisch, indiskutabel.

5) Martin Walser: *Ein sterbender Mann* (Rowohlt, 287 S., 19,95 €)
Im neuen Walser geht es um Liebe und Verrat, um Männerfreundschaften und Abhängigkeitsverhältnisse, um Tango und Suizidforen, also um viele Themen, die man aus dem Walser'schen Romankosmos schon kennt, und um einige, die völlig neu sind. »Das Altsein ist eine Heuchelei vor Jüngeren«, lässt Walser seine Hauptfigur notieren. »Man ist alt, das stimmt. Aber man hat keine anderen Wünsche oder Absichten als jemand, der zwanzig Jahre jünger ist. Der Unterschied: Man muss jetzt so tun, als hätte man ganz andere Wünsche und ganz andere Absichten als ein Fünfundvierzigjähriger.« Ein großer literarischer Jux, ein Buch, das existenziell zu erschüttern vermag, und: eine virtuose Sprachoper.

4) Joachim Meyerhoff: *Ach, diese Lücke, diese entsetzliche Lücke* (Kiepenheuer & Witsch, 348 S., 21,99 €)
Nach dem Unfalltod seines Bruders gerät der Ich-Erzähler an einen Platz auf der Otto-Falckenberg-Schauspielschule, beschäftigt sich damit, Effi Briests gehörnten Ehemann als Nilpferd darzustellen, und nimmt dreieinhalb Jahre Quartier bei seinen Großeltern, zwei fidelen Vollalkoholikern. Während er Denken, Spielen und Leben lernt, greift der Tod nach seinem Vater und den skurrilen Großeltern. Meyerhoffs autobiografischer Romanzyklus zählt zum Aufregendsten und Intelligentesten, was heute in deutscher Sprache geschrieben wird.

3) Camilla Läckberg: *Die Schneelöwin* (Deutsch von Katrin Frey, List, 438 S., 19,99 €)
Camilla Läckberg gilt als der nächste Star des schwedischen Krimi-Wunders. Nach diesem wirren, ebenso geist- wie seelenlosen Retortenbaby von einem Roman um fünf vermisste Mädchen in Südschweden ist mir das ein Rätsel. Die auf abgenutzte Schockeffekte und Cliffhanger setzende Dramaturgie wird Opfer einer Sprache, die nur aus Schablonen besteht und Sätze hervorbringt wie: »Eiskalter Hass brannte in ihr, und sie tat, was sie tun musste.« Ich auch.

2) Dörte Hansen: *Altes Land* (Knaus, 287 S., 19,99 €)
Ein souverän und gelassen erzähltes Buch über Ostpreußen und das Alte Land, die neue Sehnsucht nach dem Landleben und das alte Bedürfnis nach Heimat sowie das bis heute nachwirkende Trauma der Vertreibung.

1) Jojo Moyes: *Ein ganz neues Leben* (Deutsch von Karolina Fell, Wunderlich, 521 S., 19,95 €)

Band 2 der Love-Story um Lou und Will, von der Moyes in *Ein ganzes halbes Jahr* erzählt hat und die mit dem Tod von Will im Alter von 35 Jahren nach – erraten – einem halben Jahr endete, lässt uns daran teilhaben, wie Louisa sich als Thekenkraft am Flughafen durchschlägt, in eine neue Beziehung mit einem Rettungssanitäter namens Sam stolpert und schließlich in die USA geht. Moyes' Fortsetzung ist genauso quälend sentimental, selbstmitleidig und unverschämt manipulativ wie Band 1, sonst aber in jeder Hinsicht schlechter.

MÄRZ 2016

10) Dörte Hansen: *Altes Land* (Knaus, 287 S., 19,99 €)
Dieses Buch ist ein Phänomen. Warum steht eine späte Debütantin seit über einem Jahr auf einem Spitzenplatz der meistverkauften Romane hierzulande? Sicher auch, weil Dörte Hansen moderne Heimatliteratur schreibt, den Zurück-zur-Natur-Trend bedient und ihr die prekäre Gratwanderung zwischen Familiengeschichte und Landlust-Satire gelingt. Letztlich überzeugen mich an diesem Buch aber das Erzähltalent und die psychologische Raffinesse Dörte Hansens.

9) Jojo Moyes: *Ein ganz neues Leben* (Deutsch von Karolina Fell, Wunderlich, 521 S., 19,95 €)
In dem Vorgängerroman *Ein ganzes halbes Jahr* schrieb Jojo Moyes eine zeitgenössische Neuauflage der *Love Story*, die naturgemäß mit dem Tod eines der Liebenden enden musste. Die noch kruder, noch tränenmelkerischer erzählte Fortsetzung, in der Lou den Rettungssanitäter Sam kennenlernt und am Ende von London nach New York geht, markiert mit ihrer keiner Phrase ausweichenden Stammelsprache, ihrem Romankosmos ohne einem Fünklein Witz oder Geist und ihrem Ausbuchstabieren jedes Gefühls eine Zumutung. Wenn es so etwas wie Kohlmief in Romanform gibt, dann hier.

8) Nicholas Sparks: *Wenn du mich siehst* (Deutsch von Astrid Finke, Heyne, 575 S., 19,99 €)
Alle diese Vorwürfe passen übrigens auch auf diesen Schundroman um das Liebespaar Maria und Colin in den USA. Kleine Kostprobe vom Ende: »Das Einzige, was Maria mit Sicherheit wusste, war, dass Lester und Dr. Manning beide tot waren und sie vor keinem jemals mehr Angst haben musste. Ein Kind, das bei einem Autounfall starb, eine ältere Schwester, die getötet wurde, eine an Depressionen leidende Mutter, die Selbstmord beging – was wäre wohl aus ihr selbst geworden, wenn ihr all das zugestoßen … wäre?« Ja, liebe Leserschaft, genau dasselbe wäre aus Maria geworden wie aus uns: ein gelangweilter und von der Geistlosigkeit dieser amerikanischen Schwammkopfprosa schwer enervierter Mensch.

7) Volker Klüpfel und Michael Kobr: *In der ersten Reihe sieht man Meer* (Droemer, 320 S., 19,99 €)
Dies ist nicht die x-te Kommissar-Kluftinger-Fortsetzung, das Autorenduo Klüpfel/Kobr hat sich für diese Rückschau auf Adria-Urlaube in den 1980er-Jahren einen originellen Zeitreise-Kniff einfallen lassen. Doch Vorsicht: Der Treibstoff dieser Erzählrakete besteht aus *italianità* und reiner Nostalgie – mit der einen oder anderen Verpuffung muss da schon gerechnet werden.

6) Jan Weiler: *Im Reich der Pubertiere* (Kindler, 165 S., 12 €)
Die Genialität dieser Kolumnensammlung erweist sich in den schlagenden Sprachbildern, die Jan Weiler immer wieder gelingen. Etwa wenn der Vater zweier Kinder eine »Große Halle der vergangenen Leidenschaften« imaginiert, in der Cro neben Bill Kaulitz sitzt, Hannah Montana neben Prinzessin Mononoke. Warum es schwer ist, heute jung zu sein, weiß Weiler auch: weil sich viele Erwachsene heute wie Kinder betragen.

5) Benedict Wells: *Vom Ende der Einsamkeit* (Diogenes, 355 S., 22 €)
Zunächst dachte ich: Das ist der beste John-Irving-Roman, der nicht von John Irving stammt. So melodramatisch sich der Plot anhört – es geht um drei Geschwister, die im Teenageralter erst ihre Eltern durch einen Autounfall verlieren und während ihrer Internatszeit sich selbst –, so sorgfältig konstruiert Wells seine über drei Jahrzehnte spielende Familienaufstellung, entwirft glaubhafte Charaktere mit psychologisch faszinierenden Liebesbiografien und unvergessliche Bilder wie das eines im Eis eingefrorenen Fuchses. Benedict Wells ist ein Hammer von einem Familienroman gelungen.

4) Heinz Strunk: *Der goldene Handschuh* (Rowohlt, 253 S., 19,95 €)
Maxim Gorkis *Nachtasyl*, Louis-Ferdinand Célines *Reise ans Ende der Nacht* und Bret Easton Ellis' *American Psycho* sind die Verwandten dieser grandiosen Flaschenpost aus der Hölle über das Leben des Hamburger Frauenmörders Fritz Honka. Noch nie habe ich über unbeschreibliches Elend so lachen können.

3) Juli Zeh: *Unterleuten* (Luchterhand, 640 S., 24,99 €)
In ihrem vielstimmigen Gesellschaftsroman erzählt Juli Zeh von der Wende und der Energiewende, ein Windpark lässt in einem Dorf

in Brandenburg alte Konflikte aufbrechen: Wendegewinner gegen Wendeverlierer, Ossis gegen Wessis, Mann gegen Frau, Alt gegen Jung. Einer der Schlüsselsätze lautet: »Es gibt keine Wahrheit, es gibt nur Perspektiven.« Genau so sieht sie aus: die Wahrheit großer Literatur.

2) Elke Heidenreich: *Alles kein Zufall* (Hanser, 238 S., 19,90 €)
Elke Heidenreich quasi als Instantpulver: Liest man diese oft nur eine halbe Seite langen amüsanten und klug beobachteten, ja oft regelrecht weisen Kürzestgeschichten und Anekdoten, entsteht unter Zugabe unserer Aufmerksamkeit eine facettenreiche Persönlichkeit, deren Schlagfertigkeit und Wärme in Bann zieht. So lebendig wird Elke Heidenreich auf diesen Seiten, ich könnte mit diesem Buch jederzeit Krach kriegen.

1) Siegfried Lenz: *Der Überläufer* (Hoffmann und Campe, 364 S., 25 €)
Siegfried Lenz schrieb dieses Buch 1951, da war er 25 Jahre alt. Als Roman vermag die Geschichte aus dem Zweiten Weltkrieg über einen aufrechten Soldaten namens Proska, der zur Roten Armee überläuft, in den letzten Kriegstagen seinen Schwager erschießt und in der sowjetischen Besatzungszone bald desillusioniert wird, heute kaum mehr zu faszinieren. Interessant an diesem Buch sind zwei Beobachtungen: Erstens, wie wenig es Siegfried Lenz gelingt, die Ungeheuerlichkeiten der Verbrechen der Wehrmacht im Osten und des Holocausts in den Fokus seines Textes zu bekommen. Und zweitens, wie eng die Literatur Anfang der 1950er-Jahre mit dem Einsetzen des Kalten Kriegs am Gängelband der Politik geführt wurde. Wollen wir hoffen, dass heute die Spielräume weiter sind.

SEPTEMBER 2016

Sachbuch

10) Matthias Thöns: *Patient ohne Verfügung* (Piper, 320 S., 22 €)
Wie wir sterben, wer ein Interesse daran hat, Sterbende in die Hölle der Apparatemedizin zu schicken, und wer unterm Strich an unserem Sterben dort verdient: Diese Fragen stehen im Mittelpunkt dieses im besten Sinn aufklärerischen und teilweise schockierenden Buchs des seit über 20 Jahren in der Palliativmedizin tätigen Arztes Matthias Thöns. Ich kann mir nicht vorstellen, dass eine Lektüre dieses Sachbuchs ohne Folgen für das eigene Leben und Sterben bleibt.

9) Rainer M. Schießler: *Himmel, Herrgott, Sakrament* (Kösel, 256 S., 19,99 €)
Schnurren aus dem Leben eines populären Münchner Pfarrers: streckenweise amüsant, aber zu selbstverliebt und belanglos.

8) Bruno Preisendörfer: *Als unser Deutsch erfunden wurde* (Galiani, 496 S., 24,99 €)
Die Idee einer feuilletonistisch locker verknüpften Zeitreise ins 16. Jahrhundert besitzt Charme, und Preisendörfers wissenspraller Streifzug durch die Gesellschaftsschichten und Lebensräume der Reformationszeit liest sich süffig, wenngleich einige Binsen durch ein strengeres Lektorat vermeidbar gewesen wären: »Ohne Dürer gäbe es keine Dürerzeit. Ohne Luther wiederum hätte es die Lutherzeit nicht gegeben, so wenig, wie es eine Lutherbibel ohne Luther geben kann.« Wer hätte das gedacht?

7) Wilhelm Schmid: *Gelassenheit* (Insel, 119 S., 8 €)
Hinter dem unaufgeregten Titel dieses kleinen Büchleins, das sich nun schon seit Jahren auf Spitzenplätzen in der deutschen Bestsellerliste hält, verbirgt sich eine recht radikale Auseinandersetzung mit unserer Sterblichkeit. Der philosophische Trost, den Wilhelm Schmid anzubieten weiß, lässt uns dem Tod etwas gefasster ins Auge blicken.

6) Rainer Wendt: *Deutschland in Gefahr* (Riva, 220 S., 19,99 €)
Warum unsere Justiz konsequenter gegen Falschparker vorgeht als gegen Prügler, Einbrecher oder Betrüger, lässt sich aus diesem Buch des Polizisten und Gewerkschafters Rainer Wendt erfahren. So erhellend seine Innenansichten aus der Polizeiarbeit sind, so sehr hätte diesem Buch weniger Alarmismus und mehr Struktur gutgetan. In dieser Form haftet ihm ein Hautgout von Stammtisch an, der sich mitunter in logisch wirren Aussagen niederschlägt wie: »Und ja, die Jugendkriminalität sinkt. Rein statistisch. Neueste Befragungen zeigen, dass die meisten jungen Menschen eher konservativ, leistungsorientiert und angepasst daherkommen und Kriminalität eher die Ausnahme bleibt. Anlass zur Entwarnung ist das nicht, im Gegenteil.« Wie bitte? Was wäre denn dann Anlass zur Entwarnung?

5) Dalai Lama und Franz Alt: *Der Appell des Dalai Lama an die Welt: Ethik ist wichtiger als Religion* (Benevento, 56 S., 4,99 €)
Das geistliche Oberhaupt der Tibeter ruft zu weniger Religion im öffentlichen Raum auf: ganz sicher eine gute Idee, aber es ist fast die einzige Idee in diesem ärgerlich substanzarmen, durch quälende Redundanzen auf Büchleinlänge gestreckten Interviewband.

4) Benedikt XVI. im Gespräch mit Peter Seewald: *Letzte Gespräche* (Droemer, 288 S., 19,99 €)
Wer eine selbstkritische Auseinandersetzung mit den Erfolgen und Versäumnissen des Pontifikats des deutschen Papstes erwartet, wird enttäuscht werden. »Wichtig ist nicht, wie die Journalisten das beurteilen«, so Ratzinger, »sondern der liebe Gott.« Und dieser ist bekanntlich mit den Bayern. Diese Haltung imponiert und irritiert gleichermaßen. In diesem Buch begegnet man einem 89-Jährigen, dem der Glaube mit dem Alter erstaunlicherweise nicht leichter fällt, der »die Schwere der Fragen viel stärker« empfindet, »auch den Druck der Gottlosigkeit heute, den Druck der Abwesenheit des Glaubens bis tief in die Kirche hinein, und dann eben auch die Größe der Worte Jesu Christi, die sich der Auslegung oft mehr entziehen als früher«. Ich muss zugeben, mich hat diese spirituelle Bilanz des Glaubenshaushalts eines Greises beim Lesen mehr und mehr fasziniert. Josef Ratzinger erklärt, dass er »immer wieder daran denke, dass es zu Ende geht. Das Wichtige ist eigentlich nicht, dass ich mir das vorstelle, sondern dass ich in dem Bewusstsein lebe, das ganze

Leben geht auf eine Begegnung zu.« Dieses Bewusstsein teilt er mit Vladimir und Estragon in Becketts *Warten auf Godot*.

3) Marina und Herfried Münkler: *Die neuen Deutschen* (Rowohlt Berlin, 336 S., 19,95 €)
Der schön doppeldeutige Titel spielt sowohl auf die in Deutschland angekommenen Migranten als auch auf die sich durch die Auseinandersetzung mit den Flüchtlingen verändernden Deutschen an. Wohltuend unaufgeregt klagt das Autorenehepaar Münkler eine Einwanderungspolitik nach australischem oder kanadischem Vorbild ein und argumentiert zwingend, was jetzt getan werden muss, damit die Migranten wirklich in Deutschland ankommen. In der aktuellen Debatte über unseren Umgang mit den Flüchtlingen lässt sich in diesem klugen Buch genau das Rüstzeug sammeln, das wir brauchen zur Beantwortung der Frage: Was ist deutsch?

2) Peter Wohlleben: *Das Seelenleben der Tiere* (Ludwig, 239 S., 19,99 €)
Lassen sich Kategorien zur Beschreibung des menschlichen Seelenlebens wirklich auf die Tierwelt übertragen? Gibt es dort Hass oder Liebe, Bosheit oder Eifersucht? Trauern Hirschkühe? Empfinden Eichhörnchen Mutterliebe? Kennen Waldmäuse Empathie? Niemanden wird überraschen, dass jemand wie der Förster Peter Wohlleben, der schon in seinem Nummer-eins-Bestseller *Das geheime Leben der Bäume* Solidarität unter Bäumen beschrieb, nun in der Tierwelt die gesamte Bandbreite menschlicher Emotionen entdeckt.

1) Peter Wohlleben: *Das geheime Leben der Bäume* (Ludwig, 239 S., 19,99 €)
Auch wenn in manchen seiner Ausführungen das aufblitzt, was die Briten *pathetic fallacy* nennen, also die Vermenschlichung der Natur, so erzählt Peter Wohlleben doch so faktenreich und unterhaltsam, dass ich seine Bücher gern und mit Gewinn gelesen habe.

NOVEMBER 2016

Sachbuch

10) Hardy Krüger: *Was das Leben sich erlaubt* (Hoffmann und Campe, 224 S., 20 €)
Politisch hellwach und angenehm unverschnörkelt erzählt der inzwischen 88-jährige Hardy Krüger vom Aufwachsen in der Nazizeit und wie auf ihn als Schüler einer Ordensburg in Sonthofen deren von Adolf Hitler stammende Motto-Sätze wirkten: »Eine gewalttätige, herrische, grausame Jugend will ich. … Das freie, herrliche Raubtier muss erst wieder aus ihren Augen blitzen.« Am stärksten ist dieses Erinnerungsbuch immer dann, wenn Krüger über die Mechanismen der Macht nachdenkt: »Das kleine wilde Tier, das sie abgerichtet hatten, wusste jetzt seine List gegen das Netz der Fänger einzusetzen.«

9) Horst Lichter: *Keine Zeit für Arschlöcher* (Gräfe und Unzer, 176 S., 16,99 €)
Der Tod seiner Mutter nach einer Tumorerkrankung ist Auslöser für Horst Lichters kurzweilige Bilanz seiner Reise durch das deutsche Fernsehen. Weil er dabei kein Blatt vor den Mund nimmt und im Text ein genauso supersympathisches Knuffelchen ist, wie er im Fernsehen erscheint, hat mich dieses Büchlein trotz seines vulgären Titels wider Erwarten amüsiert.

8) Hamed Abdel-Samad: *Der Koran* (Droemer, 240 S., 19,99 €)
So wie alle heiligen Texte der Menschheit inklusive der Bibel ist der Koran ein rechter Gemischtwarenladen, argumentiert Hamed Abdel-Samad, je nach zitierter Sure lässt sich alles und nichts aus dem Koran belegen. Entscheidend sei deshalb, diesen Text zu »vermenschlichen« und ihn einer philologisch exakt argumentierenden Exegese zu unterziehen. Ein klug argumentierendes Buch, das dem Diskurs über den Koran alles Stammtischhafte austreibt.

7) Peter Wohlleben: *Das Seelenleben der Tiere* (Ludwig, 240 S., 19,99 €)
Mutterliebe unter Rehen, das Geschmackserleben von Schmetterlingen, die Kälteempfindung unter Hirschen: der Förster Peter Wohlleben vermag so plastisch und anschaulich von Tieren zu erzählen,

dass er der Gefahr ihrer Vermenschlichung nicht immer entgeht. Diesen Einwand pariert er allerdings elegant mit dem Satz: »Ob sie so fühlen wie ich, ist auch nur eine Theorie.«

6) Wolf Biermann: *Warte nicht auf bessre Zeiten* (Propyläen, 576 S., 28 €)
Wolf Biermann ist ein großer deutscher Dichter, aber eben durch die Repressionen, denen er in der DDR ausgesetzt war, auch ein bedeutender Zeitzeuge. Das macht seine durch ihren Wortwitz bestechende Autobiografie zum Ereignis. »Schlimm! Halb so schlimm«, notiert Biermann etwa, als er im April 1964 seine Überwachung durch die Stasi bemerkt. »Denn noch hatte ich die Furcht, aber die Furcht hatte nicht mich.«

5) Bernd-Lutz Lange: *Das gab's früher nicht* (Aufbau, 347 S., 19,95 €)
Ein Buch wie ein Cordhosenanzug: Irgendwie aus der Zeit gefallen muten die ziemlich bräsigen Erinnerungen des Leipziger Satirikers Bernd-Lutz Lange an. Nichts davon ist falsch. Aber wenn Lange schreibt: »In der heutigen Gesellschaft, in der es alles gibt, fehlt das Wichtigste: eine Vision. Die einzigen Götzen, die angebetet werden, heißen Wachstum und Profit«, dann ist mir das für eine Beschreibung der gesellschaftlichen Wirklichkeit in der Bundesrepublik des Jahres 2016 einfach zu unterkomplex.

4) Peter Wohlleben: *Das geheime Leben der Bäume* (Ludwig, 224 S., 19,99 €)
Peter Wohllebens Longseller lebt vom rhetorischen Kniff der Kippfigur: warum nicht einen Wald als »wood wide web«, als Internet der Bäume betrachten? Insofern erfüllt dieses bemerkenswerte Sachbuch aus der Feder eines Menschen, der mir eher ein Baumhirt im Sinne der Tolkien'schen Ents denn ein Förster zu sein scheint, die Definition von Literatur insgesamt: Wohllebens Bücher erweitern unsere Wahrnehmung von der Welt.

3) Bruce Springsteen: *Born to Run* (Deutsch von Teja Schwaner und Alexander Wagner, Heyne, 672 S., 27,99 €)
Kennen Sie irgendeinen jungen Menschen, der Musik macht? Dann schenken Sie ihr oder ihm dieses Buch! Springsteen schafft es, von seinen Selbsterkenntnissen und Selbstzweifeln so unprätentiös zu schreiben, dass man sofort Lust hat, seine Musik zu hören. »Ich

verfüge über die Stimmkraft, den Tonumfang und das Durchhaltevermögen eines Kneipensängers. Besonders schön oder raffiniert ist mein Gesang nun wirklich nicht.« Wie man es trotz dieser Handicaps und ohne Noten lesen zu können, zum zu Recht gefeierten Weltstar bringt: Aus diesem Buch lässt es sich erfahren.

2) Carolin Emcke: *Gegen den Hass* (S. Fischer, 240 S., 20 €)
Was haben die Ausgrenzung von Transsexuellen, der Hass auf Asylsuchende und der strukturelle Rassismus in den Polizeikräften der USA gemein? Carolin Emcke zeigt in ihrem lesenswerten Essay die Mechanismen der Ausgrenzung auf und hält ein überzeugendes Plädoyer für eine von Vielfalt bestimmte, offene Gesellschaft.

1) Eckart von Hirschhausen: *Wunder wirken Wunder* (Rowohlt, 496 S., 19,95 €)
Ich habe hohen Respekt vor Eckart von Hirschhausen als Entertainer. Aber ich komme beim besten Willen nicht mit diesem Typus von auf einem Comedyprogramm basierenden, durchdesignten Sachbüchern zurecht. In diesem neuen will von Hirschhausen die traditionelle mit der alternativen Medizin versöhnen und besucht etwa eine Kölner Schamanin, die ihn in Kontakt mit seinen »Krafttieren« bringt, einem Hirschen und einem Bären, der ihm einen magischen Staubsauger schenkt. Von Hirschhausen bezeichnet sein Buch als »Wundertüte.« Für mich ist es eher das Produkt einer Knalltüte.

2015

Leben Lesende länger?

Die erfreulich einfache Antwort lautet: Ja! Und zwar sogar bedeutend länger. Diese Information wird Sie als Leserin, als Leser dieses Buchs genauso beruhigen und befriedigen wie mich, der ich zum Schreiben viele Bücher lesen durfte. Lesen macht nicht nur schön, schlank und sexy, Lesen hält tatsächlich fit. Nämlich geistig fit. Und das schlägt sich in der Lebenserwartung nieder. Sage und schreibe 20 Prozent länger leben wir Viellesende im Vergleich zu Nichtlesern, so das Ergebnis einer Studie, die von der University of Michigan über einen Zeitraum von zwölf Jahren an über 3600 über 50-Jährigen durchgeführt wurde.[1] Und mehr noch: Dieser lebensverlängernde Effekt tritt nur beim Bücherlesen auf, dem sogenannten *deep reading*, nicht beim Lesen von Zeitungen oder Magazinen. Auch Faktoren wie Geschlecht, Hautfarbe, Vorerkrankungen, Beziehungsstatus, Einkommen oder Alter berücksichtigte die Studie und kam dabei zu dem Schluss, dass die gesundheitsfördernden Folgen des Bücherlesens evident seien. Lesen reduziert Stress, regt unsere Fantasie und Imagination an, stimuliert unsere Konzentrationsfähigkeit, trainiert unsere kognitiven Fähigkeiten und unsere Hirntätigkeit. Unterm Strich führe dies bei Viellesern, die länger als dreieinhalb Stunden in der

1 Avni Bavishi, Martin D. Slade und Becca R. Levy: »A chapter a day: Association of book reading with longevity«, 18.7.2016, https://www.sciencedirect.com/science/article/abs/pii/S0277953616303689

Woche zum Buch griffen, zu einer gesteigerten Lebenserwartung von 23 Monaten.

Offen blieb allerdings die Frage, welche Rolle die Art der Bücher für den lebensverlängernden Effekt der Lektüre spielen. Die Studie untersuchte nicht, ob die Probanden Sachbücher, Fachbücher oder Belletristik lasen. Vielleicht wäre der Börsenverein des Deutschen Buchhandels also gut beraten, in Zukunft eher beim Gesundheitsministerium als bei den amtierenden Beauftragten der Bundesregierung für Kultur und Medien um Subventionen vorzusprechen. Dessen Etat lag mit 24 Milliarden Euro 2023 ohnehin um den Faktor 10 über dem des Kultur- und Medienetats des Bundes.

Vita brevis, ars longa, jammerte schon Hippokrates in der Antike – das Leben ist kurz, die Kunst ist lang. Unzählig die Klagen über den viel zu hohen Stapel der noch zu lesenden Bücher und die wenigen dafür zur Verfügung stehenden Lesestunden. Nimmt man die Erkenntnisse der amerikanischen Studie beim Wort, gewinnen wir Lesenden allein dadurch, dass wir Bücher lesen, sage und schreibe 16 790 Lesestunden »geschenkt«. Man muss sich also nicht unbedingt an den satirischen Ratschlag Ludwig Tiecks halten, der empfahl, nur extrem langweilige Bücher zu lesen, um so die subjektiv gefühlte Lebenszeit ins schier Unendliche auszudehnen.

Seit Horaz davon sprach, sich in seiner Dichtung ein Denkmal dauerhafter als Erz errichtet zu haben (*»exigi monumentum aere perennius«*), träumen die Dichter von der Unsterblichkeit – bis hin zu Günter Grass, der in diesem Jahr mit seinem nachgelassenen Buch *Vonne Endlichkait* auf der Bestsellerliste steht und darin seinen Kritikern noch einmal ordentlich den Marsch bläst: »Das Buch wird Euch überleben, Ihr Strichmännchen und Daumenschrauber, Ihr gesitteten Heuchler und bezahlten Chorsänger, Ihr nur im Rudel mutigen Kläffer, Euch überschlau studierte Analphabeten und telegene Scharfrichter, denen – Ihr ahnt es – das letzte Wort versagt bleibt.« Schöner als Grass schimpft eigentlich nur Kapitän Haddock

aus *Tim und Struppi*. Am eindrücklichsten lustig gemacht über Dichterträume von Unsterblichkeit hat sich Arno Schmidt in *Tina oder über die Unsterblichkeit*, in dem erst die Tilgung auch noch der letzten Erinnerung an ihr schriftstellerisches Werk auf Erden den Autoren im Elysium den ersehnten Sprung ins große Nichts ermöglicht.

Tatsächlich üben die Werke der Dichter lange nach dem Tod ihrer Urheber Einfluss aus. Im Idealfall gehen sie wie die Homers, Dantes und Petrarcas, Shakespeares und Jane Austens, Molières und Voltaires, Schillers und Goethes in die kulturelle DNA ihrer Gesellschaften ein und definieren noch Jahrhunderte, ja Jahrtausende später deren kulturelles Gedächtnis. Immer wieder verblüfft mich das unglaubliche Selbstbewusstsein, mit dem der von Kaiser Augustus in ein ödes Kaff ganz am Rand des Römischen Imperiums am Schwarzen Meer verbannte Ovid im 15. Buch seiner *Metamorphosen* die Prognose aufstellte: »Nun habe ich ein Werk vollendet, das nicht Jupiters Zorn, nicht Flamme noch Schwert noch der Zahn der Zeit wird vernichten können. Mag auch der Tag, der nur über meinen Leib Gewalt hat, meinem ungewissen Dasein früher oder später ein Ende setzen. Mit meinem besseren Teil werde ich mich unsterblich über die hohen Gestirne erheben, unauslöschlich wird mein Name sein, und so weit sich immer Roms Herrschaft über den bezwungenen Erdkreis erstreckt, wird das Volk mich lesen, ja durch alle Jahrhunderte hindurch werde ich, wenn etwas Wahres an den Weissagungen der Seher ist, in meinem Nachruhm weiterleben.«

Der Traum der persönlichen Unsterblichkeit hat uns einige der spannendsten Figuren der Weltliteratur beschert: Gilgamesch, der König von Uruk, Ahasver, Faust oder Dracula zum Beispiel, nicht zu vergessen Oscar Wildes Dorian Gray. Und verfügen nicht auch eine Reihe der Helden aus *Perry Rhodan*, der längsten und umfangreichsten Fortsetzungsromanreihe der Welt, über sogenannte Zellaktivatoren, die ihnen de facto Unsterblichkeit verleihen?

Bücher sind Zellaktivatoren. In meinem Büro hängen zwei gerahmte Donald-Duck-Geschichten von Carl Barks. Ich kannte die Übersetzerin der Barks'schen Entenhausengeschichten, die legendäre Dr. Erika Fuchs, weil ich sie einmal inter-
viewen durfte. Wie mir erst posthum bekannt wurde, hatte die Dame die Angewohnheit, Menschen, die sie mochte oder nicht mochte, namentlich in den Geschichten auftauchen zu lassen. Nach ihrem Tod 2005 habe ich einen Band in die Hände bekommen, in dem Patrick Bahners, *FAZ*-Redakteur und Donaldist, als Leiter einer Antiquitätenhandlung »Kunst und Krempel« verewigt ist. Grüner Neid durchfuhr mein Herz: Bahners hatte es geschafft, er war in Entenhausen, das kann man nicht übertreffen! Dann blätterte ich um und stieß auf zwei Geschichten, die in der »Spielwarenhandlung Scheck« handeln. In einer betritt Donald meine Spielwarenhandlung mit dem unsterblichen Satz im Schnabel: »Mal sehen, was der gute Scheck auf Lager hat.« Das freut mich mehr, als wenn Thomas Pynchon mir seinen neuen Roman widmen würde. Ich wusste: Nun, o Unsterblichkeit, bist du ganz mein.

*

Bei einem islamistischen Terroranschlag auf die französische Satirezeitschrift *Charlie Hebdo* sterben zwölf Menschen. »Je suis Charlie« wird zum Slogan der Solidaritätsdemonstrationen weltweit. Ein weiterer Terroranschlag im November in Paris unter anderem auf das Bataclan-Theater fordert 130 Menschenleben. Über zwei Millionen Menschen flüchten in diesem Jahr in die Europäische Union, die meisten Staaten verschärfen daraufhin ihre Asylgesetze. Beim durch den Co-Piloten des Germanwings-Flugs 9525 mutwillig herbeigeführten Absturz eines Airbus A320–211 kommen alle 150 Passagiere ums Leben. Die VW-Abgasaffäre offenbart das kriminelle Potenzial der deutschen Autoindustrie. Die UN-Klimakonferenz in Paris endet mit einem Abkommen, in dem sich 195 Vertragsparteien in Nachfolge des Kyoto-Protokolls zum Klimaschutz verpflichten.

Der Literaturnobelpreis ehrt die belarussische Schriftstellerin Swetlana Alexijewitsch, die mittlerweile im Exil in Berlin lebt. Der Georg-Büchner-Preis geht an Rainald Goetz, der Booker an Marlon James für *Eine kurze Geschichte von sieben Morden*, der Prix Goncourt an Mathias Énard für *Kompass*, der Pulitzer an Anthony Doerr für *Alles Licht das wir nicht sehen*, der Prinzessin-von-Asturien-Preis an Leonardo Padura. Die *Regentonnenvariationen* von Jan Wagner werden mit dem Preis der Leipziger Buchmesse ausgezeichnet, den Deutschen Buchpreis gewinnt Frank Witzel mit *Die Erfindung der Roten Armee Fraktion durch einen manisch-depressiven Teenager im Sommer 1969*. Indonesien ist das Gastland der Frankfurter Buchmesse. Die literarische Welt trauert um Ulrich Beck, Hans Stilett, Colleen McCullough, Carl Djerassi, André Brink, Assia Djebar, Fritz J. Raddatz, Leonard Nimoy, Yaşar Kemal, Terry Pratchett, Tomas Tranströmer, Günter Grass, Ruth Rendell, Odo Marquard, Peter Gay, Wolfgang Jeschke, James Salter, Gabriele Wohmann, Utta Danella, Chenjerai Hove, Gerhard Zwerenz, E. L. Doctorow, Dieter Kühn, Carol Brown Janeway, Rafael Chirbes, Walter Hinck, Oliver Sacks, Rainer Kirsch, Max Kruse, Joost Zwagerman,

Jackie Collins, C.K. Williams, Hellmuth Karasek, Henning Mankell, Arno Gruen, Dante Andrea Franzetti, André Glucksmann, Helmut Schmidt, Werner Morlang, Hans Mommsen und Gaston Salvatore. Das Wort des Jahres lautet »Flüchtlinge«, das Unwort »Gutmensch«.

Michel Houellebecq erweist sich wieder einmal als hellsichtiger Zeitdiagnostiker, der fragt, wo Ressourcen des Widerstands gegen eine geldgestützte Islamisierung lägen. Der Historiker Heinrich August Winkler erfüllt den Begriff des Westens mit neuem Leben. Jan Wagner gelingt das Kunststück, nach seiner Auszeichnung mit dem Preis der Leipziger Buchmesse mit einem Gedichtband auf der Bestsellerliste zu stehen. Günter Grass erzählt in *Vonne Endlichkait* vom Probeliegen im Sarg, der Auseinandersetzung mit der eigenen Vergänglichkeit und feuert letzte Breitseiten gegen seine Kritiker. Dörte Hansen wird mit ihrem Romandebüt *Altes Land* zu einem Buchhandelsliebling und etabliert sich als Spezialistin für die Dekonstruktion vermeintlicher Idyllen. Nach Loriots Tod feiert die überwunden geglaubte deutsche Brachialkomik in Gestalt von Jürgen von der Lippe & Co. unerwartete Triumphe.

FEBRUAR 2015

Belletristik

10) Jan Weiler: *Das Pubertier* (Kindler, 128 S., 12 €)
Jan Weilers Versuch, im Stil von *Brehms Tierleben* über Verhaltensäußerungen eines pubertierenden Mädchens zu schreiben, liest sich amüsant und verhandelt obendrein so drängende Fragen wie die, warum Prinzessin Leia Organa aus *Star Wars* R2-D2 in einer Rettungskapsel auf den Planeten Tatooine schickt, statt einfach eine SMS zu senden, ist aber sowohl von Ambition wie Umfang her eine unterhaltsame Petitesse und gehört, wenn schon, auf die Sachbuch-Bestsellerliste, nicht aber auf eine Belletristik-Liste.

9) Paulo Coelho: *Untreue* (Deutsch von Maralde Meyer-Minnemann, Diogenes, 315 S., 19,90 €)
In diesem in jeder Hinsicht miserablen Roman über eine Schweizer

Journalistin, die ihren Mann betrügt, gibt es eine Szene, in der die Journalistin einen Gleitschirmflug unternimmt und dabei einem Adler begegnet, der zu ihr sagt: »Komm. Du bist der Himmel und die Erde; der Wind und die Wolken; der Schnee und die Seen.« Ich bin kein Adler, höchstens ein Geier, der über dieser literarischen Müllkippe von einem Roman kreist. Aber nach 300 Seiten möchte ich zu diesem Autor sagen: »Komm. Lass den Kitsch und den Quatsch; das Geschwalle und das Esoterikblabla: Dieser Blödsinn ist zum Federnausreißen!«

8) Dave Eggers: *Der Circle* (Deutsch von Ulrike Wasel und Klaus Timmermann, Kiepenheuer & Witsch, 560 S., 22,99 €)
Die Zukunft, die Dave Eggers in seiner Dystopie *Der Circle* beschreibt, wird leider jeden Tag mehr Wirklichkeit. Eggers' Roman führt ins Zentrum einer überfälligen politischen Diskussion. Anfang dieses Monats hat etwa Facebook seine Geschäftsbedingungen in einer Weise geändert, die bundesdeutschen Datenschutzregeln hohnspricht, und diese skandalöse Geschäftspraktik mit dem windelweichen Argument verteidigt, dass Fatzebook nicht deutschem Recht unterliege. Völker der Welt: Lest dieses Buch und verändert die Wirklichkeit!

7) Nele Neuhaus: *Die Lebenden und die Toten* (Ullstein, 554 S., 19,99 €)
Im Taunus wütet ein Serienkiller, der seine Opfer ohne Motiv auszuwählen scheint, bis schließlich der Zusammenhang mit einem Organtransplantationsskandal erkennbar wird. Dieser Krimi ist in seiner Vorhersehbarkeit so einschläfernd, dass er unter das Betäubungsmittelgesetz fallen müsste.

6) Jürgen von der Lippe: *Beim Dehnen singe ich Balladen* (Knaus, 224 S., 14,99 €)
Mir persönlich ist der Humor von Jürgen von der Lippe oft zu zotig. Auch diese Sammlung komischer Texte mit ihren forcierten Pipi-Kacka-Pointen ist *not my cup of tea*. Sollte mich aber demnächst ein Ausländer fragen, welches Buch er lesen soll, wenn er etwas vom deutschen Wesen begreifen möchte, werde ich ihm Jürgen von der Lippes Buch schenken.

5) Ken Follett: *Kinder der Freiheit* (Deutsch von Dietmar Schmidt und Rainer Schumacher, Lübbe, 1211 S., 29,99 €)
Natürlich kann man Zeitgeschichte auch als Familienroman erzählen – was tut Tolstoi in *Krieg und Frieden* denn schon anderes? Doch der Schweinsgalopp, in dem Ken Follett die prägenden Gestalten des 20. Jahrhunderts von John F. Kennedy über Nikita Chruschtschow bis Martin Luther King über den Laufsteg seines Romans jagt, lässt sein literarisches Unternehmen kalkuliert, langweilig und abgeschmackt erscheinen. Weniger ein Roman, eher historisches Whalewatching.

4) Robert Seethaler: *Ein ganzes Leben* (Hanser Berlin, 160 S., 19,90 €)
In ganz schlichten Sätzen erzählt Robert Seethaler das ganz schlichte Leben des alpenländischen Holzknechts und späteren Seilbahnbauers Andreas Egger, erreicht mit einem Minimum an Aufwand aber ein Maximum an Wirkung. Den erstaunlichen Erfolg seines schmalen, aber nicht belanglosen Romans erklärt wohl die Sehnsucht nach einem Innehalten, einer Verschnaufpause inmitten der unablässigen Akzeleration, die unser aller Leben erfasst. Dieser Roman ist sowohl eine Einladung zur Kontemplation, etwa in seinen Naturschilderungen, als auch ein Angebot zur Orientierung, indem er darüber nachdenkt, was ein Leben bestimmt und wo Glück zu finden ist.

3) Sebastian Fitzek: *Passagier 23* (Droemer, 432 S., 19,99 €)
Ein Undercoverpolizist geht nach Jahren den Umständen des Todes seiner Frau und seines Sohnes auf einem Kreuzfahrtschiff nach. Wer sich nicht an der schablonenhaften Charakterisierung, dem abstrusen Plot, der hölzernen Sprache, der klischeedurchsetzten Weltsicht und den mit Lust an der Brutalität zelebrierten Folterszenen dieses Gewaltpornos stört, der ist entweder tot oder mit dem Autor verwandt.

2) Ian McEwan: *Kindeswohl* (Deutsch von Werner Schmitz, Diogenes, 225 S., 21,90 €)
Ohne Zweifel ist Ian McEwan einer der bedeutendsten Autoren Großbritanniens. Sein neuer Roman wird landauf, landab als Meisterwerk gefeiert. Tatsächlich ist er aber die erste große literarische Enttäuschung dieses Jahres. Die Geschichte um eine 60-jährige Familienrichterin in einer Ehekrise und einen 17-jährigen an Leukämie erkrankten Zeugen Jehovas mit Dichterambitionen ist heillos überfrachtet mit juristischen Fallbeispielen und wenig mehr als eine billige Schmonzette, eher einer Rosemunde Pilcher würdig als eines Ian McEwan.

1) Michel Houellebecq: *Unterwerfung* (Deutsch von Norma Cassau und Bernd Wilczek, DuMont, 272 S., 22,99 €).
Die Umstände, die diesen Roman auf den Spitzenplatz der deutschen Bestsellerliste katapultiert haben, sind himmelschreiend traurig, Houellebecqs Roman aber eine schiere Freude. Ein faszinierendes Gedankenspiel steht im Mittelpunkt von *Unterwerfung*: Angenommen, ein muslimischer Präsidentschaftskandidat fände im Jahr 2022 in Frankreich durch Parteienzwist eine Mehrheit der Wähler, wo lägen in der französischen Gesellschaft Ressourcen des Widerstands gegen eine Islamisierung des öffentlichen Lebens? Insbesondere wenn diese durch arabische Petrodollars lukrativ verkauft wird? Wie bei den grandiosen frühen Asterix-Comics bleibt zwar ein Teil von Houellebecqs satirischen Spitzen gegen die neue muslimische Kollaboration bei der Eindeutschung auf der Strecke, aber auch auf Deutsch vermittelt sich, wie grandios Houellebecq hier in der Tradition Voltaires die Okkupation des öffentlichen Raums durch Religion und die Korrumpierbarkeit von uns ach so aufgeklärten Intellektuellen geißelt.

MÄRZ 2015

Sachbuch

10) Heinrich August Winkler: *Geschichte des Westens: Die Zeit der Gegenwart* (C. H. Beck, 687 S., 29,95 €)
Selten habe ich mit so großem Vergnügen einen Titel auf dieser Bestsellerliste gelesen wie diesen vierten und abschließenden Band des Historikers Heinrich August Winkler zu seiner Geschichte des Westens. Wir leben in einem tollen Land, wenn solche Bücher auf unseren Bestsellerlisten stehen. Und genau das versucht Winkler in seinem Werk zu erklären: Wie es kam, dass aus der Amerikanischen Revolution von 1776 und der Französischen von 1789 Menschheitsideen wurden, die den Westen zum Motor in der Weiterentwicklung von Werten und Maßstäben machten. Dabei wird Winkler nie selbstgerecht, sondern zeigt auch die vielen Fehler und Verbrechen des Westens – zu denen just die Relativierung, ja Verschleierung dieses gemeinsamen »Werthorizonts«, wie Winkler das nennt, gehört. Dieses Werk ist ein Meilenstein!

9) Thomas Piketty: *Das Kapital im 21. Jahrhundert* (Deutsch von Ilse Utz und Stefan Lorenzer, C. H. Beck, 816 S., 29,95 €)
»Die Vergangenheit frisst die Zukunft auf.« In so leicht verständliche Bilder kleidet der französische Wirtschaftler Piketty seine mit einer schlagenden Fülle von Belegen versehene Geschichte der Vermögensentwicklung seit dem 18. Jahrhundert. Sein Buch befreit von dem Irrtum, »der patrimonale, vom Vermögen und seiner Vererbung bestimmte Kapitalismus, der zu Beginn des 21. Jahrhunderts eine solche Blüte erlebt, sei etwas völlig Neues, während es sich zu einem Gutteil um eine Wiederkehr der Vergangenheit handelt«. Piketty fordert, das Kapital an die demokratische Kette zu legen.

8) Alexander von Schönburg: *Smalltalk: die Kunst des stilvollen Mitredens* (Rowohlt Berlin, 320 S., 17 €)
Ich habe mich wirklich bemüht, dieses Buch nicht zu mögen. Der Autor ist von Beruf *Bild*-Zeitungsredakteur, was ich verachte, und eine Anleitung zum Smalltalk brauche ich so dringend wie einen Ratgeber mit Frisurtipps. Aber gemessen an den Maßstäben, die

dieses Brevier selbst aufstellt, ist von Schönburg ein unterhaltsames Büchlein gelungen, das lehrt, wie man Konversation betreibt, ohne an Scylla oder Charybdis des Smalltalks Schiffbruch zu erleiden, die von Schönburg trefflich bei »Klugscheißerei« und »Moralscheißerei« verortet.

7) Peter Scholl-Latour: *Der Fluch der bösen Tat* (Propyläen, 368 S., 24,99 €)
Das Vermächtnis des brillanten Welterklärers Scholl-Latour markiert beim Wiederlesen umso deutlicher die Lücke, die sein Tod hinterlässt: Hätte er dem Westen auch heute noch geraten, auf Putins Russland zu setzen, um den Islamismus einzudämmen? Da hilft nichts als Selbstdenken. Dieses Buch ist eine Anstiftung dazu.

6) Christian Kracht und Helge Malchow (Hrsg.): *Leitfaden für britische Soldaten in Deutschland 1944* (Deutsch von Klaus Modick, Kiepenheuer & Witsch, 160 S., 8 €)
Man munkelt, Sebastian Haffner sei einer jener Deutschlandkenner gewesen, die 1944 im Auftrag des britischen Außenministeriums dieses Charakterbild der Deutschen für britische Soldaten schrieben. Heute gelesen, ist die schmale Schrift eine wunderbare Meditation über den deutschen Nationalcharakter – insbesondere für solche Leser, die nicht glauben, dass es so etwas gibt.

5) Guido Maria Kretschmer: *Eine Bluse macht noch keinen Sommer* (Edel, 288 S., 17,95 €)
Wären Kretschmers Klamotten so abgewetzt und fadenscheinig wie die Dönekes, die er in diesem Buch erzählt, seine Kundschaft würde sie ihm um die Ohren hauen. Dies ist das typische Beispiel eines Buchs, dessen Autor keinen Respekt vor dem Medium hat, der typische Kretschmer-Satz lautet: »Wie trage ich und vor allem wer sollte welches Kleid tragen.« Wenn der nicht aufhört zu schreiben, entwerfe ich auch Mode.

4) Udo Ulfkotte: *Gekaufte Journalisten* (Kopp, 336 S., 22,95 €)
Eine Handreichung für alle, die an die »Lügenpresse« glauben wollen, geschrieben von einem ehemaligen *FAZ*-Redakteur, der in selten dreister Manier seine vormalige Korruptheit beichtet und Angela Merkel als »gelernte DDR-Sekretärin für Propaganda« bezeichnet.

Wie alle Verschwörungstheorien ist dieser mit den Mitteln des gesunden Menschenverstands allein nicht beizukommen. So bleibt mir zu sagen: Ich gebe Ihnen mein Ehrenwort, niemand hat mich dafür geschmiert, dass ich sage, dieses Buch ist reiner Stuss!

3) Paul Sahner: *Merci, Udo!* (Herder, 176 S., 16,99 €)
Ich weiß nicht, ob Udo Jürgens ein großer Künstler war. Aber ich weiß, dass dieses zusammengekleisterte Stück Boulevardjournalismus ein so unwürdiger Dreck ist, wie es kein Künstler verdient. Ein Buch zum Kotzen.

2) Wilhelm Schmid: *Gelassenheit* (Insel, 118 S., 8 €)
Ohne alle Aufgeregtheit setzt sich der Alltagsphilosoph Wilhelm Schmid in dieser lesenswerten kleinen Handreichung mit Phänomenen des Älterwerdens wie etwa der populären Verwechslung von Depression mit Melancholie auseinander. »Das Einverständnis mit dem Leben kann alle Beschwernisse des Alters überwiegen.« Manchmal tun so klare Sätze wohl.

1) Hape Kerkeling: *Der Junge muss an die frische Luft* (Piper, 320 S., 19,99 €)
Hape Kerkeling ist ein großer Entertainer, als Autor aber leider eine ganz kleine Nummer. Und mag sich dieser autobiografische Schichtkäse auch noch so gut verkaufen: Er bleibt doch Quark.

APRIL 2015

Belletristik

10) Sabine Ebert: *1815 – Blutfrieden* (Knaur, 1081 S., 24,99 €)
Aufgabe des historischen Romans ist bekanntlich nicht unbedingt, zu zeigen, wie es war, sondern wie es sich angefühlt hat. Dies gelingt Sabine Ebert punktuell, meist aber reichen ihre sprachlichen Mittel dazu nicht aus: »Mit Schaudern blickte der König von Sachsen auf das Elend der Stadt, die zum Austragungsort der größten Schlacht der Menschheitsgeschichte geworden war. … Fast glaubte er, wieder den stechenden Geruch von Schießpulver in der Nase zu spüren.« Auf dieser literarischen Flughöhe bewegt sich Eberts über 1000-seitige Nacherzählung der Zeit von der Völkerschlacht von Leipzig bis Waterloo. Eberts Erkenntnisse sind banal, ihre Einsichten in die Gefühlswelt ihrer Protagonisten flach, ihr Evangelium der Barmherzigkeit nicht mehr als ein Vorwand zur Erzeugung wohligen Schauders qua historischem Katastrophentourismus.

9) Klaus Modick: *Konzert ohne Dichter* (Kiepenheuer & Witsch, 229 S., 17,99 €)
Dieses Buch bringt den längst verdienten Durchbruch für einen großen deutschen Erzähler. Klaus Modick führt in seinem brillanten Künstlerroman am Beispiel des Malers Heinrich Vogeler und des Dichters Rainer Maria Rilke ins Zentrum der Frage, inwieweit kreatives Schaffen moralisches Versagen kompensiert – und fächert mit leichter Hand dabei ein Universum menschlicher Möglichkeiten auf.

8) Jan Weiler: *Kühn hat zu tun* (Kindler, 318 S, 19,95 €)
Martin Kühn geht viel durch den Kopf. Seine Tochter will ein Pony, irgendein seltsamer Schimmelpilz breitet sich im Keller seines Münchner Vor-Vorstadthäuschens aus, das er noch lange nicht abbezahlt hat, sein Sohn driftet zu den Rechten ab, als Kriminalhauptkommissar stößt er auf diverse Karriereschwierigkeiten – und dann ist da noch die Sache mit dem Serienkiller, der ihm eine Leiche quasi vor die Haustür legt. Ein Gesellschaftsroman in Form eines Krimis: bestechend einsichtsreich und obendrein vergnüglich.

7) Amos Oz: *Judas* (Deutsch von Mirjam Pressler, Suhrkamp, 332 S., 22,95 €)
Nicht erst seit seinem Weltbestseller *Eine Geschichte von Liebe und Finsternis* ist der 76-jährige Amos Oz der renommierteste israelische Schriftsteller der Gegenwart. Diesen Ruf untermauert sein neuer Roman, in dem er sich mit Dissidenz, Verrat und Treue auseinandersetzt. Einerseits erzählt Oz darin die Geschichte des Christusverräters Judas Ischarioth ganz neu und macht aus Judas den ersten wahren Christen. Andererseits setzt sich Oz in *Judas* aber auch mit der Gründung des Staates Israel auseinander, mit David Ben Gurion und dem Umgang mit jüdischen Politikern, die eine andere Vision vom Zusammenleben der Juden und Araber besaßen. Dies alles erzählt Oz in Form eines Entwicklungsromans um seinen jungen Helden Schmuel Asch, der im Lauf der Handlung vor allem eines lernt: zu zweifeln.

6) Dörte Hansen: *Altes Land* (Knaus, 287 S., 19,99 €)
Dieser Familienroman spielt auf zwei Zeitebenen. Dörte Hansen erzählt vom langen Treck aus Masuren am Ende des Zweiten Weltkriegs und von den harten Herzen in der neuen Heimat bei den Apfel- und Kirschbauern im Alten Land. Nebenbei entlarvt sie höchst pointenträchtig die Ideologie der neuen Landlust unserer Gegenwart. Mitunter liest sich das zwar ein wenig wie Edgar Reitz' *Heimat* im Zeitraffer, aber weil es Dörte Hansen rundum gelingt, auf Niveau zu unterhalten, ist *Altes Land* ein tolles Debüt!

5) Jan Wagner: *Regentonnenvariationen* (Hanser Berlin, 112 S., 15,90 €)
Noch geschehen Zeichen und Wunder in der deutschen Literatur: Ein Lyrikband wird dank der Auszeichnung mit dem Leipziger Buchpreis auf die Bestsellerliste katapultiert! Hat der 1971 geborene Jan Wagner das mit diesem Buch verdient? Und ob! Jan Wagner verbindet die souveräne Formbeherrschung eines Durs Grünbein mit dem Humor eines Robert Gernhardt, in seinen Gedichten lässt sich das Knausergesicht von Koalabären entdecken, die Gier im Giersch und die Weltwahrnehmung eines Dachshunds: Bitte mehr davon! Und ab morgen stehen bitte auch Uljana Wolf, Ulf Stolterfoht, Nico Bleutge, Hans Thill, Ror Wolf, Sabine Scho und Daniela Seel auf der Bestsellerliste!

4) Michael Houellebecq: *Unterwerfung* (Deutsch von Norma Cassau und Bernd Wilczek. DuMont, 272 S., 22,99 €)
In seinem meisterhaften Science-Fiction-Roman erzählt Houellebecq von einem Frankreich des Jahres 2022, in dem sich die politische Linke und die Rechte Marie LePens gegenseitig blockieren, sodass ein Moslem Präsident wird und mithilfe arabischer Petrodollars das öffentliche Leben islamisiert. Prüfe ein jeder sein Herz: Wer würde angesichts einer Vervierfachung seiner Bezüge nicht den Gedanken einer Konversion ins Auge fassen? Schlauere als ARD-Literaturkritiker haben längst erkannt: »Hätt' Allah mich bestimmt zum Wurm, So hätt' er mich als Wurm geschaffen.«

3) Lucinda Riley: *Die sieben Schwestern* (Deutsch von Sonja Hauser, Goldmann, 542 S., 19,99 €)
Lange habe ich keine so dämliche Schwarte mehr gelesen: Nach dem Tod ihres viele Millionen schweren Genfers Adoptivvaters erhalten sechs Schwestern Nachricht von ihrer wahren Herkunft. Band 1 der von Lucinda Riley angedrohten Romanserie lässt die älteste Schwes-

ter ihre Familiengeschichte in Brasilien und Paris recherchieren. Ergebnis: ein Geldporno, ein stümperhafter Roman, ein Buch, das seine Leser für dumm verkauft. Ein typischer Satz in dieser in unerträglichem Psychogebabbel geschriebenen Schmonzette lautet: »Zu meinem Erstaunen fand ich trotz der erschütternden Geschichte wenig Schmerz in mir.« Das kann ich von mir nicht behaupten.

2) Martin Suter: *Montecristo* (Diogenes, 310 S., 19,99 €)
Zwei echte 100-Franken-Scheine mit der gleichen Seriennummer bringen einen Boulevardreporter, der eigentlich Drehbuchautor ist, auf die Spur einer Bank, die ihren Cheftrader ermorden ließ, um einen Milliardenverlust zu vertuschen. Suters Roman ist routiniert erzählt, insgesamt aber nicht mehr als die Bonsai-Version eines internationalen Finanzthrillers, die jedes Schweizklischee bestätigt: bräsig, provinziell, fantasielos.

1) Jussi Adler-Olsen: *Verheißung* (Deutsch von Hannes Thiess, dtv, 596 S., 19,90 €)
Ein Polizist, der jahrelang an einem ungeklärten Verbrechen recherchiert hat, jagt sich am Tag seiner Pensionierung eine Kugel durch den Kopf, sein Sohn schneidet sich kurz darauf die Pulsadern auf,

und am Ende nimmt sich seine geschiedene Frau das Leben, nicht ohne dass der Verdacht zwischendurch auf einen Esoterikguru fällt, dessen Mitarbeiterin eine Serienkillerin aus Eifersucht ist. So viel zur Plausibilität der Handlung. Darüber hinaus ist dieser an den Haaren herbeigezogene Quatsch psychologisch unglaubwürdig und sprachlich unterkomplex. Kurz: Der neue Adler-Olsen ist ganz der alte.

AUGUST 2015

Belletristik

10) C.J. Daugherty: *Night School. Und Gewissheit wirst du haben* (Deutsch von Jutta Wurm und Peter Klöss, Oetinger, 416 S., 18,99 €)
Reifen »quietschen«, Mienen sind »düster«, Mägen »ziehen sich zusammen«, Kreischen ist »schrill«, Angst »schrecklich« und Vorbereitungen – erraten – »laufen auf Hochtouren«. C.J. Daughertys Heimat ist die Hölle des Klischees. Keineswegs nur sprachlich versinkt der für Leser ab zwölf unzumutbare Abschlussband dieser Jugendbuchreihe um Schüler des Cimmeria-Internats im Sumpf der Stereotypie wie eine Ente aus Blei. Das »Hanni und Nanni« unserer Tage.

9) Jilliane Hoffman: *Samariter* (Deutsch von Sophie Zeitz, Wunderlich, 479 S., 24,95 €)

Eine Tote in einem Zuckerrohrfeld. Ein auf den ersten Blick glasklarer Mordfall. Eine Zeugin, die vor Gericht tranchiert wird wie ein Thanksgiving-Truthahn. Die Ex-Staatsanwältin Jilliane Hoffman aus Florida hat hier weniger einen Thriller geschrieben, eher ein Buch gewordenes Zwölf-Schritte-Programm, das denn auch konsequent mit dem Satz der 32-jährigen Protagonistin endet: »Ich heiße Faith … Und ich bin Alkoholikerin.« Als Krimi ist dieses Buch ein Flop, als Studie einer gequälten Seele ärgerlich flach, im Übrigen gilt: Gott schütze uns vor Amerikanern mit einer moralischen Mission.

8) Jussi Adler-Olsen: *Verheißung* (Deutsch von Hannes Thiess, dtv, 592 S., 19,90 €)
Gewaltpornografischer Unsinn aus Dänemark.

7) Peter Høeg: *Der Susan-Effekt* (Deutsch von Peter Urban-Halle, Hanser, 397 S., 21,90 €)
Ebenfalls gewaltpornografischer Unsinn aus Dänemark. Aber von der ersten Seite an erzählt Høeg seine Geschichte um eine Zukunftskommission in den 1970ern, deren Prognosen irritierend zutreffend ausfallen, und eine Experimentalphysikerin, die alle ihre Mitmenschen vollkommen aufrichtig werden lässt, so lustig, virtuos und

ideenreich, dass einem wenig Unterhaltsameres in diesem Literaturherbst passieren kann als dieser Roman,

6) Ralf Rothmann: *Im Frühling sterben* (Suhrkamp, 234 S., 19,95 €)
Ata und Fiete, zwei 17-jährige Freunde, werden kurz vor Ende des Zweiten Weltkriegs zur Waffen-SS gepresst, Ende März wird der eine exekutiert, und der andere ist Teil des Erschießungskommandos. Was unter der Feder anderer Autoren vielleicht nur eine Schnurre aus dem letzten großen Krieg geworden wäre, vermag der große Erzähler Ralf Rothmann in berührende Literatur zu verwandeln. Die Aktualität dieses Romans liegt in der Erkenntnis, dass es »ein Gedächtnis der Zellen in unserem Körper gibt, auch der Samen- und Eizellen also, und das wird vererbt. Seelisch oder körperlich verwundet zu werden, macht was mit den Nachkommen.« Genau davon erzählt Ralf Rothmann, der übrigens ein sehr guter Büchner-Preis-Kandidat wäre.

5) Frederik Backmann: *»Oma lässt grüßen und sagen, es tut ihr leid«* (Deutsch von Stefanie Werner, Krüger, 464 S., 19,99 €)
Elsa »ist sieben Jahre alt, allerdings fast acht«. Oma »ist siebenundsiebzig Jahre alt. Allerdings fast achtundsiebzig.« Beide »sind nicht besonders gut darin«. Oma stirbt an Krebs, vererbt Elsa, deren Eltern sich getrennt haben, aber noch ein paar Briefträgerdienste an die anderen Bewohner ihres Hauses – den Rest erklärt der Titel. Dass derart angestrengte Wohfühl-Witzischkeit durchaus zu nerven vermag, belegt dieser grundfade Roman, der aus dem Inferno der Degeto-Stoffentwicklung entstammen könnte.

4) Harper Lee: *Wer die Nachtigall stört* (Deutsch von Claire Malignol, überarbeitet von Nikolaus Stingl, Rowohlt, 464 S., 19,95 €)
Dies war das Lieblingsbuch aller halbwegs aufgeweckten 14-Jährigen, ehe sich diese Altersgruppe in einem beispiellosen Akt der Selbstverblödung auf Stephenie Meyer stürzte. Auch ich liebe diesen Roman, und ein Liebesverrat ist, wir wissen es zur Genüge aus der Literatur, immer besonders schlimm. Aber Kritiker dürfen nun mal nicht lügen, und deshalb ist es an der Zeit zu bekennen, dass Harper Lees Roman über Rassismus und die Erkenntnis der Doppelbödigkeit des Erwachsenenlebens eine starke, herzerwärmende und verdammt gut erzählte Geschichte ist, die viele Millionen Leser seit Jahrzehnten

zu Recht weltweit begeistert. Weltliteratur von der innovatorischen Kraft einer Gertrude Stein, Virginia Woolf oder eines William Faulkner ist dieser Roman aber nicht.

3) Kiera Cass: *Selection. Die Kronprinzessin* (Deutsch von Lisa-Marie Rust und Susann Friedrich, Sauerländer, 400 S. 16,99 €)
Ein grundalbernes und strunzdämliches Jugendbuch aus der Feder einer amerikanischen Autorin mit Aristokratietick, dessen Reflexionsniveau selten über Dialoge hinauskommt wie: »Gute Nacht, Eure Hoheit. Gute Nacht.« Eingekeilt zwischen den beiden Romanen von Harper Lee wirkt dieses Buch wie eine Sackkarre zwischen zwei Bentleys.

2) Harper Lee: *Gehe hin, stelle einen Wächter* (Deutsch von Ulrike Wasel und Klaus Timmermann, DVA, 320 S., 19,99 €)
Die Nachricht von der schieren Existenz dieses Vorläuferromans von *Wer die Nachtigall stört* war eine Sensation. Wer ein gleichrangiges Buch erwartet hat, wird von *Gehe hin, stelle einen Wächter* und der

Wiederbegegnung mit dem alten Atticus Finch enttäuscht werden. Der Geschichte der Abnabelung von Jean Louise Finch von ihrer Familie sind die über fünfzig Jahre seit seinem Entstehen nicht wirklich gut bekommen. Aber es ist eine einmalige Gelegenheit, Einblick in den Schaffensprozess einer Schriftstellerin zu nehmen und zu verfolgen, wie stark Lektorat und Markterwartungen ein Werk formen können.

1) Dörte Hansen: *Altes Land* (Knaus, 287 S., 19,99 €)
Dörte Hansen ist eine psychologisch versierte Autorin, deren Buch über die Vererbung des Traumas der Vertreibung, Apfelbauern im Alten Land und die wirren Aussteigerideen saturierter Städter vom Landleben traumwandlerisch die richtige Balance zwischen Familienroman und Satire findet.

2014

Wie verändern Bücher unser Leben?

Als ich mit Anfang 20 Michael Chabons Roman *Die Geheimnisse von Pittsburgh* ins Deutsche übersetzte, wurde mir das Buch plötzlich unheimlich. Der Held verliebt sich in eine Bibliothekarin und arbeitet als Rettungssanitäter. Ich absolvierte damals meinen Zivildienst als Rettungssanitäter beim Deutschen Roten Kreuz und war verliebt in eine Bibliothekarin. Was geschieht hier, dachte ich mir – imitiert die Kunst mein
Leben oder mein Leben die Kunst? Wenn Bücher uns zu nahe kommen, erschrecken wir. Und dies aus gutem Grund.

Die Verwechslung von Literatur und Leben macht aus jedem einen Don Quijote. Man kann nicht oft genug betonen, dass am Anfang der modernen Literatur – und das ist Cervantes' Großroman *Don Quijote von der Mancha* ganz zweifellos – die Geschichte eines Mannes steht, der durch zu viel Bücherlesen die Orientierung im Leben verliert: »Besagter Hidalgo widmete sich in den Mußestunden – die meisten im Jahr – dem Lesen von Ritterromanen, und dies mit solchem Eifer und Vergnügen, dass er darüber fast die Jagd, ja selbst die Verwaltung von Geld und Gut vergaß«, heißt es in der wunderbar geschmeidigen neuen Übersetzung von Susanne Lange. Und weiter: »Kurz, er versenkte sich so tief in die Bücher, dass er über ihnen die Nächte vom letzten bis zum ersten Licht und die Tage vom ersten bis zum letzten Dämmer verlas, und der knappe Schlaf und das reichliche Lesen trockneten ihm das Gehirn ein, sodass er den Verstand verlor. Sein Kopf bevölkerte sich mit dem, was er in den Büchern fand, mit Verzauberungen und Turnieren, mit Schlachten, Fehden, Blessuren, Liebesschwüren, Amouren, Herzensqualen und anderem abwegigen Unfug. All das nistete sich so fest in seinem Geist ein, dass ihm das Lügengebäude der phänomenalen Fantastereien, von denen er las, ganz unverrückbar wurde und es für ihn auf Erden keine wahrere Geschichte gab.«

Einer der überraschendsten Bestseller im Jahr 2014 ist John Williams' *Stoner*, der von einer ganz ähnlichen lebensverändernden Begegnung mit Literatur berichtet. Ein Erweckungserlebnis steht am Anfang dieses grandiosen Romans über ein 65 Jahre währendes Leben in der ersten Hälfte des 20. Jahrhunderts. Ein amerikanischer Agrarstudent verliebt sich darin in die englische Sprache, als er das 73. Sonett William Shakespeares hört – 14 Zeilen, die sein Leben auf immer verändern.:

»That time of year thou mayst in me behold
When yellow leaves, or none, or few, do hang
Upon those boughs which shake against the cold,
Bare ruin'd choirs, where late the sweet birds sang.
In me thou see'st the twilight of such day
As after sunset fadeth in the west,
Which by and by black night doth take away,
Death's second self, that seals up all in rest.
In me thou see'st the glowing of such fire
That on the ashes of his youth doth lie,
As the death-bed whereon it must expire,
Consum'd with that which it was nourish'd by.
This thou perceiv'st, which makes thy love more strong,
To love that well which thou must leave ere long.«

Die deutsche Übersetzung von Bernhard Robben zitiert das Sonett in der Übersetzung von Michael Mertes:

»Den späten Herbst kannst Du in mir besehen:
Die letzten gelben Blätter eingegangen
An Zweigen, die dem Frost kaum widerstehn,
Und Chorruinen, wo einst Vögel sangen.
In mir siehst Du den späten Tag sich neigen,
Das Dunkel in die graue Dämmrung dringen,
Die Nacht mit ihrer Schwärze langsam steigen
Und Todes Bruder, Schlaf, die Welt umschlingen.
In mir siehst Du die Glut von alten Bränden,
Gebettet auf die Asche bessrer Zeiten –
Ein Sterbelager, wo sie muss verenden,
Verzehrt vom Brennstoff eigner Lustbarkeiten.
Siehst Du all dies, wird's Deine Liebe steigern:
Denn was Du liebst, wird Tod Dir bald verweigern.«

»Was bedeutet das Sonett?«, wird der Agrarstudent von seinem Lehrer Archer Sloane gefragt, und Williams lässt ihn antworten: »›Es bedeutet‹, sagte er und streckte mit vager Bewegung die Hände in die Höhe, wobei er spürte, wie sein Blick die Gestalt von Archer Sloane suchte und zugleich glasig wurde. ›Es bedeutet‹, sagte er noch einmal, konnte aber nicht beenden, was er zu sagen begonnen hatte. Sloane sah ihn neugierig an. Dann nickte er abrupt, sagte: ›Der Unterricht ist beendet‹, und verließ, ohne jemand anzusehen, den Raum.«

Stoner fehlen die Worte für das, was Shakespeares Gedicht mit ihm macht. Und gerade in dieser unserer Unfähigkeit, mit eigenen Worten auszudrücken, was wir in der Literatur vorfinden, was sie in uns an Gedanken und Empfindungen auslöst, liegt ihre lebensverändernde Macht. »Warum also lesen?«, fragt Jürgen Habermas und gibt sich selbst die Antwort. »Um wenigstens manchmal einige Zipfel jener vorsprachlich präsenten Erfahrungen, aus denen wir intuitiv leben und mit denen wir dahinleben, als solche zu ergreifen und uns anschaulich vor Augen zu führen. Ob sie nun schön sind oder schrecklich.«

Wir begleiten in John Williams' Roman Stoners Lebensweg von der Wiege bis zur Bahre. Aus Stoner wird schließlich selbst ein Collegeprofessor, der irgendwo im Mittleren Westen Literatur unterrichtet und in dessen Leben im Grunde alles schiefläuft, was schieflaufen kann. Dennoch wird niemand diesen Roman mit dem Gefühl zuklappen, dass Stoner vergebens gelitten hat. John Williams' *Stoner* ist eines jener seltenen Bücher, aus denen man gleichermaßen zu leben und zu lesen lernen kann.

*

Das wärmste Jahr seit Beginn der Wetteraufzeichnungen – wie fast jedes folgende Jahr nun infolge des unseligen Klimawandels. In der Ukraine kommt es zu den Euromaidan-Protesten, Russland annektiert die Krim, Putin behauptet mit unerträglichem Zynismus, seine getarnten Soldaten »machen dort wohl Urlaub«. In Westafrika bricht die Ebola-Epidemie aus. Die Edathy-Affäre löst eine Regierungskrise aus, Hans-Peter Friedrich tritt als Bundesminister zurück. Malaysia-Airlines-Flug 370 verschwindet auf dem Weg von Kuala Lumpur nach Peking, eine internationale Suchaktion bleibt ohne Ergebnis. Die deutsche Mannschaft wird in Brasilien Fußballweltmeister.

Der Literaturnobelpreis geht an den Franzosen Patrick Modiano. Der Australier Richard Flanagan wird für *Der schmale Pfad durchs Hinterland* mit dem Booker Prize ausgezeichnet, Lydie Salvayre für *Weine nicht* mit dem Prix Goncourt und Donna Tartt für *Der Distelfink*, einen Roman über Kunst und Terror, mit dem Pulitzer Prize. Den Prinz-von-Asturien-Preis gewinnt der Ire John Banville. Jürgen Becker erhält den Georg-Büchner-Preis. Saša Stanišić wird für *Vor dem Fest* mit dem Preis der Leipziger Buchmesse geehrt, Lutz Seiler für *Kruso* mit dem Deutschen Buchpreis. Die Literaturwelt trauert um Joe McGinnis, Jacques Le Goff, Urs Widmer, Karlheinz Deschner, Gabriel García Márquez, Helga Königsdorf, Frank Schirrmacher, Hans-Ulrich Wehler, Thomas Berger, João Ubaldo

Ribeiro, Gert von Paczensky, Peter Scholl-Latour, Wolfgang Leonhard, Fanny Morweiser, Martin Chalmers, P. D. James und Ralph Giordano. Das Wort des Jahres ist »Lichtgrenze«, das Unwort »Lügenpresse«.

Die *New York Review of Books* sorgte 2006 mit einer Neuauflage von John Williams' *Stoner* für eines jener Wunder, die den Literaturbetrieb so besonders machen. Der beim ersten Erscheinen vollkommen untergegangene Roman um einen Englischprofessor an einem amerikanischen Provinzcollege wurde zwölf Jahre nach dem Tod des alkoholkranken Autors zu einem internationalen Bestseller, Morris Dickstein schreibt in der *New York Times*, Stoner sei »etwas viel Selteneres als ein großes Werk, es ist ein vollkommenes Werk«. Im Grunde spielt es keine Rolle, wo Sebastian Fitzek seine sadistischen Gewaltorgien inszeniert – auf einem Kreuzfahrtschiff, in einem Flugzeug oder in einer Klinik: Nach der Lektüre fühlt man sich befleckt. Haruki Murakami schreibt sich Buch um Buch in die erste Reihe möglicher Kandidaten für den Literaturnobelpreis. Peter Hahne möchte das »Zigeunerschnitzel« vor den politisch Korrekten retten und markiert mit seinen Stammtischsuaden nach wie vor den Ground Zero im Sachbuch.

FEBRUAR 2014

Sachbuch

10) Gisela Graichen und Alexander Hesse: *Geheimbünde* (Rowohlt, 384 S., 19,95 €)
Das ordentlich gemachte Begleitbuch zu einer ZDF-Sendung über Freimaurer, Rosenkreuzer, Opus Dei & Co. »Geheimes, Verborgenes, Unerklärlichliches: Das sind die Zutaten einer Suppe, die seit Menschengedenken im Untergrund brodelt«, schreiben die Autoren. Genau! Schmerzlich vermisst habe ich deshalb ein Kapitel über den »roten« und den »schwarzen Freundeskreis«, die seit Jahrzehnten den 77-köpfigen ZDF-Fernsehrat beherrschen und entscheiden, wer was werden darf am Lerchenberg.

9) Meike Winnemuth: *Das große Los* (Knaus, 336 S., 19,99 €)
Was würden Sie tun, wenn Sie in einer Quizshow eine halbe Million gewönnen? Meike Winnemuth hat so ein Glück erlebt und ist auf Weltreise gegangen. Ihre Erfahrungen fasst sie mit einem schönen Satz aus Thomas Manns *Felix Krull* zusammen: »Man sollte immer versuchen, alle Sachen, auch die gewöhnlichsten, auch die ganz selbstverständlich da zu sein scheinen, mit neuen, erstaunten Augen, wie zum ersten Mal zu sehen.« Ein gutes Buch.

8) Malala Yousafzai und Christina Lamb: *Ich bin Malala* (Deutsch von Elisabeth Liebl und Sabine und Margarete Längsfeld, Droemer, 389 S., 19,99 €)
Weil sie sich dafür engagiert, dass auch Mädchen die Schule besuchen dürfen, schießt ein Taliban der 15-jährigen Malala in Pakistan 2012 eine Kugel in den Kopf. Gemeinsam mit der britischen Auslandskorrespondentin Christina Lamb erzählt die mutige Malala ihr Leben unter religiösen Verrückten in einem Land, in denen Musiker Zeitungsanzeigen aufgeben, »in denen sie verkünden, sie hätten aufgehört, Musik zu machen, und würden von nun an ein frommes Leben führen. Damit wollten sie die Taliban besänftigen.« Eine Erinnerung daran, dass Freiheit und Fundamentalismus Todfeinde sind.

7) Bronnie Ware: *5 Dinge, die Sterbende am meisten bereuen* (Deutsch von Wibke Kuhn, Ansata, 352 S., 19,99 €)
Binsenweisheiten bleiben Binsenweisheiten, auch wenn sie angeblich aus dem Mund todkranker Menschen stammen: »Ich wünschte, ich hätte den Mut gehabt, mir selbst treu zu bleiben«, »Ich wünschte, ich hätte nicht so viel gearbeitet«, »Ich wünschte, ich hätte den Kontakt zu meinen Freunden gehalten«: Eine Einsicht bleibt jedoch wahr über alle Zeiten hinweg: »Ich wünschte, ich hätte weniger dämliche Bücher lesen müssen.«

6) Herfried Münkler: *Der große Krieg* (Rowohlt Berlin, 925 S., 29,95 €)
Warum sollen wir uns eigentlich für einen Krieg vor 100 Jahren interessieren? Herfried Münklers überzeugende Antwort: weil »Deutschland nach 1990 wieder zu einer Großmacht in der Mitte Europas aufgestiegen ist und sich viele der Herausforderungen aus der Zeit vor 1914 erneut stellen«. Dieses Buch ist ein Genuss, weil es sich nicht mit der Aufzählung von Fakten begnügt, sondern diese intelligent verknüpft zu einer Darstellung des Ersten Weltkriegs, die gleichzeitig ein Nachdenken über Krieg, Frieden und Politik im 21. Jahrhundert ist.

5) Rolf Dobelli: *Die Kunst des klaren Denkens* (Hanser, 256 S., 14,90 €)
Manch überraschende Erkenntnis hält diese Fibel der Fallstricke in unserem Denken bereit. Ein Beispiel: »Bis ins Jahr 1900 war es nachweislich besser, als Kranker nicht zum Arzt zu gehen, weil der Arzt den Zustand nur verschlimmert hätte (mangelnde Hygiene, Aderlass und andere schiefe Praktiken).« Das war also in etwa so, als wenn man heute Geld hat und damit zur Bank geht.

4) Florian Illies: *1913: Der Sommer des Jahrhunderts* (S. Fischer, 320 S., 19,99 €)
In diesem Jahr malt Malewitsch das schwarze Quadrat, Picasso und Bracque konkurrieren um die Krone des Kubismus, und Adolf Hitler aquarelliert die Theatinerkirche in München: Florian Illies' lichten Reigen aus der Blütezeit der europäischen Kultur am Vorabend des Ersten Weltkriegs durchzucken gelegentlich Blitze des Grauens, geschlagen durch unser Wissen, was kommt.

3) Christine Westermann: *Da geht noch was* (Kiepenheuer & Witsch, 192 S., 17,99 €)
Wir werden im 21. Jahrhundert in Deutschland noch sehr oft über Altersrassismus streiten. Dazu liefert dieses kleine, aber erkenntnisreiche Buch eine gute Vorlage. »Zwei Begriffe«, schreibt Christine Westermann, »bestimmen die Zeit des Älterwerdens: noch. Zweitens: nicht mehr.« Noch sind wir auf absurde Weise jugendfixiert; wir werden es, die Wette gilt, nicht mehr lange bleiben.

2) Christopher Clark: *Die Schlafwandler* (Deutsch von Norbert Juraschitz, DVA, 896 S., 39,99 €)
Wie unabwendbar war der Weg ins Verderben des Ersten Weltkriegs? Lange Zeit hatte sich in der Bundesrepublik die These von der Hauptschuld des Deutschen Kaiserreichs durchgesetzt: Christopher Clark setzt dieser Ansicht in seiner glanzvollen Darstellung der Julikrise 1914 eine ausdifferenzierte Analyse des internationalen Systems entgegen, gerade wegen ihrer Komplexität das beste Antidot gegen jede Geschichtsmüdigkeit.

1) Guido Maria Kretschmer: *Anziehungskraft* (Edel Books, 237 S., 17,95 €)
Bemerkenswerter als die biederen modischen Ein- und Ansichten Guido Maria Kretschmers ist seine Sprache. Es ist die schrille Hyperaktivätsprosa eines unter Aufmerksamkeitsmangel leidenden Rampenlichtsüchtigen, der auch nicht vor Beziehungstipps auf dem Niveau von Horoskopen des Boulevardjournalismus zurückschreckt: »Verlassen Sie diesen alten, unleidlichen Wallach«, schreibt Kretschmer etwa. »Es ist nie zu spät, einen neuen, charmanten Hengst zu treffen.« So oder so erzählt Kretschmer seinen Lesern etwas vom Pferd.

MÄRZ 2014

Belletristik

10) Yasmina Reza: *Glücklich die Glücklichen* (Deutsch von Frank Heibert und Hinrich Schmidt-Henkel, Hanser, 176 S., 17,90 €)
Die Französin Yasmina Reza ist die erfolgreichste Dramatikerin der Welt. In ihrem an die Struktur von Schnitzlers *Reigen* angelehnten Roman erzählt sie von Entfremdung und Einsamkeit, Seitensprüngen und den Schlachten des Alltags und dekliniert unter der Oberfläche des Banalen elegant die ganz großen Fragen des Lebens durch. Das legt einen Vergleich mit der ziselierten Prosa des deutschen Dramatikers Botho Strauß nahe: Yasmina Reza ist leichter, direkter und gefälliger, aber keineswegs trivial.

9) Timur Vermes: *Er ist wieder da* (Eichborn, 400 S., 19,33 €)
Ein alberner Nazi-Porno über einen im heutigen Berlin wiederauferstandenen Adolf Hitler, eine schlechte und viel zu breit ausgewalzte Satire, die sich nun wirklich lange genug in der deutschen Bestsellerliste festgekrallt hat.

8) Khaled Hosseini: *Traumsammler* (Deutsch von Henning Ahrens, S. Fischer, 448 S., 19,99 €)
Hänsel und Gretel in Afghanistan: Dieser Roman ist eine Art Wischmopp, der alles an Klischees zusammenfegt, was man über das Land am Hindukusch zu wissen glaubt. Stilistisch hilflos, inhaltlich indiskutabel.

7) John Williams: *Stoner* (Deutsch von Bernhard Robben, dtv, 352 S., 19,90 €)
Für manche Menschen ist die Liebe ihres Lebens ein Shakespeare-Sonett. So geht es dem Helden dieses berührenden Romans, der sich in die englische Sprache verliebt, als er im College ein Sonett von William Shakespeare hört. Stoner heißt dieser Mann, der später dann ein ganz bescheidenes Leben als Englischprofessor führt und eine grässliche Ehe durchlebt. Der Clou: Der Roman lässt die Frage, ob Stoners Leben nun gelungen oder gescheitert ist, in reizvoll ambivalenter Schwebe. Ein kleines Meisterwerk.

6) Lucinda Riley: *Die Mitternachtsrose* (Deutsch von Sonja Hauser, Goldmann, 576 S., 19,99 €)
Die Handlung dieses Schmachtfetzens darf man sich auf der Zunge zergehen lassen: Eine einhundertjährige Inderin mit paranormalen Fähigkeiten beauftragt ihren Urenkel, nach dem Verbleib ihres Sohnes zu forschen, den sie nach dem Ersten Weltkrieg in England zur Welt gebracht und als Dreijährigen dort zurückgelassen hat, als sie nach Indien heimkehrte und mithilfe eines vergrabenen Rubins zu Vermögen kam. Die Spur führt den Urenkel in ein Herrenhaus im Dartmoor, wo ein Lord residiert, mit dessen Vorfahr die Uroma einst eine Liebschaft hatte, aus der ihr Sohn hervorging. Zufällig dreht eine weltberühmte junge amerikanische Schauspielerin namens Rebecca – ja, Daphne du Maurier lässt heftig grüßen! –einen Film in diesem Herrenhaus, die wiederum jener Amerikanerin aufs Haar gleicht, die der Lord der indischen Großmutter in den 1920er-Jahren heiratete, um seinen überschuldeten Besitz zu retten. Der Dreijährige von einst ist inzwischen als hochbetagter Kinderarzt verstorben, die amerikanische Schauspielerin wirft sich statt ihrem koksenden Star-

kollegen dem jungen Inder in die Arme – und wir, wir lassen fein die Hände von diesem Humbug und lesen stattdessen einen wirklich guten Herrenhaus-Roman, nämlich *Wiedersehen mit Brideshead* von Evelyn Waugh.

5) Sebastian Fitzek: *Noah* (Bastei Lübbe, 560 S., 19,99 €)
Für die Wahl seines neuen Thrillerthemas ist Sebastian Fitzek unbedingt zu loben: Überbevölkerung ist tatsächlich die größte Herausforderung der Menschheit, auch wenn uns der moralisierende Autor in seinem Nachwort einreden möchte: »Überbevölkerung ist nicht das primäre Problem.« Aber Fitzeks Behandlung dieses Themas fällt tatsächlich noch kruder und eindimensionaler aus als bei Dan Brown: *Noah* zu lesen ähnelt Fitzeks Schilderung der Bemühung einer Slumbewohnerin in Manila, aus Steinen Suppe zu kochen. So gibt es im 21. Jahrhundert nicht nur zu viele Menschen, sondern auch zu viele Bücher.

4) Haruki Murakami: *Die Pilgerjahre des farblosen Herrn Tazaki* (Deutsch von Ursula Gräfe, DuMont, 350 S., 19,99 €)
Während seiner Schulzeit war der Titelheld Tsukuru Tazaki mit drei Jungs und einem Mädchen aufs Engste befreundet. Diese Freund-

schaft wird ihm mit Anfang 20 von einem Tag auf den anderen gekündigt. Tsukuru Tazaki stürzt daraufhin in eine Depression, die ihn bis an den Rand des Selbstmords führt. Selbst 16 Jahre später ist Tsukuru Tazaki noch traumatisiert – so sehr, dass seine Geliebte darauf besteht, dass Tsukuru eine Recherche zu den Freunden seiner Vergangenheit unternimmt, quasi eine Pilgerreise zu sich selbst.
Tsukuru heißt als Verbum im Japanischen »etwas machen« oder »etwas herstellen«, und natürlich haben wir mit dem Ingenieur Tsukuru Tazaki eine japanische Version von Max Frischs Homo faber vor uns. Wie Murakami aus diesem Zusammenbruch eines Weltbilds erzählerisches Kapital schlägt und dabei souverän die heikle Balance zwischen Literatur und Lebenshilfe hält, ohne je in Kitsch abzugleiten, zählt zu den großen Lesefreuden dieses Frühjahrs.

3) Graeme Simsion: *Das Rosie-Projekt* (Deutsch von Annette Hahn, Krüger, 352 S., 18,99 €)
Don Tillmann ist Ende 30, Professor an einem Institut für Genetik und hat seinen Tagesablauf ausschließlich nach Kriterien der Effizienz optimiert. Genau so möchte er nun mithilfe eines seitenlangen Fragebogens auch eine Ehefrau finden. Und gerät an die chaotische Rosie, die ihren Vater sucht. Mit Verlaub: So schlicht ist mein Gemüt denn doch nicht gestrickt, dass ich mich mit einer solchen Parade billigster Pointen zufriedengeben kann.

2) Jonas Jonasson: *Die Analphabetin, die rechnen konnte* (Deutsch von Wibke Kuhn, Carl's books, 448 S., 19,99 €)
Weniger ein Roman als ein Unterhaltungsautomat: Jonasson hat mit seiner Geschichte über ein mathematisches Supertalent aus Soweto und eine nach Schweden verirrte Atombombe eine Art Literaturflipper konstruiert. Lustig, literarisch aber bloßes Gedaddel.

1) Simon Beckett: *Der Hof* (Deutsch von Juliane Pahnke, Wunderlich, 464 S., 19,95 €)
Ein Brite flüchtet vor einer Straftat auf einen Schweinezüchterhof in Frankreich, wo zwei schöne Frauen leben und noch die Werte der Provinz hochgehalten werden: Gewalt, dumpfe Selbstzufriedenheit und Inzest. Wollte man den Entwicklungsstand dieses Thrillers auf der Evolutionslinie des Automobils ansiedeln, er wäre eine Kutsche. Mit drei Rädern.

AUGUST 2014

Sachbuch

10) Dieter Hildebrandt: *Letzte Zugabe* (Blessing, 272 S., 19,99 €)
Die Stärke des großen Kabarettisten Dieter Hildebrandt war sein unnachahmlicher Vortrag, sein Retardieren im Übersprudeln, seine Attacken im Zögern, sein Auf-den-Punkt-Bringen im Verhaspeln. Davon besitzt diese postum erschienene Sammlung letzter Texte leider nichts.

9) George Packer: *Die Abwicklung* (Deutsch von Gregor Hens, S. Fischer, 510 S., 24,99 €)
Mit soziologischem Röntgenblick erzählt Packer exemplarische amerikanische Biografien von Sterneköchinnen wie Alice Waters und Wal-Mart-Gründer Sam Walton und bettet diese Lebensläufe in packend aufbereitete Strukturanalysen des *Unwinding* der amerikanischen Gesellschaft ein. Ein exzellentes Sachbuch.

8) Peter Hahne: *Rettet das Zigeunerschnitzel* (Quadriga, 126 S., 10 €)
Eine Sammlung von Kolumnen aus der *Bild am Sonntag* vom unangefochtenen deutschen Meister der Katachrese, der scheinbar mühelos »mit der Waschmaschine ein Klischee aufs Korn zu nehmen« versteht und Sätze meißelt wie: »Nach dem Schock wird durchgeatmet und innegehalten, doch dann brechen sich Stolz und Trotz die Bahn.« Als dadaistisches Spaßereignis bereiten Hahnes Kolumnen reuelosen Genuss.

7) Frank Schirrmacher: *Ego. Das Spiel des Lebens* (Blessing, 352 S., 19,99 €)
Die Nachrufe auf Frank Schirrmacher legen nahe, dass der deutsche Journalismus ein Jahrhundertgenie verloren hat. Ein erneuter Blick in sein aktuelles Buch bestätigt, dass er ein genialer Aufbauscher und Alarmist war, ein versierter Eigenblutdoper, der sich und sein Publikum zu berauschen vermochte mit allem, was ihn gerade affizierte. Dabei entstehen Sätze wie: »Es ist nicht wahr, dass nur zählt, was Geld ist, sondern: Alles ist Geld.«

6) Christian Wulff: *Ganz oben. Ganz unten* (C.H. Beck, 256 S., 19,95 €)
Christian Wulff wurde Opfer eines Shitstorms, den eine vom Jagdfieber ergriffene Medienmeute und übereifrige Staatsanwälte ausgelöst hatten. »Die Wiederherstellung meiner Ehre im staatsbürgerlichen Sinn ersetzt nicht den Verlust meiner Ehre als öffentliche Person«, schreibt der Altbundespräsident über seinen Freispruch. Dieses Buch ist eine Selbstrechtfertigung, tappt aber selten in die Falle der Selbstgerechtigkeit. Wulff schreibt immer dann am spannendsten, wenn er über das Verhältnis von Politik und Medien nachdenkt und über den Anspruch Letzterer, »selbst Politik zu gestalten und zu bestimmen«.

5) Volker Weidermann: *Ostende 1936 – Sommer der Freundschaft* (Kiepenheuer & Witsch, 156 S., 16,99 €)
In einem belgischen Seebad treffen sich drei Jahre nach Hitlers Machtergreifung einige der edelsten Federn der deutschen Emigration. Volker Weidermann versucht mit Mitteln der Prosa, das damalige Lebensgefühl von Irmgard Keun und Egon Erwin Kisch, Joseph Roth und Stefan Zweig darzustellen. »Was ist es letztlich anderes als eine große, lange Urlaubsreise, auf der sie sich seit Jahren befinden? Fern der Heimat, mit Freunden unterwegs, in Paris, Nizza, Sanary-sur-Mer, Amsterdam, Marseille, Ostende. Und irgendwann eben wieder zurück.« Davon glaube ich kein Wort.

4) Roger Willemsen, *Das Hohe Haus* (S. Fischer, 398 S., 19,99 €)
Es gibt durchaus Fälle, wo der Blick eines Autors ein an sich trockenes Sujet so zu beleben vermag, dass es gar keine Rolle spielt, wovon ein Text eigentlich handelt – etwa wenn David Foster Wallace über eine amerikanische Landwirtschaftsausstellung schreibt oder Arno Schmidt über Staatshandbücher des Königreichs Hannover. Roger Willemsens Selbstversuch, ein Sitzungsjahr lang die Debatten im Deutschen Bundestag zu begleiten, führt aber zum gegenteiligen Effekt: Einer unserer quirligsten Denker versinkt im Phrasenglibber. Kein schöner Anblick.

3) Matthias Weik und Marc Friedrich: *Der Crash ist die Lösung* (Eichborn, 381 S., 19,99 €)
In ihrer aufgekratzten Hysterie erinnern die Autoren dieser Warnschrift vor dem Kollaps unseres Geld- und Finanzsystems an jene

oft karikierten Menschen mit Papptafeln, auf denen sie den unmittelbar bevorstehenden Weltuntergang ankündigen. Lesenswert ist ihre Analyse der Finanzkrise, wenn Weik und Friedrich es nicht bei bloßen Anlagetipps (Gold, Wald …) belassen, sondern zu Erkenntnissen vordringen wie: »Das beste Investment überhaupt ist das in die Bildung und lebenslanges Lernen.«

2) Susanne Fröhlich und Constanze Kleis: *Diese schrecklich schönen Jahre* (Gräfe und Unzer, 207 S., 16,99 €)
In der Welt des Geistes besitzen Susanne Fröhlich und Constanze Kleis die Bonität argentinischer Staatsanleihen. Ihr neues Buch, das neben viel Gejammer übers Altern einen Selbstversuch mit Botulinumtoxin und Hyaluronsäure zur Faltenglättung schildert, gibt den intellektuellen Ratingagenturen keinen Anlass zur Korrektur ihrer Einschätzung. Der Tiefpunkt ist die Schilderung des Besuchs eines Waxing-Studios. »›Pobacken auseinanderhalten!‹, lautet die nächste Anweisung. Das ist jetzt wirklich der Gipfel der Peinlichkeit«, schreiben die Autorinnen auf Seite 58. Sie irren. Das Buch hat da noch 149

weitere Seiten.

1) Wilhelm Schmid: *Gelassenheit* (Insel, 118 S., 8 €)
Dezenz ist eine der größten Tugenden dieses Autors, sein Buch gegen Jugendwahn und Altersrassismus eine wohltuende Aufforderung zum Durchatmen in aufgeregten Zeiten.

OKTOBER 2014

Sachbuch

10) Volker Weidermann: *Ostende 1936 – Sommer der Freundschaft* (Kiepenheuer & Witsch, 156 S., 16,99 €)
Einige der edelsten Köpfe der vor den Nazis ins Exil geflohenen Autoren wie etwa Stefan Zweig, Joseph Roth und Irmgard Keun treffen sich drei Jahre vor Ausbruch des Zweiten Weltkriegs in einem belgischen Seebad. Es ist mir ein Rätsel, wie dieser eindeutig fiktionale Text auf einer Sachbuchliste landen kann. Aber auch als Literatur bleibt *Ostende 1936* blass, weil Weidermann weder stilistisch das Niveau seiner Figuren erreicht noch ihr Zusammentreffen episch zu gestalten vermag. Entstanden ist so die Schilderung eines Promiauftriebs an der Nordsee – und eine dröge Nachhilfestunde in Exilliteratur.

9) Susanne Fröhlich und Constanze Kleis: *Diese schrecklich schönen Jahre* (Gräfe und Unzer, 208 S., 16,90 €)
Eines der stärksten Argumente, jung zu sterben, ist dieses im Logorrhö-Stil enervierenden Dauergeplappers geschriebene Buch übers Älterwerden. »Wenn du merkst, dass du auf einem toten Pferd sitzt, steig ab!«, zitieren die Autorinnen eine angebliche Weisheit der Dakota-Indianer. Das hält sie aber nicht davon ab, ihre Runzel-Ich-Masche totzureiten. Trauriger Höhepunkt ist die begeisterte Schilderung einer Behandlung mit Botox und Hyaluronsäure. Immerhin, der Ansatz ist nicht ganz falsch: Susanne Fröhlich und Constanze Kleis sollten tatsächlich dringend irgendwas mit ihrem Kopf machen.

8) Reinhold Messner: *Über Leben* (Malik, 336 S., 22,99 €)
Selten habe ich ein so überzeugendes Plädoyer für Freiheit, Spiel und Eigenverantwortung gelesen wie diese in 70 Kurzkapiteln zu Stichworten wie »Sprache«, »Kunst« oder »Schönheit« gegliederten Memoiren Reinhold Messners. »Wir Menschen sind nicht dazu ›berufen‹, einem Beruf nachzugehen«, schreibt Messner. »Wir haben eine ›Aufgabe‹ im Rahmen unserer Familie, aber keine ›Bestimmung‹, so wenig Pflanzen oder Tiere eine solche haben.«

7) Matthias Weik und Marc Friedrich: *Der Crash ist die Lösung* (Eichborn, 381 S., 19,99 €)
Seit der letzten Bankenkrise muss sich der Berufsstand der Finanzapokalyptiker keine Sorge um sein Auskommen machen. So auch Matthias Weik und Marc Friedrich nicht, die in ihrem populistisch argumentierenden Buch vor dem in ihren Augen unweigerlichen Zusammenbruch unseres Bankensystems warnen und Anlagen in Sachwerten propagieren. Ob man diese in einer Welt nach dem großen Crash allerdings wirklich genießen können wird, darf man bezweifeln.

6) Peter Hahne: *Rettet das Zigeunerschnitzel* (Quadriga, 126 S., 10 €)
»Millionen Stammtischbrüder werden diffamiert«, schreibt Hahne in seinen Kolumnen in der *Bild am Sonntag* und regt sich wie immer in schrägsten Sprachbildern darüber auf, dass »man den ›Stammtisch‹ aus dem rhetorischen Arsenal und damit in den Dreck zieht«. Also benenne ich dieses dumpfe Machwerk eben nicht als Sammelsurium von Stammtischparolen, sondern als Potpourri von Latrinenlosungen.

5) Christian Kracht und Helge Malchow (Hrsg.): *Leitfaden für britische Soldaten in Deutschland 1944* (Deutsch von Klaus Modick, Kiepenheuer & Witsch, 160 S., 8 €)
Christian Kracht und Helge Malchow haben einen grandiosen Text von Deutschlandexperten aus dem britischen Außenministerium dem Vergessen entrissen. Dieser Crashkurs in Geschichte und Mentalitätsgeschichte der Deutschen stellt allen Leserinnen und Lesern die heikle Frage nach ihrer nationalen Identität. Was heißt Deutschsein heute? Es wäre zu hoffen, dass Bundeswehrsoldaten in Auslandseinsätzen Texte auf ähnlichem Niveau im Gepäck haben.

4) Ferdinand von Schirach: *Die Würde ist antastbar* (Piper, 144 S., 16,90 €)
Gesammelte Aufsätze aus dem *Spiegel* über Fragen wie der nach den ethischen Implikationen der Tötung Osama bin Ladens. Als Essayist überzeugt mich der Strafverteidiger Ferdinand von Schirach weit mehr denn als Prosa-Autor. »Die westliche Welt, ihre Freiheit und ihr Selbstverständnis«, schreibt von Schirach, »wird nicht an Autobahnmaut, Steuererhöhung oder Pflegeversicherung entschieden – sie entscheidet sich am Umgang mit dem Recht.«

3) Wilhelm Schmid: *Gelassenheit* (Insel, 118 S., 8 €)
Ganz unaufgeregt leuchtet der Straßenphilosoph Wilhelm Schmid in diesem kleinen Büchlein über Altersrassismus einer dem Jugendwahn verfallenen Gesellschaft kräftig heim.

2) Charlotte Link: *Sechs Jahre* (Blanvalet, 320 S., 19,99 €)
Die Schwester von Charlotte Link hieß Franziska und starb im Alter von 46 Jahren nach sechsjährigem Kampf gegen ihre Krebserkrankung an einer Lungenblutung. Ich bin kein Freund der in meinen Augen oft kitschigen Romane von Charlotte Link. In diesem bewegenden Buch hat sie ihrer Schwester ein Denkmal gesetzt, ihre Anklageschrift gegen die Unmenschlichkeit und das Blindstellen unseres Krankenhaussystems verdient allen Respekt.

1) Peter Scholl-Latour: *Der Fluch der bösen Tat* (Propyläen, 368 S., 24,99 €)
Mitunter konnte seine Rechthaberei nerven. Aber niemand hatte eben so oft recht wie Peter Scholl-Latour. Und niemand vermochte die Welt packender und präziser zu erklären. Seine Erklärungen waren immer auch Erzählungen – von seinen unermüdlichen Reisen, von den historischen Wurzeln heutiger Konflikte, von seinen Erfahrungen mit Menschen und Mächten. In diesem letzten Buch leistet Scholl-Latour gewohnt meinungsstark und fundiert eine pointierte Analyse der Konflikte in der Ukraine, in Syrien und im Irak. Seine Sicht der Dinge wird uns fehlen.

2013

Machen uns Bücher zu besseren Menschen?

Neulich hatte ich eine kuriose Begegnung im Supermarkt. An der Käsetheke sprach mich ein soignierter älterer Herr an. Ob er das aus dem Fernsehen richtig in Erinnerung habe, dass ich ein Faible für Arno Schmidt hätte? Als ich freudig überrascht bejahte, erzählte mir der Mann, dass er als junger Student in die Lüneburger Heide zu Schmidts Wohnort Bargfeld gepilgert

sei, um sich ein Buch signieren zu lassen. Er habe gewusst, dass Schmidt sehr menschenscheu sei, aber es habe einen Krämerladen in dem winzigen Kaff gegeben, mit dessen Betreiberin er ins Gespräch gekommen sei. Diese habe das Ehepaar Alice und Arno Schmidt gelegentlich auch mit Suppe bekocht. Und diese Frau habe ein Einsehen mit ihm gehabt und das Buch für ihn zu den Schmidts mitgenommen, als sie ihnen die Suppe vorbeigebracht habe. Tatsächlich habe Schmidt das Buch auch signiert und mit Ort und Datum versehen, obwohl es nur ein billiges Taschenbuch gewesen sei – mehr habe er sich als junger Student nicht leisten können. Und dieses Buch wolle er nun, da sich sein Leben dem Ende zuneige, mir schenken, denn ich könne vermutlich mehr damit anfangen als seine Erben.

Nun besitze ich also das hübsche Fischer-Taschenbuch von *Tina oder über die Unsterblichkeit* mit Arno Schmidts Autograf und der Datierung »Bargfeld, den 1. VIII 71«. Ich habe mich über dieses Geschenk mehr gefreut als über das meiste, was mir in meinem Leben geschenkt wurde. Auch weil es mich an eine Formulierung des passionierten Büchersammlers Arno

Schmidt denken ließ, wonach sich die Connaisseure mancher literarischer Schätze die antiquarischen Rarissima »stumm von Generation zu Generation weiterreichen«. Vor allem grübelte ich darüber nach, was diesen frühen Leser von Arno Schmidt dazu veranlasst hat, mir diese Mizwe, wie man eine gute Tat im Jiddischen nennt, zu erweisen. Macht das Lesen von guter Literatur einen zu einem guten Menschen?

Ich wünschte sehr, es wäre so. Aber so funktioniert Kunst leider nicht. Wir verwandeln uns nicht einfach dadurch in Mutter Teresa und Nelson Mandela, indem wir Arno Schmidt lesen, im Museum Arbeiten von Rosemarie Trockel oder Francis Bacon anschauen oder in der Philharmonie Werke von Olga Neuwirth und Hans Werner Henze hören. Bücher vermitteln Bildung und Wissen. Sie können uns anleiten, komplexe moralische Fragen zu erörtern, ja vor allem: uns selbst infrage zu stellen. Nicht zuletzt schaffen es Texte, uns in die Lebenslagen anderer Menschen oder Wesen einzufühlen, uns mit Gedanken außerhalb unserer eigenen *Bubble* auseinanderzusetzen und unsere intellektuelle Komfortzone zu verlassen.

Ein Text, dem dies exemplarisch gelingt, ist für mich David Foster Wallaces »Das hier ist Wasser«. Wallace denkt in seiner berühmt gewordenen Abschlussrede des Studienjahrgangs

2005 am Kenyon College in Ohio darüber nach, wie es einem im Alltag, während man im Supermarkt einkauft, an der Kasse in der Schlange anstehen muss und hinterher im Auto im Stau steht, gelingen kann, seine »Standardeinstellung«, wie er das nennt, so zu verändern, dass man nicht ständig genervt ist, seine Mitmenschen hasst und in ihnen nur »Rindviecher« sieht, die einen daran hindern, sein Leben zu genießen. »An den meisten Tagen, an denen Sie aufmerksam genug sind und die Wahl haben, können Sie sich aber entscheiden, die fette, bräsige, aufgebrezelte Frau, die in der Supermarktschlange gerade ihr Kind angeschnauzt hat, mit anderen Augen zu sehen – vielleicht ist sie sonst nicht so; vielleicht hat sie gerade drei Nächte lang nicht geschlafen, weil sie ihrem an Knochenkrebs sterbenden Mann die Hand gehalten hat … Wenn Sie automatisch sicher sind, dass Sie wissen, was Wirklichkeit ist und wer und was wirklich wichtig ist – wenn Sie gemäß Ihrer Standardeinstellung operieren wollen, dann werden Sie wahrscheinlich genauso wenig wie ich über Alternativen nachdenken, die nicht sinnlos sind und nerven. Wenn Sie aber wirklich zu denken gelernt haben und aufmerksam sein können, dann wissen Sie, dass Sie eine Wahl haben. Dann steht es in Ihrer Macht, eine proppenvolle, heiße und träge Konsumhölle als nicht nur sinnvoll, sondern heilig anzusehen, weil sie mit einer Energie geladen ist, die Sterne erschaffen konnte – Anteilnahme und Liebe, die unterschwellige Einheit aller Dinge. Nicht, dass so ein mystischer Murks unbedingt wahr wäre: Im Vollsinn des Wortes *wahr* ist nur, dass es Ihre *Entscheidung* ist, wie Sie die Dinge sehen wollen. Und das, behaupte ich, ist die Freiheit wahrer Bildung, der Selbsterziehung zur Anpassung: Es wird Ihre bewusste Entscheidung, was Sinn hat und was nicht.«

Ich halte mich eigentlich nicht gern in Supermärkten auf. Foster Wallaces Formulierung des Supermarkts als »heiße und träge Konsumhölle« trifft meine Sicht der Dinge ziemlich genau. Aber seit ich seinen kurzen Redetext »Das hier ist Wasser« gelesen habe und seither wieder und wieder lese, und erst recht seit meiner Begegnung mit dem Arno-Schmidt-Leser in meinem Kölner Supermarkt bemühe ich mich um eine Anpassung meiner Standardeinstellung. Das heißt für mich Lesen: das stete und unablässige Ringen um ein Upgrade dieser meiner Standardeinstellung.

*

Der gewählte ägyptische Präsident Mohammed Mursi wird nach einem Militärputsch gestürzt. Der Whistleblower Edward Snowden macht die weltweite Abhörpraxis der amerikanischen Geheimdienste bekannt. Papst Benedikt XVI. verzichtet aus Altersgründen auf sein Amt, sein Nachfolger wird der Argentinier Jorge Mario Bergoglio, der sich fortan Franziskus nennt. Bei der Bundestagswahl im September scheitert die FDP an der 5-Prozent-Hürde, statt Schwarz-Gelb regiert nun eine Große Koalition von CDU/CSU und SPD unter Angela Merkel. Beim Einsturz einer Textilfabrik im bengalischen Sabhar sterben über 1100 Menschen. Die NASA stellt das Kepler-Weltraumteleskop aufgrund starker Schäden außer Dienst.

Der Literaturnobelpreis geht an die Kanadierin Alice Munro, deren meisterhafte Erzählungen dadurch endlich auch in Deutschland populär werden. Die Neuseeländerin Eleanor Catton gewinnt den Booker Prize für *Die Gestirne*, Pierre Lemaitre den Prix Goncourt für *Wir sehen uns dort oben*, den Pulitzer Prize Adam Johnson für *Das geraubte Leben des Waisen Jun Do*, Antonio Muñoz Molina den Prinz-von-Asturien-Preis. Mit dem Georg-Büchner-Preis wird Sibylle Lewitscharoff geehrt. Terézia Mora erhält den Deutschen Buchpreis für *Das Ungeheuer*, David Wagner den Preis der Leipziger Buchmesse für *Leben*. Die literarische Welt trauert um Jean Krier, Steven Utley, Jakob Arjouni, Jörg Steiner, Otfried Preußler, Stéphane Hessel, Anna Jonas, Peter Ensikat, Chinua Achebe, Jürg Amann, Sarah Kirsch, Jack Vance, Tom Sharp, John Boyd, Richard Matheson, Milena Milani, Ugo Riccarelli, Sławomir

Mrożek, Wolfgang Herrndorf, Seamus Heaney, Frederik Pohl, Erich Loest, Marcel Reich-Ranicki, Elisabeth Borchers, Dieter Hildebrandt, Tom Clancy, Oscar Hijuelos, Arthur C. Danto, Doris Lessing, Peter Kurzeck, André Schiffrin, Horst Tomayer, Helga M. Novak, Denis Belloc und Irina Korschunow. Das Wort des Jahres lautet »GroKo«, das Unwort »Sozialtourismus«

Welch glückliches Land, in dem eine Goethe-Biografie aus der Feder des Grandmaster Flash der deutschen Geistesgeschichte Rüdiger Safranski auf Platz eins der Bestsellerliste landet. Ansonsten sehr viel langweiliges Mittelmaß wie die Krimis von Jussi Adler-Olsen und schwer erträgliche Ratgeber mit absurden Heilsversprechungen, die eher auf den Jahrmarkt gehören – eine australische Krankenschwester will Sterbenden das Geheimnis eines glücklichen Lebens auf dem Totenbett abgelauscht haben, ein Neurobiologie will uns glauben machen, jedes Kind sei hochbegabt. Florian Illies profiliert sich als charmanter Causeur, dessen »Die Welt vor 100 Jahren«-Bücher viele Trittbrettfahrer anlocken.

APRIL 2013

Sachbuch

10) Egon Bahr: *»Das musst du erzählen«* (Propyläen, 238 S., 19,99 €)
Der über 90-jährige Egon Bahr erzählt so frisch von der Leber weg von Willy Brandt als Mann an der Spitze des Staates, der nicht befehlen kann, demontiert Herbert Wehner in so wunderbar klarer Sprache und vermittelt so anschaulich die Hintergründe der von ihm geprägten Devise des »Wandels durch Annäherung«, dass man diesem Erinnerungsbuch sogar seine berlinbesoffene Perspektive auf Deutschland verzeiht.

9) Rolf Dobelli: *Die Kunst des klugen Handelns* (Hanser, 235 S., 14,90 €)
»Ambiguitätsintoleranz«, »Handlungsaufschub«, »Plappertendenz«: Aus Dobellis Grundkurs im Gehirnjogging lässt sich erfahren, was Jürgen Habermas mit der Miss Teen South Carolina gemein hat und wie man Stolperfallen des Denkens meidet.

8) Gerald Hüther und Uli Hauser: *Jedes Kind ist hochbegabt* (Knaus, 188 S., 19,99 €)
Zur Melodie von *Kinder an die Macht* entpuppt sich dieser pädagogische Ratgeber als dreister Leitfaden zur Erzeugung unerzogener Rotzlöffel: »Die Kinder haben es satt, ständig korrigiert und kritisiert zu werden ... Sie sind kompetent.« Genau. Und dieses Sachbuch ist gewiss der Auftakt zu einer ganzen Buchreihe mit absurden Heilsversprechungen, deren weitere Titel nur lauten können: »Jeder ist schlank«, »Jeder hat volles Haar« und »Jedem Deppen kann man einen Bären aufbinden«.

7) Michael Tsokos: *Die Klaviatur des Todes* (Droemer, 331 S., 19,99 €)
Am Beispiel realer Kriminalfälle will der Leiter des Instituts für Rechtsmedizin an der Berliner Charité Einblick in sein Arbeitsgebiet geben. Leider verfällt Michael Tsokos dabei auf die unglückliche Idee, die Ermittlungen im Stil der *Aktenzeichen-XY ... ungelöst*-Einspielfilmchen literarisch nachzuerzählen, wobei er gezwungen ist, ständig Dialoge zu protokollieren, die er unmöglich mitgehört haben kann. Auf diese Weise erschüttert er mein Vertrauen in die deutsche

Rechtsmedizin, »eines der nicht gerade zahlreichen Gebiete«, so der Autor, »auf denen Deutschland weltweit führend ist«. Mit Büchern wie diesem wird das nicht mehr lange so bleiben.

6) Rolf Dobelli: *Die Kunst des klaren Denkens* (Hanser, 246 S., 14,90 €)
Gehirnjogging Teil zwei: Aus diesem erkenntnisträchtigen Büchlein lässt sich erfahren, wie wir durch eingefahrene Denkmuster hinters Licht geführt werden und was wir dagegen tun können.

5) Meike Winnemuth: *Das große Los* (Knaus, 329 S., 19,99 €)
Als die Journalistin Meike Winnemuth eine halbe Million Euro in einer Quizshow gewinnt, beschließt sie, mit dem Geld zwölf Städte in zwölf Monaten zu bereisen. In diesem locker geschriebenen, aber dennoch einsichtsreichen Buch erzählt sie davon. Winnemuths vielleicht überraschendste Erkenntnis: »Ich hätte das Geld von ›*Wer wird Millionär?*‹ gar nicht gebraucht.« Ein schönes Buch, das Mut und Lust aufs Leben macht.

4) Florian Illies: *1913: Der Sommer des Jahrhunderts* (S. Fischer, 320 S., 19,99 €)
Florian Illies beleuchtet die Epoche vor dem Ersten Weltkrieg in anekdotischen Schlaglichtern: Der habsburgische Thronerbe Franz Ferdinand organisiert für Kaiser Wilhelm II. eine Fasanenjagd, auf der dieser 1200 Vögel abknallt, Katia Pringsheim leidet in den Kältekammern ihrer Ehe mit Thomas Mann, Franz Kafka arbeitet beim Gemüsebauern. Tiefe Erkenntnisse wird man aus dieser historischen Nummernrevue nicht ziehen, unterhaltsam ist sie aber allemal.

3) Frank Schirrmacher: *Ego. Das Spiel des Lebens* (Blessing, 352 S., 19,99 €)
Sachbuchautor Schirrmacher hat eine Spezialität: Erst erfindet er einen Drachen, den außer ihm niemand sehen kann, dann lässt er sich, nach erfolgter Bannung des von keinem Menschen Aug geschauten Monsters, als Sankt Georg feiern. Schirrmachers aktueller Drache heißt »Nummer 2«, unser aller dunkler Zwilling, der fies eigennützige *Homo oeconomicus*. »Der Mensch wird User, der User wird Konsument und der Konsument wird Nummer 2: auf der Suche nach den besten Preisen, Kontakten, kurz: den besten Informationen in der neu entstandenen angeblichen ›Informationsökonomie‹«,

weiß Schirrmacher. Mag sein. Allerdings würde ich diesen Wandel in etwa in die Zeit des Auftauchens der Phönizier datieren. So werden wir in diesem wirren, aber lustigen Buch Zeuge, wie Frank Schirrmacher einen Papiertiger konstruiert und souverän zur Strecke bringt. Halali!

2) Michail Gorbatschow: *Alles zu seiner Zeit* (Deutsch von Birgit Veit, Hoffmann und Campe, 547 S., 24,99 €)
Nicht die ersten Memoiren von Michail Gorbatschow, aber die anrührendsten, denn er hat für sie die Form einer postumen Liebeserklärung an seine verstorbene Frau gewählt: »Für mich war Raissa die Frau, die ich liebte. Wir waren Freunde.« Wer mit dem erstaunlich uneitlen Ermöglicher der demokratischen Revolution in Mittel- und Osteuropa dessen entscheidende Lebensstationen aufsucht, wird viele Einsichten in den politischen Prozess in der Endphase der Sowjetunion nehmen und Dankbarkeit für den Mut und die Lebensleistung dieses Mannes empfinden.

1) Dieter Nuhr: *Das Geheimnis des perfekten Tages* (Lübbe, 307 S., 14,99 €)
Das Minutenprotokoll eines arbeitsfreien Tages, in dem Dieter Nuhr festhält, was ihm so alles durch die Birne rauscht: Todesangst, Geschlechtslust, Gedanken über Paketdienste oder warum Spechte beim Hämmern keine Kopfschmerzen bekommen. Meine Verdrossenheit über diese Ansammlung bisweilen doch recht flauer Witze wich bald dem Verdacht, es könnte sich bei diesem Unternehmen um den Versuch handeln, Literatur zu produzieren. Sagen wir so: Mit diesem buchlangen Stream of Consciouscness ist Dieter Nuhr zum Peter Handke der deutschen Comedians geworden.

SEPTEMBER 2013

Belletristik

10) Martin Suter: *Allmen und die Dahlien* (Diogenes, 213 S., 18,90 €)
Das Talmihafte dieses bräsigen Serienkrimis um ein gestohlenes Dahliengemälde von Henri Fantin-Latour offenbart sich, wenn Martin Suter etwa einen »Sportwagen« beschreibt, Zitat: »einen Wartburg aus den Fünfzigerjahren«. Das ist mehr als ein Fauxpas, sondern steht für das zutiefst Unstimmige in Suters Milieuschilderungen: Mit einem guten Krimi hat dieses Buch so viel zu tun wie DDR-Rennpappe mit einem Aston Martin.

9) Uwe Timm: *Vogelweide* (Kiepenheuer & Witsch, 336 S., 19,99 €)
Was tun, wenn das Begehren alle bürgerlichen Konventionen brüchig werden lässt? Es ist eine alte Geschichte, doch bleibt sie immer neu: Uwe Timm hat einen elektrisierend modernen Roman über Ehebruch und das Leben in den Trümmern bürgerlicher Existenzen nach dem großen Liebesrausch geschrieben: die Wahlverwandtschafen für das 21. Jahrhundert

8) Alex Capus: *Der Fälscher, die Spionin und der Bombenbauer* (Hanser, 288 S., 19,90 €)
Drei Lebensläufe von drei Menschen, die absolut nichts miteinander zu tun haben, außer dass sie sich an einem Tag in ihrem Leben einmal am Zürcher Hauptbahnhof kurz hätten sehen können: Diese abstruse Konstruktion wählt Alex Capus für seinen neuen Roman. Zwar hat mich dieses Buch bisweilen gut unterhalten, insbesondere in den Passagen über Heinrich Schliemann und Arthur Evans, unterm Strich aber bleibt es eine blutleere formale und deshalb eben abstruse Pflichtübung. Mag sein, dass solche Bücher geschrieben werden müssen. Gelesen werden müssen sie nicht.

7) Sarah Lark: *Zeit der Feuerblüten* (Bastei Lübbe, 912 S., 18 €)
Mühselig, unmenschlich hart und strapazenreich war es, 1837 aus Mecklenburg nach Neuseeland auszuwandern, wovon dieses Buch erzählt. Mühselig, unmenschlich hart und strapazenreich ist aber auch die Lektüre dieses von A bis Z vorhersehbaren und daher

strunzlangweiligen Kitschromans. Noch so ein Klopper, und ich wandere auch aus.

6) Joël Dicker: *Die Wahrheit über den Fall Henry Quebert* (Deutsch von Carina von Enzenberg, Piper, 736 S., 22,99 €)
Joël Dicker ist ein 28 Jahre alter, französisch schreibender Schweizer. Sein in einer amerikanischen Kleinstadt angesiedelter Roman war im vergangenen Jahr die große Sensation im französischen Literaturbetrieb, doch wer dieses Buch in der Erwartung einer echten literarischen Erfahrung zur Hand nimmt, wird enttäuscht werden. *Die Wahrheit über den Fall Henry Quebert* ist ein überkonstruierter Krimi über einen Schriftsteller mit Schreibblockade, der einen über 30 Jahre in der Vergangenheit liegenden Mord aufklärt, für den ausgerechnet sein Mentor als dringend tatverdächtig gilt. Wer aber nach der Lektüre auch nur eine Minute über die irrwitzige Handlung dieses Schmökers nachdenkt, merkt, dass Dickers Roman allenfalls Unterhaltungsware ist.

5) John Grisham: *Das Komplott* (Deutsch von Bea Reiter und Imke Walsh-Araya, Heyne, 448 S., 22,99 €)
Ein zu Unrecht zu zehn Jahren Gefängnis verurteilter schwarzer Anwalt nimmt Rache. Nichts weniger als eine US-Fassung des *Graf von Monte Christo* hat Grisham hier geschrieben. Was dem Buch an stilistischer Finesse fehlt, macht es an Spannung wett.

4) Nina George: *Das Lavendelzimmer* (Knaur, 384 S., 14,99 €)
Die Handlung dieses Schmachtfetzens: Ein an seinen Liebesblessuren leidender 50-Jähriger betreibt seit 20 Jahren in Paris eine Schiffsbuchhandlung, wo er jedem geschundenen Seelchen ein literarisches Trostpflästerchen verschreibt. Eines Tages kappt er die Leinen und schippert los … Das ist in etwa so glaubhaft wie ein Roman über eine Ziegenhirtin auf dem Potsdamer Platz in Berlin. Viele sogenannte Frauenromane sind albern, krude oder klischeebeladen, *Das Lavendelzimmer* ist alles drei, darüber hinaus aber auch noch dumm, und diese Dummheit versucht dieses Buch unter einer dicken Bildungstunke zu tarnen: ein Schaf im Wolfspelz.

3) Kerstin Gier: *Silber* (Fischer FJB, 416 S., 18,99 €)
Trittbrettfahrer gab es im Jugendbuchbereich schon immer. Was

Kerstin Gier in ihrem Buch über zwei auf eine Schule in London wechselnde deutsche Schwestern macht, ist aber dreister: Alles im Auftaktband ihrer neuen Trilogie ist längst bekannt von J. K. Rowling, Stephenie Meyer und Mutter und Tochter Cast von *House of Night*. Dies ist der Versuch, literarisches Gammelfleisch einfach umzuetikettieren.

2) Timur Vermes: *Er ist wieder da* (Eichborn, 396 S., 19,33 €)
Ein Comeback des wiederauferstandenen Adolf Hitler in der Berliner Republik: Ich gebe zu, dies könnte der Stoff für ein großes satirisches Feuerwerk sein. In den Händen von Timur Vermes ist es aber leider nur ein Knallfrosch.

1) Dan Brown: *Inferno* (Deutsch von Axel Merz und Rainer Schumacher, Lübbe, 685 S., 24 €)
Auf sämtlichen Bestsellerlisten der westlichen Welt steht seit Monaten ein Buch auf Platz eins, das – ein Schmarren ist. Aber zugegebenermaßen ein sehr spannender und kurzweiliger Schmarren. Das Beste, was man von diesem in Florenz, Istanbul und Venedig spielenden neuen Abenteuer von Dan Browns Symbologen Robert Langdon sagen kann, ist vielleicht, dass es einen unter 100, 1000 oder 100 000 Lesern zu Dan Browns Inspirationsquelle, Dantes *Inferno*, führen wird. Denn wie schreibt Dante so schön: »Aus einem kleinen Funken folgt oft eine große Flamme.«

OKTOBER 2013

Sachbuch

10) Dieter Nuhr: *Das Geheimnis des perfekten Tages* (Bastei Lübbe, 312 S., 14,99 €)

Die sprunghaften Assoziationsketten des Comedians Dieter Nuhr sind zwar mitunter amüsant, erinnern in Buchform aber an einen schweren Fall von ADS. Eine Kostprobe: »Für einen Weisen ist es ein perfekter Tag, wenn es mittags keine Leber gibt. Ich esse gerne Leber. Aber an einem perfekten Tag gibt es Kaiserschmarren.« Dieses Buch ist eher Kraut und Rüben.

9) Jürgen Todenhöfer: *Du sollst nicht töten* (Bertelsmann, 448 S., 19,99 €)

Ich bin kein Freund der in der politischen Analyse meist schwachen, in der Schilderung von Begegnungen mit Einheimischen mir zu gefühligen Reportagebücher des ehemaligen CDU-Abgeordneten und Burda-Managers Jürgen Todenhöfer. Sein scharfes Plädoyer gegen die Lüge als Vater aller Kriege hat mich aber überzeugt: Todenhöfer musste als Kind im Zweiten Weltkrieg die britischen Phosphorbombenabwürfe auf Hanau miterleben und überprüft nun in Reisen etwa nach Afghanistan, Libyen, Syrien, Iran, Irak und Gaza, was Krieg für die Menschen dort bedeutet. Den NATO-Staaten liest er dabei kräftig die Leviten: Ihre Kriege seien ein einziges »Terrorzuchtprogramm« und träfen die Falschen. Der mutigste Satz in diesem Buch lautet: »Das Zentrum des internationalen Terrorismus befindet sich seit Langem in Saudi-Arabien.«

8) Ruth Maria Kubitschek: *Anmutig älter werden* (Nymphenburger, 160 S., 19,99 €)

Dass einen im Esoterikbereich auch mal der schiere Irrsinn anweht, kann schwerlich überraschen. Das einzige Mal, dass ich beim Lesen dieser Lebenshilfefibel einer inzwischen 82-jährigen Schauspielerin und Lichtprophetin keine entsetzte Grimasse schnitt, war beim Versuch, die von Frau Kubitschek empfohlene tägliche Gesichtsmassage durchzuführen: »Ich beginne mit dem Gesichtsmuskel vor den Ohren. Vor den Ohren ist rechts und links eine kleine Einbuchtung, darunter liegt ein wichtiger Muskel für das Gesicht. Mit dem Mittelfinger aktiviere ich mit einem leichten Druck diesen Punkt. Dann fasse ich mit den Händen hinter meine Ohren und erfühle mehrere kleine Einbuchtungen, in die ich meine Finger mit leichtem Druck lege und auch diese Muskeln aktiviere ... Im Anschluss lege ich den rechten Arm angewinkelt, die Finger von oben kommend, an den Haaransatz oben, an die Mitte der Stirn, und die linke Hand kommt an das Kinn. Das Kinn ziehe ich nach unten, die Stirn ziehe ich mit der Hand entgegengesetzt nach oben. ... Nicht vergessen: zwanzig Mal.«

7) Eben Alexander: *Blick in die Ewigkeit* (Deutsch von Juliane Molitor, Ansata, 256 S., 19,99 €)
Ein amerikanischer Arzt berichtet überaus weitschweifig von seiner Nahtoderfahrung. Die volle Bedeutung des Wortes »sterbenslangweilig« können nur Leser dieses Machwerks ganz erfassen.

6) Meike Winnemuth: *Das große Los* (Knaus, 336 S., 19,99 €)

Eine Journalistin gewinnt in einer Quizshow eine halbe Million Euro und bereist die Welt. »Woran glaube ich?«, fragt sich Winnemuth in Israel. »An Begegnungen. Daran, sich selbst ein Bild zu machen und nicht an das zu glauben, was man zu glauben meint oder glauben soll. Hinfahren, hingucken, hinhören.« Ein intelligentes Buch von ansteckender Lebensfreude.

5) Rolf Dobelli: *Die Kunst das klaren Denkens* (Hanser, 256 S., 14,90 €)
Verlustaversion, Omission-Bias und warum es bis zum Jahr 1900 besser war, als Kranker lieber nicht zum Arzt zu gehen: Rolf Dobellis Hinweise auf die häufigsten Fallgruben unseres vermeintlich rationalen Denkens überzeugen. Gegen den Autor sind Plagiatsvorwürfe erhoben worden. Zum Teil hat Dobelli tatsächlich schlampig mit Zitaten gearbeitet. Am Unterhaltungswert seines leichten Sachbuchs ändert das nichts.

4) Bronnie Ware: *5 Dinge, die Sterbende am meisten bereuen* (Deutsch von Wibke Kuhn, Ansata, 352 S., 19,99 €)
Die Reue über mit albernen Sachbüchern vergeudete Lebens- und Lesezeit versäumt die frühere australische Krankenschwester Bronnie Ware in ihrer buchlangen Aufzählung dessen, was man auf dem

Totenbett unbedingt anders gemacht haben möchte. Ich kann mir nicht vorstellen, den Verriss dieses Doofelbuchs jemals zu bereuen.

3) Florian Illies: *1913: Der Sommer des Jahrhunderts* (S. Fischer, 320 S., 19,99 €)
Marcel Duchamp schraubt einen Fahrradreifen auf einen Küchenhocker und nennt dies ein Readymade, in Essen eröffnet der erste Aldi-Markt, Sigmund Freud streitet mit C. G. Jung. Von dem und mehr erzählt Florian Illies und legt so nahe, dass 1913 viel mehr war als der Endpunkt des langen 19. Jahrhunderts. Vielleicht, so Illies in seiner lesenswerten Revue eines Jahres, müssen wir das Jahr 1913 viel eher denken als eine Art Ideen-Rüstkammer der Moderne.

2) Christopher Clark: *Die Schlafwandler* (Deutsch von Norbert Juraschitz, DVA, 896 S., 39,99 €)
Ein Paukenschlag: Der Brite Clark widerspricht vehement der These des deutschen Historikers Fritz Fischer aus den 1960er-Jahren von der Hauptschuld des Deutschen Reichs am Kriegsausbruch und will die Julikrise von 1914 als »das komplexeste Ereignis der heutigen Zeit, womöglich bislang aller Zeiten« zeigen. Dieser erste Vorschein auf das 100-Jahr-Gedenken zum Ausbruch des Ersten Weltkriegs ist ein Glücksfall der Geschichtsschreibung.

1) Rüdiger Safranski: *Goethe – Kunstwerk des Lebens* (Hanser, 752 S., 27,90 €)
Rüdiger Safranski lässt uns an einem einzigartig geglückten Leben teilhaben, dem Leben Johann Wolfgang von Goethes. Nicht auf Augenhöhe, das wäre vermessen, aber eben auch nicht aus der Froschperspektive. Der ebenso wortmächtige wie gedankenreiche Rüdiger Safranski ist deshalb der Goldstandard der deutschen Biografik, weil er Goethe fremd lässt, wo er uns fremd ist, und ihn uns nahebringt, wo er uns nahe ist. Die Lektüre dieses Buchs über das Abenteuer, »zu werden, der man ist«, macht mehr zum Deutschen als ein deutscher Pass.

NOVEMBER 2013

Belletristik

10) Dan Brown: *Inferno* (Deutsch von Axel Merz und Rainer Schumacher, Lübbe, 685 S., 24 €)
Dan Brown hetzt seinen Helden, den Symbologen Robert Langdon, durch Florenz, Istanbul und Venedig – und durch die Imaginationsräume von Dantes *Göttlicher Komödie*. Ergebnis: reiner Schund, aber auf James-Bond-Niveau.

9) Daniel Kehlmann: *F* (Rowohlt, 384 S., 22,95 €)
Im Kontext dieser Liste ist dieser Roman eine Perle unter Säuen. Nach literarischen Maßstäben jenseits des Bestsellerschunds beurteilt, hat mich der neue Kehlmann allerdings enttäuscht: Die Milieus des Kunstbetriebs, der katholischen Kirche und der Finanzwelt, die Kehlmann hier präsentiert, erscheinen mir durchweg unglaubwürdig. Über unsere Gegenwart habe ich aus *F* in etwa so viel erfahren wie aus einer Folge *Lindenstraße*. Zu viel Konstruktion, zu wenig Kunst, zu viel Absicht, zu wenig Wirkung.

8) Timur Vermes: *Er ist wieder da* (Eichborn, 396 S., 19,33 €)
Adolf Hitler feiert wiederaufstanden im heutigen Berlin Triumphe in der Mediendemokratie. »Ich will die Wahrheit sagen«, lässt Timur Vermes seinen Hitler *redivivus* sagen. Ich auch: Dieses Buch ist nicht mehr als ein zu Tode gerittener Partygag.

7) Derek Landy: *Skulduggery Pleasant: Duell der Dimensionen* (Deutsch von Ursula Höfker, Loewe, 590 S., 18,95 €)
Die siebte Fortsetzung eines albernen Harry-Potter-Klons auf literarischem Prekariatsniveau – Zitat: »Bevor er abdrücken konnte, schickte sie ihre Magie in seinen Schädel und kochte sein Gehirn weich.« Eine treffende Beschreibung der Wirkung solcher Prosa.

6) Rebecca Gablé: *Das Haupt der Welt* (Lübbe, 864 S., 26 €)
»Über kaum einen anderen Herrscher in der deutschen Geschichte ist so viel Blödsinn geschrieben worden wie über Otto I.«, befindet Rebecca Gablé im Nachwort zu ihrem Historienschmöker über den

Elbslawenprinzen Tugomir und die Liudolfinger aus dem 10. Jahrhundert. Auch wenn sie von der literarischen Raffinesse, mit der etwa eine Hilary Mantel die Zeitmaschine namens »historischer Roman« in Gang zu setzen weiß, meilenweit entfernt ist, liefert Gablé mit diesem Buch zumindest handwerklich solide Unterhaltungsliteratur aus dem ostfränkischen Reich des frühen Mittelalters.

5) Ferdinand von Schirach *Tabu* (Piper, 256 S., 17,99 €)
»Pimp my Krimi!« ist die Devise von Ferdinand von Schirach. Nun hat er einen durch Fragen wie »Was ist Schuld?« aufgebrezelten Künstlerroman geschrieben mit brutalen Stiefvätern, die wehrlosen Katzen in den Bauch treten, mysteriösen Halbschwestern und Pornoproduzenten, deren Filme »Venus im Spermabad« heißen. Manche Menschen verwechseln diese karge Hauptsatzprosa, die sich an den Wonnen des Boulevards von Mord, Totschlag und in Rohrreiniger aufgelösten Babyleichen aufgeilt, mit Literatur. Das ist ein Irrtum.

4) Terézia Mora: *Das Ungeheuer* (Luchterhand, 688 S., 22,99 €)
Dieser mit dem Deutschen Buchpreis ausgezeichnete Roman wird in zwei Textsträngen erzählt, getrennt durch einen Strich quer über die Seite – das literarische Pendant zum Split Screen im Kino: Oben lesen wir von einem arbeitslosen IT-Spezialisten, der durch Osteuropa reist und im Gepäck die Urne mit der Asche seiner Frau hat, die sich nach einer langen Depression umgebracht hat. Die nachgelassenen Aufzeichnungen dieser Frau finden wir unterm Strich. Ich habe mich gefragt, wer eigentlich »das Ungeheuer« ist, das Terézia Moras Titel ankündigt. Die Krankheit Depression? Das Leben mit seinen Härten? Nach gut 680 Seiten Prosa von Mora bin ich zu dem Ergebnis gekommen, dass die Autorin selbst das Ungeheuer ist, die uns mit diesem Roman ohne einen Funken Esprit mit ihrer larmoyanten, Grau in Grau in Schwarz erzählten Geschichte quält.

3) Cecelia Ahern: *Die Liebe deines Lebens* (Deutsch von Christine Strüh, Krüger, 377 S., 16,99 €)
Auf den ersten Seiten dieses in Dublin spielenden Romans erschießt sich ein Mann vor den Augen der Erzählerin, einer unter enervierender Plappersucht leidenden Jobvermittlerin names Christine mit einer Vorliebe für schwachsinnige Ratgeber. Als sie kurz darauf einen weiteren Suizidkandidaten trifft, der im Begriff steht, sich von

einer Brücke zu stürzen, will sie diesen Mann um jeden Preis retten. Weil der Plot der Autorin selbst wohl etwas an den Haaren herbeigezogen scheint, muss sie Dialoge schreiben wie: »Im Ernst, Christine – erwarten Sie von mir, dass ich diese Geschichte glaube? Sie sind einfach vorbeigekommen? Zweimal in einem Monat? Soll ich glauben, dass das ein Zufall war?« Am Ende dieses Romans sind der Lebensmüde und Christine ein Paar. Ich als Leser von *Die Liebe deines Lebens* war am Ende auch nur einen Schritt davon entfernt, mein armes gequältes Bewusstsein zu erlösen, besann mich dann aber eines Besseren und erschoss lieber dieses doofe Buch.

2) Khaled Hosseini: *Traumsammler* (Deutsch von Henning Ahrens, 448 S., 19,99 €)
Traumsammler erzählt eine zwischen Kabul und Kalifornien, Griechenland und Paris angesiedelten Familiensaga, in der ein Bruder nach 60 Jahren seine Schwester wieder trifft, der unter der Trennung von ihr sein Leben lang gelitten hat. Außer Drogendealern und Waffenhändlern zählt zu den großen Profiteuren der Kriege in Afghanistan Khaled Hosseini, dessen schwer erträgliche Kitschromane das Leid der gequälten Bevölkerung zu hollywoodkompatiblen Klischees eindampfen.

1) Jussi Adler-Olsen: *Erwartung* (Deutsch von Hannes Thiess, 576 S., 19,90 €)
Nach dem ersten Drittel dieses Krimis um Korruption in Dänemark, veruntreute Entwicklungshilfemittel in Kamerun und eine Pseudo-Zigeunerbande in Kopenhagen trennt sich die Freundin des Kommissars von Carl Mørck und sagt dabei die einzigen Sätze, die mir in diesem politisch hyperkorrekten, entsetzlich langweiligen Krimi eingeleuchtet haben: »Mir fehlt die Entwicklung, Carl, und das schon seit Langem. Ja, lange genug, wenn ich ehrlich bin. Deshalb finde ich, dass wir das jetzt beenden sollten.« Genau.

2012

Warum sind so viele Bücher Krimis?

»Was ist das, was in uns lügt, hurt, stiehlt und mordet?«, fragt Georg Büchner sowohl in *Dantons Tod* wie im *Woyzeck*. Das wollen offenbar viele Menschen wissen, und so hält die Popularität des Kriminalromans seit den Tagen von Agatha Christie und Dashiell Hammett, Dorothy Sayers und Raymond Chandler bis in unsere Gegenwart unvermindert an. Bis heute fasziniert Shakespeares *Hamlet* – was ist dieses Drama anderes als der Ur-Whodunit schlechthin? – durch die krimitypische Melange von Spannung und Psychologie, intellektueller Herausforderung und moralischer Reflexion. Ob im Kino, vor dem Fernseher oder zwischen zwei Buchdeckeln: Die Ermittlung von Verbrechen und die Entlarvung der Täter bieten sowohl intellektuellen Thrill als auch tiefe Einblicke in die menschliche Psyche, was Lesern ermöglicht, sich in die Gedanken und Gefühle der handelnden Charaktere bis in ihre kriminellen Untiefen einzufühlen.

Auch soziologisch ist der Krimi überaus interessant. Der landläufigen Theorie zufolge steht im Mittelpunkt des britischen Kriminalromans die Verletzung und anschließende Heilung einer an sich stabilen Gesellschaftsordnung. Die Schule des amerikanischen Krimis erzählt dagegen vom Kampf des wackeren Einzelnen gegen die Mächte des Chaos und der Finsternis, die hier mit den sozialen Autoritäten im Bunde stehen. Der deutsche Kriminalroman vermittelt oft Einblicke in die Arbeitsweise der Strafverfolgungsbehörden und stellt

Polizeibeamte, Ermittler oder Rechtsanwälte bei der Aufklärung von Verbrechen in den Mittelpunkt. Spätestens seit 1968 zeichnet sich der deutsche Krimi so wie der skandinavische durch ein ausgesprochen gesellschaftskritisches Element aus. Und als dritte Besonderheit ist der deutschsprachige Krimi seit Friedrich Glausers Wachtmeister Studer durch eine starke Verwurzelung in regionalen Settings und Lokalkolorit charakterisiert. Orte und Landschaften sind oft nicht nur Kulissen der Handlung, sondern selbst Akteure. Die spezifischen Dialekte, Traditionen und Bräuche der vielfältigen deutschen Regionen verleihen diesen Kriminalromanen eine besondere Authentizität.

Allerdings beschert uns Krimi-Lesern der Zwang zur Originalität und Innovation Ermittler mit immer absonderlichen Schrullen und Fähigkeiten, Faibles und Vorlieben, Gebresten und Talenten. Man hat mir von Einäugigen, Buckligen und Epileptikern erzählt, von Zwergen, Stammlern und Hellsehern, Allergikern, Depressiven und Rabbinern, Hermaphroditen und Zauberern, Jesuiten, Scientologen, Benediktinern sowie Damen und Herren mit immer ausgefalleneren Ticks, Spleens und Handicaps, gern auch im Unterleib. Die Zukunft des Krimis, so scheint es, gehört dem Altgriechisch sprechenden, telepathisch begabten einbeinigen IT-Spezialisten, soeben zum Islam konvertiert und mit einer Vorliebe für die indianische Küche des bolivianischen Hochlands. Das Handlungspersonal des heutigen Kriminalromans gleicht immer mehr einer Freakshow. Wenn nicht einer Tierschau. Den Vogel im Wortsinne schießt dabei sicherlich Leonie Swann ab mit ihrem irischen Schafkrimi *Glennkill* und seiner in Frankreich spielenden Fortsetzung *Garou*, die beide lange auf der Bestsellerliste standen – so wie 2012 ihre Krimi-Kolleginnen und -kollegen Donna Leon und Jean-Luc Bannalec, Jussi Adler-Olsen, Arne Dahl, Tana French, Jilliane Hoffman, Sebastian Fitzek, Charlotte Link und Nele Neuhaus.

»Wenn ein Buch mit einer Kriminalhandlung in der eigenen Stadt oder Gegend spielt oder an einem Ort, mit dem man von Urlaubsreisen her vertraut ist, löst das vergnügtes Wiedererkennen aus«, analysiert der deutsche Soziologe Hans Joas. Ich bin geneigt zu widersprechen. Die Pest hat in der neueren deutschen Literatur einen Namen. Sie heißt Regionalkrimi.

Dass der Krimi als Spiegel unserer Welt mit einer gewissen Zwangsläufigkeit aufs Regionale kommen musste, liegt auf der Hand. »Elementary, my dear Watson«, wie Sherlock Holmes sagen würde. Entdeckt hat der deutsche Kriminalroman die Regionalität schon lange; umarmt erst seit Kurzem – mehr aus Not denn aus Tugend. In einem seit den Tagen E. T. A. Hoffmanns, Edgar Allan Poes und Conan Doyles mit großem Fleiß beackerten Genre erweist es sich als immer schwerer, gleichermaßen unverwechselbare wie einprägsame Krimi-Helden zu schaffen. Nachdem die tribalistischen Erkennungszeichen einer *street credibility* versprechenden Gegenkultur im 68er-Gefolge weitgehend aufgezehrt sind, geraten nun wieder traditionellere Lebensbereiche ins Visier der Krimi-Autoren. Und damit Bühne frei für Kommissar Kluftinger, den krachledernen Dorfpolizisten Franz Eberhofer aus Niederkaltenkirchen und Kommissar Jennerwein aus jener Stadt, die Jörg Maurer immer nur den »Kurort« und nie Garmisch-Partenkirchen nennt.

Wer im Mittelalter die Heimat verließ, kam ins Elend: Das unterscheidet moderne Krimi-Leser vom Menschen mit mittelalterlichem Bewusstsein: Wir glauben nicht mehr, dass das Elend das Gegenteil der Heimat ist. Inzwischen gibt es kein noch so ödes Kaff, keinen noch so abgelegenen Winkel in der Bundesrepublik Deutschland mehr, der nicht seine eigene Regionalkrimi-Reihe aufzuweisen hat. Die meisten dieser Bücher sind in meinen Augen ein Grauen, weil sie ausschließlich vom narzisstischen Thrill leben, die eigene Stammkneipe, den Lieblingsbäcker und das Rathaus zwischen zwei Buchdeckeln beschrieben zu sehen. Kam früher Christus nur bis Eboli, sind Mord und Totschlag nun auch in der Nordeifel, im Ostallgäu oder in Nordfriesland zu Hause.

Wobei zumindest Jörg Maurers Jennerwein-Romane beweisen, dass man selbst in einem so abgeranzten Genre wie dem deutschen Regionalkrimi Schönheit und Brillanz schaffen kann. Im Gespräch hat mir Jörg Maurer einmal anvertraut, warum er es für einen Irrtum hält, dass die Landschaft die in ihr wohnenden Menschen prägt: »Ich bin in diesem Gedankenspiel der idealistischen Vermutung nachgegangen, dass jede Volksgruppe die Umgebung, in der sie sich niederlässt, in ihrem Sinn und nach ihrem Wesen formt. Die voralpenländischen Oberbayern, die Mittenwalder, Oberammergauer und Garmischer sind ein Beispiel dafür. Verspielt, barock, leicht erhitzbar und deshalb dem Theatralen seit jeher zugeneigt, haben sie im Lauf der Jahrtausende ihr Innerstes nach außen gestülpt – und entstanden ist die bekannte Alpenkulisse, als unverrückbares Symbol ihrer zerklüfteten Gesinnung.«

Das nenne ich einmal einen Gedanken vom Kopf auf die Füße gestellt!

*

In Syrien tobt der Bürgerkrieg, der bis heute andauert. Joachim Gauck wird neuer Bundespräsident, nachdem Christian Wulff wegen der Aufnahme staatsanwaltlicher Ermittlungen aufgrund des Verdachts auf Vorteilsnahme zurücktrat; Wulff wird später freigesprochen, die Hetzkampagne der Medien gegen ihn bleibt unaufgearbeitet. Im Juni wird Mohammed Mursi, Kandidat der Muslimbruderschaft, ägyptischer Staatspräsident. Felix Baumgartner absolviert einen Fallschirmsprung aus knapp 40 Kilometer Höhe. Barack Obama wird für eine zweite Amtszeit als US-Präsident bestätigt. Mit der Voyager 1 erreicht erstmals ein menschlicher Artefakt den interstellaren Raum.

Im März kündigt die Encyclopaedia Britannica nach 244 Jahren die Einstellung ihrer gedruckten Ausgabe an. In den nächsten Jahren stellt auch der Brockhaus sein Erscheinen in Buchform ein. Das Wort des Jahres ist »Rettungsroutine«, das Unwort »Opfer-Abo«.

Der Chinese Mo Yan erhält den Literaturnobelpreis – Herta Müller protestiert, Martin Walser gratuliert. Die souveräne Sprachspielerin Felicitas Hoppe wird mit dem Georg-Büchner-Preis ausgezeichnet. Der Prix Goncourt geht an Jérôme Ferrari für *Predigt auf den Untergang Roms*, der Booker Prize an Hilary Mantel für *Falken*, der Pulitzer wird 2012 in der Kategorie Belletristik nicht vergeben. Philip Roth wird mit dem Prinz-von-Asturien-Preis geehrt. Neuseeland ist Gastland der Frankfurter Buchmesse. Die Literaturwelt trauert um Josef Škvorecký, Curt Meyer-Clason, Carlo Fruttero, Carl Weissner, Wisława Szymborska, Adrienne Rich, Maurice Sendak, Carlos Fuentes, Ray Bradbury, Gitta Sereny, Armin Abmeier, Maeve Binchy, Gore Vidal, Hanns Grössel, Harry Harrison, Herbert Rosendorfer, Wolfgang Menge, Tilde Michels, Hans Werner Henze, Boris Strugazki, Patrick Moore und Peter Wapnewski.

Der Schweizer Betriebswirtschaftler und Philosoph Rolf Dobelli denkt in seinen Ratgebern über das Denken nach, der israelisch-amerikanische Psychologe Daniel Kahneman legt die wissenschaftlichen Grundlagen dafür. Lebensgeschichten wie die des seit einem Unfall beim Gleitschirmfliegen querschnittsgelähmten Philippe Pozzo di Borgo faszinieren über alle Zeiten und Länder. Der Apple-Hype macht aus Steve Jobs einen modernen Michelangelo. Der S.-Fischer-Verlagsleiter Jörg Bong etabliert sich unter seinem Pseudonym Jean-Luc Bannalec als Bestsellergarant: So wie im Schlager mögen manche deutschen Leser das Ausland nur, wenn es durch eine deutsche Brille gesehen wird – der Roberto-Blanco-Effekt. Autoren wie David Safier und Tommy Jaud verlegen das deutsche Humorniveau in bislang ungekannte Tiefen.

FEBRUAR 2012

Sachbuch

10) Gaby Köster und Till Hoheneder: *Ein Schnupfen hätte auch gereicht* (Lübbe, 264 S., 18,95 €)
Ein Schlaganfall hat die TV-Komikerin Gaby Köster aus der Bahn geworfen. Leider steht die Schwere ihrer Erkrankung in umgekehrt proportionalem Verhältnis zur Belanglosigkeit ihrer enervierend selbstgerechten und selbstbezüglichen Mitteilungen aus den Seichtgebieten ihrer Gedankenwelt und der Fernsehunterhaltung.

9) Peter Scholl-Latour: *Arabiens Stunde der Wahrheit* (Propyläen, 384 S., 24,99 €)
Aufgrund seiner in vielen Jahrzehnten erworbenen fundierten Kenntnisse zeichnet Peter Scholl-Latour die verlässlichsten politischen Landkarten des sich rasch verändernden arabischen Raums. Und mehr noch: Man kann nach dem erfahrungssatten Erzählton Scholl-Latours genauso süchtig werden wie nach dem des berühmten »raunenden Beschwörers des Imperfekts«, als den Thomas Mann in seinem Josephs-Roman den guten Erzähler beschreibt.

8) Edmund de Waal: *Der Hase mit den Bernsteinaugen* (Deutsch von Brigitte Hilzensauer, Zsolnay, 352 S., 19,90 €)
Das beste Buch seit Langem auf einer deutschen Bestsellerliste: die Familiengeschichte der Ephrussi, die als Weizenhändler und Bankiers in Odessa, Paris und Wien zu fabelhaftem Reichtum gelangen, durch die Nazis aber Besitz und Leben verlieren. »Die Familie wurde nicht ausgelöscht, sondern überschrieben«, so de Waal. So ermüdend bekannt der Verlauf der düsteren Geschichte ist, so aufregend neu erzählt wird sie in Edmund de Waals Meisterwerk, das die Gefühle und Gedanken hinter den historischen Fakten reaktiviert.

7) Richard David Precht: *Warum gibt es alles und nicht nichts* (Goldmann, 208 S., 16,99 €)
Die erneute Popularisierung eines ohnehin schon populärphilosophischen Sachbuchs läuft Gefahr, nur mehr zu einer Art Schwundstufe des einmal Gebotenen zu geraten. Prechts Philosophiebuch für

Kinder liest sich leicht und stiftet trotz des Recyclings altbekannten Materials Erkenntnis, ist aber nur mehr eine Handbreit von »Precht für Dummies« entfernt.

6) Richard David Precht: *Wer bin ich und wenn ja wie viele* (Goldmann, 394 S., 14,95 €)
Das bewährte Original für Erwachsene: nach wie vor eine sehr gute Einführung in Philosophie und Hirnforschung.

5) Martin Wehrle: *Ich arbeite in einem Irrenhaus* (Econ, 288 S., 14,99 €)
Der Karrierecoach Martin Wehrle hat die Spielregeln unserer Arbeitswelt weniger analysiert als vielmehr mit Fallgeschichten illustriert, denen das Odium des Ausgedachten anhaftet. Das liest sich dann so: »Neulich hat mir eine Klientin, Senior Consultant einer Unternehmensberatung, folgende Geschichte erzählt …« Aber Wehrle bietet auch smarten Rat, etwa: »Schauen Sie sich nach einer Firma um, in der Sie sich nicht verstellen müssen; einer Firma, in der Sie Ihre Stärke leben und Ihre Werte mit Leben füllen können.« Ich fürchte, die Suche nach solchen Firmen könnte ähnlich ausgehen wie die Suche nach Einhörnern, Lummerland oder Tischleindeckdichs. In vielen Unternehmen ist der Irrsinn so tief verwurzelt wie in den Apparaten kommunistischer Parteien.

4) Dieter Nuhr: *Der ultimative Ratgeber für alles* (Bastei Lübbe, 304 S., 12,99 €)
Die Pointendichte dieses Buch gewordenen Comedyprogramms ist schlicht höher als die der Konkurrenzprodukte. Wie könnte man 500 Jahre mittelalterliche Kirchengeschichte konziser zusammenfassen als in Dieter Nuhrs Satz: »Die Kirche verbrennt alle, die an ihrer Oberherrschaft zweifeln, später dann auch alle, von denen erzählt wird, dass sie zweifeln, bis hin zu denen, von denen ein Bekannter erzählt hat, dass er einen Vetter hätte, dessen Schwippschwager einen kennen würde, der von einem gehört hätte, der angeblich auch zweifeln hätte gewollt haben können.«

3) Thea Dorn und Richard Wagner: *Die deutsche Seele* (Knaus, 560 S., 26,99 €)
60 Kurzessays zweier sehr unterschiedlicher deutscher Edelfedern mit Themen von German Angst bis Wanderlust, von Kitsch bis

Kulturnation, von Vater Rhein bis Mutterkreuz: Früher wäre so ein Lesebuch ein ideales Kommunions- oder Konfirmationsgeschenk gewesen, heute aber ist es popkulturelle Konterbande. Schon dass sich die Autoren an ein so schmutziges Wort wie »Seele« herantrauen, bezeugt ihren Mut, und dann auch noch »deutsche Seele«. Eins ist schon mal klar: Ein Bestseller im Ausland wird das nicht. Aber wir Inländer wären gut beraten, uns von diesem grundgescheiten Buch aufzeigen zu lassen, was Deutschsein einmal hieß und heute noch und wieder heißen könnte.

2) Walter Isaacson: *Steve Jobs* (Deutsch von Antoinette Gittinger, Oliver Grasmück, Dagmar Mallett, Elfi Martin, Andrea Stumpf und Gabriele Werbeck, C. Bertelsmann, 704 S., 24,99 €)
Diese Biografie ist routiniert geschrieben, wenn auch trotz einiger unterhaltsamer Episoden viel zu ausufernd geraten, vor allem aber unterläuft ihr in der Einschätzung ihres Gegenstands eine eklatante Verwechslung von Ursache und Wirkung, Schöpfertum und Verkaufe: Steve Jobs war kein Newton, kein Kant und kein Einstein, auch kein Heron von Alexandria oder James Watt. Seine Bedeutung für Computer entspricht etwa der Friedrich Jahns fürs Grillhendl. Wahrscheinlich ist Jobs deshalb die ideale Projektionsfigur für sämtliche pseudokreative Trittbrettfahrer dieser Welt.

1) Rolf Dobelli: *Die Kunst des klaren Denkens* (Hanser, 256 S., 14,90 €)
Rolf Dobelli beschreibt in 52 Lektionen, wie unsere Emotionen unsere Vernunft übertölpeln und unser Denken ins Abseits laufen lassen, etwa weil wir unser Wissen überschätzen, weil wir Erfolg für normal erachten, wo Scheitern die Regel ist, oder weil wir lieber an Wunder glauben, statt mit dem Unwahrscheinlichen zu rechnen. Dieses Buch kann seine Entstehung aus einer Zeitungskolumne nicht verleugnen. Aber Dobelli serviert seine Einsichten so kurzweilig und unprätentiös, dass ich es gern, mit Gewinn und mit Vergnügen gelesen habe.

MÄRZ 2012

Belletristik

10) Kerstin Gier: *Auf der anderen Seite ist das Gras viel grüner* (Bastei Lübbe, 288 S., 12,99 €)
Die Heldin dieses Liebesromans wird nach fünf Jahren Partnerschaft durch einen Straßenbahnunfall in die Vergangenheit geschleudert und fragt sich nun, ob sie sich wirklich noch einmal auf ihren Mann einlassen soll. Böte sich mir eine solche Gelegenheit, etwas anders zu machen, eines machte ich in meinem Leben sicher anders: Diese Schmonzette läse ich gewiss nicht noch einmal.

9) Ally Condie: *Cassia & Ky: Die Flucht* (Deutsch von Stefanie Schäfer, Fischer Jugendbuch, 464 S., 16,99 €)
Mittelbände von Trilogien haben meist ein Problem mit der Spannungskurve, dieser aber ist ein totaler Durchhänger: Die Handlung lässt sich damit zusammenfassen, dass Cassia und Ky sich ganz doll lieb haben, leider aber getrennt sind. Das Ganze in einer Sprache, die restringiert zu nennen untertrieben wäre: »Ich schließe die Augen. Ich liebe Ky. Aber ich verstehe ihn nicht. Er lässt mich nicht an sich heran.« Das ist nicht Prosa für die Generation SMS, das ist SM-Prosa.

8) Jussi Adler-Olsen: *Erlösung* (Deutsch von Hannes Thiess, dtv, 592 S. 14,90 €)
Der dritte Fall des Sonderdezernats Q der Kopenhagener Polizei ist im Milieu evangelikaler Sektierer angesiedelt und strahlt dieselbe nervenzerfetzende Spannung aus wie ein Weltmeisterschaftsfinale im Melonenkern-Weitspucken.

7) Jussi Adler-Olsen: *Schändung* (Deutsch von Hannes Thiess, dtv, 464 S., 14,90 €)
Der zweite Fall mit Inspektor Carl Mørck und dessen Assistenten Hafez al-Assad ist ein abstrus konstruierter Gewaltporno um eine machttrunkene Clique von Internatsschülern, die Menschenhatzen veranstalten. Jahre später sind aus den jugendlichen Blutsäufern Angehörige der dänischen Oberschicht mit dem Moralempfinden spätantiker Zirkusbesucher geworden. Adler-Olsen schreibt ganz

so, wie sich viele Neidgeplagte gern die Welt der Reichen vorstellen: spannungslos und moralisch unterkomplex.

6) Stephen King: *Der Anschlag* (Deutsch von Wulf Bergner, Heyne, 1056 S., 26,99 €)
Dies ist ein blendender Roman, der beste von Stephen King seit Jahrzehnten, ein Meisterwerk auf Augenhöhe mit *Es*, *The Stand*, *Sie* oder *Christine*. Der Anschlag erzählt eine Zeitreisegeschichte, in der sich einem amerikanischen Englischlehrer die Möglichkeit bietet, 1963 das Attentat auf John F. Kennedy zu verhindern. Stephen King ist der Charles Dickens des 21. Jahrhunderts, sein neuer Roman ein herzzerreißender nostalgischer Abgesang auf all die verpassten Chancen der Supermacht USA, sich tatsächlich als Land der Freien und Heimat der Tapferen zu erweisen.

5) Dora Heldt: *Bei Hitze ist es wenigstens nicht kalt* (dtv, 336 S., 14,90 €)
Aus Angst vor der angeblichen biografischen Wasserscheide ihres 50. Geburtstags verschanzt sich eine Frau in einem Wellnesshotel, weil sie »keine Lust auf eine Familienfeier mit gemischtem Braten und Nachtisch« hat. Niederschmetternd an diesem auf die weibliche Leserschaft schielenden Unterhaltungsroman ist, wie er die Vielfalt menschlicher Möglichkeiten auf den Handlungsspielraum devoter Hausmäuse zusammenschnurren lässt.

4) Paulo Coelho: *Aleph* (Deutsch von Maralde Meyer-Minnemann, Diogenes, 309 S., 19,90 €)
Er ist wieder da: Paulo Coelho, unangefochtener König des Esoterikschunds, ein Autor, dessen in der Literaturgeschichte ganz und gar beispielloser grotesker Dilettantismus in umgekehrt proportionalem Verhältnis zu seinem Erfolg steht. Und Coelho ist in seinem neuen Werk tatsächlich noch verlogener und abgeschmackter denn je: In *Aleph* beschreibt er eine Lesereise mit der transsibirischen Eisenbahn, die er in Begleitung eines türkischstämmigen Groupies antritt, das Coelho – die Seelenwanderung macht's möglich – vor rund 500 Jahren schon mal dem Scheiterhaufen überantwortet hat. Ansonsten übt sich Coelho aber in Enthaltsamkeit; Höhepunkt seiner Russlandreise bildet eine Audienz bei Präsident Putin. Da haben sich die richtigen beiden gefunden: Lupenreiner Demokrat trifft lupenreinen Literaten.

3) Daniel Glattauer: *Ewig Dein* (Deuticke, 208 S., 17,90 €)
Ein kurioses, weil sein Genre abrupt wechselndes Buch: Was beginnt wie ein konventioneller Liebesroman, wird zu einem unter die Haut gehenden Psychothriller. Eine Frau Mitte 30 lernt im Supermarkt ihren vermeintlichen Traummann kennen. Dieser entpuppt sich im Fortgang der Handlung erst als Klammeraffe, dann als fieser Stalker. Weil Glattauer es lange schafft, Zweifel zu säen, wer von den Liebenden denn nun durchgedreht ist, verzeiht man diesem Unterhaltungsroman manch krude Ausgewalztheit und sein abruptes Ende. Ein Hitchcock könnte aus diesem Stoff sogar Kunst machen.

2) Jonas Jonasson: *Der Hundertjährige, der aus dem Fenster stieg und verschwand* (Deutsch von Wibke Kuhn, Carl's books, 416 S., 14,99 €)
Woody Allens »*Zelig*« und Winston Grooms »*Forrest Gump*« sind die Paten für Herrn Karlsson, der sich an seinem 100. Geburtstag aus seinem Altersheim aus dem Staub macht, an einen Koffer voller Mafiamoneten gerät und auf seiner Reise kreuz und quer durch Schweden den Lesern seine Lebensgeschichte enthüllt, die unter anderem

Begegnungen mit Stalin, Franco, Mao, de Gaulle und Harry S. Truman bereithält. Ein amüsanter Crashkurs über Sinn und Irrsinn von Geschichte und Gegenwart.

1) Jussi Adler-Olsen: *Das Alphabethaus* (Deutsch von Hannes Thiess und Marieke Heimburger, dtv, 592 S., 14,90 €)
Zwei während des Zweiten Weltkriegs abgeschossene englische Piloten schlüpfen in die Identitäten von SS-Offizieren, die 1944 von der Ostfront in ein psychiatrisches Pflegeheim bei Freiburg im Breisgau verlegt werden. Obwohl einer von ihnen kein Wort Deutsch spricht, bemerkt das dort über Monate hinweg kein Mensch. Allerdings geraten die beiden mit einer Clique anderer Simulanten aneinander. Der eine Engländer kann fliehen, der andere bleibt 27 Jahre in Deutschland und simuliert einfach weiter – bis ihn sein Kamerad 1972 auf eigene Faust zu befreien versucht. Offenbar schwebte Adler-Olsen eine Art »Rambo« vor deutscher Kulisse vor. Aber herausgekommen ist ein unglaubwürdiges und sagenhaft blödes Machwerk, weil für Adler-Olsen Nazis, SS und Zweiter Weltkrieg bloß literarische Spielmarken sind wie Kasperle, Godzilla oder King Kong. Dieses 15 Jahre später als das dänische Original veröffentlichte Debüt von Jussi Adler-Olsen ist ein heißer Anwärter auf den dämlichsten Nazi-Thriller aller Zeiten.

APRIL 2012

Sachbuch

10) Erich Honecker: *Letzte Aufzeichnungen* (Edition Ost, 192 S., 14,95 €)
Weniger Protokoll einer Diktatorendämmerung als Mitschrift eines intellektuellen Verdämmerns liefern Honeckers mal banale, mal abstruse, immer aber von Starrsinn und Unbelehrbarkeit zeugende Notate aus der JVA Berlin-Moabit Anfang der 1990er-Jahre. Immerhin sind sie schöne Illustrationen des Geisteszustands eines gierigen Greises, der über die Träume von Millionen und die Leichen Tausender ging, Stalin noch als Todkranker verklärte und halb hoffend, sein individuelles Ende könnte mit dem Weltuntergang zusammenfallen, schreibt: »vielleicht hat der dritte Weltkrieg schon begonnen«.

9) Siddharta Mukherjee: *Der König aller Krankheiten* (Deutsch von Barbara Schaden, DuMont, 670 S., 26 €)
Was für ein Thema – und was für ein grandioser Zugriff darauf:
Natürlich kann man keine »Biografie« einer Krankheit schreiben, wie der Untertitel behauptet, aber dem amerikanischen Onkologen Siddharta Mukherjee gelingt es immerhin, in seiner Geschichte der Krankheit Krebs einige der vermenschlichenden Klischees zu entlarven, mit denen wir im Lauf der Zeit dem Grauen ein Gesicht gegeben haben. Ein Buch, das einem den Schrecken in die Glieder fahren lässt – vor dem Krebs, aber auch vor den Heilmethoden der Ärzte.

8) Gian Domenico Borasio: *Über das Sterben* (C.H. Beck, 207 S., 17,90 €)
Ein gutes Buch – nicht weil irgendetwas darin neu oder sonderlich zwingend erzählt wäre, sondern weil dieses Buch uns sachlich und unaufgeregt mit dem konfrontiert, was wir um jeden Preis zu verdrängen versuchen. Auch so lässt sich Todesangst lindern.

7) Bill Mockridge: *Je oller, je doller* (Scherz, 320 S., 17,99 €)
Diese durch wenig mehr als das Profitstreben des Autors zusammengehaltene Aneinanderreihung flacher Gags über das Altern ist in keiner Weise satisfaktionsfähig. Ohne Ehrgeiz, ohne Witz: ein Buch, das die Welt nicht vermisst hätte.

6) Walter Isaacson: *Steve Jobs* (Deutsch von Antoinette Gittinger, Oliver Grasmück, Dagmar Mallett, Elfi Martin, Andrea Stumpf und Gabriele Werbeck, C. Bertelsmann, 704 S., 24,99 €)
Ein dramatisch aus dem Leim gegangenes Porträt jenes Geists in der Maschine, der Apple an die Weltspitze führte und die Buchindustrie als »reif für die Zerstörung sah«. Zwar lebt das Buch, und Steve Jobs ist tot, diese Detail auf Detail türmende Lebensbeschreibung aber ist einfach viel zu lang und krankt an der Unfähigkeit des Autors darzustellen, wie unglaublich flach der Chef eines Milliardenunternehmens sein kann.

5) Martin Wehrle: *Ich arbeite in einem Irrenhaus* (Econ, 288 S., 14,99 €)
Gestern ist Martin Walser 85 Jahre alt geworden. Von ihm stammt der schöne Satz: »Solange man Geld verdienen muss, muss man sich beleidigen lassen.« Wer wissen will, wie es wirklich zugeht in der Welt der Angestellten und anderer Abhängiger, ist mit Walsers *Brief an Lord Liszt* oder *Seelenarbeit*, mit seinen Anselm-Kristlein-Romanen *Halbzeit*, *Das Einhorn* und *Der Sturz* oder etwa mit *Angstblüte* weit
 besser bedient als mit diesem albernen Schmarren.

4) Hans-Ulrich Grimm: *Vom Verzehr wird abgeraten* (Droemer, 320 S. 18 €)
Wie sich Konzerne wie Unilever oder Nestlé mit sogenanntem Functional Food auf Kosten der Verbraucher gesundstoßen, wird in diesem sorgfältig recherchierten Buch dargestellt. Am Ende kennt man die Gründe dafür: Berlin und Brüssel knicken vor der Wirtschaftslobby ein, auch in der Politik gilt: Wes Brot ich ess, des Lied ich sing.

3) Wibke Bruhns: *Nachrichtenzeit* (Droemer, 424 S., 22,99 €)
Als Pionierin der Emanzipation ist Wibke Bruhns in der Männerdomäne Journalismus eine Legende. Dennoch reicht ihre Autobiografie nicht ganz an die erzählerische Wucht ihres vorigen Buchs *Meines Vaters Land* heran. Amüsant, ja bisweilen erhellend sind Bruhns Medienmemoiren allemal.

2) Rolf Dobelli: *Die Kunst des klaren Denkens* (Hanser, 256 S., 14,90 €)
In 52 kurzen Kapiteln analysiert Dobelli messerscharf 52 klassische Milchmädchenrechnungen, also von vielen Menschen gern be-

gangene »Abweichungen von der Rationalität«. Eine kurzweilige Fibel der Fehlervermeidung, ein Handbuch der Trug- und Fehlschlüsse.

1) Joachim Gauck: *Freiheit* (Kösel, 64 S., 10 €)
Eine Sonntagspredigt des frisch gekürten Bundespräsidenten, mit allen satztechnischen Mitteln auf Buchlänge aufgebläht und für 10 Euro nicht gerade eine Fastenspeise. Aber wenn der Mann sich dadurch mit legalen Mitteln etwas Geld verdienen kann, will ich nicht daran herumkritteln. Kleinkariert auch der Einwand, dass Gauck in diesem Text tatsächlich so peinliche patriarchalische Formulierungen unterlaufen wie die, seine Tochter habe ihm »mein neuntes Enkelkind geschenkt«. Solche Einwände verblassen angesichts des in Gaucks Rede mit ansteckender Begeisterung vollzogenen Dreisprungs von Freiheit über Verantwortung zu Bezogenheit. Alles in allem ein mitreißender optimistischer Aufruf, Gesellschaft zu gestalten.

OKTOBER 2012

Belletristik

10) Timur Vermes: *Er ist wieder da* (Eichborn, 396 S., sehr lustige 19,33 €)
Am 30. August 2011 erwacht Adolf Hitler auf einem Grundstück in Berlin-Mitte, klopft sich den Schmutz von der nach Benzin stinkenden Uniform und macht sich auf, die Massenmedien zu erobern und eine neue Bewegung zu gründen. Ein auf Buchlänge aufgeblähtes Gedankenspiel: literarisch dünn, politisch naiv und vor allem von einer grausamen Holzhammerdidaktik durchdrungen. Dieser Roman hört genau da auf, wo Literatur anfangen müsste.

9) Ursula Krechel: *Landgericht* (Jung und Jung, 492 S., 29,90 €)
In ihrem sehr zu Recht mit dem Deutschen Buchpreis ausgezeichneten Roman erzählt Ursula Krechel von dem während der Nazizeit nach Kuba geflüchteten jüdischen Deutschen Dr. Richard Kornitzer, einem jener nur fünf Prozent ausmachenden Emigranten, die nach 1945 nach Deutschland zurückkamen. Alles andere als eine dröge Nachhilfestunde in Zeitgeschichte, ist Krechels sublimer Roman die Geschichte einer Rückkehr in eine kalte Heimat und einer berechtigten Erbitterung.

8) Jilliane Hoffman: *Argus* (Deutsch von Sophie Zeitz und Tanja Handels, Wunderlich, 496 S., 19,95 €)
Das Spannendste an diesem gewaltpornografischen Unsinn über einen Club von Frauenmördern in Miami sind die juristischen Spitzfindigkeiten der Autorin, die früher selbst als Staatsanwältin gearbeitet hat. Ansonsten stellt in diesem Buch der Fortsetzungs-Kapitalismus der Autorin ein Bein: Jilliane Hoffmans Bestreben, neben ihren Ermittlern nun auch den aus einem früheren Roman bekannten Mörder Cupido zur fortsetzungsfähigen Marke zu machen, hemmt die Entwicklung der Handlung gewaltig.

7) John Green: *Das Schicksal ist ein mieser Verräter* (Deutsch von Sophie Zeitz, Hanser, 287 S., 16.90 €)
Die ganze Welt sieht in John Green den Messias des Jugendbuchs. Die

ganze Welt irrt. Diese Geschichte über zwei krebskranke Jugendliche ist ein unter einer dünnen Literaturtunke getarnter Mitleidsschmarren. Ein typisches Jugendbuch, wie es Eltern, Lehrer und Kritiker lieben. Ich aber liebe es nicht.

6) Sebastian Fitzek und Michael Tsokos: *Abgeschnitten* (Droemer, 400 S., 19,99 €)
Dieser Roman liest sich, als hätten die Autoren, ein Rechtsmediziner und ein Thrillerautor, sich das Manuskript per SMS hin- und hergeschickt: »Er hatte sich an die Spielregeln gehalten und auf das System vertraut. Hatte darauf gebaut, dass es einen Schiedsrichter gab, der die Fakten schon richtig bewerten würde. Und wozu hatte es geführt?« Leider zu dieser Kümmerprosa und diesem Roman. Hat denn niemand irgendwann diese Leichenschneider-Bücher satt?

5) Charlotte Link: *Im Tal des Fuchses* (Blanvalet, 576 S., 22,99 €)
Die Deutschen lieben das Fremde – vorausgesetzt, es kommt in vertrauter, also deutscher Gestalt daher. Diesem Umstand haben etwa Roberto Blanco, Vico Torriani und Wenke Myhre ihre Karrieren zu
verdanken – und auch Charlotte Link, die sich auf pseudobritische Thriller spezialisiert hat. Links Stil lässt sich als psychologischer Redundanzrealismus beschreiben: Wenn etwa einem Entführer klar wird, dass sich sein Opfer befreit hat, dauert dies geschlagene zwei Seiten, angefangen bei »Wie war die verdammte Schlampe ihren Knebel losgeworden?« über »Er war ein solcher Schwachkopf« bis zu der nach sage und schreibe 65 vorangegangenen Zeilen unfreiwilligen Pointe: »All diese Gedanken waren in Bruchteilen von Sekunden durch seinen Kopf gerast, denn für eine langwierige Analyse der Lage blieb keine Zeit.« Damit ist Charlotte Link, wie der Klappentext verrät, »die erfolgreichste deutsche Autorin der Gegenwart« geworden. Wenn das stimmt, ist es höchste Zeit, dieses belastete Land durch eine literaturkritische Geste im Geiste Willy Brandts Kniefall zu erlösen: Ich schäme mich.

4) Jussi Adler-Olsen: *Verachtung* (Deutsch von Hannes Thiess, dtv, 544 S., 19,99 €)
Zwangssterilisation an Frauen ist oberflächlich das Thema dieses dänischen Gutmenschenkrimis. Weitere Spannungselemente sind eine Magen-Darm-Grippe im Polizeidezernat sowie das Auftauchen

eines dämlichen Cousins von Kommissar Mørck. Ich kann mich an »Hanni und Nanni«-Bände mit höherem Nervenkitzelfaktor erinnern. Darf ich dem Autor vielleicht eine weitere Fortsetzung vorschlagen? Wie wäre es mit »Kommissar Mørcks tolle Tante«? Oder mit »Ein Pferd im Sonderdezernat«? »Kommissar Mørcks großer Tag«? Oder »Kommissar Mørck kommt auf den Hund«?

3) Ken Follett: *Winter der Welt* (Deutsch von Dietmar Schmidt und Rainer Schumacher, Lübbe, 1024 S., 29,99 €)
Mit seinem Versuch, das ganze blutige 20. Jahrhundert mitsamt seinen mörderischen Ideologien und politischen Phantasmen in die Form eines Romans über drei Familien zu quetschen, scheitert Ken Follett wie schon im ersten Band seiner Saga auf ganzer Linie. Dieser Roman erstickt buchstäblich unter historischem Ballast, seine Figuren werden unter den Geröllhalden des Dekors verschüttet.

2) J. K. Rowling: *Ein plötzlicher Todesfall* (Deutsch von Susanne Aeckerle und Monika Balkenhol, Carlsen, 576 S., 24,90 €)

Weltweit fielen die Literaturkritiken zu Rowlings erstem Erwachsenenbuch sehr negativ aus. Das hat mich insofern verblüfft, als wer *Harry Potter* tatsächlich gelesen hat, von dieser Autorin kein *Finnegans Wake* erwarten durfte. Tatsächlich ist dieser Roman über den Kampf um einen Gemeinderatssitz in einer englischen Kleinstadt trotz einiger Längen eine zwar nicht umwerfende, immerhin aber unterhaltsame Satire. In seinen besten Passagen erinnert diese Röntgenaufnahme der englischen Gesellschaft von der drogensüchtigen Prostituierten über den Feinkosthändler und Rechtsanwalt bis hin zum Herrenhausbesitzer an die hochkomischen Schilderungen von Klassendistinktionsmerkmalen eines Tom Wolfe.

1) Nele Neuhaus: *Böser Wolf* (Ullstein, 480 S., 19,99 €)
Mit der neuesten Fortsetzung ihrer im Taunus spielenden Regionalkrimis hat sich Nele Neuhaus an die Spitze der deutschen Bestsellerliste geschrieben. Als Genreprodukt betrachtet, lässt sich gegen diesen Krimi wenig einwenden: Er ist – mäßig – spannend, sauber konstruiert und ordentlich geschrieben. Aber: *Böser Wolf* ist dennoch das Gegenteil von Literatur, zu der eben immer auch ein Quäntchen Mut gehört: Diesem Thriller über Kindesmissbrauch durch vermeintliche Spitzen der Gesellschaft, die sich in einem Päderastenclub orga-

nisiert haben, bevölkert von karrieregeilen Staatsanwälten und Talkshowmoderatorinnen, die sich privat als Rabenmutter erweisen, fehlt jeder Funken literarischer Mut. Stattdessen werden unentwegt sperrangelweit offen stehende Scheunentore eingerannt und Stammtischwahrheiten nachgebetet. Manche Menschen, sagt Lichtenberg, lesen bloß, um nicht zu denken. Für solche Menschen ist *Böser Wolf* genau das Richtige.

2011

Sind Bücher Zeitmaschinen?

Ich bin mit Hannibal über die Alpen gezogen. Habe meinen Hals in den schottischen Highlands für Bonnie Prince Charlie riskiert. Mir mit der Seidenhändlertochter Désirée die Augen wegen Napoleon ausgeweint. Und mich natürlich mit William von Baskerville und Adson von Melk auf die Suche nach Aristoteles' zweitem Buch über die Komödie begeben. Meiner festen Überzeugung nach sind historische Romane die einzigen funktionierenden Zeitmaschinen, über die wir verfügen. Und Umberto Eco hat 1980 beziehungsweise 1982 (deutsche Ausgabe) mit seinem Roman *Der Name der Rose* dieses Genre so revolutioniert wie vor ihm nur Sir Walter Scott mit seinen *Waverley*-Romanen zu Beginn des 19. Jahrhunderts. Ich weiß noch genau, wie mir meine damalige Deutschlehrerin bei einem Eisdielenbesuch in Stuttgart von Ecos Ausnahmeroman vorschwärmte: schräg, süffig und originell sei er, furchtbar gebildet und schrecklich spannend zugleich – und dabei voller witziger Bezüge auf unsere Gegenwart. Klingt wie *Asterix* in Romanform, dachte ich damals – was ja auch nicht ganz falsch ist –, besorgte mir das Buch und ließ mich willig genug von Eco am Schlafittchen packen und ins 14. Jahrhundert schleudern. Seither war ich Fan.

Über 30 Jahre später stieg ich deshalb mit dem inzwischen schon betagten und sehr kurzatmigen Kettenraucher Umberto Eco aufs Dach des Kölner Doms. Dort amüsierten wir uns über die von der Domplatte unten nicht sichtbaren Wasserspeier

und Steinfiguren, mit denen sich die Steinmetze der Dombauhütte seit dem Mittelalter über sich selbst und ihre Zeitgenossen lustig machten. So lässt sich dort nicht nur eine satirische Darstellung eines Geißbocks entdecken, des Maskottchens des 1. FC Köln, ein mit dem Handy telefonierender Dombaumeister und selbstverständlich auch das Kölner Dreigestirn mit Prinz, Bauer und Jungfrau, sondern auch die Darstellung eines Boxkampfs mit dem bis heute in der Stadt verehrten Peter Müller alias »Müllers Aap«, der in einem legendären Fight einmal einen Ringrichter k. o. schlug.

Doch natürlich hatte ich den seine Heimatstadt Mailand heiß liebenden Umberto Eco in Köln nicht nur dafür auf und in den Dom gelotst. Dieser Dom ist ja überhaupt erst erbaut worden, weil Rainald von Dassel, Erzkanzler des Stauferkaisers Friedrich Barbarossa, 1164 Mailand belagert und geplündert hatte und dabei auch die Reliquien der Heiligen Drei Könige in sein Bistum Köln schaffen ließ. Ich wollte die Reaktion Umberto Ecos erleben, wenn ich ihn vor den goldfunkelnden Dreikönigeschrein führte und ihn dort mit dem Porträt des Bösewichts konfrontierte. Doch Eco blieb überaus gelassen und kommentierte nur trocken: »Na ja, wir haben euch die Gebeine von drei Königen gegeben. Die anderen neun haben wir behalten.«

Wie bitte? Ich traute meinen Ohren nicht. Wollte mir dieser Mailänder Semiotikprofessor angesichts der seit über 800 Jahren im Kölner Dom verwahrten Reliquien der Heiligen Drei Könige allen Ernstes weismachen, es habe Heilige Zwölf Könige gegeben? So eine Behauptung grenzte ja fast schon an Gotteslästerung, jedenfalls in Köln. Doch Eco ließ sich von meinen Einwänden nicht aus der Ruhe bringen und erklärte, ich solle mal *ad fontes* gehen, also in den Quellen nachlesen. Das ließ ich mir nicht zweimal sagen und war schon mal verblüfft, zu Hause am Schreibtisch festzustellen, dass im Neuen Testament überhaupt keine Heiligen Drei Könige vorkommen. Lediglich das Matthäusevangelium erzählt von »Magiern« oder »Sterndeutern«, die am Hof von König Herodes eintreffen – ohne ihre genaue Zahl zu präzisieren: »Kurz darauf gelangten Sterndeuter aus dem Osten nach Jerusalem und erkundigten sich: ›Wo ist der König der Juden, der hier gerade geboren

wurde? Wir haben nämlich seinen Stern aufgehen sehen und sind hergekommen, um ihn anzubeten.‹« Herodes trommelt daraufhin seinen theologischen Expertenrat zusammen, fragt, wo dieser König der Juden denn der Überlieferung nach geboren werden sollte, und erhält zur Antwort: »In Bethlehem in Judäa«. Daraufhin fordert er die Sternsinger auf, nach Bethlehem zu ziehen und ihm Nachricht zu schicken, sobald sie das Kind gefunden hätten. Mätthaus schreibt weiter: »Der Bitte des Königs folgend, gingen die Sterndeuter nach Bethlehem. Und der Stern, den sie hatten aufgehen sehen, zog ihnen voraus, bis er über dem Ort stehen blieb, wo das Kind war. Als sie den Stern wiedererkannten, brachen sie in freudigen Jubel aus. Sie gingen in das Haus, sahen das Kind mit seiner Mutter Maria, fielen auf die Knie und beteten es an. Sie öffneten ihre Schatzbehälter und brachten ihm Geschenke, Gold, Weihrauch und Myrrhe dar. Da sie im Traum eine himmlische Weisung erhielten, nicht wieder zu Herodes zu gehen, zogen sie auf einem anderen Weg in ihr Land zurück.« Was folgt, ist die Schilderung des grausamen Kindermords von Bethlehem, aber keinerlei Erwähnung der Namen Kaspar, Melchior und Balthasar und keine Angabe über Zahl, Hautfarbe oder Herkunftsländer der Sterndeuter. Eine syrische Quelle aus dem 7. Jahrhundert hingegen gibt die Zahl der Weisen aus dem Morgenland tatsächlich mit zwölf an. Eins zu null für Eco also.

Ich habe dank dieser Begegnung mit Umberto Eco seither eine ganze Reihe von Kneipenwetten gewonnen. Und stürze mich auf jeden neuen Roman von Eco, so auch auf seinen letzten *Der Friedhof von Prag*, der 2011 lange auf der Bestsellerliste stand und in dem Eco sich mit Antisemitismus und dem nicht tot zu kriegenden mörderischen Unfug der »Protokolle von Zion« auseinandersetzt.

*

Im März kommt es infolge eines Erdbebens zu einem Tsunami in Japan und zur Havarie des Atomreaktors in Fukushima. Mit der Revolution in Tunesien und dem Rücktritt von Präsident Ben Ali Mitte Januar beginnt der Arabische Frühling, der in der historischen Rückschau in Enttäuschung und einer Restitution repressiver Herrschaftssysteme endet. In Libyen wird der Diktator – und Romanautor – Muammar al-Gaddafi im Bürgerkrieg gestürzt und unter ungeklärten Umständen in Sirte getötet. Im pakistanischen Abbottabad töten amerikanische Spezialeinheiten den für die Anschläge am 11. September verantwortlichen Al-Qaida-Terroristen Osama bin Laden, seine Leiche wird auf offener See im Arabischen Meer versenkt. Die NASA stellt ihr Space Shuttle außer Dienst.

Der Literaturnobelpreis geht an den schwedischen Dichter Tomas Tranströmer, den Hanns Grössel seit Jahrzehnten verlässlich ins Deutsche übersetzt. Der quecksilbrig wandelbare F. C. Delius erhält den Georg-Büchner-Preis, Eugen Ruge für *In Zeiten des abnehmenden Lichts* den Deutschen Buchpreis. Der grandiose Julian Barnes, den Gertraud Krüger ebenso skrupulös auf Deutsch präsentiert, wird für *Vom Ende einer Geschichte* mit dem Booker Prize geehrt, Alexis Jenni für *Die französische*

Kunst des Krieges mit dem Prix Goncourt, Jennifer Egan für *Der größere Teil der Welt* mit dem Pulitzer Prize. Gastland der Frankfurter Buchmesse ist Island, das mit seiner irrwitzig lebendigen Literaturszene fasziniert. Das Wort des Jahres ist »Stresstest«, das Unwort »Döner-Morde«.

Die Literaturwelt trauert um Eva Strittmatter, Édouard Glissant, Patrick Leigh Fermor, Ágota Kristóf, Loriot, Alice Vollenweider, Andrea Zanzotto, Christa Wolf, Hella Haasse, Heinz Ludwig Arnold, Gilbert Adair und Václav Havel. »Früher war mehr Lametta« – »Sagen Sie jetzt nichts, Hildegard!« – »Wo laufen Sie denn?« – »Ein Klavier, ein Klavier! Mutter, wir danken dir!« – »Ich will hier nur sitzen« – »Vielleicht stimmt da mit deinem Gefühl was nicht« – »Und im Herbst eröffnet dann der Papst mit meiner Tochter eine Herrenboutique in Wuppertal« – mit Loriot alias Vicco von Bülow stirbt der Autor, der die deutsche Literatursprache nach dem Zweiten Weltkrieg

am nachhaltigsten beeinflusst hat. »Auslegeware« galt Loriot als schönstes Wort im Deutschen. Wandern etabliert sich als das neue Pilgern, Naturbeobachtungen ersetzen spirituelle Erleuchtung. Walter Moers ist der deutsche Terry Pratchett. Helmut Kohl, Helmut Schmidt, Thilo Sarrazin und Dieter Nuhr prägen das Weltbild der Deutschen – wer könnten ihre weiblichen Pendants sein?

APRIL 2011

Sachbuch

10) Richard David Precht: *Wer bin ich, und wenn ja wie viele* (Goldmann, 400 S., 14,95 €)
Diese gut geschriebene und leicht zugängliche Einführung ins philosophische Denken steht jetzt schon so lange auf der Bestsellerliste, dass ich das Lob dafür kurz halten und mit einer Frage verbinden möchte: Warum reagiert der deutsche Kulturbetrieb eigentlich so reserviert auf Richard David Precht? Mag sein, dass tiefere Denker schon schwerere Steine gewälzt haben. Bloß wo bitte schön denn auf dem Markt der populären Sachbücher? Bei so viel intellektuellem Snobismus kann ich nur mit Donald Duck sagen: »Ich glaub, mein Hirn käst!«

9) Margot Käßmann: *In der Mitte des Lebens* (Herder, 160 S., 16,95 €)
Changierend zwischen Redeentwürfen und autobiografischen Notizen, geschrieben in jenem anbiedernden psychologisierenden Kauderwelsch, das zum Niedergang der protestantischen Predigt beigetragen hat, ist dieses in seiner Konzeption nicht nachvollziehbare, in seinen Gedankengängen sprunghafte Büchlein eher eine Art Promi-Gucken als wirklich etwas zum Lesen.

8) Axel Hacke und Giovanni di Lorenzo: *Wofür stehst Du?* (Kiepenheuer & Witsch, 230 S., 18,99 €)
Woher stammen unsere moralischen Leitlinien? Wer legt wodurch unser ethisches Fundament in uns? Was prägt uns fürs Leben? Zwei Journalisten denken darüber in Form locker erzählter Anekdoten nach: ein leichtes und dennoch nicht oberflächliches Buch

7) Thilo Sarrazin: *Deutschland schafft sich ab* (DVA, 464 S., 22,99 €)
»Migration kann und soll es auch in Zukunft geben«, schreibt Thilo Sarrazin großzügig. »Die Beweglichen, die Tüchtigen sollen zu jeder Zeit aufbrechen können und ihr Brot verdienen, wo es ihnen gefällt – vorausgesetzt, sie fügen sich ein in die Kultur ihres Gastlandes.« Dieses Buch führt in seiner Pervertierung knallharter Wirtschaftslogik schnurstracks in jenes Land Absurdistan, wo Altenheime nur den

leistungsbereiten Jungen, Schulen nur den klugen Gebildeten und Krankenhäuser nur den fitten Gesunden offenstehen.

6) Joachim Fuchsberger: *Altwerden ist nichts für Feiglinge* (Gütersloher Verlagshaus, 224 S., 19,99 €)
Bei allem Respekt vor schneeweißen Haaren: Diese Sammlung von in Kukident-Prosa verfassten Lebensweisheiten, Schwänken aus einem langen Bühnenleben und stammtischphilosophischen Betrachtungen über weltbewegende Ereignisse wie Lena Meyer-Landruts Grand-Prix-Teilnahme besitzt die literarische Haltbarkeit einer Eintagsfliege.

5) Bernd Stelter: *Wer abnimmt, hat mehr Platz im Leben* (Lübbe, 232 S., 18 €)
Gibt es irgendeinen Jogger, der die Erfahrung des langen Laufs zu sich selbst noch nicht in Buchform veröffentlicht hat? Bernd Stelters Jogging-Biografie trabt als Nachzügler an und folgt mit jeder Menge Blei in den Beinen dem bewährten Ratgeber-Rundkurs von Standardwerken wie »Nüchtern durch mehr Saufen!«.

4) Eckart Lohse und Markus Wehner: *Guttenberg* (Droemer, 384 S., 19,99 €)
Ein emotional aufwühlendes, ein anrührendes Buch aus der Feder zweier kompetenter *FAZ*-Journalisten, das die Geschichte eines einzigartigen und grausamen sozialen Abstiegs in der Bundesrepublik nachzeichnet. Aufgewachsen in einfachsten Verhältnissen, gerät ein junger Mann durch falsche Leitbilder schon früh auf die schiefe, steil abschüssige Bahn: CSU, Jurastudium, Heirat, Bundestag, am Ende dann das Verteidigungsministerium, der Rest der traurigen Geschichte ist bekannt. Ich habe viel geweint.

3) Dieter Nuhr: *Der ultimative Ratgeber für alles* (Lübbe, 304 S., 12.99 €)
Als möglichen Alternativtitel für sein Werk schlägt Dieter Nuhr vor: »Wie man ein Buch schreibt, für das jeder Idiot viel Geld bezahlt«. Dem kann man eigentlich nichts hinzufügen. Da Dieter Nuhr aber nicht nur viele solcher flacher Witze reißt, sondern auch zentrale Fragen erörtert wie: »War Hamza Hakimzoda Niyoiy wirklich vom tatarischen Dschadidismus beeinflusst?«, lacht hier endlich mal niemand unter Niveau.

2) Walter Kohl: *Leben oder gelebt werden* (Integral, 274 S., 18,99 €)
Zu Anfang war ich sehr skeptisch und witterte hinter diesem Buch Motive wie Vatermord und die Ausbeutung eines berühmten Namens. Beides hat hier auch seinen Anteil: Aber diese Auseinandersetzung des Sohnes eines deutschen Bundeskanzlers mit seiner Familie ist so reflektiert, dass sie auch in der politischen Analyse des »Stammeschefs« Helmut Kohl bemerkenswerte Einsichten bereithält, etwa die, dass im System Kohl das Prinzip gilt: »Das Persönliche steht über der Sache.«

1) Joseph Ratzinger/Benedikt XVI.: *Jesus von Nazareth – Band II* (Herder, 368 S., 22 €)
Vom Einzug in Jerusalem bis zur angeblichen Auferstehung schildert der Theologe Joseph Ratzinger, der als Papst Benedikt XVI. die Geschicke der katholischen Kirche leitet, im zweiten Teil seines Jesus-Buchs die sattsam bekannte Geschichte des Zimmermannsohns. Es ist ein langweiliges, wohl primär für Gläubige gedachtes Buch, gemessen an anderen, mehr Respekt verdienenden Werken Ratzingers intellektuell dürftig, von dem mir nur ein Satz in Erinnerung bleibt: »Es ist das Geheimnis Gottes, dass er leise handelt.« Nicht nur Gottes – Schweigen ist auch die schärfste Waffe des Kritikers.

MAI 2011

Belletristik

10) Hans Fallada: *Jeder stirbt für sich allein* (Aufbau, 704 S., 19,95 €)
Falladas 1946 mit schneller Feder niedergeschriebener letzter Roman ist ein moderner Klassiker, den die in der Jugend der westlichen Welt grassierende Schwärmerei für die deutsche Hartz-IV-Kapitale Berlin auf die Bestsellerliste katapultiert hat. Und dies zu unserem, der Leser, Glück: Wiederzuentdecken ist ein grandioses düsteres Sittengemälde aus der Nazizeit, ein von der ersten Seite an mitreißender Roman über den Preis der Anpassung und des Widerstands.

9) Michel Houellebecq: *Karte und Gebiet* (Deutsch von Uli Wittmann, DuMont, 416 S., 22,99 €)
Michel Houellebecq ist mit diesem klugen Künstlerroman ein großer Wurf der Gegenwartsliteratur gelungen: ein hoch moralisches

Buch, das die zentralen Frage nach den Werten, Tugenden und Sünden unserer Zeit stellt und auf originelle Weise auch beantwortet.

8) Siri Hustvedt: *Der Sommer ohne Männer* (Deutsch von Uli Aumüller, Rowohlt, 304 S., 19,95 €)
Literatur als Lebenshilfe – geht das zusammen? Und ob! Jedenfalls in diesem Roman über eine Frau Mitte 50, die von ihrem Mann betrogen und verlassen wird, daraufhin einen psychischen Zusammenbruch erleidet und tastend versucht, während eines Sommers bei ihrer Mutter wieder auf die Beine zu kommen. Hustvedts Stärke ist ihr Verzicht auf billigen Trost und fromme Lügen. Oder wann haben Sie zuletzt einen unterhaltenden Roman gelesen, in dem Sätze stehen wie: »Wir alle sterben, einer nach dem anderen. Wir können nichts dagegen tun, außer vielleicht ein Lied anzustimmen.«

7) Elke Heidenreich und Quint Buchholz: *Nero Corleone kehrt zurück* (Hanser, 70 S., 13,90 €)
Illustrierte Erzählungen über Katzen zählen nicht zu meinen Lieblingslektüren. In dieser hier feiert der dreiste Kater Nero Corleone ein Comeback, und ein Schlüsselsatz darin lautet: »Ach, alles nicht so einfach, das.« Und so bleibe ich zwar, was Literatur angeht, unbeding-

ter Anhänger der überfälligen Katzensteuer, also einer Kater-Murr-Abgabe von mindestens einem Euro pro Katze pro Roman, gebe aber zu, dass mich Elke Heidenreichs *Nero Corleone kehrt zurück* von der ersten Seite an durch Lebensklugheit und schlagenden Witz um den Finger gewickelt und sehr gut unterhalten hat.

6) Sarah Lark: *Im Schatten des Kauribaums* (Lübbe, 829 S., 15,99 €)
Die unter einem englischen Pseudonym schreibende deutsche Autorin Sarah Lark befrachtet ihre ruppige Neuseeland-Saga mit allem, was derzeit auf der Agenda der Aufklärung steht: der Kampf entrechteter und enteigneter Maoris, das Ringen um die Emanzipation der Frau, der lange Weg zur Gleichberechtigung Homosexueller, der Respekt vor dem Tier – fehlten bloß noch vegane Ernährung und die Sorge um die CO_2-Bilanz. Falsch ist daran nichts, nur verliert dieser 829 Seiten zählende historische Schmöker, indem er seinen Figuren solche heutigen Bewusstseinsinhalte überstülpt, jede literarische Glaubwürdigkeit,

5) Arno Geiger: *Der alte König in seinem Exil* (Hanser, 192 S., 17,90 €)
Noch einmal Literatur als Lebenshilfe: Auf der Oberfläche handelt Arno Geigers Vater-Buch davon, was eine Demenzerkrankung in einem Menschen und seinem Umfeld auslöst. Bei genauerem Nachdenken ist es ein Buch darüber, was uns zu Menschen macht.

4) Paulo Coelho: *Schutzengel* (Deutsch von Maralde Meyer-Minnemann, Diogenes, 198 S., 29,90 €)
Dieses komplett durchgeknallte, esoterisch-okkultische Machwerk über den Versuch, mit Engeln in Kontakt zu treten, nimmt geschmackloserweise seinen Ausgangspunkt in einer Begegnung im Konzentrationslager Dachau und spielt dort, wo man sich während der Lektüre schon angelangt wähnt und den Autor dringend hinwünscht: in der Wüste.

3) Horst Evers: *Für Eile fehlt mir die Zeit* (Rowohlt Berlin, 224 S., 19,95 €)
Programmierbare Kaffeevollautomaten, Wecker mit Schlummertastenfunktion, verwirrende Wahlmöglichkeiten an Bahnhofsimbissen: Die Gegenstände, auf die Horst Evers seinen Vom-Hölzchen-aufs-Stöckchen-Humor anwendet, entstammen häufig den

alltäglichen Überforderungen der Moderne. Vielleicht liegt deshalb so etwas Greisenhaftes über dieser Komik. Wegen Büchern wie diesem ist der deutsche Humor international gefürchtet.

2) Carlos Ruiz Zafón: *Marina* (Deutsch von Peter Schwaar, S. Fischer, 352 S., 19,95 €)
Auf Seite 293 dieses lahmen Versuchs einer Wiederbelebung der *gothic novel*, also des romantischen Schauerromans, steht der Satz: »Wir haben seine Leiche in einem Kanal unter dem Barrio Gotico gefunden ... Das heißt, was von ihm übrig war, denn er war zu einer Ausgeburt der Hölle geworden, die nach dem Aas stank, aus dem er sich konstruiert hatte ...« Genau an dieser Stelle müssen die Lektoren des S. Fischer Verlags auch das Manuskript dieses Romans gefunden haben.

1) Simon Beckett: *Verwesung* (Deutsch von Andrea Heese, Wunderlich, 448 S., 22,95 €)
Ein flüchtiger Mädchenkiller mit Superkräften, ein acht Jahre zurückliegender Vierfachmord, das nebelverhangene Dartmoor: Der neue Fall des forensischen Anthropologen David Hunter liest sich wie eine Mischung aus Edgar Wallace und Patricia Cornwell. Nur was Spannung anlangt, wird diese Ansammlung von Krimi-Klischees, hölzernen Dialogen und zweidimensionalen Charakteren von jedem Mainzelmännchenspot übertroffen.

OKTOBER 2011

Belletristik

10) Ferdinand von Schirach: *Der Fall Collini* (Piper, 208 S., 16,99 €)
Ein italienischer Werkzeugmachermeister tötet im Berliner Hotel Adlon einen 85-jährigen deutschen Industrieführer. Im Verlauf der Handlung erfahren wir, dass der Industrielle in Wirklichkeit ein Kriegsverbrecher war, und das soll uns zu denken geben. Leider beschreibt von Schirach keinen SS-Obersturmbannführer, sondern bloß ein Hollywoodmonster wie Godzilla oder King Kong, und deshalb ist *Der Fall Collini* kein Roman, sondern eine in dürftige belletristische Fetzen gehüllte Knobelaufgabe aus dem Zweiten juristischen Staatsexamen.

9) Jonas Jonasson: *Der Hundertjährige, der aus dem Fenster stieg und verschwand* (Deutsch von Wibke Kuhn, Carl's books, 416 S., 14,99 €)
Ein alter Schwede, na, um die Wahrheit zu sagen: ein uralter Schwede
hat keine Lust aufs ritualisierte Prösterchen mit der Altenheimleitung und den Stadtoffiziellen. Stattdessen beschließt er, ausgerechnet an seinen 100. Geburtstag alles auf Risiko zu setzen und aus dem Altenheim ins wahre Leben auszubüxen. Schwuppdiwupps kommt er in den Besitz eines Koffers voll Geld und erinnert uns begeisterte Leser auf den folgenden 400 Seiten daran, worauf es im Leben wirklich ankommt. Ein gelungener Unterhaltungsroman – nicht mehr, nicht weniger.

8) Jussi Adler-Olsen: *Schändung* (Deutsch von Hannes Thiess, dtv, 460 S., 14,90 €)
Ein Krimi über pervertierte Angehörige der dänischen Oberschicht, die Menschenjagden veranstalten. Leider ist der Autor der Versuchung erlegen, das Grundsatzprogramm der Sozialdemokratie in die Form eines Stieg-Larsson-Thrillers zu gießen. Das liest sich dann so: »Sie, die ich am meisten auf der ganzen Welt geliebt habe, wurde massakriert. Und die Täter stehen jetzt ganz oben auf der gesellschaftlichen Leiter und grinsen uns an.«

7) Jo Nesbø: *Die Larve* (Deutsch von Günther Frauenlob, Ullstein, 576 S., 21,99 €)
Der neunte Roman mit dem – sehr freundlich gesprochen – desillusionierten Ermittler Harry Holes markiert, was im skandinavischen Thriller derzeit möglich ist: intelligente, ja facettenreich gestaltete Serienkonfektion. Wen interessiert schon der Plot um Drogenschmuggel, Beziehungselend in Oslo und wahre Männerfreundschaft angesichts der stupenden Fähigkeit des Erzählers, uns wirklich alle Seelenausstülpungen noch der allerletzten Nebenfigur quicklebendig zu schildern?

6) S.J. Watson: *Ich.Darf.Nicht.Schlafen.* (Deutsch von Ulrike Wasel, Scherz, 464 S., 14,95 €)
Während des Lesens dieses blödsinnigen und ungelenken Thrillers um eine Frau, die nach jedem Schlummer ihr Gedächtnis verliert, hielt ich mich lediglich mit der Frage wach, warum die Macher des Kinofilms *Memento* nicht gegen diesen plumpen Trittbrettfahrer klagen.

5) Jussi Adler-Olsen: *Erlösung* (Deutsch von Hannes Thiess, dtv, 592 S., 14,90 €)
Vizekriminalkommisar Carl Mørck und sein syrischer Assistent Hafez el-Assad vom Sonderdezernat Q rollen in ihrem dritten Krimi den Fall zweier verschwundener Kinder neu auf; eine mit Blut geschriebene Flaschenpost führt zu einer merkwürdigen Sekte. Schräger als sämtliche Kapriolen der Handlung sind aber die stilistischen Verrenkungen von Jussi Adler-Olsen, der Sätze schreibt wie: »Anfangs schlug der Stiefvater nicht. Aber als seine Mutter weniger Schlaftabletten nahm und sich ihm im Bett fügte, erhielt sein Temperament größeren Spielraum.« Hätte Jussi Adler-Olsen die Aufgabe, einen Notausgang zu beschriften, keiner käme lebend raus.

4) Umberto Eco: *Der Friedhof in Prag* (Deutsch von Burkhart Kroeber, Hanser, 528 S., 26 €)
In seinem enorm stoffreichen sechsten Roman erzählt Umberto Eco die Lebensgeschichte eines fiktiven Mörders und Meisterfälschers – und davon, wie Feindbilder entstehen, wie man zum Sündenbock gemacht wird und wer Interesse an der Verbreitung von Verschwörungstheorien hat. Die schöne Ironie dieses seine Leser fordernden

Romans liegt darin, dass außer der Hauptfigur sämtliche Personen real sind und sich alle Ereignisse tatsächlich so zugetragen haben.

3) Charlotte Roche: *Schoßgebete* (Piper, 288 S., 16,99 €)
Die Gesetze der Talkshow produzieren immer mehr letztlich begründungsfrei um sich ballernde Meinungsmaschinchen. So ist auch dieses Buch weniger ein nach ästhetischen Prinzipien komponierter Text als ein Gefäß für alles, was seiner von der Ich-Erzählerin ununterscheidbaren Autorin gerade so durch die Birne rauscht: Meinungen zu vegetarischer Ernährung, Meinungen zu ehelicher Treue, Meinungen zur Springerpresse, Meinungen zur Kindeserziehung. Das führt zu schönen Stilblüten, etwa: »Deswegen bin ich so sauer auf Christen, genauso wie auf Frauen, die sich Silikon in die Brüste stopfen.« Alles klar.

2) Dora Heldt: *Bei Hitze ist es wenigstens nicht kalt* (dtv, 336 S., 14,90 €)
Aus Panik vor ihrem 50. Geburtstag flieht eine Frau mit zwei Freundinnen in ein Wellnesshotel, wo sie über Witzchen lachen wie: »Wir waren immer schon schwer intellektuell, haben uns für Politik, Gesellschaft, Literatur und klassische Musik interessiert.« Dumpfe deutsche Unterhaltung, das literarische Äquivalent zu einem panierten Schweineschnitzel mit Mehlpampe.

1) Walter Moers: *Das Labyrinth der träumenden Bücher* (Knaus, 432 S., 24,99 €)
Das Erscheinen eines neuen Zamonien-Romans von Walter Moers ist ein Festtag für die deutsche Literatur. Nirgendwo findet man kreativeren Irrwitz, nirgendwo mehr Einfälle pro Romanseite als in Moers' Geschichten um den schreibenden Lindwurm Hildegunst von Mythenmetz. Zwar endet dieser Roman mit dem unverschämtesten Cliffhanger, der mir je zwischen zwei Buchdeckeln begegnet ist – aber gerade dass man auch nach über 400 Seiten voller Schrecksen und Buchlingen und Mythenmetz'scher Abschweifungen zum Thema Puppetismus der Moers'schen Märchen nicht überdrüssig ist, belegt seine Qualität.

NOVEMBER 2011

Sachbuch

10) Andreas Altmann: *Das Scheißleben meines Vaters, das Scheißleben meiner Mutter und meine eigene Scheißjugend* (Piper, 256 S., 19,99 €)
Wie der Titel bereits dezent andeutet, schont Andreas Altmann in seinem autobiografischen Erinnerungsbuch weder sich noch andere. Aber so sehr mich die Lektüre überzeugt, dass es ganz sicher kein Zuckerschlecken war, in einer dysfunktionalen Familie im bigotten Altötting als Sohn eines gewalttätigen Rosenkranzhändlers und einer gefühlskalten Mutter aufzuwachsen, ist mir diese Abrechnung eines über 60-Jährigen mit seinen Eltern schlicht zu larmoyant und zu exhibitionistisch.

9) Philipp Lahm und Christian Seiler: *Der feine Unterschied* (Kunstmann, 269 S., 19,90 €)

Ein annehmbares Fußballsachbuch über den Strukturwandel während der letzten beiden Jahrzehnte auf dem grünen Rasen. Ein unvermuteter Triumph des Abwehrstrategen Lahm: Wie er beziehungsweise sein Co-Autor dem Verdacht begegnet, Lahm sei homosexuell. Aus solchem Stoff macht man Abituraufgaben.

8) Loriot: *Bitte sagen Sie jetzt nichts* (Diogenes, 255 S., 21,90 €)
Nichts, absolut nichts darf von den goldenen Worten in diesem posthum veröffentlichten einsichtsreichen Interviewband von Deutschlands größtem Humoristen ablenken. Überlassen wir die Kritik also Herrn Dr. Sommers sprechendem Hund Bello: Hohoo-ohoohooo-ho-ohooo-hoo-ho!

7) Peter Scholl-Latour: *Arabiens Stunde der Wahrheit* (Propyläen, 384 S., 24,99 €)
Die Bestandsaufnahme des analysestärksten Kenners der arabischen Welt ein gutes halbes Jahr nach der sogenannten Arabellion fällt ernüchternd aus: Zum einen, weil in vielen Staaten die scheinbar erkämpften Freiheiten verloren zu gehen drohen, auch weil der Westen nichts gegen Saudi-Arabien und seine wahhabitischen Hassprediger unternimmt. Regelrecht deprimierend ist aber, dass Scholl-

Latour den arabischen Staaten weder die amerikanische noch die europäische Demokratie zur Nachahmung empfiehlt. Ich würde sehr gern widersprechen, kann es nach der Lektüre dieses Buchs aber nicht. Mehr als ein Buch: ein Bildungserlebnis.

6) Dieter Nuhr: *Der ultimative Ratgeber für alles* (Bastei Lübbe, 304 S., 12,99 €)
Ein kurioses Buch, ebenso unterhaltsam wie überflüssig, gelegentlich aber auch hell und klar und wahr: etwa wenn Dieter Nuhr eine soziologische Meditation über die »Drecksackquote« anstellt und zu der Erkenntnis kommt: »Die Anzahl der verabscheuungswürdigen Egoisten ist unter Bankdirektoren wie unter Hartz-IV-Empfängern exakt gleich groß.«

5) Martin Wehrle: *Ich arbeite in einem Irrenhaus* (Econ, 288 S., 14,99 €)
Statt dieses mit dubiosen Fallgeschichten angefetteten Ratgebers aus dem Wahnsinn der Arbeitswelt möchte ich jedem, der etwas über die Spielregeln des Erwerbslebens in Deutschland erfahren möchte, lieber die Romane von Wilhelm Genazino empfehlen: Im neuen – *Wie die Tiere*, so der Titel – wechselt ein freiberuflicher Architekt in die Festanstellung und wird darüber aus gutem Grund sehr unglücklich.

4) Gaby Köster und Till Hoheneder: *Ein Schnupfen hätte auch gereicht* (Scherz, 264 S., 18,95 €)
Ein vulgäres, ein narzisstisches Machwerk. »Während ich versuchte, mit meinem kleinen Kind die Zeit sinnvoll zu verbringen, musste ich in meiner Parallelwelt als Rita lernen, wie man eine Supermarktkasse richtig bediente! Preise eintippen, Wechselgeld – das komplette Programm, damit das in der Serie gekonnt und schnell aussah!« In diesem Punkt bin ich mit Frau Köster ausnahmsweise einmal ganz einig: einfach mörderisch, was einem beim Fernsehen so abverlangt wird!

3) Dirk Müller: *C(r)ashkurs* (Droemer, 399 S., 19,99 €)
Dieses Buch eines früheren Aktienhändlers und Aktienindex-Models ist so absurd wie der Kapitalismus selbst. Fast albern banal, vermögen Müllers Common-Sense-Ratschläge – keine Verträge unterschreiben, die man nicht versteht; ein Haushaltsbuch führen; in Geldfragen nicht irgendwelchen Gurus vertrauen – in Zeiten der Krise immerhin

das Trostpotenzial eines fröhlichen Pfeifens im Wind zu entfalten. Nichts daran ist falsch. Aber als Buch ist das ebenso spannend wie ein Leitfaden, in welchen Mülleimern man am meisten Pfandflaschen findet.

2) Helmut Schmidt und Peer Steinbrück: *Zug um Zug* (Hoffman und Campe, 320 S., 24,99 €)
So unerheblich, schönfärberisch und manipulativ wie alle Wahlkampfbroschüren ist diese nicht: Im Gegenteil, das Gespräch zwischen Altkanzler und Prätendent jagt so hurtig und anregend durch die Wissenskreise, dass ich schon geneigt war, es zu loben, bis ich auf Seite 157 den Satz las: »Ich werde mich dann zur Kanzlerkandidatur äußern, wenn mich der SPD-Vorsitzende danach fragen sollte.« So erobert man vielleicht die Position des Kassenwarts beim HSV, nicht aber das Bundeskanzleramt.

1) Walter Isaacson: *Steve Jobs* (Deutsch von Antoinette Gittinger, Oliver Grasmück, Dagmar Mallett, Elfi Martin, Andrea Stumpf und Gabriele Werbeck, C. Bertelsmann, 704 S., 24,99 €)
Dass die Welt immer die falschen Götter anbetet, ließ sich sehr schön im Oktober verfolgen, als Apple-Mitgründer Steve Jobs und der Medientheoretiker Friedrich Kittler binnen 14 Tagen starben. Während die Nachrufe und sonstigen Eulogien, zu denen man auch diese absurd aufgeschwemmte Biografie zählen darf, aus dem PR- und Vertriebsfachmann Jobs einen neuen Leonardo da Vinci zu machen versuchten, wurde das echte Genie Friedrich Kittler in aller Medienstille zu Grabe getragen. Verkehrte Welt!

2010

Stiften Bücher Werte?

»Mögen alle Wesen frei von Schmerzen sein«, schlägt Arno Schmidt in seiner hochromantischen Erzählung *Brands Haide* einmal als Text für ein atheistisches Abendgebet vor. Auch 40 Jahre nach der ersten Lektüre habe ich noch nichts Einleuchtenderes als Gebetsersatz gefunden. Wann immer ich in einer Kirche, einer Moschee oder Synagoge bin, murmele ich also diesen Satz anstelle der vorgesehenen Fürbitten, Anflehungen oder Litaneien vor mich hin. Und denke an Franz Kafka, dem »Schreiben als Form des Gebets« galt.

Zweifellos stiften Bücher Werte. Die sogenannten heiligen Schriften der Menschheit haben auf je eigene Weise versucht, aus einem leicht aufwiegelbaren, zu Blutrausch und Massen-

hysterie neigenden Mob eine disziplinierte, ihr Gewaltpotenzial einigermaßen in Schach haltende Gemeinde von Gläubigen zu machen. Ob Koran, Talmud oder Neues Testament, diese Texte konfrontieren ihre Leser mit unterschiedlichen Perspektiven und Lebensrealitäten und stellen Bräuche, Normen und Überzeugungen der jeweiligen Gesellschaften dar, in denen sie entstanden sind. Ein Blick in die Geschichte lehrt allerdings, dass diese heiligen Schriften ihre auserwählten Völker keineswegs friedfertiger und toleranter gemacht haben. Im Gegenteil: Wer sich im Besitz der durch Gott offenbarten Wahrheit wähnt, verfolgt seine gottlosen Nachbarn umso blutrünstiger. Deshalb habe ich persönlich es zeitlebens mit Kurt Tucholskys schönem Satz gehalten: »Ich glaube jedem, der die Wahrheit sucht. Ich glaube keinem, der sie gefunden hat.«

Tugenden wie Toleranz, Mitgefühl, Großzügigkeit, Mut, Ehrlichkeit und Respekt für andere lassen sich auch an literarischen Vorbildern lernen. Insbesondere im Zentrum vieler Dramen steht die Auseinandersetzung mit moralischen Dilemmata – von Sophokles' *König Ödipus* über Shakespeares *Hamlet* bis hin zu Dürrenmatts *Besuch der alten Dame*. Und J. R. R. Tolkien vermittelt in den lustigen Dialogen des Hobbits Bilbo mit dem Drachen Smaug mehr Weisheit, als in vielen Schulbüchern zu finden ist, nämlich wie man die Aufmerksamkeit überlegen Mächtiger weckt und ihre Eitelkeit kitzelt: »Ich bin der Rätsellöser, der Netzzerhauer, die Stechfliege … Ich bin der Bärenfreund und der Adlergast. Ich bin der Ringfinder und Glücksbringer, und ich bin der Fassreiter«, lässt Tolkien Bilbo sagen und fährt fort: »Das ist natürlich die Art, wie ihr mit Drachen reden müsst, wenn ihr euren wirklichen Namen nicht verraten (was nicht ratsam ist), sie aber auch nicht durch die glatte Weigerung, ihn zu nennen, erzürnen wollt (was erst recht nicht ratsam ist). Rätselreden und der schöne Zeitvertreib, sie zu verstehen, sind für jeden Drachen von unwiderstehlichem Reiz.«

Doch die Werte, die Bücher stiften, müssen keineswegs immer positiv sein. Jahrhundertelang beschworen Bücher etwa

einen männlichen Ehrenkodex, der vorsah, eine vermeintliche Beleidigung der Mannesehre durch ein Duell zu sühnen. Die furchtbaren Konsequenzen dieser Ideologie beschreibt Theodor Fontane in *Effi Briest*. Wann immer Priester oder Politiker die angeblich magischen Kräfte des Lesens beschwören, amüsiert mich das seit Jahrzehnten. Der Wunderglaube ans Buch lässt es mir bisweilen vorkommen wie einen Fetisch, der bis in unsere scheinbar aufgeklärte Gegenwart verehrt wird. Das Buch als apotropäischer Gegenstand, ein Abwehrzauber, der Unheil fernhält, Gutes anzieht, Übles verhindert: Was für eine schöne, was für eine alberne Illusion. Ein Fetisch, der vor allem gern in den Sonntagsreden von Politikerinnen und Politikern vorgezeigt wird, der im Alltag dieser Menschen aber genauso wenig eine Rolle spielt wie Hostien, Kreuze, Silberkugeln oder Reliquien. Wer etwa je eine Verleihung des Deutschen Jugendliteraturpreises auf der Frankfurter Buchmesse durch die frühere Bundesministerin für Familie, Senioren, Frauen
und Jugend der Bundesrepublik Deutschland Franziska Giffey miterleben musste, weiß um die Eskalationspotenziale der Verlogenheit.

Auch im Netz, auf Youtube und TikTok, schmücken sich Menschen gern mit Büchern – und zwar wohlweislich nicht mit eBooks, sondern mit gedruckten Exemplaren. Ironischerweise greifen gerade neue populäre Genres wie Young Adult, New Adult oder »Romantasy«, eine Mischung aus Romance und Fantasy, dabei gern auf die aufwendige Ausstattung heiliger Schriften von früher zurück. So erlebt etwa der Farbschnitt gerade mit den Romanen von Alyson Noël, die 2010 auf der Bestsellerliste steht, Rebecca Yarros oder Sophie Moore ein unerwartetes Comeback. Über den Wert dieser Bücher sagt das freilich nichts aus, genauso wenig wie über die in ihnen vermittelten Werte.

*

Bei einem Erdbeben in Haiti sterben über 200 000 Menschen. Im Golf von Mexiko explodiert die für den BP-Konzern fördernde Ölplattform Deepwater Horizon und löst die schwerste Umweltkatastrophe in der US-amerikanischen Geschichte aus. Bundespräsident Horst Köhler tritt zurück, Christian Wulff wird sein Nachfolger – für kurze Zeit. Im Februar stellt die EU den Haushalt Griechenlands unter ihre Kontrolle und die Bedingung, dass Griechenland seine Neuverschuldung bis 2012 unter drei Prozent des Bruttoinlandsprodukts drücken muss. Am 3. Oktober leistet die Bundesrepublik Deutschland die letzte Reparation für den Ersten Weltkrieg. Am 10. April sterben beim Absturz einer Regierungsmaschine der polnische Präsident Lech Kaczyński und 95 weitere Menschen, die unterwegs zur Gedenkfeier des 70. Jahrestags des Massakers von Katyn waren. Mitte April führt ein Ausbruch des isländischen Vulkans Eyjafjallajökull in weiten Teilen Europas zum tagelangen Aussetzen des Flugverkehrs. Mit 57 Kilometern ist der Gotthard-Basistunnel der längste Eisenbahntunnel der Welt.

Mario Vargas Llosa wird mit dem Literaturnobelpreis ausgezeichnet. Reinhard Jirgl erhält den Georg-Büchner-Preis; sieben Jahre später zieht sich Jirgl in einem für den deutschen Literaturbetrieb einmaligen Akt vollständig aus der Öffentlichkeit zurück, gibt keine Lesungen oder Interviews mehr und verzichtet auf die Publikation seiner nach eigenem Bekunden auch weiterhin entstehenden Texte. Die ungarisch-schweizerische Schriftstellerin Melinda Nadj Abonji erhält für *Tauben fliegen auf* den Deutschen Buchpreis. Argentinien ist Gastland der Frankfurter Buchmesse. Der Prix Goncourt geht an Michel Houellebecq für *Karte und Gebiet*, der Booker Prize an Howard Jacobson für *Die Finkler-Frage*, der Pulitzer an Paul Harding für *Tinkers* und der Prinz-von-Asturien-Preis an Amin Maalouf. Die literarische Welt trauert um Robert B. Parker, J. D. Salinger, Dick Francis, Miguel Delibes, Alice Miller, Alan Silitoe, José Saramago, Beryl Bainbridge, Brigitte Schwaiger, Harry Mulisch, Swetlana Geier, Peter O. Chotjewitz und Walter Helmut Fritz. Das Wort des Jahres ist »Wutbürger«, das Unwort »alternativlos«.

Der Berliner Ex-Finanzsenator Thilo Sarrazin hält mit *Deutschland schafft sich ab* der Republik ein Stöckchen hin, über das, Kanzlerin voran, alle drüberspringen: ein Trauerspiel in jeder Hinsicht. Comedians und Comedyautoren stürmen die Bestsellerliste mit oft flauen Texten über Familienzuwachse und Gruppenreisen in Afrika. Im Gefolge von J.K. Rowlings Harry-Potter-Romanen versuchen sich etliche Trittbrettfahrer an Internatsromanen mit allerlei magischen Wesen.

AUGUST 2010

Belletristik

10) Henning Mankell: *Der Feind im Schatten* (Deutsch von Wolfgang Butt, 591 S., 26 €)
Auch Mankells zehnter und vermutlich letzter Wallander-Krimi bezieht seinen beträchtlichen Reiz aus der niederschmetternden Aussichtslosigkeit des Kampfs seines Helden: Wallander steht für die Sehnsucht nach Heimat in der globalisierten Welt, das Beharren auf Individualität in der vermassten Gesellschaft, den aussichtslosen Widerstand gegen die alles zermalmende Zeit. Wer fragt da schon groß nach der Plausibilität der Krimi-Handlung um U-Boot-Spionage und das Erbe des Kalten Krieges?

9) Paul Auster: *Unsichtbar* (Deutsch von Werner Schmitz, Rowohlt, 316 S., 19,95 €)

Paul Auster in Hochform: Der große Brückenbauer zwischen der US-amerikanischen und der europäischen Literatur hat einen genial konstruierten Roman über Geld und Kunst, Liebe, Verbrechen und Moral geschrieben. Wie immer bei Auster wird Philosophie als Thriller erzählt, in diesem Fall die Geschichte eines amerikanischen Faust, der sich von einem europäischen Teufel verführen lässt. »Was, wenn sein Doppelleben kein Doppelleben, sondern ein Dreifachleben ist?«, fragt eine Figur am Ende des Romans – doch ganz so einfach geht es dank Paul Austers souveräner Erzählkunst in diesem Buch zum Glück nicht zu.

8) Sebastian Fitzek: *Der Augensammler* (Droemer, 442 S., 16,95 €)
Auf der ersten bzw. letzten Seite dieses rückwärts erzählten, aber vorwärts wie rückwärts gleich dummen deutschen Gewaltpornos steht: »Ein Ratschlag, den ich Ihnen jetzt schon geben möchte: Lesen Sie nicht weiter!« Diesem Ratschlag schließe ich mich gerne an.

7) Cecelia Ahern: *Ich schreib dir morgen wieder* (Deutsch von Christine Strüh, Krüger, 366 S., 16,95 €)
»Liebes Tagebuch, ich hasse mein Leben. Kurz gesagt ist es Folgendes: Mein Dad hat sich umgebracht, wir haben unser Haus und überhaupt alles ver-

loren, ich mein ganzes Leben, Mum ihren Verstand, und jetzt wohnen wir bei zwei Soziopathen im hinterletzten Kaff.« Wäre dies der Beginn des neuen Romans der irischen Autorin Cecelia Ahern, es wäre ihr erster guter. Leider aber steht diese Eintragung in einem magischen Tagebuch auf Seite 128 von *Ich schreib dir morgen wieder*, und alles in diesen wenigen Sätzen Zusammengefasste wurde genauso haarklein und vorhersehbar auserzählt wie der Rest dieser Schmonzette um eine 16-jährige Waise, die auf dem platten Land von mildtätigen Nonnen in die wahren Werte ewiger Herzensbildung eingeführt wird.

6) Jilliane Hoffman: *Mädchenfänger* (Deutsch von Sophie Zeitz. Rowohlt, 461 S., 19,95 €)
Eine verschwundene 13-Jährige, ein Ermittler, dessen Tochter Kathy ebenfalls vermisst wird, ein psychopathischer Serienkiller, der seine Opfer in Öl malt: Mindestens so abstoßend wie die geschilderten Verbrechen ist Jilliane Hoffmans moralische Selbstgerechtigkeit in diesem müden Routinekrimi und ihre alberne pauschale Verdammung des »großen bösen Internet«. Wes Geistes Kind dieser Roman ist, offenbart sich in Dialogpassagen wie: »Ich glaube, die Verletzung wurde gnädigerweise post mortem zugefügt – das heißt, nachdem sie tot war.«

5) Stephenie Meyer: *Bis(s) zum Ende der Nacht* (Deutsch von Sylke Hachmeister, Carlsen, 788 S., 24,90 €)
Gegen die aufgeblähten Schmachtfetzen der Mormonin aus Arizona helfen scheinbar weder Knoblauch noch Weihwasser oder Silberkugeln: Die Gesamtauflage von Meyers bislang vier Romanen um die prüde Schöne Bella Swan und den höflichen Vampir Edward Cullen beträgt über 100 Millionen Exemplare. Doch erfahrene literaturkritische Exorzisten wissen: Lautes Vorlesen enttarnt den adjektivüberladenen Stammelstil Meyers, ihre totale Unfähigkeit zum Malen von Stimmungen ebenso wie ihr Unvermögen, abstrakte Gedanken darzustellen. Zurück bleibt nur ein von Lachtränen benetztes jämmerliches Häufchen Asche.

4) Leonie Swann: *Garou* (Goldmann, 415 S., 22,99 €)
Zugegeben: Ich war wild entschlossen, diese Fortsetzung des brillanten Schafskrimis *Glennkill* unnötig, doof und kommerziell abgeschmackt zu finden, einfach weil Fortsetzungen zu brillanten Krimis immer unnötig, doof und kommerziell abgeschmackt sind.

Aber das französische Abenteuer der irischen Schafe um einen *loup-garou* hat mein Leserherz gewonnen, schneller als ich »Niedlich!« sagen konnte. Werde ich am Ende einfach zu weich?

3) Jussi Adler-Olsen: *Erbarmen* (Deutsch von Hannes Thiess, dtv, 419 S., 14,90 €)
Der erste Fall von Vizekriminalkommissar Carl Mørck und seinem syrischen Assistenten Hafez el-Assad um eine vor fünf Jahren verschwundene dänische Politikerin bietet mäßig spannende skandinavische Krimi-Konfektion.

2) Stephenie Meyer: *Bis(s) zum ersten Sonnenstrahl* (Deutsch von Katharina Diestelmeier, Carlsen, 205 S., 15,90 €)
In diesem mit 200 Seiten für Meyer'sche Verhältnisse Winzling von einem Buch greift die Autorin eine Nebenfigur auf, die einen kleinen Auftritt im dritten Band von Meyers Blut-und-Hoden-Story hatte: die 15-jährige Bree Tanner. Bree ist die klassische *damsel in distress*, eine Jungfrau in Bedrängnis, die im Hochzeitskleid Kohlen schippen

könnte, ohne dass auch nur ein Stäubchen ihre Makellosigkeit beeinträchtigen würde. Offenbar plagte Stephenie Meyer das schlechte Gewissen, wie lieblos sie diese Figur über die Klinge springen ließ. Doch in dem Versuch, poetische Gerechtigkeit herzustellen, verschlimmbesserte sie alles: Meyer hat wieder einen von Moral triefenden Roman geschrieben, einer Moral, deren besondere Perfidie gerade darin besteht, dass sie einen Sinn unterstellen muss für einen sinnlosen Tod.

1) Ferdinand von Schirach: *Schuld* (Piper, 208 S., 17,95 €)
Angesichts des unsäglichen Schrotts auf dieser Bestsellerliste ist diese Sammlung von Anekdoten aus der Feder eines Strafverteidigers fast ein akzeptables Buch. Spannend sind die sehr simplen Storys um vermeintliche Kinderschänder, scheinbar tumbe Drogendealer und abgestumpfte Vergewaltiger allerdings. Bloß liefern sie wenig mehr als die Zeitungsseite mit den Polizeiberichten und den vermischten Meldungen. Mir scheint, sie leben hauptsächlich vom Kick des Authentischen, vom Grusel des »Das haben Sie alles selbst erlebt!?«. Das aber ist ein geborgtes Leben, das Gegenteil von Literatur. Wer etwas über Recht und Gerechtigkeit erfahren möchte, lese William Gaddis' Roman *In letzter Instanz* – besser als 1000 Bestseller.

SEPTEMBER 2010

Sachbuch

10) Eckart von Hirschhausen: *Glück kommt selten allein* (Rowohlt, 384 S., 18,90 €)
»Was zählt, sind die Beziehungen, die Menschen, die Herzen«, schreibt Glückslotse Hirschhausen auf Seite 121 und fährt fort: »Das mag banal klingen, aber mal ehrlich …« Wann immer Sie in einem Buch auf Formulierungen stoßen wie »aber mal ehrlich«, können Sie sicher sein, dass Sie im Begriff stehen, belogen zu werden. In der Welt der kommerziellen Glückskekse zählt nur eins: Ihr Geld.

9) Thilo Bode: *Die Essensfälscher* (S. Fischer, 222 S., 14,95 €)
Wie internationale Lebensmittelkonzerne im Verein mit profitgierigen Produzentenverbänden und rückgratlosen Politikern über die Herkunft, Herstellung und Qualität unserer Nahrungsmittel lügen, betrügen und manipulieren, erfahren Sie aus diesem lesenswerten Buch. Sie können aber auch einfach in einen deutschen Supermarkt oder Discounter gehen und sich mit eingeschaltetem Gehirn das Gros der dort feilgebotenen Waren ansehen.

8) Margot Käßmann: *In der Mitte des Lebens* (Herder, 160 S., 16,95 €)
So gewinnend die Autorin, so unausgegoren wirkt dieses Machwerk. Zwischen den Buchdeckeln von *In der Mitte des Lebens* findet nun wirklich alles seinen Platz: ob Brustkrebsdiagnose, der Einsatz für zwangsverheiratete iranische Christen oder Sterbebegleitung. Man mag dieses Buch einen Kuddelmuddel, ein Hoppelpoppel oder einen Mischmasch nennen: Unverdaulich ist es in jedem Fall.

7) Jonathan Safran Foer: *Tiere essen* (Deutsch von Brigitte Jakobeit, Isabel Bogdan und Ingo Herzke, Kiepenheuer & Witsch, 399 S., 19,95 €)
Ein wichtiges Thema, ein sprachmächtiger Autor, ein genial komponierter Essay – und doch liegt mir dieses Buch wie Blei im Magen. Mich stört das auf den Zeitgeist Kalkulierte daran, der sehr amerikanische neopuritanische Rigorismus. Wohlgemerkt: Foer hat recht, weniger Fleisch essen ist gut! Aber Rechthaben kann manchmal so

verdammt unsympathisch sein, dass ich nie größere Sehnsucht nach einer Currywurst empfand als nach Lektüre dieses Buchs.

6) Ulrich Detrois: *Höllenritt* (Econ, 256 S., 18 €)
Die Komik dieser absurd schlecht geschriebenen Memoiren eines Ex-Zuhälters und Hells Angels aus Kassel resultiert zum einen aus dem *clash of cultures* zwischen Provinzmief und Schwerkriminellenattitüde, zum anderen aus der quengeligen Selbstgerechtigkeit, mit der sich ein deutscher Vereinsmeier darüber aufregt, Opfer einer Intrige seiner Clubkameraden geworden zu sein.

5) Roger Willemsen: *Die Enden der Welt* (S. Fischer, 541 S., 22,95 €)
Schaulust und Wissensdurst prägen dieses Buch. Goethes schönem Satz zufolge sieht man erst, was man weiß. Roger Willemsen weiß zum Glück wahnsinnig viel und erzählt in 22 Reisereportagen vom Nordpol und Hongkong, von Patagonien und Timbuktu – und von einem, der auszog, das Ende der Welt zu suchen, und sich selbst dabei immer haarscharf verpasst.

4) Stephen Hawking und Leonard Mlodinow: *Der große Entwurf* (Deutsch von Hainer Kober, Rowohlt, 192 S., 24,95 €)
Als neuestes Kaninchen aus dem Zylinder ihrer Welterklärungsmodelle ziehen Hawking und Mlodinow die sogenannte M-Theorie: Diese M-Theorie postuliert elf Raumzeitdimensionen und bis zu 10 hoch 500 verschiedene Universen mit jeweils eigenen Gesetzen. Wenn ich das richtig verstanden habe, könnte dies bedeuten, dass ein anderer Scheck in einem anderen Universum mit anderen Gesetzen dieses sehr gute populärwissenschaftliche Sachbuch verreißen würde. Unterziehen wir die M-Theorie also dem Praxistest und versuchen es: nnnnnnnnnnnnnnnnnnnnnnnnnnnnnnnnnnnnnnnnn nnnnnnnnnnnnnnnnnnnnnnnnnnnnnnnnnnnnnn … Wie Sie sehen, Einstein hat recht: Gott würfelt nicht.

3) Natascha Kampusch, Heike Gronemeier und Corinna Milborn: *3096 Tage* (List, 288 S., 19,95 €)
Die Autobiografie des Opfers einer unvorstellbar langen Entführung, geschrieben mithilfe zweier Co-Autorinnen in Ich-Form. Ich habe dieses Buch mit sehr spitzen Fingern gelesen, weil ich fürchtete, hier sei jemand ein zweites Mal zum Opfer geworden: Opfer von Agen-

ten, Ghostwritern und Verlegern. Aber auch wenn *3096 Tage* natürlich Futter für den Medienzirkus bereitstellt, ist es doch mehr: das Dokument einer Selbstermächtigung und die Zurückweisung der banalen Psychologisierungsmuster des Boulevards. »Es berührt die Menschen unangenehm, wenn ihre Kategorien von Gut und Böse ins Wanken geraten und sie damit konfrontiert werden, dass auch das personifizierte Böse ein menschliches Antlitz hat«, schreibt Kampusch. Ein starker Satz, ein gutes Buch.

2) Kirsten Heisig: *Das Ende der Geduld* (Herder, 208 S., 14,95 €)
Gibt es sie wirklich, die von Kirsten Heisig diagnostizierte Brutalisierung der Jugendlichen in Deutschland? Die Thesen der verstorbenen Richterin sind unter Kriminologen umstritten. In jedem Fall augenöffnend ist aber die empirische Wucht der Fallgeschichten, in denen Heisig angenehm unideologisch dafür plädiert, jugendliche Straftäter schärfer in die Schranken zu weisen.

1) Thilo Sarrazin: *Deutschland schafft sich ab* (DVA, 464 S., 22,99 €)
»Im Kern ist das deutsche Bildungsproblem vor allem auch ein Problem der muslimischen Migranten«, schreibt Thilo Sarrazin. Nach dem, was sich in den letzten Wochen rund um dieses Buch abgespielt hat, muss man das bezweifeln. Die Bundeskanzlerin persönlich betätigt sich neuerdings als Literaturkritikerin und lässt über Regierungssprecher ausrichten, welche neuen Sachbücher der Saison mehr oder weniger »hilfreich« seien. Nach dieser Maßregelung aus dem Kanzleramt wurde der Autor in beschämender Weise vom deutschen Bundespräsidenten zum Abschuss freigegeben und von seinem Arbeitgeber, der Deutschen Bank, weisungsgemäß geschasst. Ich glaube, die bildungsfernen Schichten in Deutschland sitzen zurzeit im Kanzleramt, im Schloss Bellevue und in der Bundesbank. Und was Sarrazins absurd vulgär darwinistische Thesen angeht, weiß der süddeutsche Volksmund schon lange um die bedauerliche Überbewertung angeborener Intelligenz im Vergleich zum arg vernachlässigten Denken: »Unta da kloansten Schteppdeckn ko da gräsde Depp steckn.«

OKTOBER 2010

Belletristik

10) Melinda Nadj Abonji: *Tauben fliegen auf* (Jung und Jung, 314 S., 22 €)
Im Mittelpunkt von *Tauben fliegen auf* steht eine Familie aus der ungarischen Minderheit Serbiens, die in die Schweiz auswandert und dort ein Café eröffnet. Voller Stolz schreibt die Neuschweizer Familie ihr erstes Mittagsmenü auf eine Kreidetafel und bringt dabei vor lauter Anpassungseifer mit »Kartoffelstock« und »Rübligemüse« gleich zwei Helvetismen in drei Zeilen unter. Ausgezeichnet mit dem Deutschen Buchpreis, steht Melinda Nadj Abonji ganz zu Recht auf dieser Bestsellerliste. Ein starkes Buch über den Preis der Assimilation.

9) Cordula Stratmann: *Sie da oben, er da unten* (KiWi, 204 S., 13,95 €)
Schöne Idee: Ein Mann erdrosselt seine Frau, worauf diese vom Himmel aus beobachtet, was er sich auf Erden einbrockt. Weil Stratmann den Himmel als spießige Hölle schildert, liest sich das vergnüglich. In jedem Fall aber gewinnt sie den ersten Preis im Wettbewerb um den originellsten Satz in einem Unterhaltungsroman: »›Was ist denn das?!‹, unterbrach Marzahn ihre Gedanken, zog die Hand aus einer ihrer Darmschlingen heraus und hielt einen Eierlöffel aus Perlmutt in der Hand.«

8) Tommy Jaud: *Hummeldumm* (Argon, 320 S., 13,95 €)
Warum bloß stimmt mich Jauds läppische Geschichte um deutsche Urlauber in Afrika und eine Eigentumswohnung in Köln so aggressiv? Es muss mit der Zweifellosigkeit zu tun haben, mit dem dauernden Appell zum Mitklatschen, mit Jauds Und-jetzt-alle-Gestus. Schlechtes Buch.

7) Ildikó von Kürthy: *Endlich!* (Wunderlich, 320 S., 17,95 €)
Das Wunder der menschlichen Geburt ist immer wieder staunenswert. Von Kürthy fasst es in ihrem Roman über die Midlife-Crisis einer 40-Jährigen in dem eindrucksvollen lyrischen Bild: »Das ist ja, als würde man einen Medizinball kacken!« Leider hält der Roman diesen hohen Ton nicht konsequent durch, sondern wird stellenweise derb und vulgär.

6) Jonathan Stroud: *Bartimäus – der Ring des Salomo* (Deutsch von Katharina Orgaß und Gerald Jung, cbj, 480 S., 18,99 €)
Dieses Jugendbuch über einen eitlen Dämon am Hofe König Salomos ist durch und durch zynisch, macht sich über Heimat, Staat und Religion lustig und stellt gottverliehene Autorität infrage. Ein Jugendbuch nach meinem Geschmack.

5) Jonathan Franzen: *Freiheit* (Deutsch von Bettina Abarbanell und Eike Schönfeld, Rowohlt, 736 S., 24,95 €)
Neun Jahre nach den *Korrekturen* erzählt Franzen einen weiteren Familienroman. Diesmal im Zentrum: eine liberale, politisch aufgeklärte, ökologisch engagierte Obama-Wähler-Familie. Kennen Sie das Gefühl, dass ein Buch mehr über einen weiß als man selbst? Franzens *Freiheit* ist eines dieser seltenen Bücher. Ich kenne keinen anderen zeitgenössischen Autor, der so glaubhafte Charaktere aufs Papier bannen kann.

4) Cornelia Funke: *Reckless – Steinernes Fleisch* (Dressler, 346 S., 19,95 €)

Nach der *Tintenwelt* hat die erfolgreichste deutsche Autorin der Gegenwart einen neuen Fantasykosmos entworfen: Funke erzählt von den Brüdern Jake und Will, Wiedergängern von Jakob und Wilhelm Grimm, und dekoriert ihre Geschichte mit Kulissen aus dem Fundus von Grimms Märchen plus »Tischlein deck dich« und »Knüppel aus dem Sack«. Der Anfang kam mir zwar holperig vor, wahrscheinlich hatte ich Eingewöhnungsschwierigkeiten beim literarischen Weltenwechsel. Dann aber hat mich dieser Roman gepackt und gut unterhalten.

3) Jussi Adler-Olsen: *Erbarmen* (Deutsch von Hannes Thiess, dtv, 420 S., 14,90 €)
Der erste Fall des aus Carl Mørck und seinem Assistenten Hafez el-Assad bestehenden Ermittlerduos besticht weniger durch den abstrusen Fall einer seit Jahren entführten dänischen Politikerin als durch die Beschreibung des Büroalltags zweier Polizisten mit schwerem Karriereknick.

2) Jussi Adler-Olsen: *Schändung* (Deutsch von Hannes Thiess, dtv, 460 S., 14,90 €)
In Adler-Olsens zweitem Mørck-Krimi wird es leider öd: Nun verstärkt eine direkt der Klischeekiste entsprungene Sekretärin das Team; Sozialromantizismen kippen in Hass auf »die Reichen«, und der Plot ist so fad, dass Adler-Olsen dieses Buch mit viel Sex und Brutalität zu einem verzwungenen Gewaltporno aufzwirbelt.

1) Ken Follett: *Sturz der Titanen* (Deutsch von Rainer Schumacher und Dietmar Schmidt, Lübbe, 1024 S., 28 €)
Eine moderne Version von *Krieg und Frieden* will Follett in diesem Roman um drei Familien aus England, Deutschland und Russland schreiben: Geschichte verlebendigen, indem man sie personalisiert. Süffig erzählen kann er. Weil Follett aber die politischen, kulturellen und philosophischen Ideen des 20. Jahrhunderts in Dialoge packt, ächzen diese unter dem Ballast und lesen sich wie Bekennerschreiben der RAF: »Anarchismus ist die Überzeugung, dass niemand das Recht zu herrschen hat. In allen politischen Philosophien, vom Gottesgnadentum der Könige bis hin zu Rousseaus Gesellschaftsvertrag, wird der Versuch unternommen, Autorität zu rechtfertigen. Anarchisten glauben, dass alle diese Theorien zum Scheitern verurteilt sind; deshalb ist keine Form der Autorität legitim.« Es gibt dümmere Schmöker: Auf Platz eins der Bestsellerliste aber gehört dieses Werk nicht.

NOVEMBER 2010

Sachbuch

10) Roger Willemsen: *Die Enden der Welt* (S. Fischer, 541 S., 22,95 €)
Oft besteht der Zaun am Ende der Welt aus den Brettern vor unseren eigenen Köpfen. Roger Willemsen entgeht dieser Gefahr in seinen gesammelten Reisereportagen, weil er die Augen aufmacht, die Ohren spitzt und die Welt nicht mit einer Vorlage für eine Powerpoint-Präsentation verwechselt.

9) Kirsten Heisig: *Das Ende der Geduld* (Herder, 208 S., 14,95 €)
Ein Buch, das unangenehme Fragen stellt: Warum vermag unsere Gesellschaft Kleinkriminalität nicht mehr effektiv zu sanktionieren? Wer hat den für jede Erziehung grundlegenden Mechanismus lahmgelegt, dass auf Regelübertretungen schnelle und konsequente Strafen folgen müssen? Die verstorbene Richterin Kirsten Heisig zeigt, wie man es besser machen könnte.

8) Axel Hacke und Giovanni di Lorenzo: *Wofür stehst Du?* (Kiepenheuer & Witsch, 230 S., 18,99 €)
Zwei der wortgewandtesten Sympathiefexe der Republik, Axel Hacke und Giovanni di Lorenzo, denken in einem kurzweiligen Wirbel autobiografischer Anekdoten darüber nach, was in ihren Wertvorstellungen sie fürs Leben geprägt hat. Das kann die Lebensweisheit des Opas sein oder ein Gedicht von Ingeborg Bachmann. In einem sind sie sich einig: »Was zu den größten Aufgaben eines jeden Menschen zählt: eine eigene Haltung zu entwickeln. Nicht ohne Bewusstsein im Strom der vielen zu leben.«

7) Thilo Bode: *Die Essensfälscher* (S. Fischer, 222 S., 14,95 €)
Vorsicht: Dieses Buch könnte Sie so wütend auf den kulinarisch-industriellen Komplex in Europa machen, dass Sie nicht nur die Lust am Schwarzwälder Schinken verlieren, sondern überhaupt am konfektionierten Industriefraß. Am Ende fangen Sie wirklich an zu kochen.

6) Eckart Conze, Norbert Frei, Peter Hayes und Moshe Zimmermann: *Das Amt und die Vergangenheit* (Blessing, 880 S., 34,95 €)
Die Splitter, Balken und blinden Flecken in der Wahrnehmung unserer Altvorderen entbehren oft nicht einer gewissen Komik. Die Legende vom aufrechten, vom anständig gebliebenen deutschen Diplomaten zählt dazu. Diese Studie belegt, dass sich das Auswärtige Amt den Nazis willig zur Verfügung stellte, ja mit ihnen teilweise identisch war. Wie denn auch anders in einem System, das man Totalitarismus nennt? Für mich hat dieses Buch daher den Nachrichtenwert, dass in Kläranlagen menschliche Exkremente gefunden wurden. Lesenswert ist es dennoch.

5) Ronald Reng: *Robert Enke* (Piper, 426 S., 19,95 €)
Dieses Buch trägt bei aller aufklärerischen Absicht zum Thema Depression seinen Teil bei zur idiotischen Heroisierung des Sports, zur Verblödung insbesondere deutscher Männer und zur Verödung unserer Medien durch die groteske Überschätzung jenes nationalen Irrsinns namens Fußball, der daraus resultierenden Überhöhung des Banalen und der Banalisierung des Hehren, zum Verlust von Werten und zur Eintrübung des ästhetischen Geschmacks. Früher wurden solche Bücher über abgeschossene Flieger oder ums Leben gekommene Entdeckungsreisende geschrieben.

4) Richard David Precht: *Die Kunst, kein Egoist zu sein* (Goldmann, 544 S., 19,99 €)
Richard David Precht erklärt uns, wie der Mensch moralfähig wurde, warum Wirtschaft und Politik auch ohne Moral blendend funktionieren und wieso dennoch »eine Wiederbelebung bürgerlicher Tugenden« erforderlich ist. Ein gutes Buch, das bessere Menschen aus uns machen kann.

3) Loki Schmidt: *Auf dem roten Teppich* (Hoffmann und Campe, 233 S., 20 €)
Dieses schnörkellose Interviewbuch bietet noch einmal Gelegenheit, die Stimme einer Frau zu vernehmen, die fehlt: die Stimme von Loki Schmidt. Schwer zu sagen, ob das nun eine *oral history* der Bundesrepublik oder nicht eher eine Sammlung netter Dönekens aus dem Kanzlerbungalow ist. Empfehlen kann ich in jedem Fall das letzte Buch von Loki Schmidt, das sie zusammen mit dem Biologen Lothar

Frenz geschrieben hat: *Das Naturbuch für Neugierige* dokumentiert ihre lebenslange Passion als Naturforscherin und bringt einem alles Wissenswerte über Klatschmohn und Torfmoose nahe.

2) Keith Richards und James Fox: *Life* (Deutsch von Willi Winkler, Ulrich Thiele und Wolfgang Müller, Heyne, 736 S., 26,99 €)
Dieser Autor soll, so erfahre ich aus seinem Buch, mit einer englischen Musikkapelle seit mehreren Jahrzehnten nicht unerfolgreich musizieren. Das freut mich von ganzem Herzen für ihn. Denn wie diese wirr zusammengestoppelte Lebensbeschreibung belegt: Schreiben kann er selbst dann nicht, wenn ihm ein Journalist die Feder führt.

1) Thilo Sarrazin: *Deutschland schafft sich ab* (DVA, 464 S., 22,99 €)
Ein in seinen biologistischen Argumentationen reichlich irres, aber kein triviales Buch. 50 000 Euro für jedes Kind von einer Akademikermutter vor Vollendung ihres 30. Lebensjahres schlägt der einstige Berliner Finanzsenator vor, »allerdings nur selektiv eingesetzt«, so Sarrazin, für eine »höhere Fruchtbarkeit zur Verbesserung der sozioökonomischen Qualität der Geburtenstruktur«. Ich sage dazu: deutsche Karnickelprämie, und möchte lieber aussterben als in solch einer Sarrazin-Welt zu leben.

2009

Sind Bücher Spiegel oder Fenster?

Ein befreundeter Psychiater, der bei mir einmal zu Gast war, sagte mit Blick auf meine Bücherwände: »Denis, wovor hast du eigentlich so große Angst, dass die Mauern deines Hauses dir nicht genügen und du eine zweite Mauer aus Büchern davor errichten musst?« Ich war verblüfft über diese Sicht, zum Glück aber schlagfertig genug, um zu antworten: »Das sind keine

Mauern, das sind Fenster!«

Jedes Buch öffnet den Blick in eine andere Welt und verhindert, dass wir unserer zu gewiss sind, uns zu gemütlich in unserer, wie das neudeutsch heißt, Bubble einrichten und uns zu prima finden. So verstehe ich jedenfalls Franz Kafkas wundervollen Satz: »Im Kampf zwischen dir und der Welt sekundiere der Welt.«

Vielleicht habe ich mir diese Lust am Widerspruch, am Sichinfrage-Stellen und am Neudenken aus meiner Kindheit als eifriger Science-Fiction-Leser bewahrt. Damals konnte es mir gar nicht radikal genug zugehen. Ich berauschte mich regelrecht an Ideen-Romanen und -Erzählungen. Sex mit Aliens wie in Philipp José Farmers *Die Liebenden*? Ein Junge in einer postapokalyptischen Welt muss sich entscheiden zwischen seiner Liebe zu einem Mädchen und seiner Liebe zu seinem Hund wie in Harlan Ellisons *A Boy and His Dog*? Ein Telepath verliert im Alter von 41 Jahren seine Gabe wie in Robert Silverbergs *Es stirbt in mir*? Sechs Individuen verschmelzen zu einem Kollektivwesen wie in Theodore Sturgeons *More Than Human*? Außerirdische wechseln ihr Geschlecht, wenn sie einmal im Monat in die Mauser kommen wie in Ursula K. LeGuins *Die linke Hand der Dunkelheit*? Immer her damit! Solche Bücher waren mir Fenster in fremde Welten, unbekannte Lebensweisen, Kulturen oder Perspektiven. Sie ermöglichten mir, über den eigenen Horizont hinauszublicken und neue Erfahrungen zu machen, indem sie mir fremde Gedanken, Ideen und Lebensrealitäten präsentierten. Mit anderen Worten: meine Blase zum Platzen zu bringen.

Wenn ich mitunter die deutsche Gegenwartsliteratur von heute sichte, kommt mir das Angebot hingegen reichlich fad vor, und ich drohe ein wenig nostalgisch zu werden, was die Leseabenteuer meiner Kindheit angeht … gewiss eine Alterserscheinung. Dann aber denke ich wieder an einen anderen Lieblingsautor meiner Jugend, Kurt Tucholsky, und seinen ebenso wunderbaren Satz: »Nichts ist schöner und nichts erfordert mehr Charakter, als sich in offenem Gegensatz zu seiner Zeit zu befinden und laut zu sagen: Nein!« Genau, denke ich heute, das fehlt – nicht nur in der Politik, sondern in der Gesellschaft generell. Auch und gerade in der Kultur. Köpfe, die den Mut zum Widerspruch haben und sich trauen, die Nacktheit mancher Kaiser unserer Gegenwart zu konstatieren. Aber vielleicht gehört noch mehr Mut dazu, in unseren selbstbezüglichen Zeiten an die Größe von scheinbar aus der Zeit Gefallenen wie Hölderlin, Fontane oder Kafka zu erinnern?

Natürlich sind Bücher immer beides: Fenster und Spiegel zugleich. Mir war es zwar immer ein Grauen, wie ein in einem Käfig eingesperrter Kanarienvogel ein Buch wie einen Spiegel zu benutzen und ihm unablässig die Frage zu stellen: Bin ich schön? Ich will mich mit meinen Gedanken, Gefühlen und Erfahrungen nicht unbedingt in einer Romanfigur spiegeln. Ich genieße vielmehr die Differenz. Wer vermag sich schon etwa mit Blutwurst und Leberwurst aus einem meiner Lieblingsmärchen, »Die wunderliche Gasterei« der Brüder Grimm, wirklich zu identifizieren? Es ist ein sehr kurzes

Märchen, in dem mir aber immer etwas vom potenziell mörderischen Nationalcharakter von uns Deutschen aufzublitzen schien: »Auf eine Zeit lebte eine Blutwurst und eine Leberwurst zusammen, und die Blutwurst bat die Leberwurst zu Gast. Wie es Essenszeit war, ging die Leberwurst ganz vergnügt zu der Blutwurst, als sie aber in die Hausthüre trat, sah sie allerlei wunderliche Dinge, auf jeder Stiege der Treppe, deren viele waren, immer etwas anderes, da war ein Besen und eine Schippe, die sich miteinander schlugen, dann ein Affe mit einer großen Wunde am Kopf und dergleichen mehr. Die Leberwurst war ganz erschrocken und bestürzt darüber, doch nahm sie sich ein Herz, ging in die Stube und wurde von der Blutwurst freundschaftlich empfangen. Die Leberwurst hub an, sich nach den seltsamen Dingen zu erkundigen, die draußen auf der Treppe wären, die Blutwurst that aber, als hörte sie es nicht, oder als sey es nicht der Mühe werth, davon zu sprechen, oder sie sagte etwa von der Schippe und Besen: ›Es wird meine Magd gewesen seyn, die auf der Treppe mit jemand geschwätzt‹, und brachte die Rede auf etwas anderes. Die Blutwurst ging darauf hinaus, und sagte, sie müsse in der Küche nach dem Essen sehen, ob alles ordentlich angerichtet werde, und nichts in die Asche geworfen. Wie die Leberwurst derweil in der Stube auf und ab ging, und immer die wunderlichen Dinge im Kopf hatte, kam jemand, ich weiß nicht, wers gewesen ist, herein und sagte: ›Ich warne dich, Leberwurst, du bist in einer Blut- und Mörderhöhle, mach dich eilig fort, wenn dir dein Leben lieb ist.‹ Die Leberwurst besann sich nicht lang, schlich die Thür hinaus und lief, was sie konnte, sie stand auch nicht eher still, bis sie aus dem Haus mitten auf der Straße war. Da blickte sie sich um, und sah die Blutwurst oben im Bodenloch stehen mit einem langen, langen Messer, das blinkte, als wärs frisch gewetzt, damit drohte sie, und rief herab: ›Hätt ich dich, so wollt ich dich!‹

Bis heute kann ich dieses seltsamerweise sehr unbekannte Grimm'sche Märchen nicht ohne Gänsehaut lesen. So sehr ich wünsche, es wäre nur ein Fenster in eine absurde Welt, die mit der unseren rein gar nichts zu tun hat, ich fürchte, es verhält sich anders. Dieser Text scheint mir denn doch ein Spiegel, und zwar ein überaus grausamer. Ein Spiegel, der unsere mörderische, erbarmungslose Seite zeigt. An unseren Grenzen, auf unseren Meeren müssen bis heute viele Menschen die Erfahrung der Leberwurst wiederholen – so sie denn Glück haben. Im Idealfall ist »Die wunderliche Gasterei« ein Spiegel, der uns dabei hilft, ein wenig vor uns selbst zu erschrecken.

★

Die Erschütterungen der globalen Finanzkrise setzen sich fort, Griechenlands Bonität wird herabgestuft, die griechische Staatsschuldenkrise gerät in den Fokus internationaler Aufmerksamkeit. Nach den Wahlen zum Bundestag im September bilden CDU und FDP eine schwarz-gelbe Koalition. In Köln stürzt das Historische Archiv ein, zwei Menschen sterben. Satoshi Nakamoto, ein Pseudonym für eine bis heute unbekannte Person oder Gruppe von Personen, schürft die ersten Bitcoins.

Ein Jahr der starken Frauen, was die Literaturpreise anlangt: Die in Berlin lebende Herta Müller, kompromisslose Protokollantin der Schrecken des Totalitarismus, wird mit dem Literaturnobelpreis ausgezeichnet. Im selben Jahr veröffentlicht Herta Müller ihren Roman *Atemschaukel*, in dem sie die Jahre im Arbeitslager des in die Ukraine deportierten Rumäniendeutschen Oskar Pastior nachzeichnet. Die Britin Hilary Mantel gewinnt mit ihrem historischen Roman *Wolf Hall* um den Lordkanzler Heinrichs VIII., Thomas Cromwell, den Booker Prize, Elizabeth Strout für *Olive Kitteridge* den Pulitzer, Marie Ndiaye für ihren Roman *Drei starke Frauen* den Prix Goncourt. Der weitgehend unbekannte Österreicher Walter Kappacher erhält den Georg-Büchner-Preis – und bleibt auch danach weitgehend unbekannt. Die Literaturwelt trauert um Johannes Mario Simmel, Inger Christensen, Elisabeth Alexan-

der, John Updike, J. G. Ballard, Frank McCourt, Elfriede Gerstl, Marylinne French, Adolf Endler, Gertrud Fussenegger, Raymond Federman, Angela Praesent, Hugo Loetscher und Fritz Vogelgsang. Wort des Jahres ist »Abwrackprämie«, Unwort des Jahres »betriebsratsverseucht«.

Jürgen Neffe liefert zum 200. Geburtstag Charles Darwins ein Meisterstück der Biografik, Rüdiger Safranski zieht mit seinem klug analysierenden Buch *Goethe & Schiller* über das sich in eine Männerfreundschaft wandelnde Konkurrenzverhältnis zwischen den beiden gleich. Altkanzler Helmut Schmidt und seine Frau Loki entwickeln sich zu Garanten für Bestsellererfolg. Richard David Precht etabliert sich als Straßenfußballer des Geistes. Hans-Olaf Henkel, Michael Jürgs und Dirk Müller leben von der viel beschworenen German Angst.

FEBRUAR 2009

Belletristik

10) Carlos Ruiz Zafón: *Das Spiel des Engels* (Deutsch von Peter Schwaar, S. Fischer, 712 S., 19,95 €)
Tempo- und actionreich schildert Ruiz Zafón sein heiß geliebtes Barcelona in dieser in den 1920er-Jahren angesiedelten unterhaltsamen Geschichte um einen Teufelspakt und einen zum James Bond der Bücher mutierenden Schriftsteller. Mehr als ein Schmöker ist *Das Spiel des Engels* allerdings nicht. Das liegt an einem Umstand, den Ruiz Zafón auf Seite 682 seines Romans sehr schön auf den Punkt bringt: »›Glauben Sie wirklich, ich hätte all diese Leute umgebracht, Inspektor?‹« heißt es da. »Er hob den Revolver und zielte auf mein Herz. ›Ich weiß es nicht, und es ist mir auch schnurzpiepegal.‹«

9) Cornelia Funke: *Tintenblut* (Dressler, 707 S., 22,90 €)
Ein Mann aus einer fremden Welt möchte nach Hause, wo der Tod auf ihn wartet. Dieser Mann heißt Staubfinger, und sein Zuhause ist ein Buch. Der Mittelband von Funkes »Tintenwelt«-Trilogie ist erstklassige Fantasy: ein Roman, der die Liebe zur Literatur zu wecken oder neu zu entfachen vermag.

8) Uwe Tellkamp: *Der Turm* (Suhrkamp, 976 S., 24,80 €)
Drangsal, Elend und Gemeinheit im Alltag der DDR lassen sich aus diesem mit dem Deutschen Buchpreis ausgezeichneten Roman erfahren. Uwe Tellkamp hat in seinem hauptsächlich in Dresden spielenden *Der Turm* die letzten sieben Jahre des anderen deutschen Staates in zum Teil berührenden Szenen aufbewahrt. Allerdings überlädt er seinen Roman durch die Anhäufung von Detail über Detail über Detail. Ergebnis: ein Roman wie ein bis zum letzten Quadratzentimeter vollgestopfter Ossi-Shop.

7) Cornelia Funke: *Tintenherz* (Dressler, 575 S., 19,90 €)
Band eins des für Erwachsene und Kinder gleichermaßen spannend zu lesenden »Tintenwelt«-Zyklus erzählt von der Buchbinderstochter Meggie, deren Vater eine »Zauberzunge« ist, also durch Vorlesen Figuren aus Büchern Wirklichkeit werden lassen oder Menschen in

Bücher hineinlesen kann. Eine faszinierende Parabel über Leben und Literatur.

6) J. K. Rowling: *Die Märchen von Beedle dem Barden* (Aus den ursprünglichen Runen übertragen von Hermine Granger und Deutsch von Klaus Fritz, Carlsen, 110 S., 12,90 €)
Wirklich nur etwas für Harry-Potter-Süchtige: ironische Märchen, kommentiert von Professor Albus Dumbledore, geschrieben von J. K. Rowling – für einen wohltätigen Zweck. Ein Buch, so spannend wie eine Obdachlosenzeitung.

5) Charlotte Roche: *Feuchtgebiete* (DuMont, 219 S., 14,90 €)
Wenig fürchte ich mehr als die Reaktion im Gewand der Avantgarde. »Loch gleich Muschi« heißt die Spielregel dieses Pipi-Kacka-Pamphlets um das Scheidungskind Helen Memel, das nur eines möchte: dass sich Mami und Papi wieder richtig doll lieb haben. Ein nicht nur sprachlich armer Roman.

4) Stephenie Meyer: *Bis(s) zum Abendrot* (Deutsch von Sylke Hachmeister, Carlsen, 557 S., 19,90 €)
Dieses alberne Buch liest sich, als hätte die Autorin einen Liebesroman der 1930er-Jahre, in dem ein Ölmagnat aus Texas namens Edward und Jacob, ein Rancher aus Oklahoma, um das Herz desselben Mädchens buhlen, in die Gegenwart übersetzt. Bei Meyer ist der Ölmagnat ein Vampir, der Rancher ein Werwolf, sonst aber ist alles exakt gleich: Das stets passive Mädchen heißt Bella, kann absolut gar nichts und sagt zu Edward oder Jacob am liebsten Sätze wie: »Kämpf!«

3) Simon Beckett: *Leichenblässe* (Deutsch von Andree Hesse, 415 S., 19,90 €)
Ein Leichenporno: handwerklich okay, dennoch so lieblos wie ein Fertiggericht. Dr. David Hunter ist Brite und hat von Arzt auf forensische Anthropologie umgeschult. Dr. Hunter hat durch einen Autounfall Frau und Tochter verloren, wurde im letzten Roman von einer Serienkillerin fast massakriert und trifft nun während einer Fortbildung in den USA, frisch verlassen von seiner Londoner Freundin und immer wieder seine Narbe am Bauch betastend, einen perversen Serienkiller. Mindestens so pervers wie der Killer ist des Autors Hang zur Übercharakterisierung.

2) Stephenie Meyer: *Bis(s) zur Mittagsstunde* (Deutsch von Sylke Hachmeister, Carlsen, 557 S., 19,90 €)
Weil Band 1 dieses Schmarrens gerade verfilmt im Kino läuft, steht auch Stephenie Meyers zweiter Roman um Bela und ihren Vampir auf der Bestsellerliste. Sonst wüsste ich auch wirklich keinen Grund dafür anzugeben.

1) Daniel Kehlmann: *Ruhm* (Rowohlt, 203 S., 18,90 €)
Weltliteratur? Vielleicht. Auf jeden Fall: ein gutes Buch. Ganz sicher ein ideales Einsteigerbuch für Leser, die sonst den Literaturmarkt verachten. Es gibt ihn tatsächlich – den elegant, intelligent und unterhaltsam erzählten Platz-eins-Bestseller. Yes we can!

JULI 2009

Sachbuch

10) Jan Fleischhauer: *Unter Linken* (Rowohlt, 351 S., 16,90 €)
Eine kurzweilige Polemik über die vermeintliche Dominanz der Linken in allen meinungsbildenden Institutionen unseres Staates, voll schöner Einsichten wie: »Was Überzeugung genannt wird, ist oft nichts anderes als eine Adaptionsleistung im Meinungsumfeld.« Dass manch Mächtiger seinen Körper im Lauf der Zeit mit dem seines Staates verwechselt, daran hat man sich gewöhnt. Jan Fleischhauer verwechselt originellerweise seinen Staat mit seiner Mutter. Diese Dame ist 73 Jahre alt und seit Jahrzehnten SPD-Mitglied. Dies führt Fleischhauer zur Diagnose: »Die Linke hat gesiegt, auf ganzer Linie, sie ist zum Juste Milieu derer geworden, die über unsere Kultur bestimmen.« Ein schöner Traum. Ich fürchte aber, gesiegt hat lediglich Jan Fleischhauers Mutter.

9) Michael Winterhoff: *Tyrannen müssen nicht sein* (Gütersloher Verlagshaus, 192 S., 17,95 €)
Vor 150 Jahren machten sich schlaue Menschen Sorgen, unsere Städte könnten bei zunehmendem Individualverkehr in naher Zukunft im Pferdemist ersticken. Der Jugendpsychiater Michael Winterhoff sorgt sich um die Schönschrift unserer Kinder, deren »feinmotorische Fähigkeiten, die zum händischen Schreiben nötig sind … durch das fast ausschließliche Tippen enorm verschlechtert« würden. Dem Vernehmen nach sind die ersten unserer Kinder schon so weit verblödet, dass sie kaum mehr in Marmor meißeln können.

8) Helmut Schmidt: *Außer Dienst* (Siedler, 350 S., 22,95 €)
Der Altkanzler entwickelt sich immer mehr zum deutschen Dalai Lama – gerade weil sich Schmidt in seiner Sicht der globalen Problemfelder überraschend meinungsfreudig zeigt: »Es ist nicht Deutschlands Aufgabe, dem religiösen Oberhaupt der kleinen, ethnisch begrenzten Sekten der tibetischen Buddhisten zur öffentlichen Anerkennung zu verhelfen. Wohl aber liegt die öffentliche Anerkennung der islamischen Weltreligion in unserem Interesse.« Ein gutes Buch ohne jede politische Gebetstrommelei.

7) Rhonda Byrne: *The Secret – Das Geheimnis* (Deutsch von Karl Friedrich Hörner, Arkana, 237 S., 16,95 €)
Diese angebliche Offenbarung der Geheimnisse des esoterischen Denkens ist eine der dreistesten und dämlichsten Beutelschneidereien auf dem deutschen Buchmarkt. Dass dieses Machwerk seit vielen Monaten auf der Bestsellerliste hierzulande steht, ist traurig und schlicht eine Schande. »Es ist so einfach, einen Pickel zu heilen wie eine schwere Krankheit«, schreibt die unverfroren lügende Autorin in bester Quacksalber-Tradition. Man möchte ihr fast den einen oder anderen Pickel wünschen.

6) Helmut Schmidt und Giovanni di Lorenzo: *Auf eine Zigarette mit Helmut Schmidt* (Kiepenheuer & Witsch, 291 S., 16,95 €).
Gleichgültig, ob er über die Fotos in Politikerbüros nachdenkt oder erfreulich unaufgeregt das Phänomen des Geburtenrückgangs seziert: Diese fast frivole Form des sehr kurzen Gesprächs lässt zur Freude des Lesers alles Apodiktische und Selbstgewisse von Helmut Schmidt abfallen. Freuen wir uns also auf mögliche Fortsetzungen: »Auf eine Nase Koks mit Helmut Kohl«, »Auf eine Kiste Brunello mit Gerhard Schröder« und »Auf eine Handvoll Ecstasy mit Angela Merkel«.

5) Michael Winterhoff: *Warum unsere Kinder Tyrannen werden* (Gütersloher Verlagshaus, 191 S., 17,95 €)
Fische sind nicht Futter, sondern Freunde, lautet die Quintessenz von *Little Nemo*. Michael Winterhoff argumentiert genau andersherum: Kinder sind nicht Partner, Kinder brauchen eine harte Hand. Ich habe keine Ahnung, wie man Kinder erzieht. Ich weiß aber genau, dass jedes Kind, das keine weiche Birne hat, sich mehr nach partnerschaftlicher Anerkennung als nach harten Händen sehnt.

4) Eduard Augustin, Philipp von Keisenberg und Christian Zaschke: *Ein Mann, ein Buch* (SZ Edition, 415 S., 19,90 €)
Ein schlau konzipiertes und genau recherchiertes Buch zum Blättern, aus dem sich zum Beispiel erfahren lässt, auf welche Weisen sich Bierflaschen ohne Öffner öffnen lassen. Der beste Ersatz für einen Vater, den sich ein Mann wünschen kann.

3) Richard David Precht: *Liebe* (Goldmann, 398 S., 19,95 €)
Das Schöne und Ungewöhnliche an Prechts Buch über die Liebe ist, wie er in optimistischem Ton einen an sich niederschmetternden Befund erstellt: »Die wenigsten Paare finden ihre Langezeitpartner wirklich toll; man kommt halt miteinander aus. Irgendetwas passt – aber das ist natürlich nicht Liebe, sondern allenfalls die Erinnerung daran; mit anderen Worten: Partnerschaft!«

2) Richard David Precht: *Wer bin ich und wenn ja wie viele* (Goldmann, 398 S., 14,95 €)
Man verlässt diese leicht lesbare, aber keineswegs flache Einführung in einige zentrale Fragen der Philosophie aufgeklärt, angenehm unterhalten und gelegentlich auch hell empört – zum Beispiel, wenn man von Precht erfährt: »In Deutschland stehen juristisch gesehen Schimpanse und Blattlaus näher beieinander als Mensch und Schimpanse.«

1) Eckart von Hirschhausen: *Glück kommt selten allein …* (Rowohlt,

383 S., 18,90 €)
Bescheren wir dem Autor dieses Sachbuchs ein wenig Glück: Ja, es gibt durchaus schlechtere Sachbücher als diese Fibel mit mehr oder minder brauchbaren Tipps und Tricks zum psychischen Eigenblutdoping. Aber zum Teufel, Hirschhausen, Sie sind der Maestro aller K(l)assen! Die numero uno! Der Champ! Caput mundi! Top of the world! Und da gehört es sich einfach nicht, mit so einem zweitklassigen Kraut-und-Rüben-Potpourri aufzutreten – eine Goldkehle wie Sie muss schon die Scala oder die Met im Visier haben und nicht die Mehrzweckhalle von Bad Segeberg.

SEPTEMBER 2009

Sachbuch

10) Wilhelm Schlötterer: *Macht und Machtmissbrauch* (Fackelträger, 412 S., 22,95 €)
Ein pensionierter bayrischer Finanzbeamter stellt höchst unbequeme Fragen über die kriminellen Verquickungen der Amigos der CSU mit Händlbratern, Bäderbetreibern und Waffenhändlern. »Warum konnte F.J. Strauß seine Machenschaften so lange treiben, bis er in die Ewigkeit abberufen wurde?«, fragt Schlötterer. »Warum habt ihr dem Mann Gefolgschaft geleistet, warum habt ihr ihn immer wieder auf den Schild gehoben?« Seine Memoiren sind ein ernüchterndes Lehrstück über Filz und Korruption und trösten nur durch eine schöne Pointe: Der Verfasser ist seit 1975 Mitglied der CSU.

9) Volker Zastrow: *Die Vier* (Rowohlt Berlin, 415 S., 19,90 €)
Der Journalist Volker Zastrow hat eine ungewöhnlich spannende und minutiös recherchierte Reportage über die vier SPD-Landtagsabgeordneten geschrieben, die Andrea Ypsilanti als hessische Ministerpräsidentin von der Linkspartei Gnaden verhinderten. Statt Helden fand Zastrow Menschen. Aus einem davon versucht er aus dramaturgischen Gründen einen Shakespeare'schen Bösewicht zu konstruieren. Da übertreibt Zastrow in meinen Augen ein wenig: Auf der Bühne in Hessen stand kein Richard III., nur ein Tartuffe.

8) Helmut Schmidt und Giovanni di Lorenzo: *Auf eine Zigarette mit Helmut Schmidt* (Kiepenheuer & Witsch, 291 S., 16,95 €).
Mit fröhlicher Schnodderigkeit verbreitet der Ex-Kanzler seine Meinungen über Geburtenrückgang (halb so wild), Kernkraft (halb so schlimm), den NATO-Doppelbeschluss (ganz richtig) sowie die Überwindung des inneren Schweinehunds (ganz wichtig). Auch wenn man Schmidt nicht immer zustimmt: Seine abgeklärte Souveranität besäßen wir wohl alle gern.

7) Rhonda Byrne: *The Secret – Das Geheimnis* (Deutsch von Karl Friedrich Hörner, Arkana, 237 S., 16,95 €)
Leicht verführbaren Jokeln falsche Komplimente in die Ohren zu

blasen, gehört zu den Grundtechniken von Bauernfängern, Quacksalbern und Wahrsagern. Diese hier geht aber einen Schritt zu weit, wenn sie ihren Lesern sagt: »Sie sind Allmacht. Sie sind Allweisheit. Sie sind All-Intelligenz. Sie sind Vollkommenheit.« So ist dieses Buch weniger eine Offenbarung esoterischen Geheimwissens als vielmehr der Offenbarungseid einer Gesellschaft, in der Anwälte ihre Sekretärinnen »auspendeln« und Steuerberater Heilkristalle aufstellen.

6) Eduard Augustin, Philipp von Keisenberg und Christian Zaschke: *Ein Mann, ein Buch* (SZ Edition, 415 S., 19,90 €)
Ein sympathisches Kompendium all dessen, was einen »ganzen Kerl« ausmacht, inklusive einer Anleitung zum Bau wirklich guter Papierflieger, Tipps zum Entfernen von Nasen- und Ohrenhaaren sowie einer ausführlichen Beschreibung, wie man mit wenig mehr als einfachen Haushaltsmitteln einen Hirsch ausstopft. Nur: Seit wann müssen Männer eigentlich Servietten falten können?

5) Inge Jens: *Unvollständige Erinnerungen* (Rowohlt, 320 S., 19,90 €)

Inge Jens ist die Herausgeberin der Tagebücher Thomas Manns, Autorin erfolgreicher Biografien und Ehefrau von Walter Jens. Ihre Rückschau auf ein fleißiges, hauptsächlich in Tübingen verbrachtes Leben ist eine durchweg angenehme und anregende, am Ende auch anrührende Lektüre, die höchstens wie Tübingen selbst ein wenig darunter leidet, dass Inge Jens auf die großen Zumutungen des Lebens, seien es der Tod, die 68er oder die Eitelkeit Hans Mayers, mit zu großer Freundlichkeit reagiert.

4) Edmund Hartsch: *Peter Maffay – auf dem Weg zu mir* (C. Bertelsmann, 416 S., 24,95 €)
Eines muss man Edmund Hartsch lassen: Faktenreichere 416 engst bedruckte Seiten über einen zweitrangigen deutschen Unterhaltungsmusiker kann man sich kaum vorstellen. Wie macht Hartsch das? Ganz einfach – Maffay kommt aus Siebenbürgen, also beginnt das Kapitel über seine Herkunft so: »Um 1526 wurde das ungarische Heer von den Türken bei Mohács überrannt und vernichtend geschlagen. Transsilvanien und das Gebiet des heutigen Rumäniens fielen dem Osmanischen Reich zu …« Bis zur Erfindung der Schallplatte sind gefühlte 200 Seiten vergangen.

3) Michael Jürgs: *Seichtgebiete* (C. Bertelsmann, 256 S., 14,95 €)
Wer ist verantwortlich für die gefühlte Verblödung der deutschen Bevölkerung, fragt Michael Jürgs und landet natürlich bei den üblichen Verdächtigen Barth, Bohlen, Klum und Co. Weil sich Jürgs aber um echte Recherche drückt, weder Entscheidungswege in den Redaktionen analysiert noch die Interessenlagen von Wirtschaft und Politik benennt oder gar die Strukturen unseres Begehrens diskutiert, bleibt seine Kampfschrift wider den öffentlich-rechtlichen und privaten Schwachsinn im Bierdunst des Stammtischs stecken und kommt über die Form eines 256 Seiten langen Leitartikels kaum hinaus. Für mich deshalb ein enttäuschendes Buch.

2) Richard David Precht: *Wer bin ich und wenn ja wie viele* (Goldmann, 398 S., 14,95 €)
Populäre Einführungen in die Philosophie gibt es viele. Was mir an dieser so gut gefällt, ist die Ehrlichkeit, mit der Richard David Precht auch die weißen Flecken im Atlas unseres Wissens vermerkt, etwa wenn er schreibt: »Das psychologische Verhältnis zum Eigentum, mithin die ›Liebe‹ zu den Dingen, die mir gehören, ist eines der am schlechtesten beleuchteten Kapitel im Buch der menschlichen Psyche.« Genau das aber, ein Buch der menschlichen Psyche, hat Precht geschrieben.

1) Eckart von Hirschhausen: *Glück kommt selten allein …* (Rowohlt, 384 S., 18,90 €)
Der Autor dieses Ratgebers der positiven Psychologie hat sich in einem persönlichen Schreiben über meinen Verriss seines Buches bei mir beschwert. Falsch an meiner Kritik sei unter anderem, sein Buch sei an Banalität nicht zu übertreffen, so Eckart von Hirschhausen, ich kennte ja seine beiden vorherigen Bücher nicht. Sagen wir so: Wäre *Glück kommt selten allein …* so witzig wie von Hirschhausens Briefe, ich würde es loben.

NOVEMBER 2009

Sachbuch

10) Rüdiger Safranski: *Goethe & Schiller* (Hanser, 352 S., 21,50 €)
Aus Safranskis gewohnt brillant geschriebenem Buch lässt sich viel mehr entnehmen als nur, in welchen wechselnden Verhältnissen Deutschlands größte Dichter zueinander standen. Diese Freundschaftsstudie lehrt unter anderem auch, wie Männer mit Konkurrenz umgehen können, nämlich dass es, in den Worten Friedrich Schillers, »dem Vortrefflichen gegenüber keine Freiheit gibt als Liebe«.

9) Rhonda Byrne: *The Secret – Das Geheimnis* (Deutsch von Karl Friedrich Hörner, Arkana, 237 S., 16,95 €)
Dieses Begleitbuch einer Fernsehsendung über Esoterik zählt zum Bösartigsten, was zurzeit zwischen zwei Buchdeckeln zu haben ist. In dieser Schwarte stehen Ratschläge, die schlicht gemeingefährlich sind. Zum Thema Finanzplanung etwa schreibt Rhonda Byrne allen Armen ins Stammbuch: »Es trifft nicht zu, dass das Geld Ihnen vom Universum vorenthalten wird, denn alles Geld, dessen Sie bedürfen, existiert bereits jetzt im Unsichtbaren. Wenn Sie nicht genug haben, liegt es daran, dass Sie den Strom des Geldes stoppen, das zu Ihnen fließt, und Sie tun das mit Ihren Gedanken.« Rhonda Byrne ist eine moderne Nachfahrin aller Hütchenspieler, Rosstäuscher und Quacksalber, ihr Buch eine Bibel des Schwachsinns.

8) Helmut Schmidt und Giovanni di Lorenzo: *Auf eine Zigarette mit Helmut Schmidt* (Kiepenheuer & Witsch, 291 S., 16,95 €)
Dass dieses Interviewbändchen so kurzweilig, anregend und unterhaltsam ist, liegt an einem einzigen Umstand: Altkanzler Helmut Schmidt hat wohlbegründete Meinungen zu wirklich allem – außer Tiernahrung.

7) Yangzom Brauen: *Eisenvogel* (Heyne, 416 S., 19,95 €)
Yangzom Brauen vermeidet in ihrer tibetanisch-schweizerischen Familiengeschichte über drei Generationen hinweg zwar meist jedes Schwarz-Weiß-Denken oder Gutmenschentum. Auch habe ich einiges über Tibet damals und heute erfahren, etwa dass das Ziel der

spirituellen Entwicklung eines Buddhisten »innere Leere« ist. Aber weil Brauen nicht über die schriftstellerischen Mittel verfügt, diese Geschichte spannend zu erzählen, bildet ihr Buch diesen buddhistischen Zustand unfreiwillig ab.

6) Michael Rosentritt: *Sebastian Deisler – Zurück ins Leben* (Edel, 256 S., 22,95 €)
Ein Sportjournalist erzählt die Geschichte eines jungen Mannes, der gut Fußball spielen kann und psychisch krank wird. Leistungssport essen Seele auf – so hätte die simple Diagnose lauten können. Weil dieses Buch es sich schwerer macht, nämlich differenziert darstellt, welche Umstände an Sebastian Deislers Ausstieg aus dem Profifußball Anteil hatten, deshalb ist es ein lesenswertes Sportbuch.

5) Eduard Augustin, Philipp von Keisenberg und Christian Zaschke: *Ein Mann, ein Buch* (SZ-Edition, 415 S., 19,90 €)
Ein schön gemachtes und perfekt recherchiertes Buch zum Kreuz-und-quer-Lesen, aus dem jedermann erfahren kann, welchen Anzug man trägt, wenn sich die Queen zum Abendessen ankündigt, wie man Servietten faltet und worauf es beim Fahren eines Linienbusses ankommt.

4) Michael Jürgs: *Seichtgebiete* (C. Bertelsmann, 256 S., 14,95 €)
Michael Jürgs hat nicht gefallen, was ich neulich über sein Buch gesagt habe. Deshalb schrieb er mir: »Lieber Herr Scheck, mehr kann man nicht verlangen, als von Ihnen verrissen zu werden. Danke. Hätten Sie die Seichtgebiete auch noch gelesen, statt mein Buch nur anhand des Personen- und Sachregisters trockenzulegen, wäre Ihnen eventuell sogar aufgefallen, dass – auf Recherchen basierend (Tagebuch einer Lehrerin, Untersuchungen über Freizeitverhalten Jugendlicher etc.) – von zehn Kapiteln nur fünf den Blöden und Blödmachern im Fernsehen gewidmet sind. … Gern sage ich Ihnen, worum es in den anderen geht: Kultur und Politik, Rücksichtslosigkeit von Unter- wie Oberschicht im Alltag, der tägliche Horror an deutschen Grundschulen, eine nicht gesellschaftsfähige Gesellschaft, beschrieben nicht nur am Beispiel Berlin usw.« Genau dieses »usw.« ist das Problem. Gern wiederhole ich daher mein Urteil: Dieses Buch bleibt im Bierdunst des Stammtischs stecken und kommt über die Form eines 256 Seiten langen Leitartikels kaum hinaus.

3) Richard David Precht: *Wer bin ich und wenn ja wie viele* (Goldmann, 398 S., 14,95 €)
Auch nach 91 Wochen auf der Bestsellerliste immer noch eine glänzende Einführung in Philosophie und Hirnforschung.

2) Manfred Lütz: *Irre!* (Gütersloher Verlagshaus, 208 S., 17,95 €)
Der Psychiater Manfred Lütz hat ein launiges, geist- und faktenreiches Buch wider die »Tyrannei der Normalität« geschrieben, in dem er zu einem entspannteren Umgang mit Geisteskranken aufruft. »Wer Bücher kauft, gehört schon zu einer Minderheit, und wer Bücher sogar liest und sie nicht bloß verschenkt, der ist nun wirklich nicht normal«, diagnostiziert Dr. Lütz. Ein guter, ein überfälliger Beitrag zur intellektuellen und moralischen Abrüstung in der Psychiatrie.

1) Eckart von Hirschhausen: *Glück kommt selten allein …* (Rowohlt, 383 S., 18,90 €)
Angeblich ein Ratgeber für positive Psychologie. Mir aber macht diese aufgekratzte Heiterkeitspornografie im Ton eines eigenblutgedopten Frühstücksradiomoderators auf Speed bloß eins: extrem schlechte Laune.

2008

Kann man aus Büchern lieben lernen?

»Du willst doch auch geliebt werden!«, sagte Martin Walser einmal recht unvermittelt in Köln zu mir, nachdem wir nach seiner Lesung und einem Gespräch auf der Bühne hinterher beim Wein Tacheles redeten. Genau genommen haute mir Martin Walser diesen Satz um die Ohren wie eine vor dem Altar verlassene Braut dem Bräutigam ihren Blumenstrauß. Ich war mir da gar nicht so sicher. Mir ging es mit diesem Satz wie dem amerikanischen Komiker Jack Benny in dem berühmten »Geld oder Leben!«-Sketch von 1948. Als der mit einem Revolver bewaffnete Straßenräuber ungeduldig mit dem zögernden Benny wird und die Frage noch einmal barsch wiederholt, antwortet Benny: »Ich denk noch drüber nach!«

Die Antwort auf Walsers Frage will jedenfalls gut überlegt sein. Hat, wer geliebt werden will, als Literaturkritiker wirklich den richtigen Beruf ergriffen? Vorsichtshalber widersprach ich damals. Heute sehe ich ein, Walser hatte recht. Geliebt zu werden, ist immer besser, als recht zu haben. »Liebe ist es ja nur, wenn du keine Wahl hast. Liebe ist die höchstgeschätzte Krankheit, die man am Symptom Dukannstnichtanders erkennt.« Zwei Sätze aus Walsers großem Amerika-Roman *Brandung* von 1985, mit dem ich als junger Mensch diesen Autor für mich entdeckte und der mir seither keine andere Wahl lässt, als ihn zu lesen und zu lieben. Er schreibe aus einem Mangel heraus, hat Walser immer wieder betont. In der Literatur gehe es darum, etwas so schön zu sagen, wie es nicht ist. Dieser Mangel, der ihm Triebfeder seiner Kunst wurde, beschränkte sich nicht nur auf den leeren Himmel oder das Bett. Auch mit der deutschen Teilung wollte sich Martin Walser anders als die meisten seiner westdeutschen Landsleute partout nicht abfinden

Martin Walser, der im Sommer 2023 starb, war ein liebender Mann. Ein Freundschaftsgenie. Von unüberbietbarer Großzügigkeit in seiner Zuwendung, seiner Anteilnahme, seinem Interesse. In seiner Aufmerksamkeit konnte man baden wie im Sonnenschein. Umso schlimmer, wenn diese erlosch. Diese Erfahrung machten viele; nicht alle haben sie verkraftet.

Was ist Martin Walser für die deutsche Öffentlichkeit nicht alles gewesen? Wie viele Wandlungen hat sein Bild seit seinem Debüt, dem Erzählungsband *Ein Flugzeug über dem Haus* von 1955, durchlaufen? Wie viele Etiketten hat er sich über die Jahrzehnte seither anpappen lassen müssen? Ein Linker und ein Rechter ist Martin Walser gewesen. Ein Antisemit und

ein Chauvinist. Avantgardist und Reaktionär. Kommunist und Nationalist. Patriot und Vaterlandsverräter. Utopischer Visionär und Ewiggestriger. Und zuletzt noch ein alter weißer Mann – die kleinste aller Münzen im Raus-bist-du-Spiel des deutschen Feuilletons. Am 16. Mai 1975 notiert Walser in seinem Tagebuch: »Dass es Menschen von verschiedenem Alter gebe, ist ein Irrtum der Jüngeren. Solang ein Mensch lebt, ist er gleich alt wie alle Lebenden.«

Walsers Werk wimmelt von solchen Einsichten, die uns in unseren Selbstgewissheiten aufstören. Auch deshalb liebe ich es. In seinem schwebend leichten Goethe-Roman *Ein liebender Mann*, der 2008 lange auf der Bestsellerliste steht, schreibt Walser über die Liebe eines Paars mit einem gewaltigen Altersunterschied: Goethe ist 54 älter als Ulrike von Levetzow. Dennoch macht er ihr einen Antrag – und scheitert. Diesem Scheitern verdanken wir die »Marienbader Elegie« mit den schönsten Versen, die je eine unerwiderte, jedenfalls unerfüllte Liebe in der deutschen Literatur besangen. Goethe lässt sich von Ulrike den Rat geben:

»Drum thu' wie ich und schaue, froh verständig,
Dem Augenblick in's Auge! Kein Verschieben!
Begegn' ihm schnell, wohlwollend wie lebendig,
Im Handeln sey's, zur Freude, sey's dem Lieben;
Nur wo du bist sey alles, immer kindlich,
So bist du alles, bist unüberwindlich.
Du hast gut reden, dacht' ich, zum Geleite
Gab dir ein Gott die Gunst des Augenblickes,
Und jeder fühlt an deiner holden Seite
Sich Augenblicks den Günstling des Geschickes;
Mich schreckt der Wink von dir mich zu entfernen,
Was hilft es mir so hohe Weisheit lernen!«

Das ist im ironischen Ton schon erstaunlich nah bei Kurt Tucholsky und Robert Gernhardt, die ganze Elegie zählt zum Erschütterndsten, was man über die Liebe und ihre Risiken in der deutschen Literatur lesen kann. Martin Walser bringt es in seinem Roman auf den bündigen Nenner: »Es gibt das Paradies: Zwei für einander. Es gibt die Hölle: Einer fehlt.«

Martin Walser hat unzählige Romane mit »Liebe« im Titel veröffentlicht. Der alte Fuchs wusste genau, warum er das tat. Dem Wärmestrom, der von solchen Liebes-Titeln ausgeht, kann man sich nur schwer entziehen. Gar nicht wenige behaupten allerdings, dass unsere modernen Vorstellungen von der romantischen Liebe ohnehin eine Erfindung des bürgerlichen Romans seien. Liest man die Briefe der Liselotte von der Pfalz vom französischen Königshof Ludwigs XIV. – immer noch eine der kurzweiligsten Lektüren überhaupt –, kann man dieser Idee jedenfalls einiges abgewinnen. Ich bin der Überzeugung, dass heute anders und wahrscheinlich besser geliebt wird als in Zeiten vor Jane Austen. Schließlich ist unser heutiges Konzept von Liebe zu nicht geringen Teilen eine literarische Erfindung. Eine Liebesheirat galt in der Antike und im Mittelalter als frivoler Quatsch. Selbst das Konzept romantischer Liebe musste erst erfunden und durch zahllose Romane in den Köpfen der Leserinnen und Leser verankert werden. Die Frage, unter welchen Umständen sie sterben, hat die Menschen bis zum 18. Jahrhundert viel mehr beschäftigt als die Frage: Wen könnte ich lieben? Liebe musste in der Literatur als erstrebenswert beschrieben werden, erst danach wurde sie im Leben praktiziert. Liebe ist eine Zivilisationsleistung.

*

Barack Obama wird zum 44. Präsidenten der USA gewählt. Die durch die Unruhe am Subprime-Markt ausgelöste Finanzkrise erreicht im September 2008 ihren Höhepunkt mit dem Zusammenbruch der Großbank Lehman Brothers und löst eine weltweite Rezession aus. Die Aktienindices DOW und DAX vermelden die höchsten Tageseinbußen seit Gründung. In Südossetien beginnt mit dem Eingreifen Russlands aufseiten der Südosseten und Abchasen der Kaukasuskrieg gegen Geor-

gien und endet nach fünf Tagen mit einem Waffenstillstand am 12. August. In der bayrischen Landtagswahl im September verliert die CSU erstmals seit 46 Jahren ihre absolute Mehrheit. Beim Untergang der Fähre »Princess of the Stars« im Taifun Fengshen vor den Philippinen sterben geschätzt 800 Menschen. Der französische Staatspräsident Nicolas Sarkozy heiratet Carla Bruni, italienischstämmiges Ex-Model und Sängerin.

Der Literaturnobelpreis 2008 geht an den Franzosen Jean-Marie Gustave Le Clézio. Margaret Atwood wird mit dem Prinz-von-Asturien-Preis ausgezeichnet, der afghanischstämmige Franzose Atiq Rahimi für *Stein der Geduld* mit dem Prix Goncourt, der Inder Aravind Adiga für *Der weiße Tiger* mit dem Booker Prize und der US-Amerikaner mit dominikanischen Wurzeln Junot Díaz für *Das kurze wundersame Leben des Oscar Wao* mit dem Pulitzer. Die Auszeichnung des schriftbesessenen Malers Anselm Kiefer mit dem Friedenspreis des Deutschen Buchhandels wird zu einem Hochamt des Geistes in der Frankfurter Paulskirche zum Abschluss der Buchmesse. Der Amerikaner John Woods, der Arno Schmidt und Thomas Mann ins

Englische übersetzt hat, wird mit der Goethe-Medaille geehrt. David Foster Wallace löst durch seinen Suizid am 12. September weltweite Erschütterung aus. Die literarische Welt trauert ferner um Eva Heller, Alain Robbe-Grillet, Arthur C. Clarke, Luigi Malerba, Christian Geissler, Erwin Wickert, Peter Rühmkorf, Nicolas Sombart, Janwillem van de Wetering, Alexander Solschenizyn, Wendelin Schmidt-Dengler, Mahmud Darwisch, Aimé Fernand David Césaire, Christa Reinig, Studs Terkel, Michael Crichton, Peter Maiwald und Harold Pinter. »Finanzkrise« ist das Wort des Jahres 2008, »Not leidende Banken« das Unwort des Jahres.

Hans Magnus Enzensberger feiert als Romancier einen späten Triumph mit *Hammerstein*. Stephenie Meyer erfindet den vegetarischen Vampirroman. Wilhelm Schmid etabliert sich mit seinen kurzen, leicht fasslichen, aber nicht leichtgewichtigen Ratgebern zur Lebenskunst als Alltagsphilosoph der Deutschen. Der schwedische Journalist und Linksaktivist

Stieg Larsson schrieb um die Jahrtausendwende drei Krimis um Mikael Blomkvist und Lisbeth Salander, die nach seinem frühen Herzinfarkttod 2004 zu Weltbesellern wurden. Martin Walser feiert in *Ein liebender Mann* Goethes letzte Liebe, Rhonda Byrne sowie Esther und Jerry Hicks markieren im Sachbuch den intellektuellen Offenbarungseid, Charlotte Roche löst mit *Feuchtgebiete* ein kaum mehr für möglich gehaltenes popliterarisches Massenphänomen aus und macht das Verschenken von Avocadokernen zu einem intimen Statement, Uwe Tellkamp narrt mit *Der Turm* den deutschen Literaturbetrieb.

APRIL 2008

Belletristik

10) Stieg Larsson: *Vergebung* (Deutsch von Wibke Kuhn, Heyne, 22,95 €)
Ein ungewöhnlich spannender Thriller, mehr noch: Dieser Roman zeigt an, was im Thriller derzeit überhaupt möglich ist. Wir begegnen der Heldin Lisbeth Salander bei ihrer Einlieferung ins Krankenhaus. In ihrem Körper stecken drei Kugeln: eine in ihrer Hüfte, eine in ihrer Schulter und eine in ihrem Gehirn. Auf den folgenden 800 Seiten bringt sich Salander in den Besitz von zweieinviertel Milliarden Dollar, liebt mal Männer, mal Frauen, mal nur sich selbst, enttarnt Teile ihrer Familie als Killer und deckt eine internationale Verschwörung um Waffenschieber, Mädchenhändler und Geheimagenten auf. Das alles ist so unerhört rasant, amoralisch und sinnlos, dass es sich um einen Spiegel unserer Gegenwart handeln muss.

9) Ildefonso Falcones: *Die Kathedrale des Meeres* (Deutsch von Lisa Grüneisen, Scherz, 656 S., 19,90 €)
Ein Mittelalterschmöker über den Aufstieg eines katalanischen Bauernjungen zum Seekonsul von Barcelona und den Bau der gotischen Kirche Santa Maria del Mar – literarisch so imposant wie die erste Sandburg eines architektonisch durchschnittlich begabten Fünfjährigen.

8) Bernhard Schlink: *Das Wochenende* (Diogenes, 240 S., 18,90 €)
Schuld und Sühne sind die großen Themen des Juristen und Schriftstellers Bernhard Schlink seit seinem Welterfolg *Der Vorleser*. In seinem neuen Roman beschäftigt sich Schlink mit dem Phänomen der RAF und fragt, wie aus den Kindern von Nazimördern mordende Terroristen werden konnten und was eigentlich aus »dem linken Projekt« geworden ist. Diese Fragen werden in *Das Wochenende* so differenziert und spannend diskutiert, dass ich Schlinks Roman seine ästhetische Schwerblütigkeit gern nachsehe.

7) Martin Suter: *Der letzte Weynfeldt* (Diogenes, 272 S., 19,90 €)
Eine gewisse historische Patina liegt auch auf der Prosa Martin Suters. Fragt sich nur, ob diese Antiquiertheit gewollt ist oder nicht doch unwillkürliche Folge eines überholten Erzählverfahrens. So kurz-

weilig Suters Geschichte über ein gefälschtes Bild Felix Vallottons auch ist – Vallottons Malerei scheint mir ungleich lebendiger als diese Klamotte über betrogene Betrüger.

6) Stephenie Meyer: *Bis(s) zum Abendrot* (Deutsch von Sylke Hachmeister, Carlsen, 640 S., 22,90 €)
Wie die meisten Unternehmungen, bei denen der Austausch von Körperflüssigkeiten im Mittelpunkt steht, geht es auch in Vampirromanen in erster Linie um Sex. Die Mormonin Meyer hat nun den vegetarischen Vampirroman erfunden: Ihr Held saugt statt Menschen wilden Tieren ihr Blut aus. Folglich handelt ihr Roman auch nicht von Sex, sondern von Händchenhalten und einem Mädchen namens Bella, das sich auf über 600 Seiten zwischen einem wahnsinnig gut aussehenden Vampir und einem attraktiven Werwolf entscheiden muss. Erst nach der Lektüre dieses Romans weiß ich, was Horror wirklich bedeutet!

5) Markus Heitz: *Das Schicksal der Zwerge* (Piper, 624 S., 15 €)

Einem Fantasyroman sein Personal aus Drachen, Zwergen und Elfen vorzuwerfen, wäre so albern, wie einem Western, dass darin Cowboys, Pferde und Postkutschen auftauchen. Aber die Holzschnittcharaktere, der alberne Plot und die tumben Dialoge in diesem Roman über Zwerge sind eine Riesensauerei.

4) Martin Walser: *Ein liebender Mann* (Rowohlt, 288 S., 19,90 €)
Das mit Abstand beste Buch auf dieser Liste handelt von der Liebe des alten Goethe zu der jungen Ulrike von Levetzow. Das Wunderbare von Walsers Roman besteht darin, wie fabelhaft leicht er diesen Stoff macht. Viel lässt sich aus *Ein liebender Mann* über Goethe, Ulrike und ihre Zeit erfahren, auch über Beziehungen mit großem Altersunterschied. Aber ungleich wichtiger als all das ist, was dieses Buch über die Liebe erzählt.

3) Volker Klüpfel und Michael Kobr: *Laienspiel* (Piper, 368 S., 14 €)
Aus einem Helden, dem schon beim Kauf eines neuen Paars Schuhe der Schweiß ausbricht, einen James Bond zu machen, darf man verwegen nennen. Ausgerechnet das hat sich aber das Autorenduo Klüpfel/Kobr für ihren Helden, das träge Allgäuer Gewohnheitstier Kommissar Kluftinger, in den Kopf gesetzt. Und zu meiner Verblüffung

ergibt Kluftingers Ausflug in der Welt des islamischen Terrorismus vor der Kulisse der Fußball-Europameisterschaft einen richtig guten, spannenden und befriedigenden Krimi. Respekt!

2) Ken Follett: *Die Tore der Welt* (Deutsch von Rainer Schumacher und Dietmar Schmidt, Lübbe, 1295 S., 24,95 €)
Keine Frage, die Fortsetzung zu *Die Säulen der Erde* ist unterhaltsam und handwerklich ordentlich. Aber obwohl Follett seinen vier Hauptpersonen vom Schwarzen Tod über den Beginn des Hundertjährigen Krieges bis zu lesbischen Nonnen und schwulen Bischöfen alles in den Weg stellt, was das Mittelalter an Kurzweil zu bieten hat, wirkt dieser Roman so aufregend wie eine Nacht im Kostümverleih. Wenn Sie ein wirklich gutes Buch übers Mittelalter lesen wollen, empfehle ich Ihnen Felicitas Hoppes wunderbare Nacherzählung von Hartmann von Aues *Iwein Löwenritter* (S. Fischer, 249 S., 16,90 €)

1) Charlotte Roche: *Feuchtgebiete* (DuMont, 219 S., 14,90 €)
Zu den hehrsten Aufgaben der Literatur zählt, dem Meer des Unsagbaren ein Stück neues Land abzuringen. Das leistet *Feuchtgebiete* zweifellos – hier wird ein Tabu geknackt: in diesem Fall das Tabu von Intimhygiene und Analsex. Allerdings hat das nach 20, 30 Seiten auch der größte Dämel begriffen, und dann kommt er ja erst, der Roman. Ohne nun als Korinthenkacker dastehen zu wollen, ist das Freundlichste, was ich über die wahnsinnig brave und biedere Handlung dieses Romans sagen kann, dass sie mir am Arsch vorbeigeht.

JULI 2008

Sachbuch

10) Eva Maria Zurhorst: *Liebe dich selbst und es ist egal, wen du heiratest* (Arkana, 384 S., 18,90 €)
Wahr ist, dass Eva Maria Zurhorst im Glauben an Gott den Universalschlüssel für alle Beziehungsprobleme sieht. Unwahr hingegen, dass die Autorin als Fortsetzungen ihrer Ratgeberreihe die Titel plant »Liebe dich selbst und es ist egal, wie hoch der Ölpreis klettert«, »Liebe dich selbst und es ist egal, wenn deine Kinder koksen« und »Liebe dich selbst und es ist egal, wie groß dein Dachschaden ist«.

9) Eduard Augustin, Philipp von Keisenberg und Christian Zaschke: *Ein Mann, ein Buch* (SZ Edition, 415 S., 19,90 €)
Wie sind die genauen Öffnungszeiten des Marriage Bureau in Las

Vegas? (8 bis 24 Uhr, an Feiertagen und Wochenenden rund um die Uhr.) Gibt es Wechseljahre beim Mann? (Vielleicht.) Wann sollte man sein Testament machen? (Jetzt!) Ein kleines, doch verblüffend anspruchsvolles und amüsantes Sammelsurium des Wissens, das den Mann zum Mann macht.

8) Oliver Kahn: *Ich* (Riva, 352 S., 24,90 €)
Auf Seite 73 seines Buchs über Sebstmotivation und die Bedeutung, sich fortlaufend Ziele im Leben zu setzen, schreibt Ex-Torwart Kahn: »Im Herbst 2006 hatte ich das Glück und das Vergnügen, den argentinischen Schriftsteller Paolo Coelho in Paris zu treffen.« Erstens heißt Coelho mit Vornamen Paulo. Zweitens ist Paulo Coelho Brasilianer. Und drittens hätte irgendjemand Kahn sagen müssen, dass die Stadt an der Isar nicht Paris heißt.

7) Oliver Sacks: *Der einarmige Pianist* (Deutsch von Hainer Kober, Rowohlt, 398 S., 19,90 €)
Der Neurologe Oliver Sacks erzählt faszinierende Geschichten über die Musik, unser Gehirn und die menschliche Natur, und er macht das in dieser Sammlung packender Fallgeschichten so klug, differenziert und wohltuend belehrend, dass man zu Hause beim Lesen

immer wieder zwischen CD-Regal und Buch hin- und herläuft. Ein gutes Buch, ja: ein Wahnsinnsbuch!

6) Steffen Möller: *Viva Polonia* (Scherz, 368 S., 14,90 €)
Ein überfälliger, ein notwendiger, aber ein leider allzu flacher Essay über das Verhältnis von Deutschen und Polen. Wann immer ein Fitzelchen realer Erkenntnis, ein Einblick in die komplexen Nationalcharaktere am Horizont dieses Textes auftaucht, rettet sich der seit bald 15 Jahren in Polen als Kabarettist lebende Autor in bescheiden unterhaltsame Anekdoten. Leider haben wir Deutschen keinen Andrzej Stasiuk, keine Olga Tokarczuk oder Dorota Masłowska nach Polen geschickt.

5) Mark Spörrle und Lutz Schumacher: *»senk ju vor träwelling«* (Herder, 192 S., 12 €)
Dieser »Überlebensführer« ist ein schlimmer Fall von deutscher Witzischkeit: Wer Sprüche wie »Carpe Bahnem!« wirklich lustig findet, verschimmelt ganz zu Recht in lausig gewarteten Bummelzügen. Allerdings ist es nur eine Frage der Zeit, bis ähnliche Bücher über ähnlich unschöne Dinge des Lebens wie Ikea, Flughäfen oder Düsseldorf erscheinen werden.

4) Rhonda Byrne: *The Secret – Das Geheimnis* (Deutsch von Karl Friedrich Hörner, Arkana, 237 S., 16,95 €)
Über den »großen Wissenschaftler Albert Einstein« schreibt Rhonda Byrne in diesem unsäglich dämlichen Begleitbuch zu einer australischen Esoterik-Fernsehserie: »Einstein wusste sehr viel von dem Geheimnis, und er sagte täglich Hunderte von Malen: ›Danke!‹« Das mag sein. Albert Einstein wusste aber auch sehr viel von Abzocke und sagte deshalb täglich Hunderte von Malen: »Mumpitz!« Und wahrscheinlich auch: »Humbug!«, »Schwachsinn!« und »Kokolores!«

3) Hape Kerkeling: *Ich bin dann mal weg* (Malik, 352 S., 19,90 €)
Ein Wandertagebuch vom Jakobsweg, zusammengehalten durch nichts außer der sympathischen Persönlichkeit des Erzählers. Leider bleiben Dönekens selbst dann, wenn sie von einem begnadeten Komiker, Showmaster, Entertainer, Tänzer, Sänger und Schauspieler stammen, wie andere seiner Körperausscheidungen übrigens auch, einfach nur Dönekens.

2) Michael Winterhoff: *Warum unsere Kinder Tyrannen werden* (Gütersloher Verlagshaus, 191 S., 17,95 €)
»Auf Grund des besonders in den letzten etwa zwanzig Jahren zu verzeichnenden extremen Wohlstands besteht aus tiefenpsychologischer Sicht die Gefahr einer stetigen Regression des Einzelnen«, meint der Kinderpsychiater Winterhoff. »Die wahre, ursprüngliche Fremdbestimmung des Menschen durch Hunger, Durst, Kälte oder Krieg ist nicht mehr zu spüren und in der westlichen Gesellschaft unvorstellbar geworden.« Darüber wird im Rom Kaiser Hadrians, im Venedig der Dogen und im London Königin Victorias sehr gelacht werden.

1) Richard David Precht: *Wer bin ich und wenn ja wie viele?* (Goldmann, 398 S., 14,95 €)
Die Welt ist manchmal schwer in Ordnung – gerade sommers. Zum Beispiel wenn ein Buch auf Platz eins der Bestsellerliste steht, das ebenso unaufgeregt wie fachkundig sowohl in die Neurowissenschaften als auch in die Geschichte der Philosophie einführt und seine Leser unverschämt bildet.

OKTOBER 2008

Sachbuch

10) Wolf Schneider: *Speak German!* (Rowohlt, 192 S., 14,90 €)
Scriptor hic prudentissimus, vir inter eos, qui sermoni germanico collendo operam dant, unos omnium maxime excellit, clare distinguere sapit, quid pure ac pulchre dici possit quidque non eta. Non autem illam intactam adque quasi virgineam linguam curat, de qua alii somniantur, sed id, ne quis germanus inconsiderate vel loquactur vel scribat. »To mixen die Sprachen«, inquit Wolf Schneider, »ist die nonsense.« Optimum, mehercle, librum!

9) Bernhard Bueb: *Von der Pflicht zu führen* (Ullstein, 176 S., 18 €)
Eine Pflicht zu führen kenne ich eigentlich nur von Blindenhunden. »Der Bildungsnotstand in Deutschland resultiert aus einem Mangel an Führung«, schreibt Bernard Bueb im zweiten Aufguss seiner pädagogischen Thesen. Mir scheint eher das Gegenteil richtig: Der Bildungsnotstand resultiert aus einem bedauerlichen Missverhältnis zwischen gebildeten Indianern und ungebildeten Häuptlingen.

8) Eduard Augustin, Philip von Keisenberg und Christian Zaschke: *Ein Mann, ein Buch* (SZ Edition, 416 S., 19,90 €)
Ein Kompendium mehr oder minder nützlichen, mehr oder minder männerrelevanten Wissens von »Wie steuere ich ein Formel-Eins-Auto?« über »Wie werde ich katholischer Priester?« bis zu »Wie vermeide ich das Einschlafen nach dem Sex?« Klingt albern, liest sich aber lustig.

7) Hans Joachim Noack: *Helmut Schmidt* (Rowohlt, 320 S., 19,90 €)
Eine ordentliche, eine handwerklich saubere Biografie. Dass dieses brave Buch mich aber dennoch enttäuscht, liegt eben just an seiner Bravheit: Hans Joachim Noack zitiert an einer Stelle Marion Gräfin Dönhoff, die über ihren Kollegen bei der *Zeit* Helmut Schmidt einmal erklärte »… aber was ihn tief in seinem Inneren bewegt, habe ich nie erfahren.« Genau das ist auch das Problem von Noacks Biografie – sie kommt einfach nicht nah genug an ihren Gegenstand heran und liest sich deshalb entschieden zu langweilig.

6) Hape Kerkeling: *Ich bin dann mal weg* (Malik, 352 S., 19,90 €)
Nach 123 Wochen auf der Bestsellerliste wäre es tatsächlich schön, wenn diese wirre Schrift, halb Wandertagebuch, halb neoreligiöse Esoterikfibel, sich endlich vom Acker machte.

5) Rhonda Byrne: *The Secret – Das Geheimnis* (Deutsch von Karl Friedrich Hörner, Arkana, 237 S., 16,95 €)
Angeblich verrät dieses lausige Begleitbuch zu einer australischen Fernsehserie die tiefsten Mysterien esoterischen Denkens. Diese bestehen in der gewerkschaftsfeindlichen Offenbarung, dass diejenigen reichen Lohn empfangen werden, welche glauben, bereits reichen Lohn empfangen zu haben – mit anderen Worten, schön, wohlhabend und gesund wird, wer glaubt, schön, wohlhabend und gesund zu sein. Eine Zumutung.

4) Michael Winterhoff: *Warum unsere Kinder Tyrannen werden* (Gütersloher Verlagshaus, 190 S., 17,95 €)
Der Arzt Michael Winterhoff diagnostiziert im Vokabular der Tiefenpsychologie und Psychoanalyse eine unzureichende »psychische Reife unserer Kinder«. Na ja, deshalb nennen wir sie ja Kinder. Viele nicht nachprüfbare Fallbeispiele illustrieren Winterhoffs These. Erkenntnisgewinn nach 190 Seiten: Früher war besser!

3) Richard David Precht: *Wer bin ich und wenn ja wie viele* (Goldmann, 398 S., 14,95 €)
Eine lockere und dabei doch ganz auf der Höhe ihrer Zeit befindliche Einführung in die Geschichte der Philosophie und der Hirnforschung – das beste Gegenmittel gegen Fachidiotentum in Natur- und Geisteswissenschaft.

2) Bushido und Lars Amend: *Bushido* (Riva, 432 S., 19,90 €)
Der zweite Satz dieses Buchs lautet: »Eines Abends setzte ich mich an meinen Schreibtisch und fing an, meine Gedanken aufzuschreiben.« Hätte Bushido das wirklich getan, wäre dieses Buch ein Blindband geworden.

1) Helmut Schmidt: *Außer Dienst* (Siedler, 352 S., 22,95 €)
Helmut Schmidt war Senator in Hamburg, Verteidigungs- und Finanzminister, schließlich Bundeskanzler. Stets hat er beteuert, kei-

nes dieser Ämter angestrebt zu haben. In diesem Sammelsurium von Gedanken und Erinnerungen, zwar nicht unbedingt stringent angeordnet, aber keineswegs belanglos, teilt Schmidt Einsichten mit, die der Weisheit recht nahe kommen. Zum Beispiel: »Mein Ehrgeiz war nicht auf Ämter gerichtet, sondern auf Anerkennung – ähnlich wie ein Künstler oder ein Sportler Anerkennung durch Leistung sucht.« Das neue Buch von Helmut Schmidt verdient Applaus.

NOVEMBER 2008

Belletristik

10) Stephenie Meyer: *Bis(s) zur Mittagsstunde* (Deutsch von Sylke Hachmeister, Carlsen, 557 S., 19,90 €)
»Nackenbeißer« heißen im Buchhandel Schmonzetten, in denen junge Frauen von etwas älteren Männern in die Geheimnisse der Liebe eingeführt werden. Der Altersunterschied zwischen Meyers begriffsstutziger Heldin Bella und ihrem zum Verrücktwerden höflichen Vampir-Geliebten Edward beträgt gleich mehrere Hundert Jahre. Und dann weigert sich Edward auch noch zu beißen. Resultat: ein Nackenbeißer ohne Biss.

9) Iny Lorentz: *Die Tochter der Wanderhure* (Knaur, 720 S., 19,95 €)
Unerwiderte Liebe ist schlimm. So schlimm wie hier aber war sie noch nie, kleidet sie dieser Mittelalterschmöker doch in die blechernsten Dialoge aller Zeiten. Auf die Frage der Wanderhurentochter Trudi »Was soll das bedeuten? Ich liebe dich doch!« erklärt etwa Georg von Gressingen auf Seite 550: »Deine blinde Verliebtheit war mir sehr nützlich. Nun kann ich endlich das tun, für das man mich erwählt hat. Ich werde im Auftrag Herzog Albrechts den König töten und reichen Lohn dafür erhalten. Du dummes Ding hast mich nie interessiert! Es war nur deine Mitgift, die mich eine Weile gereizt hat. Dein Vater, dieser Narr, hat noch versucht, mich zu einer Heirat mit dir zu zwingen, weil du dich mir im Fuchsheimer Wald hingegeben hast wie eine läufige Hündin. Das hat er mit seinem Leben bezahlt. Ja, schau nicht so dumm!« So sprechen keine Ritter, so sprechen Roboter.

8) Sven Regener: *Der kleine Bruder* (Eichborn, 281 S., 19,95 €)
Westberlin als Ort der Befreiung von Bundeswehr, Eltern und Ökonomie schildert Sven Regener im Mittelteil seiner schönen Trilogie um Frank Lehmann, der aus Bremen nach Kreuzberg kommt. Ob man dort irgendwas beachten müsse, fragt Lehmann einmal seinen Freund Wolli. Dieser erteilt ihm den weisen Rat: »In Berlin wohnen ist wie Tubaspielen: Hauptsache, du pupst ordentlich rum!«

7) Siegfried Lenz: *Schweigeminute* (Hoffmann und Campe, 128 S., 15,95 €)
»Um über den Regen zu schreiben, muss man nicht gerade nass geworden sein«, hat Siegfried Lenz einmal in einem Essay erklärt. Ich aber glaube, so einsichtsreich, tief und berührend wie in dieser Novelle über die Liebe zwischen einem Schüler und seiner Englischlehrerin kann nur jemand schreiben, der den Verlust einer geliebten Person persönlich erlebt hat.

6) Ken Follett: *Die Tore der Welt* (Deutsch von Rainer Schumacher und Dietmar Schmidt, Lübbe, 1120 S.n, 24,95 €)
Die ausgewalzte, 200 Jahre später spielende Fortsetzung von *Die Säulen der Erde* ist ein Roman wie ein Freilichtmuseum: Menschen mit dem Bewusstsein von heute agieren in Kostümen von gestern.

5) Alan Bennett: *Die souveräne Leserin* (Deutsch von Ingo Herzke, Wagenbach, 120 S., 14,90 €)
Was gute Bücher in einem gekrönten Haupt anrichten, davon erzählt Alan Bennett in seiner schlauen Einführung in die Welt der Bücher
und des British Way of Life. Stellen Sie sich vor, die britische Queen entdeckt im Alter plötzlich die Freuden der Literatur, beginnt tatsächlich zu lesen und entdeckt, dass Literatur vor keinem buckelt. Ein königliches Vergnügen!

4) Paulo Coelho: *Brida* (Deutsch von Maralde Meyer-Minnemann, 256 S., 19,90 €)
Magische Kristalle, Tarotkarten, Meister der Mond- und Meister der Sonnentradition: Paulo Coelho lässt nichts aus, was der Markt an neoreligiösem Stuss hergibt, um die spirituelle und sexuelle Erweckung einer jungen Irin namens Brida aufzuzeigen. An einer Stelle fragt Brida ihre Lehrerin: »Woran erkennst du, dass ich eine besondere Gabe habe?«, und erhält zur Antwort: »Das ist ganz einfach. An den Ohren.« Ach so.

3) Ildikó von Kürthy: *Schwerelos* (Rowohlt, 256 S., 17,90 €)
Die Heldin von Ildikó von Kürthys neuem Roman ist bald 37, weiß als Verlagslektorin um den Unterschied zwischen Omelett und Hamlet und hat ein klitzekleines Problem mit ihrem Selbstwertgefühl: Beim Krippenspiel im Kindergarten war sie immer der Esel, und seither

hat sich in ihrem Leben wenig verändert. Wenig verändert hat sich auch Kürthys literarischer Kosmos: Das Personal dieses Romans einschließlich schwulen Türken und hirnlosen Lovern kommt einem aus früheren Büchern allzu bekannt vor. Das ist kein Fall von Recycling, das ist ein Resteessen.

2) Charlotte Roche: *Feuchtgebiete* (DuMont, 219 S., 14,90 €)
Dieser Amoklauf gegen alle, deren, Zitat, »oberstes Gebot im Leben lautet: keine Flecken hinterlassen«, amüsiert etwa die ersten 20 Seiten lang. Danach hat man dann nur noch ein banales Jugendbuch in Händen und wünscht sich nichts sehnlicher als einen Tintenkiller.

1) Uwe Tellkamp: *Der Turm* (Suhrkamp, 976 S., 24,80 €)
Ein ambitionierter Tausendseitenwälzer, dessen Handlung sich in Asterix-Manier auf wenige Zeilen zusammenfassen lässt: »Wir befinden uns im Jahre 1982 n. Chr. Die ganze DDR ist von den Kommunisten besetzt ... Die ganze DDR? Nein! Ein von unbeugsamen Bildungsbürgern bevölkerter Dresdner Stadtteil hört nicht auf, den Eindringlingen Widerstand zu leisten ...« Das Amt für deutsche Vergangenheitsbewältigung alias die Jury des Deutschen Buchpreises hat diesen Roman ausgezeichnet. *Der Turm* will ganz ungemein deutsch, ganz ungemein bürgerlich und ganz ungemein Kunst sein. Bei all dem deutschen bürgerlichen Kunstwollen entsteht ein Geruch nach Schweiß wie in der Umkleidekabine eines Fußballoberligisten nach der Halbzeitpause.

2007

Können Bücher die Zukunft vorhersagen?

Eine meiner Lieblingsgeschichten, die ich besonders gern bei Honorarverhandlungen mit Verlagen erzähle, ist die der Sibylle von Cumae. Sibyllen nannte man in der Antike Seherinnen, die ihre Orakelsprüche bevorzugt in Erdspalten und Höhlen von sich gaben – wohl weil diese ursprünglich aus dem Orient stammenden Seherinnen mit dem Kult der Kybele oder Magna Mater zusammenhingen. Eine solche Sibyllengrotte aus dem 6. Jahrhundert kann man noch heute im archäologischen Park von Cumae nordwestlich von Neapel besichtigen. Die Sibylle von Cumae bot im Jahr 520 vor Christus dem unglücklichen letzten König Roms Tarquinius Superbus neun auf Griechisch in Hexametern verfasste Bücher mit Weissagungen zum Kauf an. Allerdings verlangte sie dafür ein solch atemverschlagendes Honorar, dass der König dankend ablehnte. Daraufhin zerstörte die Sibylle drei der neun Bücher und wiederholte ihr Angebot – zum selben Preis. Wieder lehnte der König ab, und wieder zerstörte die Sibylle drei der sechs übrigen Bücher. Erst als sie nun für die verbliebenen drei dieselbe stolze Summe forderte, schlug Tarquinius Superbus ein. Diese sogenannten sibyllinischen Bücher wurden im Jupitertempel auf dem Kapitol verwahrt und bei schwierigen Entscheidungen des Senats konsultiert. Beim großen Brand des Tempels 83 vor Christus wurden die Originalhandschriften zerstört, vom Senat aber durch eine von allen Ecken und Enden des Imperiums zusammengetragene neue Sammlung griechischer Weissagungssprüche ersetzt. Diese überdauerten in Rom bis 363 nach Christus, als sie bei einem Feuer auf dem Palatin den Flammen zum Opfer fielen. Anderen Quellen zufolge existierten die sibyllinischen Bücher bis ins Jahr 405, als sie der Heerführer Stilicho zum Zeichen seiner Verbundenheit mit dem aufkommenden Christentum verbrennen ließ. Nachfahrinnen der Sibylle von Cumae bevölkern bis heute die Bestsellerliste – siehe Rhonda Byrne und ihr *The Secret*.

»Was wäre, wenn …?« Das ist seit den sibyllinischen Büchern eine der Urfragen der Literatur – und einer der Gründe, warum Mächtige Literatur fürchten: Denn die Was-wäre-wenn-Frage stellt immer auch die Machtfrage. Vor über 100 Jahren lud der damals bekannte deutsche Journalist Arthur Brehmer eine Handvoll Fachleute für Technik, Politik, Kunst und Kultur dazu ein, sich Gedanken zu machen über *Die Welt in hundert Jahren*. Unter diesem Titel erschien Arthur Brehmers Anthologie 1910, wurde ein veritabler Bestseller und zählte lange zu den meistgesuchten Raritäten der Was-wäre-wenn-Literatur, die, wer will, auch Science-Fiction oder utopische Literatur nennen mag. Die Lektüre der kostengünstigen Neuausgabe zählt zu den anregendsten und aufregendsten, die man sich vorstellen kann, denn: Nichts macht so nostalgisch wie die Zukunft von gestern. Da werden ungeheure Luftflotten von Zeppelinen prognostiziert. Berta von Suttner sieht den Weltfrieden voraus, Rudolf Martin den Krieg Europas gegen Asien. Erstaunlich einig ist man sich über die Emanzipation der Frau und des Arbeiters und darüber, dass im 21. Jahrhundert die Erdbeeren so groß wie Orangen sein werden – mindestens. Außerdem weiß man genau, dass es im 21. Jahrhundert keine Literatur mehr geben wird – denn bis dahin können wir alle selber schreiben, und niemand bedarf mehr eines Dolmetschers dafür, wie es in seinem Herzen aussieht. Na ja, diese Prophezeiung ging daneben. Aber dafür sah man immerhin die Erfindung des Handys vorher: »Die Bürger der drahtlosen Zeit werden überall mit ihrem ›Empfänger‹ herumgehen …

Einerlei, wo er auch sein wird, er wird bloß den ›Stimm-Zeiger‹
auf die betreffende Nummer einzustellen brauchen, die er zu sprechen wünscht, und der Gerufene wird sofort seinen Hörer vibrieren oder das Signal geben können, wobei es in seinem Belieben stehen wird, ob er hören oder die Verbindung abbrechen will.« Nicht vorausgesehen hat man nur den Verdruss über das ständige Gebimmel und ungezogene Gequatsche allüberall. Eigentlich höchste Zeit, sich einmal Gedanken über die Welt in 100 Jahren zu machen. Im Jahr 2110 – da werden sich immer noch viele Menschen nach guter Literatur sehnen – und kein Mensch nach Erdbeeren groß wie Orangen. Wetten?

Kurz vor seinem 90. Geburtstag besuchte ich einmal den gedankenreichen Science-Fiction- und Fantasyautor Ray Bradbury. In seinem Roman *Fahrenheit 451* ist der Feind des Lesers der Staat, der Bücher verbietet und von der Feuerwehr verbrennen lässt. Ich wollte von Bradbury wissen, wer in seinen Augen heute der Feind von uns Lesern sei – immer noch der Staat oder eher die Großkonzerne oder die Medien? Seine Antwort gibt mir bis heute zu denken: »Eine Mischung aus allem. Die

Erfindung des Computers, der Medien, von all dem, was über Leitungen oder drahtlos durch die Luft zu uns in unser Heim eindringt, all diese Spielzeuge, nach denen wir süchtig geworden sind. Im Zentrum von all dem steht einfach ein bedauerlicher Mangel an Grips, an Intelligenz. Wenn wir noch mehr Kino und Fernsehen und noch mehr Internet wollen, müssen wir dafür sorgen, dass dahinter auch Grips steht. Man muss dafür sorgen, dass die klügsten Köpfe ins Kino und Fernsehen gehen. Und dass die Medien nicht den Linken oder den Rechten gehören, sondern schön in der Mitte bleiben.« Ray Bradburys berühmtester Satz übers Schreiben lautet denn auch, er beschreibe keine Zukünfte, um sie zu prophezeien, sondern um sie zu verhindern.

*

Nicolas Sarkozy gewinnt die französische Präsidentenwahl, in Heiligendamm lädt Angela Merkel zum G-8-Gipfel, Bill Gates und Warren Buffett sind die beiden reichsten Menschen der Welt, ihr Vermögen ist höher als das Jahresbruttosozialprodukt der 45 ärmsten Nationen der Welt.

Doris Lessing erhält den Literaturnobelpreis. Anne Enright gewinnt mit *The Gathering* den Booker Prize, Cormac McCarthy mit *Die Straße* den Pulitzer, Gilles Leroy mit *Alabama Song* den Prix Goncourt. Katalonien ist das Gastland der Frankfurter Buchmesse. Martin Mosebach wird mit dem Georg-Büchner-Preis geehrt. Julia Frank wird für *Die Mittagsfrau* mit dem Deutschen Buchpreis ausgezeichnet, der sich im dritten Jahr seines Bestehens als Garant für einen vorderen Platz auf der Belletristik-Bestsellerliste etabliert – woran sich bis heute nichts geändert hat. Ingo Schulze erhält für *Neue Leben* den Preis der Leipziger Buchmesse. Lutz Seiler gewinnt den Ingeborg-Bachmann-Preis, und der israelische Autor Amos Oz wird mit dem Prinz-von-Asturien-Preis geehrt. Die literarische Welt trauert um Kurt Vonnegut, Lothar-Günther Buchheim, Marianne Frederiksson, Jakov Lind, Magdalen Nabb und Sidney Sheldon.

»Klimakatastrophe« ist das Wort des Jahres, »Herdprämie« das Unwort des Jahres.

In der Belletristik etabliert sich Cornelia Funke mit ihrer »Tintenwelt«-Trilogie als Fantasyautorin, die den Vergleich mit J. K. Rowlings Harry-Potter-Romanen nicht scheuen muss. Daniel Kehlmanns *Die Vermessung der Welt* erweist sich auch in diesem Jahr als Longseller und einer der größten Bucherfolge der deutschen Nachkriegsgeschichte. Bemerkenswert ist auch der Erfolg von Andrea Maria Schenkel, deren Rekonstruktionen historischer Kriminalfälle in extrem reduziertem Stil einen neuen Ton im deutschsprachigen Krimi anschlagen. Einer der größten Bestseller des Jahres stammt von der australischen Journalistin Rhonda Byrne. Ihr *The Secret* liest sich wie eine Satire auf esoterische Ratgeberliteratur. Byrnes Mantra – Denken Sie sich schlank! Denken Sie sich gesund! Denken Sie sich reich! – erinnert an Marketender auf Jahrmärkten des 19. Jahrhunderts, deren Universaltinkturen angeblich gegen Zahnschmerzen, Warzen, Haarausfall, unerwünschte Schwangerschaften und allerlei andere Wehwehchen halfen.

APRIL 2007

Belletristik

10) Tatjana Gräfin Dönhoff und Gabriela Sperl: *Die Flucht* (Bloomsbury Berlin, 335 S., 19,90 €)
Auf Seite 214 dieses Buches sagt die Gräfin: »Ich will dich«, und der französische Kriegsgefangene sagt: »Ich will dich auch, *cherie*«, und *cherie* ist kursiv geschrieben, damit wir in der ganzen *merde* auch mitkriegen, dass es sich dabei um ein französisches Kosewort handelt, und dann heißt es: »Sie zieht ihn zu sich herunter, und dann versinken sie in gemeinsamer Lust, atemlos und fordernd.« Bücher wie dieses können einen noch 60 Jahre später mit wehenden Fahnen zur Roten Armee überlaufen lassen – und zwar atemlos und fordernd!

9) Andreas Eschbach: *Ausgebrannt* (Lübbe, 750 S., 19,95 €)
Stellen Sie sich vor, die Erdölreserven dieses schönen Planeten gehen wesentlich rascher zur Neige, als man bisher gedacht hat: Welche Verteilungskämpfe dann ausbrechen, welche Verteidigungsstrategien dann greifen, das sind die Themen dieses süffigen Romans. Eschbach hat einen deutschen Wissenschaftsthriller geschrieben, der glaubhaft von globalen Problemen erzählt: gute Unterhaltung.

8) Tommy Jaud: *Resturlaub* (Scherz, 253 S., 12,90 €)
Dass Trivialliteratur eine Form gesellschaftlicher Dressur sein kann, zeigt sich selten so nackt wie hier: In *Resturlaub* muss sich ein Mittdreißiger zum Evangelium von Ehe, Kinder und Bausparen bekehren und dafür seinen Träumen von Südamerika, Selbstbestimmung und freier Liebe abschwören. Unappetitlich und gruselig – wie alle Zwangskonversionen.

7) Peter Høeg: *Das stille Mädchen* (Deutsch von Peter Urban-Halle, Hanser, 461 S., 24,90 €)
Der Held dieses wirren Romans ist der berühmteste Clown der Welt, besitzt eine Form des absoluten Gehörs, das ihn nicht nur den Aufenthaltsort, sondern auch die Wesensgestimmtheit eines Menschen heraushören lässt, und vermag von den Sprüchen der frühen Wüstenmütter bis zum späten C. G. Jung mehr spirituellen Stuss zu zitieren,

als ihm und dem Buch guttut. Oder anders ausgedrückt: In diesem dicken Buch steckt ein schöner, von allem esoterischem Ballast zu befreiender Krimi, der um Hilfe schreit.

6) Fred Vargas: *Die dritte Jungfrau* (Deutsch von Julia Schoch, Aufbau, 474 S., 19,95 €)
Dass Plausibilität im Krimi eine eher überschätzte Kategorie ist, beweist die neue Vargas. Dieses in Paris und in der Normandie spielende Buch ist ein Serienkrimi, die Hauptfigur ist ein Serienkommissar, und es handelt von einem Serienmörder. Dennoch hat dieser Roman gar nichts lieblos Serielles. Und zwar, weil Fred Vargas anders als Peter Høeg über eine Sprache verfügt, die noch die abstrusesten Verwicklungen der Handlung so zwangsläufig wie den Weg eines Fallbeils erscheinen lässt.

5) Marina Lewycka: *Kurze Geschichte des Traktors auf Ukrainisch* (Deutsch von Elfi Hartenstein, dtv, 359 S., 14 €)
Ein Buch über England und die Ukraine, zwei sehr unterschiedliche Schwestern und einen über 80-Jährigen, der eine weniger als halb so alte Frau heiraten will: eine Familiengeschichte, so irrwitzig wie amüsant.

4) Daniel Kehlmann: *Die Vermessung der Welt* (Rowohlt, 303 S., 19,90 €)
Ein guter und geistreicher Roman über die Suche nach Erkenntnis zur Zeit der Aufklärung. Nicht mehr, nicht weniger.

3) J. R. Moehringer: *Tender Bar* (Deutsch von Brigitte Jakobeit, S. Fischer, 459 S., 19,90 €)
Bücher von Menschen, die nichts Weltbewegendes erlebt haben, aber trotzdem Erinnerungsbücher über sich und ihr Leben schreiben wollen, heißen neuerdings »Memoir«: quasi Memoiren für Arme. *Tender Bar* ist so ein Memoir, das von einem Jungen erzählt, der in einer Kneipe in einer Kleinstadt bei New York groß wird und dort das Leben und das Saufen lernt – als hätte ein amerikanischer Ditsche seine Autobiografie geschrieben. Aber weil Moehriger Amerikaner ist und das puritanische Erbe sehr lange nachwirkt, deshalb muss dieser Autor natürlich irgendwann dem Saufen abschwören und ein braver, fleißiger und steuerzahlender Bürger werden. Das liest sich nett und herzerwärmend, spätestens aber, wenn am Schluss noch die

obligatorische 9/11-Verklärung folgt, wird einem klar, dass hier ein cleverer Kitschier am Werk ist.

2) Eoin Colfer: *Artemis Fowl: Die verlorene Kolonie* (Deutsch von Claudia Feldmann, List, 352 S., 19,95 €)
Eoin Colfer arbeitet in seinen kurzweiligen Jugendbüchern wie J. K. Rowling mit perfekten puerilen Ermächtigungsfantasien: eine Unterwelt voller Zauberwesen, für die alle Menschen auf der Erdoberfläche blind und taub sind, bis auf den brillanten Meisterdieb Artemis Fowl. Im fünften Band erhält Fowl unerbetene Gesellschaft von Dämonen und von einem Mädchen, ohne sich lange entscheiden zu können, was schlimmer ist. Das alles erzählt Colfer mit der Rasanz eines Actionfilms: aber eines Actionfilms im Schnellvorlauf.

1) Andrea Maria Schenkel: *Tannöd* (Nautilus, 125 S., 12,90 €)
Ein extrem reduziertes Buch: 125 eindringliche Seiten – ein Skelett von Zeugenprotokollen und sparsamsten Erzählpassagen – berichten vom Mord an sechs Menschen auf einem bayerischen Aussiedlerhof in den 1950er-Jahren, wo weder Aufklärung noch Moderne je angekommen sind. Weil das eigentliche Thema von *Tannöd* aber Heuchelei, Dumpfheit und Bigotterie sind, deshalb könnte dieser schöne und bemerkenswerte Krimi überall und zu jeder Zeit in Deutschland spielen.

MAI 2007

Sachbuch

10) Christopher Clark: *Preußen* (Deutsch von Richard Barth, Norbert Juraschitz und Thomas Pfeiffer, DVA, 896 S., 39,95 €)
Der australische Historiker Christopher Clark besitzt den manchmal so notwendigen Blick von außen auf die Geschichte von Glanz und Gloria, Aufstieg und Niedergang Preußens. Zudem schreibt Clark einen farbigen Stil und ringt den Stoffmassen seines fast 400 Jahre umfassenden Erzählraums einen furiosen Reigen so treffender biografischer Porträts und sprechender Anekdoten ab, dass sein Buch auch heute noch mit jedem deutschen Pass ausgehändigt werden sollte. Am Ende weiß man, dass Preußen nur insofern das Verderben Deutschlands genannt werden kann, als Deutschland eben auch das Verderben Preußens war.

9) Thomas Buergenthal: *Ein Glückskind* (Deutsch von Susanne Röckel, S. Fischer, 272 S., 19,90 €)
Die Schilderung einer Kindheit unter der schwarzen Sonne des Holocausts: Die Lebens- und Leidensgeschichte des 1934 geborenen Tommy Buergenthal, der als Sohn jüdischer Eltern das Getto von Kielce und die Konzentrationslager Birkenau und Sachsenhausen übersteht, hält nicht nur die notwendige Erinnerung an das grausamste Kapitel deutscher Geschichte wach. Sehr eindringlich fällt am Ende gerade die Darstellung aus, wie Buergenthal, inzwischen amerikanischer Richter am Internationalen Gerichtshof in Den Haag, mit seinem Wunsch nach Rache an den deutschen Tätern umgeht: Ein Buch, das einer individuellen Biografie eine universale Weisheit abringt.

8) Petra Gerster: *Reifeprüfung* (Rowohlt Berlin, 228 S., 19,90 €)
Auch wenn die Aufmachung nicht darauf hindeutet: Dies ist nicht bloß eine weitere buchgewordene Nebentätigkeit einer Fernsehnase. Petra Gerster hat ein gedankenreiches Buch über die Folgen des Alterns für Frauen in einer jugendfixierten Gesellschaft geschrieben. Zusammen mit dem ganz und gar exzeptionellen Essay »Älter werden« von Silvia Bovenschen schützt die Lektüre besser als jede Faltencreme vor dem, was wirklich hässlich macht: der Dummheit.

7) Eva Maria Zurhorst: *Liebe dich selbst und es ist egal, wen du heiratest* (Arkana, 384 S., 19,90 €)
und

6) Sabine Asgodom: *Lebe wild und unersättlich* (Kösel, 191 S., 14,95 €)
Sabine Asgodom gibt Tipps für die weibliche Selbstermächtigung zum Glücklichsein, Eva Maria Zurhorst für die Arbeit an Beziehungen. Niemand wird etwas gegen die Ziele dieser Ratgeber einwenden können. Dass der Inhalt dieser Werke aber so deprimierend ähnlich wie der von zwei Telefonbüchern wirkt, liegt daran, dass beide Autorinnen nicht auf Deutsch, sondern in wattig-wolkigem Beziehungssprech schreiben, sodass Sätze aus Asgodoms Buch wie »Liebe dich selbst, sorge für dich, für dein Glück« genauso gut bei Zurhorst stehen könnten und vice versa. Auf Bücher aber, die austauschbar sind, sollte man lieber gleich verzichten.

5) Ulrich Wickert: *Gauner muss man Gauner nennen* (Piper, 320 S., 19,90 €)

Und weil das so ist, deshalb verzichte ich, allerdings mit Respekt, auf jedes weitere Wort zu diesem Werk.

4) Tiziano Terzani: *Das Ende ist mein Anfang* (Deutsch von Christiane Rhein, DVA, 416 S., 19,95 €)
Tiziano Terzani war ein Florentiner Journalist, unter anderem Asienkorrespondent für den *Spiegel*. Mit seinem Sohn hat Terzani vor seinem Tod vor drei Jahren lange Gespräche über seine Krebserkrankung, die er als »Geschenk« bezeichnet, seine Hinwendung zum Buddhismus und die sogenannten letzten Fragen geführt. Manche Leser werden aus diesem Buch über das Sterben viel Trost ziehen können, in anderen wird es Bedauern und Reue auslösen. Ich für meinen Teil bereue nach der Lektüre vor allem jedes böse Wort, das ich je über den esoterischen Kitsch von Hermann Hesse geäußert habe.

3) Veronika Peters: *Was in zwei Koffer passt* (Goldmann, 256 S., 18 €)
Der heilige Benedikt von Nursia fordert drei Tugenden von seinen Anhängern: Demut, Gehorsam und *discretio*, jener so schwer zu übersetzende lateinische Begriff, in dem »Unterscheidungsvermögen«, aber auch ein wenig »Diskretion« mitschwingt. Veronika Peters war zwölf Jahre Nonne in einem Benediktinerinnenkloster. Über diese

Erfahrung hat sie ein lesenswertes, fast diskretes Buch geschrieben, das frei ist von allen Abgeschmacktheiten, die so eine »Ich war eine Nonne«-Enthüllungsgeschichte haben könnte. »Nicht ganz richtig, nicht ganz falsch«, hat sich Veronika Peters im Kloster gefühlt: Ihr Buch ist eine schöne Lektüre für alle, denen es im Leben genauso geht.

2) Hape Kerkeling: *Ich bin dann mal weg* (Malik, 352 S., 19,90 €)
Die spirituellen Erfahrungen eines Fernsehkomikers auf dem Jakobsweg: Im Vergleich zu Veronika Peters' Buch nimmt sich Kerkelings Laufpass wie ein Fast-Food-Hamburger zu einem Menü in einem Sternetempel aus.

1) Joseph Ratzinger/Benedikt XVI.: *Jesus von Nazareth – Teil I* (Herder, 300 S., 24 €)
Apropos spirituelle Nahrung: Auf Seite 63 seines Jesus-Buchs schreibt Joseph Ratzinger: »In *dieser* Welt müssen wir uns den Täuschungen falscher Philosophien widersetzen und erkennen, dass wir nicht vom Brot allein leben, sondern zuallererst vom Gehorsam gegen Gottes Wort.« Zumindest die Reihenfolge von Brot und Gehorsam werden viele Hungerleider anders sehen.

OKTOBER 2007

Sachbuch

10) Anselm Grün: *Buch der Antworten* (Herder, 304 S., 20 €)
Die industrielle Verfertigung spiritueller Ratschläge lässt sich nirgendwo so schön studieren wie in den sage und schreibe 361 Büchern und Broschüren, Heften und Hörbüchern, die das »Verzeichnis lieferbarer Bücher« zu diesem Benediktinermönch ausweist. Sie reichen vom *Kleinen Buch der Engel* über *Entdecke das Heilige in dir* bis zu *Tanze deine Sehnsucht*. Auch Grüns jüngste Veröffentlichung ist eine wolkenwattige Phrasendreschmaschine. Viel ließe sich über diese Hütchenspielertricks der neuen Wellness- und Wohlfühltheologie sagen, nur eines nicht: Ja und Amen.

9) Kathrin Passig und Aleks Scholz: *Lexikon des Unwissens* (Rowohlt, 254 S. 16,90 €)

Ein Streifzug durch 42 Themenfelder, über die wir heute noch so gut wie gar nichts wissen. Wieso brauchen wir Schlaf? Was ist eigentlich Geld? Und: Wieso und vor allem womit schnurrt eine Katze? Amüsant.

8) Dieter Hildebrandt, Roger Willemsen und Traudl Bünger: *Ich gebe Ihnen mein Ehrenwort* (S. Fischer, 224 S., 17,90 €)
Ein buchgewordenes Kabarettprogramm. Dieter Hildebrandt und Roger Willemsen jonglieren mit Pointen, die eine Kulturgeschichte der Lüge ergeben. Blöder wird man davon nicht – großes Pfadfinderehrenwort.

7) Alan Weisman: *Die Welt ohne uns* (Deutsch von Hainer Kober, Piper, 384 S., 19,90 €)
Zu den beliebten Trotz- und Trostvorstellungen kleiner Kinder gehört, sich die Trauer ihrer Eltern auszumalen, würden sie, die Kinder, von einem Tag auf den anderen verschwinden. Das Muster dieses Gedankenspiels macht sich der Amerikaner Alan Weisman zu eigen und schildert minutiös, wie sich Fauna und Flora nach dem Verschwinden aller Menschen weiterentwickelten. Schöne Idee, für ein ganzes Buch aber zu wenig. Die Sache hat nämlich einen kleinen Haken: Wer wäre über eine Welt ohne Menschen schon traurig?

6) Eva Maria Zurhorst: *Liebe dich selbst und es ist egal, wen du heiratest* (Arkana, 384 S., 18,90 €)
»Verpflichten Sie sich, Ihr Herz und Ihre Sexualität wieder miteinander zu verbinden«, erfahre ich aus dieser Beziehungsfibel. Das englische Zauberwort dafür, so Zurhorst, heiße »commitment«. Für solche wohlfeilen Allerweltsweisheiten kenne ich noch ein anderes englisches Zauberwort. Es heißt »bullshit«.

5) Richard Dawkins: *Der Gotteswahn* (Deutsch von Sebastian Vogel, Ullstein, 576 S., 22,90 €)
Ein flammendes Plädoyer für die Regelung aller öffentlichen Angelegenheiten ohne den »Lieben Gott«, den Ausgang des Menschen aus seiner kindlichen Indoktrination und die Austreibung der Gotteshypothese aus Wissenschaft und Politik. Auch wenn dieses Buch es sich in der Sache mitunter zu einfach macht, im Ton manchmal ein wenig zu schrill ausfällt, es ist eine Wohltat. Der Autor möchte, dass »religiöse Menschen, die mein Buch zur Hand nehmen, es als Atheisten zuschlagen«. Darf man aber dann noch sagen, dass es an ein Wunder grenzt, dass so ein vernünftiges Buch ein Bestseller ist?

4) Rüdiger Safranski: *Romantik. Eine deutsche Affäre* (Hanser, 416 S., 24,90 €)
Vom Sieg der Fantasie über die Wirklichkeit, vom Unbehagen am Leben in einer entzauberten Welt und von Religiosität als Reaktion auf die Moderne: Von all dem erzählt Rüdiger Safranski in seinem grandiosen Buch über die deutsche Romantik. Mal thematisch raffend, mal süffig anekdotisch, ist Safranski immer dann am besten, wenn beides, Denken und Leben der von ihm Geschilderten, in eins fallen. Wenn Sie in diesem Herbst nur ein Sachbuch lesen können, dann empfehle ich Ihnen dieses über zwei Jahrhunderte deutscher Geistes- und Mentalitätsgeschichte.

3) Roberto Saviano: *Gomorrha* (Deutsch von Friederike Hausmann und Rita Seuß, Hanser, 368 S., 21,50 €)
Den Opfern der größten europäischen Terrororganisation ein Gesicht geben: Das macht der junge italienische Journalist Saviano mit seinem Buch über die Camorra. Das Erschreckende daran: Am Ende weiß man nicht, ob man ein Buch über die im Süden Italiens operierende Camorra oder einfach über den weltweiten Kapitalismus gelesen hat.

2) Rhonda Byrne: *The Secret – Das Geheimnis* (Deutsch von Karl Friedrich Hörner, Arkana, 237 S., 16,95 €)
»Die Emotionen sind ein unglaubliches Geschenk – sie lassen uns wissen, was wir denken.« Ein Satz, den man sich ruhig auf der Zunge zergehen lassen darf, weshalb die australische Autorin dieses Ratgebers ihn auch sofort wiederholt: »Ihre Gefühle teilen Ihnen sehr rasch mit, was Sie gerade denken.« Auch ich möchte daher nicht zögern, Ihnen sehr rasch mitzuteilen, was ich über *The Secret* denke: Diese Abzockerschrift ist das Dämlichste, was ich seit Langem zwischen zwei Buchdeckeln gesehen habe.

1) Hape Kerkeling: *Ich bin dann mal weg* (Malik, 352 S., 19,90 €)
Pilgeranekdoten vom Jakobsweg, aufgeschrieben von Deutschlands beliebtestem Fernsehunterhalter, dessen Einsichten die moralische Komplexität eines Kinderreims aufweisen und denn auch zum selben Fazit gelangen: »Müde bin ich, geh zur Ruh. Deine Gnad' und Jesu Blut, macht ja allen Schaden gut.« Ja, wenn's so ist.

DEZEMBER 2007

Belletristik

10) Henning Mankell: *Die italienischen Schuhe* (Deutsch von Verena Reichel, Zsolnay, 368 S., 21,50 €)
Der neue Mankell handelt von einem Arzt, der sich nach einem Kunstfehler auf einer einsamen Insel zehn Jahre lang moroser Selbstkasteiung hingibt und sich dabei immer mehr in sich selbst einspinnt, bis er mithilfe einer alten krebskranken Freundin Schritt um Schritt wieder ins Leben zurückfindet. Als Lektüre in etwa so spannend, wie einer Packung tiefgefrorener Erbsen beim Auftauen zuzusehen.

9) Khaled Hosseini: *Tausend strahlende Sonnen* (Deutsch von Michael Windgassen, Bloomsbury, 381 S., 18 €)
So schief wie das titelgebende Bild von den »tausend strahlenden Sonnen, die verborgen hinter Mauern stecken«, so unstimmig konstruiert ist dieses ganze klischeeüberfrachtete Buch. Hosseini erzählt von zwei Frauen, die unter einem prügelnden Kretin von Ehemann, einer idiotischen Gesellschaftsordnung und den wechselnden Machthabern von den Kommunisten bis zu den Taliban leiden. Der schlimmste Kriegsgewinnler ist allerdings dieser Propagandaroman selbst.

8) Tommy Jaud: *Millionär* (Scherz, 320 S., 10,99 €)
Beschwerdemails schreiben ist sein Hobby, eine yuppiehafte neue Obermieterin sein Problem: Um eine Million Euro zusammenzuraffen, schreckt der Kölner Hartz-IV-Empfänger Simon Peters vor rein gar nichts zurück – weder vor Hundehaufen von Doggen noch vor der Kantine von RTL oder was es sonst noch an Unappetitlichem gibt. Jauds Roman ist die jüngste, ins Kölsche transponierte Hervorbringung eines Genres, das uns Klassiker wie »Liebesgrüße aus der Lederhose« bescherte.

7) Cornelia Funke: *Tintenherz* (Dressler, 573 S., 19,90 €)
Funke gelingt es, in einem vom Recycling ausgebrannten Materials dominierten Genre etwas Neues zu schaffen. Ihre große Erzählung über Tinte und Blut, Fiktion und Wirklichkeit, Bücher und Menschen ist ein Meisterwerk der Fantasy.

6) Donald McCaig: *Rhett* (Deutsch von Kathrin Razum, Hoffmann und Campe, 639 S., 23 €)
Stellen Sie sich vor, Sie würden Ihre Urgroßmutter aus dem Sarg holen und eine Woche auf Abenteuerurlaub mit ihr gehen. Genau diese Art von literarischer Leichenschändung betreibt Donald McCaig in seiner Fortsetzung von *Vom Winde verweht*, motiviert von der eigenen Geldgier und der von Margaret Mitchells Erben. Eine gewisse Faszination verströmt einzig die gleißnerische Schamlosigkeit, mit der McCaig wider besseres Wissen aus dem attraktiven opportunistischen Rebellen Rhett Butler einen antirassistischen Vorkämpfer der Ökobewegung macht: So dreist wurde noch selten eine Romanfigur ins modische Mäntelchen des aktuellen Zeitgeists gehüllt.

5) Andrea Maria Schenkel: *Tannöd* (Nautilus, 128 S., 12,90 €)
Die in ihrer dumpfen Archaik scheinbar der Geschichte enthobene bayrische Provinz nach dem Zweiten Weltkrieg ist Schauplatz dieses schmalen, doch keineswegs leichtgewichtigen Kriminalromans. *Tannöd* macht den Leser zum Ermittler, und der Reiz dieses Kaleidoskops von Gedanken, Gesprächen und Gebeten von Opfern, Zeugen und Tätern liegt mindestens so sehr im Lokal- und Zeitkolorit wie in den ewigen Fragen von Gut und Böse.

4) Milena Agus: *Die Frau im Mond* (Deutsch von Monika Köpfer, Hoffmann und Campe, 137 S., 14,95 €)
Sardinien 1943. Eine junge Frau wird von ihren Eltern um ein Haar für verrückt erklärt, weil sie aus ihren sexuellen Wünschen keinen Hehl macht und darauf beharrt, dass das Allerwichtigste im Leben die Liebe ist. Mitunter haarscharf am Kitsch vorbei, aber intelligent, sinnlich und originell schildert Milena Agus das Leben einer ungewöhnlichen Frau. Weil Agus dabei weder die Augen vor den Wahrheiten im Bett noch vor den Wahrheiten im Kopf verschließt, deshalb ist ihr mit *Die Frau im Mond* ein kleiner großer Roman gelungen. Eine Entdeckung!

3) Cornelia Funke: *Tintentod* (Dressler, 768 S., 22 €)
Das Beste von dieser Bestsellerliste, was Sie sich in diesem Jahr unter den Baum legen können – ganz gleich, wie alt Sie sind.

2) Julia Franck: *Die Mittagsfrau* (S. Fischer, 432 S., 19,90 €)
Julia Franck erzählt in ihrem mit dem Deutschen Buchpreis ausgezeichneten farbigen Roman die Geschichte einer klugen Frau aus der ersten Hälfte des 20. Jahrhunderts, von ihrer Kindheit im Schatten des Ersten Weltkriegs, von ihrer lesbischen Schwester und vom Unfalltod ihrer großen Liebe im Berlin der 20er-Jahre, von der absurden »Vernunftehe« mit einem glühenden Nazi und von jenem ungeliebten Kind, das diese Frau im Frühjahr 1945 an einem Bahnhof allein zurücklässt. Stark ist dieser Roman immer dann, wenn er ganz bei seinen Figuren bleibt und ihr Schicksal nicht den Erfordernissen einer Nachhilfelektion in den Wechselfällen deutscher Geschichte unterordnet.

1) J. K. Rowling: *Harry Potter und die Heiligtümer des Todes* (Deutsch von Klaus Fritz, Carlsen, 740 S., 28 €)
Mit ihren sieben Bänden um den Kampf des Zaubererlehrlings Harry Potter gegen den Mörder seiner Eltern Lord Voldemort ist J. K. Rowling wahrhaft Großes gelungen: nämlich den Beweis anzutreten, dass Romane nach wie vor das kollektive Bewusstsein der Gegenwart erreichen, formen und definieren können. Aber weil im letzten Potter die Handlung über Hunderte von Seiten hauptsächlich aus Schilderungen dreier klatschnasser Menschen beim Zelten in Großbritannien besteht und Rowling ihren Helden am Ende überraschungsarm und sonntagschulenhaft-bieder – »not with a bang but a whimper« – in die Schrecken einer Familienvaterexistenz entlässt: deshalb ist der letzte Harry Potter weniger ein Fantasy- denn ein Horrorroman.

2006

Kann man Gott in der Literatur finden?

Alle wirklich passioniert Lesenden haben ihre privaten heiligen Texte. Autorinnen und Autoren, für die sie durchs Feuer gehen, sich auf den Rost legen, sich vierteilen lassen. So ein Schriftsteller ist für mich Philip Roth.

Mit *Nemesis*, wenn man so will, Philip Roths Version des Hiob-Stoffs, also einer Geschichte, in der jemand in der Folge

des alttestamentarischen Hiob und Joseph Roths Hiob alles nur erdenklich Furchtbare erleidet und am Ende fragt »Warum gerade ich?«, stand Philip Roth 2011 auf der deutschen Bestsellerliste – wie schon so oft seit seinem Welterfolg *Portnoys Beschwerden* von 1969. Letzteren Roman habe ich während einer langweiligen Biologiestunde mit Begeisterung unter der Schulbank für mich entdeckt, erinnere mich noch, wie ich mir die Lachtränen heimlich von den Wangen wischen musste, und seither zählt Philip Roth zu meinen Hausheiligen. Deshalb bedeuteten mir die Begegnungen mit Roth, der durchaus nicht einfach war, so etwas wie Papstaudienzen für Katholiken. Und gar nicht so selten sprachen wir, zwei überzeugte Atheisten, über Religion.

»Für mich ist Literatur eine Religion, aber keine Ersatzreligion – die andere, das, was man gemeinhin als Religion bezeichnet, das ist für mich der Ersatz«, hat mir Philip Roth einmal erzählt. Ein Satz, der lange in mir nachhallte und den ich heute auch für mich unterschreiben würde. Was nach dem Glaubensbekenntnis eines selbst ernannten Schöpfer-

gottes klingt, hat Roth allerdings zunächst ganz handwerklich gemeint. In seinem Essayband *Reading Myself and Others* hat er einmal davon gesprochen, dass der Unterschied zwischen Realität und Fiktion für ihn auf den Unterschied zwischen der Welt des Geschriebenen und der Welt des Unbeschriebenen hinauslaufe. Im Gespräch auf seiner Farm in Connecticut, zwei Autostunden von New York entfernt, erläuterte er: »Ich für meine Person kann mir nicht vorstellen, nur in der Welt des Unbeschriebenen, der sogenannten Wirklichkeit zu leben. Die meisten Menschen tun das zwar, und vielen reicht das auch vollauf. Aber als Leser und als Autor brauche ich die Welt des Geschriebenen, um überhaupt eine Perspektive auf die unbeschriebene Welt entwickeln zu können. Die unbeschriebene Welt ist entweder Chaos, das niemand versteht, oder man stülpt ihr eine Ordnung über, die dem eigenen Wahrnehmungsmuster entspricht. Die allerbesten Autoren organisieren die geschriebene Welt hingegen nach einem anderen Wahrnehmungsmuster, das viel spannender ist als das eigene. Das eigene Wahrnehmungsmuster ist dazu da, einen den Tag überstehen zu lassen. Wer aber das Glück hat, nicht nur an den aktuellen Tag denken zu müssen, und noch überschüssige Energie für andere Dinge aufbringt, der wendet sich an die geschriebene Welt, um so die Welt oder zumindest die eigene Wahrnehmung davon irgendwie anders zu organisieren.«

Ich habe in 20 Jahren meiner Tätigkeit als Redakteur in einem deutschen Nachrichtensender es niemals geschafft, meine Kolleginnen und Kollegen dort von der Notwendigkeit dieses »anderen Wahrnehmungsmusters« zu überzeugen, damit wir zumindest zeitweise aus dem rasenden Zyklotron der um sich selbst kreisenden Debatten über so relevante Dinge wie das deutsche Dosenpfand, die reduzierte Mehrwertsteuer auf Speisen in der Gastronomie oder die umstrittenene Erhöhung des Kinderfreibetrags entkamen, um uns ein klitzekleinwenig existenzielleren Fragen zu widmen. Deshalb empfand ich die Arbeitsatmosphäre dort mehr und mehr als beengend, ja buchstäblich als geisttötend. Zwar leuchteten mir diese politischen Auseinandersetzungen im Alltagsgeschäft durchaus als notwendig ein, aber dies änderte nichts an ihrer

unendlichen Seichtheit, Ödnis und Trivialität.

Für solcherart geschundene Seelen ist die Literatur Philip Roths Balsam – genau wie die Saul Bellows, der nun wiederum zu Roths Hausheiligen zählte. Was Roth auf gar keinen Fall sein wollte: ein »jüdisch-amerikanischer Schriftsteller«. »I don't want to be hyphenated«, platzte es aus ihm heraus – für die gerade aufkommenden Bindestrich-Zuweisungen der Identitätspolitik hatte er weniger als nichts übrig. »Ich bin ein amerikanischer Schriftsteller, oder ich bin gar nichts!« So wurde also ausgerechnet Philip Roth, der seit seinem gefeierten Debüt *Goodbye, Columbus* von 1964 in immer neuen Anläufen die Brüche und Widersprüche im eigenen Ich als Amerikaner und Jude ins Zentrum seiner Bücher stellte und bis zur Selbstentblößung preisgab, zum Chronisten und Kommentator der amerikanischen Zeitgeschichte seit dem Zweiten Weltkrieg.

Wer heute erfahren möchte, wo der Puls Amerikas schlägt, was dieses Land zusammenhält, das keine durch Blutsbande – wie fiktiv diese in der Realität auch sein mögen – definierte Identität besitzt, sondern in einem kontinuierlichen Prozess der Selbstvergewisserung eine solche Identität immer erst neu schaffen muss, kann nach wie vor keine bessere Auskunftsquelle finden als die »Amerikanische Trilogie« Philip Roths. Binnen vier Jahren, zwischen 1997 und 2000, legte er mit *Amerikanisches Idyll*, *Mein Mann, der Kommunist* und *Der menschliche Makel* ein Werk vor, wie es in der Gegenwartsliteratur diesseits und jenseits des Atlantiks kein zweites gab. Sein Thema: die Triumphe und Niederlagen der amerikanischen Selbstfindungsprozesse zwischen dem Zweiten Weltkrieg und der Jahrtausendwende, oder wie es in *Der menschliche Makel* einmal heißt: »Das Drama hinter der amerikanischen Geschichte, das große Drama, das der Aufbruch und das Fortgehen ist – und die Energie und die Grausamkeit, die dieser verzückte Drang erfordert.«

*

Der israelische Ministerpräsident Ariel Scharon fällt nach einem Schlaganfall ins Koma. Der ehemalige irakische Präsident Saddam Hussein, blutsäuferischer Chef der Baʿth-Partei und Autor des Fantasyromans *Zahbiba und der König*, wird von der irakischen Justiz zum Tode verurteilt und gehenkt. Deutschland feiert sein Sommermärchen, die Fußball-Weltmeisterschaft im eigenen Land, die sich später als Festival der Korruption erweist.

Die Kulturwelt gedenkt runder Geburtstage halber Rembrandts, Mozarts, Heinrich Heines und Sigmund Freuds. Der deutsche Literaturnobelpreisträger Günter Grass bekennt in *Beim Häuten der Zwiebel*, als 16-Jähriger einige Wochen in der Waffen-SS gedient zu haben, und löst damit einen Skandal aus. Der türkische Romancier Orhan Pamuk wird mit dem Literaturnobelpreis ausgezeichnet. Den Booker Prize erhält Kiran Desai für *The Inheritance of Loss*, den Prix Goncourt Jonathan Littell für *Die Wohlgesinnten*. Der Pulitzer geht an Geraldine Brooks für *March*, Paul Auster wird mit dem Prinz-von-Asturien-Preis ausgezeichnet. Oskar Pastior stirbt während der Frankfurter Buchmesse; der ihm zuvor zugesprochene Georg-Büchner-Preis wird ihm postum verliehen. Ilija Trojanow erhält für seinen Roman *Der Weltensammler* den Preis der Leipziger Buchmesse, Katharina Hacker für *Die Habenichtse* den Deutschen Buchpreis. Indien ist Gastland der Frankfurter Buchmesse. Die Literaturwelt trauert um Betty Friedan, Karin Struck, Sybille Bedford, Hilde Domin, Stanisław Lem, Muriel Spark, Gilbert Sorrentino, Robert Gernhardt, Mickey Spillane, Nagib Machfus, Joachim Fest, Oskar Pastior und William Styron. »Fanmeile« ist das Wort des Jahres, »freiwillige Ausreise« das Unwort des Jahres.

Der Regionalkrimi tritt seine jahrzehntelange Schreckensherrschaft über die deutsche Bestsellerlisten an: Bald gibt es kein Eifelkaff, kein Allgäuer Kuhdorf und keine Nordseedüne mehr ohne eigene Serienkiller und Ermittler. Peter Scholl-Latour warnt vor einer Umklammerung von Putins Russland,

Gabor Steingart vor der Gelben Gefahr, Frank Schirrmacher vor dem demografischen Wandel. Kann es angesichts so vieler Warnungen verwundern, dass der Deutschen liebstes Sachbuch, Hape Kerkelings *Ich bin dann mal weg*, Entschleunigung und Entdramatisierung empfiehlt?

FEBRUAR 2006

Belletristik

10) Arno Geiger: *Es geht uns gut* (Hanser, 390 S., 21,50 €)
Im Supermarkt der Therapieangebote würde man das, was der Österreicher Arno Geiger in seinem kunstvollen Roman macht, eine Familienaufstellung nennen: drei Generationen von der Nazizeit bis in unsere Gegenwart begegnen dem Leser. Faszinierend vielschichtig weiß Geiger von den Leichen im Keller dieser Familie zu erzählen – und vom Unsinn des Streits zwischen den Generationen: »Wer gewinnt? Keiner. Die eine Seite verliert nur langsamer als die andere.«

9) Marc Levy: *Zurück zu dir* (Deutsch von Bettina Runge und Elisabeth Hagedorn, Droemer Knaur, 336 S., 16,90 €)
Dies ist die Fortsetzung einer Liebesgeschichte zwischen einem Mann, einer Frau, die im Koma liegt, und deren Geist. Am Ende der
Lektüre liegen Mann und Frau einander in den Armen und die Leser dieser zwar nicht geist-, aber espritlosen Schnulze im Koma.

8) Irene Dische: *Großmama packt aus* (Deutsch von Reinhard Kaiser, Hoffmann und Campe, 366 S., 23 €)
Oma erzählt vom Krieg. Und vom Davor und Danach. Und weil diese Großmama einerseits eine rasende Antisemitin, andererseits nun mal mit dem Juden Carl verheiratet ist, weil sie zudem das Ganze aus dem Jenseits erzählt und weil ihre Erfinderin Irene Dische eine Spezialistin für die Demontage von Lebenslügen ist, deshalb ist diese Chronik einer katholisch-jüdischen Familie zwischen Schlesien und New Jersey ein großer Spaß.

7) Ken Follett: *Eisfieber* (Deutsch von Till R. Lohmeyer und Christel Rost, Lübbe, 461 S., 22,90 €)
Es gibt Mischlinge, die sehen auch auf den zweiten Blick schlicht albern aus: halb Rehpinscher, halb Rottweiler etwa oder halb Boxer, halb Cockerspaniel. Dieses Buch über einen Killervirus ist so ein armer Hund: Die Kreuzung eines Hightech-Thrillers mit einem Familienroman ist Follett nicht gelungen. Aber seltsamerweise löst

dieser missratene Krimi in mir eine ähnliche Konträrfaszination aus wie so ein lächerlicher Hund: Man muss ihn einfach ganz doll lieb haben.

6) Dan Brown: *Diabolus* (Deutsch von Peter A. Schmidt, Lübbe, 524 S., 19,90 €)
Dieses Buch kann sich nur aus den niedersten Beweggründen auf die Bestsellerliste verirrt haben: wegen literarischer Schadenfreude. Wie jene Schaulustigen bei Unfällen auf der Autobahn wollen offenbar Hunderttausende von Literaturvoyeuren sich mit eigenen Augen davon überzeugen, dass der Verfasser des hoch spannenden Romans *Sakrileg* wenige Jahre zuvor einen so unglaublich dilettantischen Schmarren über Kryptografie geschrieben hat. Fragt sich nur, ob nun *Sakrileg* oder *Diabolus* der Unfall ist.

5) François Lelord: *Hectors Reise* (Deutsch von Ralf Pannowitsch, Piper, 187 S., 16,90 €)
Haben Sie noch die Stimme von Elmar Gunsch im Ohr? Dieses vor

Lebensweisheit triefende Timbre? In genau diesem Elmar-Gunsch-Sound ist Lelords Buch über die Suche eines Psychiaters nach dem Glück geschrieben. Irgendwann hatten die Deutschen es satt, von einer so schönen Stimme immer so schlechtes Wetter angesagt zu bekommen. Irgendwann werden sie auch den verlogenen Quark des François Lelords dicke haben.

4) Leonie Swann: *Glennkill* (Goldmann, 371 S., 17,90 €)
Der Schäfer ist tot; ein Schaf ermittelt. Mehr braucht es manchmal nicht für einen richtig tollen Krimi. Das Leben kann so einfach sein.

3) J. K. Rowling: *Harry Potter und der Halbblutprinz* (Deutsch von Klaus Fritz, Carlsen, 656 S., 22,50 €)
Im sechsten Band erfahren wir mehr über Kindheit und Jugend von Ihm, dessen Namen nicht genannt werden darf alias Lord Voldemort. Das eigentliche Thema der erfolgreichsten Romanserie der Gegenwart ist aber auch im neuen *Harry Potter* der unausweichliche Tod naher Angehöriger und Freunde. Im Grunde müssten Rowlings Romane deshalb Panik im Kinderzimmer auslösen – und noch mehr unter ihren erwachsenen, also todesnäheren Lesern. Dass sie es nicht tun, spricht für die Kunst ihrer Autorin – eine Kunst, die mit dem

Tod versöhnt. Vielleicht allerdings bringen sich Harry-Potter-Leser aber auch einfach deshalb nicht um, weil sie nicht sterben wollen, ehe sie erfahren, wie's ausgeht?

2) Dan Brown: *Sakrileg* (Deutsch von Piet van Poll, Lübbe, 605 S., 19,90 €)
Geheimbünde, jahrtausendealte Verschwörungen und eine Schnitzeljagd quer durch die Kulturgeschichte: Das sind die Ingredienzen, aus denen Dan Brown seinen Schmöker über die Kinder von Jesus und Maria Magdalena zusammengebraut hat. Mehr als einen Lektüredurchgang verträgt dieser Roman nicht. Ein Buch wie ein One-Night-Stand: ein oberflächliches Vergnügen, aber ein Vergnügen.

1) Daniel Kehlmann: *Die Vermessung der Welt* (Rowohlt, 304 S., 19,90 €)
Dieser Roman ist der größte kommerzielle Erfolg der jungen deutschen Literatur seit Jahren. Der größte Einwand gegen ihn sei nicht verschwiegen: Es ist ein bisschen ein Schweinchen-Schlau-Roman. Aber Kehlmann verknüpft darin nicht nur die Lebensläufe und Weltanschauungen zweier großer deutscher Aufklärer, sondern gewinnt dieser Gegenüberstellung überraschende Komik ab: hier Alexander von Humboldt, der gegen die Grenzen der bekannten Welt anrennt, dort Carl Friedrich Gauß, der gegen die Grenzen der Zeit selbst rebelliert. Ein gutes Buch.

MÄRZ 2006

Sachbuch

10) Christian Ankowisch: *Dr. Ankowitschs Kleines Universal-Handbuch* (Eichborn, 176 S., 14,95 €)
Ein Buch, aus dem man erfährt, mit welcher Wahrscheinlichkeit man welche Geschmacksrichtung in einer Tüte Gummibären erwischt. Allzu oft verlässt sich Ankowitsch aber auf die Komik seiner Gegenstände, ohne durch exakte Recherche jenen Mehrwert zu erzeugen, der die Lektüre solcher Bücher erst zum Vergnügen macht. Mit anderen Worten: Ankowitsch lässt einen meist dann im Stich, wenn man es genau wissen will. Im Vergleich zu Ben Schotts feinkomponierten Sammelsurien nimmt sich sein Handbuch deshalb aus wie Truckstop zu Johnny Cash.

9) Stephen Hawking und Leonard Mlodinow: *Die kürzeste Geschichte der Zeit* (Deutsch von Hainer Kober, Rowohlt, 192 S., 19,90 €)

Stellen Sie sich ein Zwillingspaar vor, von dem der eine Zwilling sein ganzes Leben auf einem Berggipfel verbringt, der andere auf Meereshöhe. Am Ende würden diese Zwillinge unterschiedlich alt sein. Warum das so ist, erfahren Sie aus dieser leicht fasslichen Einführung in unser Universum. Und sollten Sie jetzt sagen: Tut mir leid, die allgemeine Relativitätstheorie hat mit meinem Alltagsleben einfach zu wenig zu tun, als dass ich ein Buch darüber lesen möchte, dann sollten Sie erstens nie wieder ein Navigationssystem benutzen und zweitens vielleicht doch lieber gleich einen Spiegel kaufen als ein Buch.

8) Uwe Karstädt und Horst Janson: *Das Dreieck des Lebens* (Titan, 272 S., 24,80 €)
Der Heilpraktiker Uwe Karstädt behauptet, eine Art Wundercocktail gegen Alter und Krankheit erfunden zu haben, bestehend aus Vitamin B6, Folsäure sowie Vitamin B12. Ich persönlich bin schon als kleiner Junge in einen Topf mit diesem Zaubertrank gefallen und kann ihn als Allheilmittel gegen abstehende Ohren, Übergewicht und Haarausfall – anders als diese Dr.-Eisenbart-Fibel – nur empfehlen.

7) Éric-Emmanuel Schmitt: *»Mein Leben mit Mozart«* (Deutsch von Inés Köbel, Ammann, 144 S., 19,90 €)
Éric-Emmanuel Schmitt schreibt Briefe an Mozart mit Nachrichten darüber, wie ihm Mozarts Musik geholfen hat, schwierige Situationen in seinem Leben zu meistern. Gewisse Selbstzweifel bei der Niederschrift dieses kitschigen und läppischen Machwerks haben den Autor offenbar selbst überkommen. »Lieber Mozart«, schreibt Schmitt auf Seite 123, »Du bist mit fünfunddreißig Jahren gestorben. Ich bin heute fünfundvierzig. Habe Dich also bereits überlebt. Wozu?« Ja, wozu? Ich weiß nicht, was der freundliche Mozart Monsieur Schmitt empfehlen würde, ich empfehle, es einfach mal mit etwas anderem als Schreiben zu versuchen.

6) Dietrich Grönemeyer: *Der kleine Medicus* (Rowohlt, 360 S., 22,90 €)
Menschen ohne Unterleib kannte ich bislang nur als Jahrmarktsattraktion. Dietrich Grönemeyer fügt der Welt der anatomischen Wunder nun eine neue Variante hinzu: Weder Penis noch Vagina werden in Grönemeyers Streifzug durch die Körperwelt erwähnt, im Register seines Romans für junge Leser kommen die Buchstaben P
und V gar nicht erst vor. Offenbar ein Aufklärungsbuch für den amerikanischen und arabischen Markt.

5) Heiner Lauterbach: *Nichts ausgelassen* (Droemer, 448 S., 19,90 €)
»Für meine jungen Jahre verfügte ich tatsächlich über ein außergewöhnliches Talent«, schreibt der Schauspieler in seinen Memoiren. So gnadenlos selbstkritisch geht Lauterbach in diesem verquatschten Buch keineswegs immer mit sich ins Gericht. Dafür hat er einen eigenartigen Hang zu Tier-Metaphern: Seine derzeitige Frau nennt er gleich zweimal eine »kleine Löwin«, sich selbst vergleicht er mit einem »kleinen Stier«. In seiner dreisten Geistfeindlichkeit und seiner üblen Anbiederung an die *Bild*-Zeitung kam mir dieses Buch eher vor wie die Autobiografie einer kleinen Raupe Nimmersatt.

4) Corinne Hofmann: *Wiedersehen in Barsaloi* (A1, 236 S., 19,80 €)
Die Urangst der Frau vor der Fremde ist das eigentliche Thema von Corinne Hofmann. Ihre Bücher über ihre kurze Ehe mit einem Massai in Kenia halten für ihre meist weibliche Leserschaft die frohe Botschaft bereit: Na ja, ganz so schrecklich sind mein Mann und seine Familie nicht. Weil *Wiedersehen in Barsaloi* aber nur die schwa-

che Fortsetzung einer an sich schon überflüssigen Fortsetzung ist, sollte man sich dieses Buch schenken.

3) Lars Brandt: *Andenken* (Hanser, 160 S., 15,90 €)
Der Sohn von Willy Brandt erinnert sich an seinen fernen Vater. Auch wenn die schöne Sprache, in der die wie hinaquarelliert wirkenden Anekdoten erzählt sind, *Andenken* himmelweit über den Schund auf dieser Bestsellerliste hinaushebt, bleibt doch ein zwiespältiger Eindruck: Ein Porträt von Willy Brandt gelingt diesem Erinnerungsbuch nicht, bestenfalls ein Schattenriss.

2) Eva Maria Zurhorst: *Liebe dich selbst und es ist egal, wen du heiratest* (Arkana, 382 S., 18,90 €)
Ihre Theorie, wonach, wer mit sich selbst im Reinen ist, seine Erlösungssehnsüchte nicht mehr auf seinen Ehepartner richten muss, begründet die Autorin mit den Worten: »Dies hat die Natur so angelegt.« Nun ist aber anders als Bienen und Blümelein die Institution der Ehe nicht ein Produkt der Natur, sondern der Kultur, und einem Beziehungscoach, dem das nicht klar ist, sollte man genauso viel Vertrauen entgegenbringen wie einem blinden Fluglotsen.

1) Peter Hahne: *Schluss mit lustig* (Johannis, 128 S., 9,95 €)
»Holt Gott zurück in die Politik!«, fordert Peter Hahne in seiner wirren Streitschrift wider den Atheismus und die Achtundsechziger. Das ist in etwa so Erfolg versprechend, als würde man Jürgen Klinsmann auffordern, Uwe Seeler zurück in die Nationalmannschaft zu holen. Komik und Tragik Peter Hahnes bestehen darin, dass er just das verkörpert, was er am meisten angreift: die deutsche Spaßkultur. Habemus Pappnas!

SEPTEMBER 2006

Belletristik

10) Joy Fielding: *Träume süß, mein Mädchen* (Deutsch von Kristian Lutze, Goldmann, 416 S., 19,95 €)
Manche Männer sind perverse Schweine: tun erst ganz freundlich und verlangen dann Analverkehr. Und manchmal ist die Wirklichkeit weniger kompliziert als die Literatur. Denn während in diesem lieblos zusammengeklitterten Krimi solch penetrierende Männermonster daran zu erkennen sind, dass sie Bier statt Wein trinken, erkennt man in der Wirklichkeit solch penetranten Schwachsinn viel einfacher: nämlich daran, dass »Joy Fielding« draufsteht.

9) François Lelord: *Hectors Reise* (Deutsch von Ralf Pannowitsch, Piper, 192 S., 16,90 €)
Diese als Roman getarnte Erbauungsschrift über die Weltreise eines Psychiaters, der wissen will, was Glück bedeutet, taugt lediglich, den Unterschied zwischen dem Preis und dem Wert eines Buchs zu illustrieren. Lelords in predigendem Kinderbuchton verfasste Aneinanderreihung von Lebenshilfe-Leerformeln kostet 16,90 €. Das ist ihr Preis. Ihr Wert hingegen ist null.

8) Iny Lorentz: *Das Vermächtnis der Wanderhure* (Droemer Knaur, 608 S., 16,90 €)
Der absurde Titel ist noch das Beste an diesem peinlich schlecht geschriebenen historischen Roman über eine in die Sklaverei nach Russland verkaufte Frau des Mittelalters. Überzeugende historische Patina besitzen in diesem Buch allein die Klischees und Phrasen in den ungelenken Sätzen des Autorenduos.

7) Elizabeth George: *Wo kein Zeuge ist* (Deutsch von Ingrid Krane-Müschen und Michael Müschen, Blanvalet, 797 S., 22,95 €)
Eine zunächst nicht entdeckte Mordserie in London, ein zweiter Täter als Trittbrettfahrer und sehr viel englisches Lokalkolorit. Die neue George bietet verlässliche Krimi-Konfektion – und doch noch etwas mehr: fein gezeichnete Seelenlandschaften und ein überzeugendes Gesellschaftspanorama des modernen Großbritanniens. Ein gutes Buch.

6) Kathleen McGowan: *Das Magdalena-Evangelium* (Deutsch von Barbara Först und Rainer Schumacher, Lübbe, 541 S., 19,95 €)
Als Roman gelesen, ist dieser Dan-Brown-Abklatsch voller Offenbarungen darüber, was Jesus vor 2000 Jahren mit Maria Magdalena trieb, erschütternd, weil miserabel. Da die amerikanische Autorin im Nachwort aber erklärt, dies alles sei ihr selbst enthüllt worden und sie habe die Form des Romans für ihre religiösen Visionen nur gewählt, um »die heilige Natur dieses Wissens und die Menschen zu beschützen, die es bewahren«, muss ich hier mein literaturkritisches Instrumentarium einpacken und darf an die freundlichen Kollegen vom Heiligen Offizium oder von der Psychiatrie verweisen.

5) Tommy Jaud: *Resturlaub* (Scherz, 256 S., 12,90 €)
Weil ihn bei seiner heiratslüsternen Freundin in Bamberg nichts als das Elend von Ehe, Eigenheim und Einbauküche erwartet, versucht ein Marketing-Manager, nach Argentinien auszubrechen. Leider ist das eindringlichste Beispiel für den Beklemmungen auslösenden kleinbürgerlichen Mief Jauds Roman selbst mit seinen sexistischen Stammtisch-Witzeleien.

4) Philip Roth: *Jedermann* (Deutsch von Werner Schmitz, Rowohlt, 176 S., 17,90 €)
Kein großes, aber ein radikales Buch ist der neue Roman von Philip Roth: ein bewegendes Endspiel über Vergänglichkeit und Tod, eine nihilistische Erörterung der Frage, wie man damit leben kann, dass nichts mehr kommt nach dem Erlöschen aller Sinne. Auch wenn *Jedermann* die altbekannten Roth-Themen Kindheit in New Jersey, jüdische Identität und Sex in Amerika ein wenig spieldosenhaft variiert, ragt dieses Buch auf dieser Bestsellerliste sehr weit heraus.

3) Daniel Kehlmann: *Die Vermessung der Welt* (Rowohlt, 304 S., 19,90 €)
Ein Bilderbogen aus den Leben des Mathematikers Carl Friedrich Gauß und des Entdeckungsreisenden Alexander von Humboldt: nie langweilig, oft hintergründig komisch, immer auf Höhe seines Gegenstands. Bloß vermag ich jenseits der Unterhaltsamkeit keinen zwingenden Grund anzugeben, warum man unbedingt einen Blick in dieses wundersam bunte historische Kaleidoskop werfen müsste.

2) Ildikó von Kürthy: *Höhenrausch* (Wunderlich, 256 S., 17,90 €)
Irgendwann packt Linda, Ildikó von Kürthys Heldin in diesem Buch, ein verspätetes Weihnachtspaket ihrer Mutter aus. Es ist der einzige schöne Moment wahrer Selbstironie in diesem Roman, denn das Paket enthält drei Bücher: *Die Kunst, den Mann fürs Leben zu finden*; *Die neue Kunst, den Mann fürs Leben zu finden* und *Die Kunst, den Mann fürs Leben zu halten*. Frau von Kürthy lässt ihre Heldin darauf seufzen und die Frage stellen: »Warum kann sie nicht Kekse backen wie andere Mütter auch?« Sagen wir so: Als Roman taugt *Höhenrausch* nichts. Aber als Keks ist es vorzüglich.

1) Günter Grass: *Beim Häuten der Zwiebel* (Steidl, 480 S., 24 €)
An dieser Stelle ein kleines, aber notwendiges ästhetisches Credo: Ob ein Autor Mitglied in der Waffen-SS war oder in der AOK, ist für die Bewertung seiner künstlerischen Leistung vollkommen irrelevant. Günter Grass hat ein vielschichtiges, anrührendes und mitunter urkomisches Buch mit Erinnerungen geschrieben, ein Buch darüber, wie Erinnerungen entstehen und wie sie uns täuschen können. Man erfährt daraus nicht, warum Grass so lange über seine Zeit bei der Waffen-SS geschwiegen hat. Aber man erfährt, wie aus der historischen Erfahrung von Günter Grass ein Werk entstanden ist, das zum Brillantesten zählt, was in dieser Bundesrepublik geschrieben wurde.

OKTOBER 2006

Sachbuch

10) Stefan Klein: *Zeit – der Stoff aus dem das Leben ist* (S. Fischer, 320 S., 18,90 €)
Stefan Klein schreibt wie kaum ein deutscher Wissenschaftsjournalist: einladend locker, aber nie seicht. Sein neues Buch handelt von unserem Gehirn als Zeitmaschine, von der biologischen Uhr, die in jedem von uns tickt, und von dem paradoxen Umstand, dass wir gleichwohl selbst bestimmen, wie wir unsere Lebenszeit erleben. Ein gutes Sachbuch, das einem die Angst vor der verrinnenden Zeit zu nehmen versteht.

9) Gabor Steingart: *Weltkrieg um Wohlstand* (Piper, 400 S., 19,90 €)
Anschaulich schreiben kann auch Gabor Steingart. Nur liest sich seine durchaus plausible Warnung vor der neuen ökonomischen

Stärke Asiens und dem angeblichen »Termitenstaat« China mitunter wie eine antiquierte Hetzschrift gegen die Gelbe Gefahr. »China ist dem Wortsinne nach eine düstere Großmacht«, schreibt Gabor Steingart, »weil wir nicht fühlen, was sie fühlen, nicht wissen, was sie denken, und nicht einmal ahnen, was sie planen.« Ehe wir jetzt alle in Panik vor einer Milliarde neuer Dr. Fu Manchus verfallen – haben Sie's einfach mal mit Chinesischlernen versucht, Hell Steingart?

8) Eva Maria Zurhorst: *Liebe dich selbst und es ist egal, wen du heiratest* (Arkana, 382 S., 18,90 €)
Sollten Sie wirklich glauben, dass es egal ist, wen Sie heiraten, Hauptsache, Sie lieben nur sich selbst, dann können Sie schwerlich dümmer werden, indem Sie dieses Buch lesen.

7) Joachim Fest: *Ich nicht* (Rowohlt, 368 S., 19,90 €)
Dies letzte und persönlichste Buch von Joachim Fest ist die Geschichte einer deutschen Familie, die sich während der Nazizeit dem Anpassungsdruck um den hohen Preis des sozialen Abstiegs und der Isolation entzog. Weil diese Erfahrung universell ist und auch für heutiges Mitläufertum gilt, zählen Fests in wunderbar luzidem

Deutsch geschriebene Lebenserinnerungen zu den Höhepunkten der biografischen Literatur unserer Zeit.

6) Dietrich Grönemeyer: *Lebe mit Herz und Seele* (Herder, 221 S., 16,90 €)
Angeblich ein Beitrag zur Wertedebatte, tatsächlich aber eine wirres und komplett unstrukturiertes Sammelsurium von schwammigen Meinungen zu so disparaten Themen wie Apparatemedizin und Straßenfußball, Kernkraft und Hausmusik. Leben mit Sinn und Verstand sieht anders aus.

5) Katharina Münk: *Und morgen bringe ich ihn um!* (Eichborn, 173 S., 14,90 €)
Eine Sekretärin packt aus: so die verlockende Prämisse dieses Enthüllungsbuchs. Leider erschöpft es sich aber in der Aufzählung von Marotten diverser Vorgesetzter, ohne zu fragen, warum im Kapitalismus zwar Untergebene nachts unentwegt an ihre Chefs denken, diese Chefs nachts aber eher selten an ihre Untergebenen. So ganz ohne die Machtfrage zu stellen, wird man diesem Phänomen, fürchte ich, nicht gerecht.

4) Bernhard Bueb: *Lob der Disziplin* (List, 160 S., 18 €)
Du gehst zu Kindern? Vergiss die Peitsche nicht! Auf diesen Nenner lässt sich die pädagogische Streitschrift des langjährigen Leiters des Internats Schloss Salem bringen. In einer Gesellschaft, die nichts so sehr herbeisehnt wie einen konservativen Rollback, darf man das Gratismut nennen. *Lob der Disziplin* ist dennoch lesenswert: Bueb hat in meinen Augen die falschen Antworten. Aber er stellt die richtigen Fragen.

3) Frank McCourt: *Tag und Nacht und auch im Sommer* (Deutsch von Rudolf Hermstein, Luchterhand, 336 S., 19,95 €)
Dass das Leben doch ein klein wenig bunter und vielfältiger ist, als sich deutsche Rohrstock-Pädagogen träumen lassen, was man als Lehrer von Fred Astaire lernen kann und warum zudem diese Werte, die es in der Schule zu vermitteln gilt, auch noch so eine verflixt relative Sache sind, all das erfährt man aus diesem amüsanten Memoirenbuch über Frank McCourts 30 Jahre als schlecht bezahlter Lehrer an amerikanischen Highschools in New York.

2) Eva Hermann: *Das Eva Prinzip* (Pendo, 264 S., 18 €)
»Wir haben mit der Ordnung der Dinge gebrochen und zerbrechen nun selbst daran«, schreibt Eva Hermann. Ihr Buch taugt nichts, weil Eva Hermann drei Dinge verwechselt: Kinder mit Glück, Gleichberechtigung mit Zufriedenheit und die Rolle der Frau, wie sie die Natur vorsieht, mit der Rolle der Frau, wie sie Deutschland unter Adenauer vorsah.

1) Hape Kerkeling: *Ich bin dann mal weg* (Malik, 352 S., 19,90 €)
Kerkelings Schnurren von einer Pilgerreise auf dem Jakobsweg besitzen Unterhaltungswert. Leider streut der Autor pseudophilosophische Reflexionen in sie ein, die zu solch grunderschütternden Einsichten führen wie: »Die wesentlichen Merkmale des Lebens sind Geburt und Tod.« Da hat er zweifellos recht – aber diese Art von Witzigkeit kennt leider enge Grenzen.

2005

Retten Bücher Leben?

Unzählig die Anekdoten aus nahezu sämtlichen Kriegen seit Erfindung von Schusswaffen und Buchdruck, in denen das am Leib mitgeführte Exemplar eines Buchs seinem Träger das Leben rettete. Die US-Army stattete im Zweiten Weltkrieg ihre Soldaten deshalb sogar mit in Stahl eingebundenen Exemplaren des Neuen Testaments aus, die einige GIs vor dem sicheren Tod durch deutsche Kugeln bewahrten.

Was sich aber kurz vor Jahresende 2004 ereignete, ist einmalig nicht nur in der Geschichte des Buchs, sondern in der Geschichte der deutschen Literatur. Dutzende Menschen überlebten eine ungeahnte, wenn auch keineswegs nie da gewesene Naturkatastrophe, weil sie einen Roman gelesen hatten.

Der 2003 veröffentlichte Roman *Der Schwarm* ist ein Wissenschaftsthriller der Ausnahmeklasse. Frank Schätzings Stärke liegt in seiner Fähigkeit, seine profunden Recherchen in spannende Actionszenen zu verpacken und so Wissen mühelos und eingängig zu vermitteln. Nicht zu unterschätzen ist dabei der poetische Gehalt seiner Sprache, etwa im Kapitel »Tsunami« auf Seite 405 des fast 1000-seitigen Romans:

»Das Meer war voller Ungeheuer. Seit Menschengedenken bot es Raum für Mythen, Metaphern und Urängste. Odysseus' Gefährten fielen der sechsköpfigen Scylla zum Opfer. Poseidon schuf aus Ärger über Cassiopeias Hochmut das Ungeheuer Cerus und schickte Laokoon aus Rache für den Verrat an Troja eine riesige Seeschlange auf den Hals. Den Sirenen ließ sich nur mit Wachs in den Ohren beikommen. Nixen, Meeressaurier und Riesenkraken machten die Fantasie unsicher. … Selbst das gehörnte Tier aus der Bibel war dem Meer entstiegen. Und ausgerechnet die Wissenschaft, ihrem Wesen nach der Skepsis verschrieben, predigte neuerdings den wahren Kern all der Legenden und atemlosen Berichte, seit man den Quastenflosser wieder gefunden und die Existenz des Riesenkalmars bewiesen hatte. Nachdem die Menschen jahrtausendelang Furcht empfunden hatten vor den Bewohnern der Abyssale, heftete man sich nun begeistert an ihre Fersen. Dem aufgeklärten Geist war nichts heilig, nicht einmal mehr die Angst. Die Ungeheuer waren zu besseren Spielkameraden geworden, die echten ebenso wie die eingebildeten, Plüschtiere der Forschung.

Bis auf eines.

Es war das schlimmste von allen. Es versetzte auch den

abgeklärtesten Verstand in Panik. Wann immer es sich aus dem Meer erhob und über das Land kam, brachte es Tod und Zerstörung. Seinen Namen verdankte es japanischen Fischern, die auf hoher See nichts von seinem Schrecken mitbekamen, um bei ihrer Rückkehr ihr Dorf verwüstet und ihre Angehörigen tot vorzufinden. Sie hatten ein Wort für das Ungeheuer gefunden, das wörtlich übersetzt ›Welle im Hafen‹ bedeutete. Tsu für Hafen, Nami für Welle. Tsunami.«

Am 26. Dezember 2004 ereignete sich im Indischen Ozean ein Erdbeben der Stärke 9,1 auf der Richterskala, das mehrere verheerende Flutwellen an den Küsten Ostasiens auslöste. Vor der Küste Sumatras hob sich der Meeresboden binnen Minutenfrist um bis zu zehn Meter – mit desaströsen Folgen. Fast eine Viertelmillion Menschen verloren ihr Leben. Seither hat sich auch in Europa das Wort »Tsunami« für ein Naturphänomen eingebürgert, das in Japan seit Jahrtausenden bekannt ist: die Monsterwelle, wie sie nach einem schweren Seebeben entsteht. »Es gibt warnende Anzeichen«, lässt Schätzing in seinem Roman den realen Kieler Meeresbiologen Gerhard Bohrmann

sagen. »Eine Weile vor ihrem Eintreffen kann man ein schnelles Ansteigen und Fallen des Meeresspiegels beobachten. Mehrmals hintereinander. Dem geübten Auge fällt es auf. Nach zehn oder zwanzig Minuten weicht das Wasser dann plötzlich weit vom Ufer zurück. Riffe und Felsen werden sichtbar. Sie werden Meeresboden sehen, der normalerweise nie zu sehen ist. Spätestens jetzt müssen Sie höheres Gelände aufsuchen.«

Schätzings anschauliche Beschreibungen des Tsunamis haben tatsächlich vielen Menschen das Leben gerettet, die im Weihnachtsurlaub am Strand in Asien seinen Roman gelesen hatten. Durch die Lektüre von *Der Schwarm* gewarnt, was sich zurückziehende Wassermassen bedeuten konnten, brachten einige Leserinnen und Leser sich und ihre Miturlauber rechtzeitig vor der Monsterwelle in Sicherheit. In mehreren Talkshows trifft Schätzing auf Überlebende des Tsunamis, die ihm danken möchten. In der erweiterten Neuauflage seines Millionensellers schreibt er 2023: »Beckmann will wissen, ob es meine Absicht war, vor dem Unvorstellbaren zu warnen. Wenn du das jetzt bejahst, denke ich, bist du ein eitler Fatzke, der sich Prophetie anmaßt. Nein, sage ich, es ist einfach ein Szenario in einem Abenteuerroman, wie hätte ich die Zukunft kennen können? Da ist sie wieder, meine Abscheu vor dem erhobenen Zeigefinger. Aber ich rede dummes Zeug. Denn nicht nur während der Tsunami-Szenen, eigentlich die ganze Zeit hindurch, die ich am *Schwarm* schrieb, ging mir durch den Kopf, dass wir besser vorbereitet sein sollten. Auf nichts Spezifisches. Ganz allgemein. Erst in Szenarien beschäftigen wir uns ernsthaft mit der Zukunft, und wir denken zu wenig in Szenarien und alternativen Zukünften.«

*

Angela Merkel wird zur deutschen Bundeskanzlerin gewählt, Joseph Ratzinger zum Papst. Der abgewählte Kanzler Gerhard Schröder pöbelt in der Elefantenrunde am Wahlabend gegen seine Herausforderin von der CDU und macht den Ausdruck »Fremdschämen« im Deutschen populär. Weltweit feiert man im 100. Jahr der Formulierung der Relativitätstheorie das »Einsteinjahr«. Der Hurrikan Katrina verwüstet den Süden der USA, insbesondere die Stadt New Orleans. Am 30. September veröffentlicht die dänische Zeitung *Jyllands-Posten* zwölf Mohammed-Karikaturen, die unter moslemischen Fanatikern insbesondere in Pakistan und Indonesien Proteste hervorrufen, dänische und norwegische Botschaften werden gestürmt und ein Boykott dänischer Produkte ausgerufen; am Ende sind über 100 Tote zu beklagen

Am Montag der Buchmessenwoche Mitte Oktober in Frankfurt wird der Österreicher Arno Geiger für seinen Roman *Es geht uns gut* mit dem erstmals verliehenen Deutschen Buchpreis ausgezeichnet und landet damit prompt wie mit allen seinen folgenden Romanen auf der Bestsellerliste; davor hatte er sich sein Schriftstellerleben mit der Suche nach weggeworfenen Schätzen in den Wiener Altpapiercontainern finanziert, wie er 2023 in seinem autobiografischen Roman *Das glückliche Geheimnis* erzählt. Auf der Frankfurter Buchmesse präsentiert sich das Gastland Korea. Der Literaturnobelpreis geht an den Briten Harold Pinter, die Schwedische Akademie lobt, dass Pinter »in seinen Dramen den Abgrund unter dem alltäglichen Geschwätz freilegt«. Die Sprachmagierin Brigitte Kronauer wird mit dem Georg-Büchner-Preis geehrt, ihre großen Texte wie *Frau Mühlenbeck im Gehäus*, *Teufelsbrück* oder *Verlangen nach Musik und Gebirge* stiften auch heute noch beträchtliches Vergnügen. Der Ire John Banville wird für *Die See* mit dem Booker Prize ausgezeichnet, der Prix Goncourt geht an François Weyergans für *Trois Jours Chez Ma Mère*, der Pulitzer Prize an Marilynne Robinson für ihren Briefroman *Gilead*. Die Literaturwelt trauert um Claude Simon, Lisa Jobst, Ephraim Kishon, Arthur Miller, Thomas Kling, Helen Cresswell, Saul Bellow, Augusto Roa Bastos, Tristan Egolf, Christopher Fry, Eugénio de Andrade, Ed McBain, Evan Hunter, F. K. Wächter, John Fowles, Milo Dor und Robert Sheckley. Das Wort des Jahres lautet »Bundeskanzlerin«, das Unwort des Jahres »Entlassungsproduktivität«, der Satz des Jahres ist die *Bild*-Schlagzeile »Wir sind Papst«.

Der Tsunami Ende Dezember 2004 im Indischen Ozean katapultiert Frank Schätzings *Der Schwarm* zurück auf Platz eins der Bestsellerliste. Als schieres Gegenteil von prophetisch erweist sich Michael Crichton mit seinem Roman *Welt in Angst*, in dem er den menschengemachten Klimawandel infrage stellt und vor einer Instrumentalisierung der Forschung für politische und wirtschaftliche Zwecke warnt; 15 Jahre später tritt Greta Thunberg auf dem Weltwirtschaftsgipfel in Davos mit der Forderung auf: »I want you to panic!« Ben Schotts Erfolg mit seinen Kompendien des kuriosen Wissens ruft diverse Trittbrettfahrer auf den Plan. Sven Regener gelingt es, die heitere Melancholie seiner Songtexte bei Element of Crime in die Romane um Herrn Lehmann zu übertragen. 60 Jahre nach der deutschen Kapitulation rückt Walter Kempowski im Abschlussband des Kollektivtagebuchs *Das Echolot* das Ende des Zweiten Weltkriegs ins Bewusstsein.

FEBRUAR 2005

Belletristik

10) Gabriel García Márquez: *Erinnerung an meine traurigen Huren* (Deutsch von Dagmar Ploetz, Kiepenheuer & Witsch, 160 S., 16, 90 €)
Es ist schon eine vertrackte Sache mit der Liebe: Davon erzählt diese Geschichte von Glück und Entsagung am Beispiel eines 90-Jährigen, der sich zum Geburtstag eine Minderjährige ins Bett legen lässt. Aber auch die Liebhaber der Literatur werden vom neuen Márquez enttäuscht: Mehr als eine leicht müffelnde Altherrenfantasie erwartet sie hier nicht.

9) Éric-Emmanuel Schmitt: *Oscar und die Dame in Rosa* (Deutsch von Annette und Paul Bäcker, Ammann, 105 S., 13,80 €)
Wer den Krebstod eines Zehnjährigen als mit der gebrechlichen Einrichtung der Welt versöhnende Happy-End-Geschichte erzählen kann, dem graut's vor gar nichts mehr. Mir aber graut's vor so viel unverschämter Verlogenheit, mit der Schmitt seine Leser einseift.

8) Sven Regener: *Neue Vahr Süd* (Eichborn, 550 S., 24,90 €)
Ein Bilderbogen aus dem Westdeutschland der frühen 1980er, als die Alternative Verweigern oder Zum-Bund-Gehen jungen Männern noch den Angstschweiß auf die Stirn trieb. Ein gutes Buch, auch weil Regener über eine Sprache gebietet, die weit mehr ist als der Soundtrack seiner Generation. Und genau dies unterscheidet ihn eben ebenso wohltuend von …

7) Ildikó von Kürthy: *Blaue Wunder* (Wunderlich, 286 S., 17,90 €)
Warum müssen Autorinnen moderner Frauenbücher ihre Minderwertigkeitskomplexe eigentlich immer durch Hass auf die Kultur kompensieren? »Für meinen Geschmack«, lässt Ildikó von Kürthy ihre Heldin räsonieren, »für meinen Geschmack verhält es sich mit moderner klassischer Musik ähnlich wie mit moderner Kunst: Beides ist eine Unverschämtheit.« Kann es sein, dass die Dumpfbackigkeit des deutschen Stammtischs eine neue Heimat gefunden hat?

6) Michael Crichton: *Welt in Angst* (Deutsch von Ulrike Wasel und Klaus Timmermann, Blessing, 603 S., 24,90 €)
»Um das Dorf zu retten, war es notwendig, es zu vernichten«, meldete ein amerikanischer Offizier im Vietnamkrieg an seine Vorgesetzten. Crichton stellt nun das Gedankenspiel an, was wäre, wenn diese zynische Denkweise auf radikale Umweltschützer übergriffe. Ästhetisch zwar indiskutabel, intellektuell jedoch angenehm provozierend.

5) Éric-Emmanuel Schmitt: *Das Kind von Noah* (Deutsch von Inés Koebel, Ammann, 144 S., 16,90 €)
Das abgeschmackteste Buch 60 Jahre nach Kriegsende: Eine Erzählung über eine jüdische Familie im Holocaust, in der alle überleben und deutsche Wehrmachtsoffiziere schon mal eine Runde Bonbons spendieren, wenn sie in einem Kinderheim versteckte Juden entdecken. Lesen Sie Jerzy Kosiński, lesen Sie Primo Levi, Aharon Appelfeld oder Imre Kertész – aber lesen Sie bitte nicht diesen widerlichen Weichspüler: Der Holocaust light ist nun einmal nicht zu haben.

4) Kathy Reichs: *Totenmontag* (Deutsch von Klaus Berr, Blessing, 383 S., 20 €)
Reichs erzählt vom Ausflug der amerikanischen forensischen Anthropologin Tempe Brennan ins kanadische Montreal, und hinterher weiß man ein wenig mehr über Kanada, die USA und forensische Anthropologie. Wen interessiert da schon noch, wer die drei Frauen in einer Pizzeria ermordet hat? In seiner verlässlichen Hemdsärmeligkeit besitzt dieser Krimi den Charme eines Bratkartoffelverhältnisses.

3) François Lelord: *Hectors Reise* (Deutsch von Ralf Pannowitsch, Piper, 187 S., 16,90 €)
Wenn neugierige Kinder unangenehme Fragen stellen über Sex, Serienkiller oder warum Papi im Gefängnis sitzt, nimmt die Stimme ihrer Eltern manchmal so einen halb verlegenen, halb verlogenen »Da bist du noch zu klein für«-Ton an. In genau diesem Ton ist diese Geschichte über einen Psychiater aus Paris erzählt, der wissen will, was Glück ist. Ein Buch für Menschen, die sich gern von oben herab behandeln lassen.

2) Dan Brown: *Sakrileg* (Deutsch von Piet van Poll, Lübbe, 605 S., 19,90 €)
»Was gibt es Schöneres als Verschwörungstheorien?«, fragt Dan Brown ungefähr in der Mitte seines Romans, der die Geschichte des Christentums als Verschwörung zur Ausgrenzung der Frau interpretiert. Browns fulminante Schnitzeljagd durch die abendländische Geistesgeschichte ist etwa so krude und dreist zusammengeklittert wie ein Indiana-Jones-Film, macht aber mindestens so viel Spaß.

1) Frank Schätzing: *Der Schwarm* (Kiepenheuer & Witsch, 1001 S., 24,90 €)
Literatur ist ein Frühwarnsystem, aber kein Wetterbericht. Die traurige Wirklichkeit der Flut in Asien hat Schätzings maritimen Thriller wieder an die Spitze der Bestsellerliste gespült – und dort steht dieser deutsche Ausnahmeroman völlig zu Recht. Denn Frank Schätzings Geschichte über intelligentes Leben in der Tiefsee und das prekäre ökologische Gleichgewicht unseres Planeten ist nicht nur gut gemeint, sondern einfach gut gemacht.

APRIL 2005

Belletristik

10) Nedjma: *Die Mandel* (Deutsch von Eliane Hagedorn und Bettina Runge, Droemer, 249 S., 18 €)
Eine junge Frau in einem Dorf in Marokko bricht aus ihrer Zwangsehe aus, begegnet in Tanger einem Mann, dem sie in sexueller Abhängigkeit verfällt, und lebt fortan als Edelhure. Angeblich ist dies das Dokument der Emanzipation einer muslimischen Frau. Ich habe lediglich eine abgeschmackte und knallhart kommerziell kalkulierte Wichsvorlage vor islamischem Kacheldekor gelesen.

9) Anna Gavalda: *Zusammen ist man weniger allein* (Deutsch von Ina Kronenberg, Hanser, 550 S., 24,90 €)
Die Liebe zwischen einer magersüchtigen Malerin und einem Sternekoch, eine schrille WG und das Multikulti-Leben in Paris: Das ist der Stoff dieses Romans. Doch Gavaldas Buch fühlt sich schrecklich unwohl in seiner Haut, es ist nämlich so etwas wie der verzauberte Frosch im Märchen und will eigentlich ein Film sein, deshalb besteht es auch hauptsächlich aus Dialogen, die unentwegt flüstern: Erlöse mich und bring mich auf die Leinwand. Aber man kann es küssen, wie man will, es bleibt eben doch ein Buch. Vielleicht sollte man es einfach mal kräftig gegen die Wand werfen?

8) Cecelia Ahern: *Für immer vielleicht* (Deutsch von Christine Strüh, Krüger, 448 S., 16,90 €)
So knackdoof wurde lange nicht mehr erzählt, wie Gretel zum und auf ihren Seppel kommt. Gretel und Seppel heißen, weil das Ganze in Irland spielt, bei Ahern Alex und Rosie, sonst ist aber alles ganz wie im Kasperletheater. Und deshalb schnappt jetzt auch das Krokodil zu.

7) François Lelord: *Hectors Reise* (Deutsch von Ralf Pannowitsch, Piper, 187 S., 16,90 €)
Ein Psychiater geht auf Weltreise, weil er herausfinden möchte, was eigentlich Glück ist. Lelord variiert den Trivialliteratur-Klassiker von der Nutte mit dem goldenen Herzen um die Variante des Freiers mit dem goldenen Herzen und wiederholt im Sandmännchen-Ton die

alte Weise, mit der auf Machterhalt und Besitzsicherung bedachte Gesellschaften schon immer zweifelnde Seelen ruhiggestellt haben: Du sollst nicht begehren deines Nächsten Weib, Knecht, Magd, Rind, Esel noch alles, was dein Nächster hat. Wer's glaubt …

6): Frank Schätzing: *Der Schwarm* (Kiepenheuer & Witsch, 1001 S., 24,90 €)
Stellen wir uns vor, in der Tiefe unserer Ozeane habe sich parallel zum Menschen eine zweite intelligente Lebensform auf der Erde entwickelt. Und stellen wir uns weiter vor, diese Intelligenz habe den Menschen gründlich satt. Frank Schätzing erzählt klug von einem Krieg der Welten: großartige Science-Fiction und das Spannendste, was sich auf der Bestsellerliste findet.

5): John Grisham: *Die Begnadigung* (Deutsch von Bernhard Liesen, Bea Reiter, Kristiana Ruhl, Imke Walsh-Araya, Heyne, 480 S., 22,90 €)
Grüezi, Herr Grisham! Reden wir mal über Geld. Dies sind zehn Schweizer Franken. Und dies sind zehn Euro. In Ihrem neuen Thril-
 ler, der besser als Ihre letzten und recht spannend, aber lausig recherchiert ist, bezahlt Ihr Held in der Schweiz fortwährend mit Euro. Wenn Sie mir eine Million Euro geben, gebe ich Ihnen eine Million Schweizer Franken und verrate Ihnen den Unterschied zwischen beiden. Obendrein und gratis gibt's von mir noch den guten Rat, dass nur ein Löli über etwas schreibt, von dem er nichts versteht – gell, Sie?

4) Alina Reyes: *Die siebte Nacht* (Deutsch von Gaby Wurster, Bloomsbury, 84 S., 12 €)
Noch ein Buch, das zur einhändigen Lektüre bestimmt ist – ein SM-Brunstfetzen über eine unterwürfige Frau, die sieben Nächte von ihrem Geliebten einer erotischen Disziplinierung unterworfen wird und jeden Moment davon genießt. In ihrer in jeder Hinsicht dünnen Erzählung, die gerade mal 50 Manuskriptseiten umfasst und unverschämterweise als Roman bezeichnet wird, schreibt Alina Reyes: »Würde man über jedes Wort, das man sagt, nachdenken, würde auf der Welt große Stille herrschen.« Hätte Frau Reyes über jedes Wort nachgedacht, das sie schreibt, wäre ihr mit Dichtersprüchen von Keats bis Kafka garnierter Porno gewiss noch kürzer geworden.

3) Henning Mankell: *Die Tiefe* (Deutsch von Verena Reichel, Zsolnay, 368 S., 21,50 €)
Schweden im Ersten Weltkrieg. Ein Marineoffizier ist besessen davon, neue Fahrtrouten in den Schären vor Stockholm auszumessen. Er ist stolz darauf, seine Psyche so exakt kalibriert zu haben wie seine Instrumente – bis er auf eine Frau trifft, die sein Leben buchstäblich aus dem Lot bringt. Der neue Mankell ist kein Krimi und zum Glück auch keines seiner afrikanischen Gutmenschentraktate, sondern ein ambitioniertes und in jeder Hinsicht profundes Buch über die Untiefen der menschlichen Seele.

2) und 1) Dan Brown: *Diabolus* (Deutsch von Peter A. Schmidt, Lübbe, 524 S., 19,90 €) und *Sakrileg* (Deutsch von Piet van Poll, Lübbe, 624 S., 19.90 €)
Der Unterschied zwischen diesen beiden Büchern ist wirklich schnell erklärt:
Diabolus auf Platz zwei erzählt von einem Virus im Supercomputer des amerikanischen Geheimdiensts und ist Schund, aber langweiliger Schund. *Sakrileg* auf Platz eins handelt von den Kindern von Jesus Christus und ist Schund, aber spannender Schund.

SEPTEMBER 2005

Sachbuch

10) Eva-Maria Zurhorst: *Liebe dich selbst und es ist egal, wen du heiratest* (Arkana, 382 S., 18,90 €)
Ein Eheratgeber, dessen Titel man sich genießerisch auf der Zunge zergehen lassen muss. *Liebe dich selbst und es ist egal, wen du heiratest:* Da fragt man sich doch gleich, ob diese These auch für Eva Braun gegolten hätte. In jedem Fall ist dieses in reinem Beziehungssprech verfasste Werk ein schönes Beispiel dafür, dass auf dem Sachbuchmarkt kein Heilsversprechen absurd genug sein kann. Ein Buch für alle, die »Essen Sie sich schlank!« und »Reichwerden durch Geldausgeben!« schon im Regal stehen haben.

9) Lothar Seiwert: *Die Bären-Strategie* (Hugendubel, 124 S., 14,90 €)
Eine an Banalität nicht mehr unterbietbare Tierparabel, in der sich

Fuchs und Hase tatsächlich Gute Nacht sagen. Seiwerts armen Bären in den Mund gelegte Binsenweisheiten darüber, wie man Gelassenheit und Prioritätensetzen lernt, münden in den Satz: »Lass dir von Zeitdieben keinen Bären aufbinden.« Genau so ein Bär ist dieses Buch.

8) Alexander von Schönburg: *Die Kunst des stilvollen Verarmens* (Rowohlt Berlin, 283 S., 17,90 €)
Wie schön es sich ohne Wohlstandsballast lebt, dass es auch ohne Kaviar geht und überhaupt Geld niemals Liebe ersetzen kann, all das erfahre ich aus diesem Buch. Wahr ist, dass der Autor der Bruder der Fürstin Thurn und Taxis ist, verheiratet mit Irina Prinzessin von Hessen und Chefredakteur der Societymagazins *Park Avenue*. Unwahr hingegen die Behauptung, er arbeite an einer Fortsetzung für mit weniger Vitamin B Gesegnete: »Die Kunst des stilvollen Verreckens«.

7) Werner Küstenmacher und Lothar J. Seiwert: *Simplify your life* (Campus, 360 S., 19,90 €)
Seit Jahren schon hält sich dieser Ratgeber auf der Bestsellerliste, aus dem man tatsächlich einige brauchbare Tipps zur Organisation des Alltags erhält – aber auch höchst alberne Ratschläge zu solch extrem

kniffligen Dingen wie dem Mittagsnickerchen, die in dem Satz gipfeln: »Unterstützen Sie das Aufwachen durch bewusstes Ein- und Ausatmen.«

6) Ayaan Hirsi Ali: *Ich klage an* (Deutsch von Anna Berger und Jonathan Krämer, Piper, 224 S., 13,90 €)
Ayaan Hirsi Ali stammt aus Somalia und ist in den Niederlanden als Politikerin aktiv. Sie hat das Drehbuch zu dem Film *Submission* geschrieben, dessentwegen der Filmemacher Theo van Gogh ermordet wurde. Ihr Buch ist eine Polemik gegen die Frauenfeindlichkeit des Islam, an vielen Stellen ungerecht und durch argumentative Kurzschlüsse belastet – aber ein sehr notwendiges Buch, das auf seine konfrontative Weise eine lohnende Auseinandersetzung mit dieser Religion führt. Lesenswert!

5) Ben Schott: *Schotts Sammelsurium* (Deutsch von Matthias Strobel, Bloomsbury Berlin, 162 S., 16 €)
Das einzige Buch auf dieser Bestsellerliste, das ein Quell des ungetrübten Vergnügens darstellt. Nach der Lektüre fragt man sich, wie man bislang nur leben konnte, ohne zu wissen, worin genau der Unterschied zwischen einem Kumulus und einem Kumulonimbus besteht.

4) Inge und Walter Jens: *Katias Mutter* (Rowohlt, 288 S., 19,90 €)
In so trister Umgebung wie der aktuellen Bestsellerliste nimmt sich diese Biografie über die hochinteressante Persönlichkeit von Thomas Manns Schwiegermutter Hedwig Pringsheim natürlich aus wie ein Schwan unter Badewannenenten. Aber über all dem gepflegten Geplaudere über den »Schwiegertommy« ist in diese Lebensbeschreibung einfach viel zu viel Archivwissen und viel zu wenig harte Recherche in der Wirklichkeit eingeflossen, als dass sie überzeugen könnte. Was kommt als Nächstes aus der Feder des Ehepaars Jens? Ein Buch über Thomas Manns Hund?

3) Sabine Kuegler: *Dschungelkind* (Droemer, 352 S., 19,90 €) und

2) Corinne Hofmann: *Wiedersehen in Barsaloi* (A1, 225 S., 19,90 €)
Diese Bücher laden ein zum direkten Vergleich: Beides sind autobiografische Bücher aus der Feder von Frauen, die beide in jungen

Jahren mit der absoluten Fremde in Berührung kamen – Sabine Kuegler mit einem Stamm sogenannter Steinzeitmenschen in West-Papua, Corinne Hofmann mit den Massai in Afrika. Weil man aus Frau Kueglers Buch eher mehr über Steinzeitmenschen erfährt, aus Frau Hofmanns Buch eher mehr über Frau Hofmann, würde ich, wenn schon, zu Kuegler greifen.

1) Peter Hahne: *Schluss mit lustig* (Johannis, 128 S., 9,95 €)
Wenn richtig ist, dass jedes Volk die Bestseller hat, die es verdient, müsste Deutschland mit Peter Hahnes grottenschlecht geschriebenem Pamphlet auf Platz eins wirklich am Ende sein. Aber sehen wir doch mal das Positive: Wenn die Deutschen sonst keine Sorgen haben als das Stammtischgezeter eines unter anal-retentiven Kontrollzwängen leidenden Laienpredigers, ist eigentlich alles in Ordnung mit diesem Land.

NOVEMBER 2005

Belletristik

10) Steve Tesich: *Ein letzter Sommer* (Deutsch von Heidi Zerning, Kein & Aber; 496 S., 22,80 €)
Die Schule ist aus, das richtige Leben fängt noch nicht an – so glauben jedenfalls drei Freunde aus einer Highschool im Mittelwesten. Am Ende wird einer von ihnen in einem Kassenhäuschen an der Mautstation auf dem Highway sitzen, einer wird die halbe Stadt abfackeln und einer die große Liebe erlebt haben – nur um sie prompt wieder zu verlieren. Im Original vor über 20 Jahren erschienen, aber keine Spur von altbacken, erzählt Tesichs wirklich lesenswerter Roman von Anpassung, Rebellion und ersten Leidenschaften.

9) J. K. Rowling: *Harry Potter und der Orden des Phönix* (Deutsch von Klaus Fritz, Carlsen, 1024 S., 28,50 €)
Darüber gleich mehr bei Platz eins …

8) François Lelord: *Hectors Reise* (Deutsch von Ralf Pannowitsch, Piper, 187 S., 16,90 €)
Medien machen in der Regel aus Mücken Elefanten. Dass es in der Literatur ebenso schlimm sein kann, aus Elefanten Mücken zu machen, beweist Lelord in seiner Erbauungsschrift über einen Psychiater auf der Suche nach dem Glück, wenn er vom Holocaust schreibt und das Überleben eines Kindes auf dessen hübsches Lächeln zurückführt. Was lehrt uns das, fragt Lelord und gibt sich selbst die Antwort: »Das ist also eine Sache, die alle Kinder wissen müssen, wenn sie überleben wollen: Zu einem lächelnden Kind ist man freundlicher.«
Mag sein. Aber eine Sache, die alle Autoren wissen müssen, wenn sie in der Kritik überleben wollen: Die Verniedlichung des Holocausts zur Propagierung von Allerweltsweisheiten ist vulgär und degoutant.

7) Diana Gabaldon: *Ein Hauch von Schnee und Asche* (Deutsch von Barbara Schnell, Blanvalet, 1302 S., 24,90 €)
Dies ist schon der sechste Roman über die Krankenschwester Claire, die aus dem Jahr 1945 ins 18. Jahrhundert versetzt wird und dort mehr Herzeleid erlebt als Mutter Beimer in der »Lindenstraße«. Wie

alle Zeitreisegeschichten bereitet auch diese das größte Vergnügen immer dann, wenn das vermeintlich sichere Wissen einer Epoche gegen das der Zukunft ausgespielt wird. Aber auf den 1302 Seiten dieses allzu dicken Schmökers erweist sich Claire nicht ein Mal, sondern hundert Mal als ihrer Mitwelt überlegen, und diese ständige Besserwisserei aus der Zukunft nervt gewaltig.

6) Dan Brown: *Diabolus* (Deutsch von Peter A. Schmidt, Lübbe, 524 S., 19,90 €)
»Komm endlich zu Potte, Alter!«, höhnt ein Bösewicht in diesem öden Thriller über Supermänner, Supercomputer und einen Supervirus auf Seite 349. Dieser Rat kommt exakt 348 Seiten zu spät.

5) Ken Follett: *Eisfieber* (Deutsch von Till R. Lohmeyer und Christel Rost, Lübbe, 462 S., 22,90 €)
Noch ein Buch über einen Virus, diesmal aber einen biologischen, eine Abart des Ebola-Killers. Lassen Sie sich von Titel und Aufmachung nicht täuschen: Follett hat diesmal keinen Thriller geschrieben, eher eine seltsame Hybride aus Familien- und Kriminalroman, dicht in der Atmosphäre, aber lahm in der Action.

4) Arno Geiger: *Es geht uns gut* (Hanser, 392 S., 21,50 €)
»Am meisten deprimiert ihn, dass er nicht als Österreicher sterben wird«, heißt es auf Seite 84 über eine der Hauptfiguren dieser drei Generationen umspannenden Familiensaga. Weil Geiger in seinem Roman das Kunststück gelingt, einem solche Sorgen tatsächlich plausibel zu machen, hat er sehr zu Recht den erstmals in diesem Jahr verliehenen Deutschen Buchpreis erhalten. Und am Ende dieses kunstvoll erzählten Buchs darf man lange darüber nachdenken, warum eine Gesellschaft mit immer mehr Singles nichts so gern liest wie Familienromane.

3) Dan Brown: *Sakrileg* (Deutsch von Piet van Poll, Lübbe, 605 S., 19,90 €)
Jesus war verheiratet mit Maria Magdalena, der Heilige Gral sind seine Kinder und Nachfahren, die Merowinger, von denen es bis heute welche gibt, und Leonardo da Vinci hat das alles gewusst! Selten wurde ein so sensationell spannendes Buch mit einem so sensationell schwachsinnigen Plot geschrieben.

2) Daniel Kehlmann: *Die Vermessung der Welt* (Rowohlt, 304 S., 19,90 €)
Wir leben im Zeitalter des Biografismus. Eine als Komödie inszenierte Doppelbiografie bietet Daniel Kehlmann in seinem glänzend gebauten Roman um einen notorischen Stubenhocker und einen wie von Furien gehetzten Weltreisenden: den Mathematiker Carl Friedrich Gauß und Alexander von Humboldt. Kehlmann schildert ein Zusammentreffen dieser beiden großen Aufklärer zu Anfang des 19. Jahrhundert – und erzählt dabei mit überraschend viel Humor vom Preis des Wissens, von zwei Arten des Zugriffs auf die Wirklichkeit und vom Unterschied zwischen Aufklärung und Desillusionierung.

1) J. K. Rowling: *Harry Potter und der Halbblut-Prinz* (Deutsch von Klaus Fritz, Carlsen, 656 S., 22,50 €)
und im Rückgriff auf Platz 9 *Harry Potter und der Orden des Phönix*
Der neue, der sechste Harry Potter, *Harry Potter und der Halbblutprinz*, ist besser als sein Vorgänger *Harry Potter und der Orden des Phönix*. Man kommt sich ja schon vor wie die »Maulende Myrte«, wenn man Einwände gegen den im Ganzen imponierenden, im Detail liebevollst ausimaginierten Romanzyklus Rowlings erhebt, eines sei aus narzisstischer Kränkung jedoch angemerkt: Einer so versierten Jugendbuchautorin sollte es nicht unterlaufen, dass in ihren Romanen die Dicken stets die Dummen sind. Eine Petitesse, gewiss. Aber wenn Sie in jedem Harry-Potter-Roman spaßeshalber einfach mal statt dick blind, schwul oder schwarz lesen – oder besser noch: blind, schwul *und* schwarz –, werden Sie verstehen, was einen an solchen Stereotypen stören kann. Andererseits: Ja darf man denn jetzt nicht mal mehr in der Literatur seine Vorurteile ungestört ausleben?

2004

Kann man mit Büchern reich werden?

Zu den romantischsten Geschichten der Literatur unserer Gegenwart zählt die der alleinerziehenden Mutter, die sich Tag für Tag in *The Elephant House* in der Altstadt von Edinburgh setzte, um an einer Geschichte zu schreiben, die in einem Zaubererinternat spielte. Angeblich stammt die Inspiration zu Lord Voldemorts weltlichem Namen Tom Riddle von einem Grabstein auf dem Friedhof Greyfriars, der unmittelbar hinter dem Café liegt und auf dem die Autorin in ihren Schreibpausen gern spazieren ging.

Die Autorin hieß J. K. Rowling. Ihre Romane um den Zaubereradepten Harry Potter, um seine Freunde Hermione Granger, Ron Weasley, Hagrid und Hogwarts-Schulleiter Albus Dumbledore verkauften sich weltweit über eine halbe

Milliarde Mal – allein in Deutschland gingen über 30 Millionen Exemplare über die Ladentheke. Den letzten Band, *Harry Potter und die Heiligtümer des Todes*, schrieb sie in einer Suite des Hotels *Balmoral*, in die sie sich für ein halbes Jahr einmietete – für 1000 Pfund die Nacht. Doch Geld spielte für Rowling zu diesem Zeitpunkt längst keine Rolle mehr, denn ihre Potter-Romane hatten sie bis dahin zur wohlhabendsten Autorin aller Zeiten und Länder gemacht.

Doch die Bedeutung von J. K. Rowling erschöpft sich nicht in nackten Zahlen. Viel entscheidender ist, dass Rowling ein selbst von Literaturenthusiasten längst nicht mehr für möglich gehaltenes Lesefieber auf diesem Planeten ausbrechen ließ. Auf allen Kontinenten standen sich jugendliche Leserinnen und Leser in langen Schlangen um Mitternacht die Füße platt, um die nächste Fortsetzung von *Harry Potter* zu ergattern. Mit ihren sieben Bänden um den Kampf des Zauberer-lehrlings gegen den Mörder seiner Eltern ist Rowling also wahrhaft Großes gelungen: nämlich den Beweis anzutreten, dass Romane nach wie vor das kollektive Bewusstsein der Gegenwart erreichen, formen und definieren können. Eine derart wirkmächtig eben nicht nur die Popkultur definierende Macht hatten selbst Gutwillige der Literatur gar nicht mehr zugetraut – man wähnte, dass eine solche die kollektive Menschheitsfantasie prägende Kraft nur mehr dem Kino, der Popmusik und allenfalls den sich gerade entwickelnden Computerspielen innewohnte. Wer da ganz auf die Wirkkraft von Literatur setzte, wurde vor *Harry Potter* in der Buchbranche oft belächelt oder als unheilbarer Romantiker verspottet.

Nun aber schafft J. K. Rowling selbst mit den englischen Originalausgaben den Sprung auf die deutsche Bestsellerliste. Verdient hat sie das allein schon dank ihrer Fantasie, die ihr so geniale Einfälle ermöglichte wie Quidditch, ein Spiel auf Flugbesen mit drei Bällen, darunter als kleinster der »goldene Schnatz«. Eine sehr schöne Erfindung sind auch die »Horcruxes«, Objekte, in denen Lord Voldemort Teile seiner Seele deponiert und die man als Metapher für das Buch selbst lesen darf. Oder der Zaubergriffel, mit dem Harry in *Harry Potter und der Orden des Phönix* eine Strafarbeit schreiben muss, für die ihm sein eigenes Blut als Tinte dient. Je mehr Harry also schreiben muss, umso schwächer wird er. Leider gilt dies auch für die Romanreihe selbst: Je älter Harry wird, desto alberner erscheint das backfischhafte Herumgetänzele Rowlings um das Thema Sex: Im Zaubererinternat Hogwarts gibt es auch in den älteren Jahrgangsstufen keine feuchten Träume, wird niemals onaniert, stört keine Erektion die Konzentration auf den Unterricht. Das ist schade, weil durch diese unnötige Entfernung von der Wirklichkeit die Kluft zwischen dem Unsagbaren und dem Unsäglichen unnötig erweitert wird.

Und warum lesen Harry und seine Freunde eigentlich nie ein gutes Buch? Also kein Zaubererbuch, sondern ein belletristisches Werk aus der Welt von uns Muggeln, echte Literatur also, von Joan Didion, Peer Hultberg, Nuruddin Farah oder sonst einer Schriftstellerin, einem Schriftsteller, die gut sind und mehr Leser verdienen? Wäre doch ein generöser Zug von Mrs. Rowling. Aber vielleicht ist das eine blöde Spielverderber-Frage. Man fragt ja auch nicht mitten im *Hamlet*, wieso keiner der Akteure je aufs Klo geht.

Ein besonders hässlicher Zug des internationalen Literaturbetriebs war zu beobachten, als Rowling mit *Ein plötzlicher Todesfall* ihren ersten Roman für Erwachsene veröffentlichte. Weltweit hagelte es Verrisse, die ich hauptsächlich mit literaturkritischem Sozialneid erkläre. Rowling hat nach den Harry-Potter-Romanen sichtlich Spaß daran, neue Erzählformen auszuprobieren, neue Wortfelder zu beackern und neue Milieus zu schildern.

Wie eng die Meinungskorridore des betreuten Denkens mittlerweile geworden sind, verdeutlichen die Debatten um vielfach als transphob gedeutete Äußerungen von J. K. Rowling zur sexuellen und geschlechtlichen Identität von Menschen. Ende 2019 solidarisierte sich Rowling mit der Ökonomin

Maya Forstater, deren Vertrag bei einem Think Tank wegen ihres Beharrens auf der Unveränderlichkeit des biologischen Geschlechts gekündigt worden war. Rowling twitterte: »Dress however you please. Call yourself whatever you like. Sleep with any consenting adult who'll have you. Live your best life in peace and security. But force women out of their jobs for stating that sex is real?« Diese Ansicht muss man keineswegs teilen, ich selbst bin zum Beispiel unter anderem dank Jeffrey Eugenides' Roman *Middlesex* ganz anderer Meinung – nicht was die Wahl von Sexualpartnern anbelangt, aber was die vermeintlich starren Grenzen zwischen den biologischen Geschlechtern betrifft. Doch wenn wir nicht in den Echokammern unserer selbstbezüglichen Blasen veröden wollen, müssen wir wieder lernen, auch Gegenargumenten geduldig zuzuhören und sie nicht mit Boykottaufrufen mundtot zu machen. Maya Forstater hat inzwischen übrigens in zweiter Instanz vor Gericht in Großbritannien gesiegt und erhielt eine Entschädigung. J.K. Rowling hingegen wurde zur Buhfrau der Cancel Culture; Aktivisten schreckten nicht davor zurück, ihre Privatadresse in Edinburgh zu posten. Diese neue Herrschaft des intellektuellen Straßenpöbels finde ich schlichtweg gruselig.

In der Literatur betrachtet Rowling die Grenzen des Geschlechts aber offenbar durchaus als fluide, was sich in der Wahl ihres männlichen Pseudonyms äußert. Schon als ich sie 2012 in ihrem Zuhause in Edinburgh besuchte, fragte ich sie danach, ob sie nach *Harry Potter* je daran gedacht habe, einen Roman unter Pseudonym zu veröffentlichen. »Ja, ein Pseudonym ist in vielerlei Hinsicht eine attraktive Verlockung«, erklärte mir Rowling damals. »Aber wenn ein Buch mein legitimes Kind ist, dann sollte auch mein Name draufstehen.« An dieser Antwort der berühmtesten Autorin der Welt könnte man Staatsanwälte schulen. Denn zu diesem Zeitpunkt hatte sie längst den Roman *Der Ruf des Kuckucks* unter der Feder, den sie dann 2013 tatsächlich unter dem Pseudonym Robert Galbraith veröffentlichen würde – wohl als Reaktion auf die vernichtenden Kritiken, die sie mit *Ein plötzlicher Todesfall* geerntet hatte. Der unterschenkelamputierte Privatdetektiv Cormoran Strike und seine Assistentin Robin sind inzwischen in Serie gegangen. Mein Lieblingskrimi von Rowling alias Robert Galbraith ist *Der Seidenspinner*, was sicher daran liegt, dass es eine in der literarischen Welt spielende Satire auf die Usancen eitler Autoren, gieriger Agenten und bornierter Verleger ist. Wie die Literaturkritiker dabei wegkommen, verschweige ich lieber …

J. K. Rowlings mit vielen liebevollen Details ausgedachte Saga um Harry Potter hat im 21. Jahrhundert den Triumph der Fantasy eingeläutet, indem sie die Fantasie einer tatsächlich globalen Leserschaft entzündete. Und wer sich einmal in Harry Potter verliebt hat, der wird immer für die Liebe zum Buch erreichbar bleiben. Es ist nie zu spät für das große Leseglück. Wer weiß – vielleicht erwartet es uns in Hogwarts, im Auenland oder auf einer kleinen Farm in Afrika …

*

Die Europäische Union erweitert sich – neben Polen, Ungarn und Tschechien sitzen nun sieben weitere neue Mitgliedsstaaten mit am Tisch. George W. Bush wird in den USA im Präsidentenamt bestätigt. In Amsterdam ermordet ein islamischer Extremist den Filmemacher Theo van Gogh auf offener Straße. In der Nacht vom 2. auf den 3. September verursacht ein Kabelbrand hinter einer Wandverkleidung ein Großfeuer in der Anna-Amalia-Bibliothek in Weimar. Die Flammen und das Löschwasser richten bei diesem größten Bibliotheksbrand in Deutschland nach dem Zweiten Weltkrieg einen unermesslichen Schaden an: über 50 000 Bücher verbrennen, mehr als 100 000 werden zum Teil schwer beschädigt. Der Direktor Michael Knoche rettet unter Einsatz seines Lebens eine Lutherbibel aus dem Rokokosaal. Die Nachricht vom Brand in der Bibliothek löst eine einzigartige internationale Spendenkampagne aus, die Restaurierung der sogenannten Aschebücher dauert bis heute an.

Der Literaturnobelpreis 2004 geht an Elfriede Jelinek, mit ihr wird erstmals eine österreichische Autorin ausgezeichnet. Sie bleibt der Preisverleihungszeremonie in Stockholm fern, lädt das Nobelkomitee aber in eine kurdische Pizzeria in Wien ein – das Akademiemitglied Per Wästberg verzieht noch Jahrzehnte später in der Erinnerung an das gastronomische Grauen gequält das Gesicht. Der große Flaneur der deutschen Gegenwartsliteratur Wilhelm Genazino erhält den Georg-Büchner-Preis. Laurent Gaudé gewinnt den Prix Goncourt für *Le Soleil des Scorta*, Alan Hollinghurst den Booker Prize für *Die Schönheitslinie* und Edward P. Jones den Pulitzer für *Die bekannte Welt*. Die literarische Welt trauert um Joan Aiken, Lothar Baier, Françoise Sagan, M. M. Kaye, Per Højholt, Monique Laederach, Sir Peter Ustinov, Stieg Larsson, Wolfgang Mommsen, Günter Gaus, Isabella Nadolny, Czesław Miłosz, Jacques Derrida, Arthur Hailey und Hubert Selby. Das Wort des Jahres ist »Hartz IV«, das Unwort des Jahres »Humankapital«.

Beim Blick auf die Bestsellerlisten des Jahres fällt der Erfolg von Entrümpelungs-Predigern wie Küstenmacher/Seiwert lange vor der japanischen Ausmist-Königin Marie Kondō auf. Gleichzeitig feiern die Sammelsurien des spleenigen Briten Ben Schott die Trivia des abseitigen Wissens. Und natürlich hat noch kein Verlag Geld verloren mit Diätratgebern (Susanne Fröhlich), Weltuntergangspropheten (Frank Schirrmacher) und Büchern mit und über das Spitzenpersonal der Weltreligionen wie den Dalai Lama oder den Papst.

FEBRUAR 2004

Belletristik

10) Stephen King: *Wolfsmond* (Deutsch von Wulf Bergner, Heyne, 960 S., 25 €)
Lassen Sie sich bloß von niemandem einreden, dies sei keine große Literatur, nur weil Stephen Kings Bücher daherkommen wie vulgärer Schund. Stephen King ist einer der bedeutendsten und zugleich unterschätztesten Schriftsteller unserer Zeit. So, das musste mal gesagt werden. Dummerweise ist *Wolfsmond* aber der allerschlechteste Einstieg in Kings Romanwelten, und dies aus zwei Gründen. Erstens handelt es sich um Band 5 einer überaus vertrackten Fantasy-Saga, und wer den Inhalt nachzuerzählen versucht, dem ergeht's wie Loriots armer Fernsehansagerin … Sie wissen schon: North Cothelstone Hall, Lord und Lady Hesketh-Fortescue. Middle Fritham … Tatsächlich, und das ist der zweite Grund, warum man *Wolfsmond* nicht lesen sollte, hat sich Heyne die Kosten für eine anständige Übersetzung gespart. Das hat in diesem Verlag eine unselige Tradition, deshalb: Schämt euch!

9) Ken Follett: *Mitternachtsfalken* (Deutsch von Christel Rost und Till R. Lohmeyer, Lübbe, 544 S., 19,90 €)
Und wo ich gerade dabei bin, Eselsmützen zu verteilen … Für diese Neandertaler-Prosa darf sich der, was Übersetzungskultur angeht, nicht minder üble Lübbe-Verlag gleich mitschämen. Nun ist es im Falle Folletts nicht wirklich schade um den Roman. Gestrickt nach dem Muster »Opa, erzähl was vom Krieg« lesen wir von bildschönen Spioninnen, bitterbösen Nazis, ganz ganz dollen Flugzeugen, supergeheimen Radarstationen. Mäßig spannend erzählt, saumäßig dämlich konstruiert …

8) Charlotte Link: *Am Ende des Schweigens* (Blanvalet, 608 S., 19,90 €)
Die Deutsche Charlotte Link hat einen englischen Landhauskrimi geschrieben. Loriots North Cothelstone Hall heißt hier Stanbury House, sonst ist die Handlung um eine blutige Mordtat unter Urlaubern dem Ansagemarathon aber ganz gleich, nämlich zäh und verworren. Charlotte Link will das psychologisch Abgründige hin-

ter bürgerlichen Fassaden schildern. Das Grauen, das dieser Roman verbreitet, resultiert aber ausschließlich aus der abgeschmackten Küchenpsychologie seiner Autorin. Aber vielleicht bin ich ja auch einfach zu deutsch.

7) Paulo Coelho: *Der Alchimist* (Deutsch von Cordula Swoboda Herzog, Diogenes, 172 S., 17,90 €)
Seien Sie gewarnt: Eher finden Sie Massenvernichtungswaffen im Irak als einen klugen Satz bei Paulo Coelho. Was diese Geschichte über einen Schafhirten auf der Suche nach dem Glück so widerlich macht, ist die Verlogenheit ihrer Moral. Jeder ist seines Glückes Schmied, predigt Paulo Coelho unentwegt. Das ist nicht nur Unfug, sondern einfach aliterarisch.

6) Éric-Emmanuel Schmitt: *Monsieur Ibrahim und die Blumen des Koran* (Deutsch von Annette und Paul Bäcker, Ammann, 101 S., 12 €)
Diese Parabel über die Reise eines kleinen Jungen und eines alten Krämers ist der allerjüngste Aufguss eines schon allzu oft benutzten Teebeutels der Geschmacksrichtung New Age. Einfach fad. Monsieur Schmitts Buch verhält sich zur Wirklichkeit wie Legoland zur richtigen Welt. Auf Dauer ist seine moralische Putzigkeit einfach unerträglich.

5) Paulo Coelho: *Elf Minuten* (Deutsch von Maralde Meyer-Minnemann, Diogenes, 286 S., 19,90 €)
Ein Buch wie eine Geisterbahnfahrt. Hier trifft man sie alle wieder, die mottenzerfressenen Gruselmonster der Trivialliteratur: die Nutte mit dem goldenen Herzen ebenso wie den von der Welt unverstandenen Künstler, den, ja was nur, nur die Liebe erlösen kann. Dass Paulo Coelho gleich mit zwei Büchern auf der Bestsellerliste steht, kann eigentlich nicht verwundern, schließlich erleben wir den allerletzten Winterschlussverkauf, und Coelho ist und bleibt eben der Billige Jakob der Gemeinplätze, Klischees und Binsenweisheiten.

4) Carlos Ruiz Zafón: *Der Schatten des Windes* (Deutsch von Peter Schwaar, Insel, 527 S., 24,90 €)
Ein Schmöker in der Tradition der Schauerromantik, ein Buch, das von einem jungen Mann im Barcelona nach dem Bürgerkrieg erzählt, der die Geheimnisse des Lebens, der Liebe und natürlich der Literatur entdeckt. Ein gelungener Unterhaltungsroman.

3) Henning Mankell: *Vor dem Frost* (Deutsch von Wolfgang Butt, Zsolnay, 541 S., 24,90 €)
Irgendwann muss Mankell die Liebe zu seinem Kommissar und vielleicht zum Genre des Krimis generell abhandengekommen sein. Das wäre nicht weiter schlimm, wenn wir nicht gezwungen wären, das allmähliche Verröcheln von Mankells schriftstellerischer Fantasie in diesem Buch mitzuerleben.

2) Robert Harris: *Pompeji* (Deutsch von Christel Wiemken, Heyne, 378 S., 20 €)
Das beste Buch auf der aktuellen Liste. Eine Wasserleitung, die Aqua Augusta, ist die eigentliche Heldin dieses Buchs, das die Geschichte vom Ausbruch des Vesuvs ganz neu und aus origineller Perspektive erzählt. Ein historischer Roman, der mitten ins Herz unserer angstgeplagten Endzeitstimmung trifft. Harris' grandiose Schilderung der Tage vor dem großen Knall fasziniert durch unübersehbare Parallelen zur Gegenwart und schafft es, die Welt des Römischen Imperiums für die Stunden der Lektüre sinnlich wiederauferstehen zu lassen. Deshalb trotz einiger unnötiger Kolportageelemente Daumen hoch.

1) J. K. Rowling: *Harry Potter und der Orden des Phönix* (Deutsch von Klaus Fritz, Carlsen, 1022 S., 24,99 €)
Doppelt so lang, aber leider nur noch halb so gut wie die bisherigen Geschichten aus dem Zaubererinternat Hogwarts. Aber selbst eine eher indisponierte J. K. Rowling vermag noch glänzend zu unterhalten. Und seien wir ehrlich: Harry und Lord Voldemort haben aus uns Lesern längst Junkies gemacht, die zur Not selbst mit gestrecktem Stoff vorliebnehmen.

MÄRZ 2004

Sachbuch

10) Andreas Englisch: *Johannes Paul II.* (Ullstein, 382 S., 22 €)
Der Vatikan-Korrespondent Andreas Englisch kann spannend erzählen – nur erzählt er leider mehr von sich als von Karol Woytila. Allzu kurz kommt unter all den Anekdötchen aus dem Pressecorps am Heiligen Stuhl insbesondere die Auseinandersetzung mit dem, wofür der Papst theologisch steht. Statt harter Fakten und kühler Interpretationen schwenkt Englisch eifrig das Weihrauchfässchen – am Ende bleibt so ein reichlich wolkiger Eindruck.

9) Manfred Geier: *Kants Welt* (Rowohlt, 350 S., 16 €)
Immanuel Kant führte ein Leben, im Vergleich zu dem die Existenz einer Topfpflanze aufregend abwechslungsreich erscheint. Keine Reisen, keine Weibergeschichten, und seien wir ehrlich: geistfunkelnder Witz war Kants Stärke nicht. Umso glanzvoller die Leistung von Manfred Geier, der aus dem Stroh dieses trockenen Materials tatsächlich das Gold einer spannenden Philosophiegeschichte über das Abenteuer Denken spinnt. Dass Geiers blitzgescheites Buch auf der deutschen Bestsellerliste landet, versöhnt mit vielem.

8) Dalai Lama: *Ratschläge des Herzens* (Deutsch von Ingrid Fischer-Schreiber, Diogenes, 244 S., 12 €)
Ein Buch voll windelweicher Weisheiten: Auf die innere Zufriedenheit kommt's an, Liebe ist wichtiger als Erfolg, Was du nicht willst, das man dir tu, das füg auch keinem anderen zu. Zusammengenommen ergeben diese einfältigen Knittelverse ein Kompendium des Flachsinns, das auf Zuckertütchen oder in Horoskopen besser aufgehoben wäre als im Medium Buch.

7) Werner Küstenmacher und Lothar J. Seiwert: *Simplify your life* (Campus, 360 S., 19,90 €)
Weil wir Menschen der Moderne alle im Zustand ständiger Überforderung leben, klingt nichts süßer in unseren Ohren als jedes Versprechen, Kompliziertes einfach zu machen. Küstenmacher/Seiwert geben exzellente Tipps, wie man seinen Papierkram in Ordnung

bringt und seine Finanzen plant. Dann kippt die Ideologie des Buches aber komplett in den Irrsinn um, weil nun auch das Privat-, Liebes- und Seelenleben, ja selbst noch das Nachleben auf Effizienz getrimmt werden soll. Und das liest sich dann so: »Entkrampfen Sie Ihre Beerdigung! Die Wahrscheinlichkeit ist hoch, dass Sie in der Schlussphase Ihres Lebens geistig nicht mehr so fit sind, wie Sie es gerne wären.« Schön, wenn Bücher die Satire auf sich gleich selber schreiben.

6) Uschi Glas und Renate von Matuschka: *Mit einem Lächeln* (Droemer, 452 S., 24,90 €)
»Im sogenannten Star-Dasein«, so Uschi Glas, »ist man schnell von Speichelleckern, Jasagern und Schönrednern umgeben.« Das ist sicher wahr, nicht aber hier. Und deshalb, liebe Uschi Glas, darf ich Ihnen zwei harte Wahrheiten zumuten. Erstens, Sie sind zwar berühmt, ein Star aber sind Sie nicht. Denn Sie haben Ihr Leben damit verjuxt, dusslige Kinofilmchen, verschnarchtes Boulevardtheater und belanglose Fernsehserien zu machen. Das wäre nicht weiter schlimm, denn Sie waren jung und brauchten das Geld. Schlimm

aber ist, wenn man, wie Sie in diesem Buch, zum Speichellecker, Jasager und Schönredner des eigenen Lebens wird und so tut, als wäre der durch das unentwegte Setzen auf den kleinsten gemeinsamen Nenner erkaufte Erfolg gleichbedeutend mit Qualität. Ihrem Buch fehlt – entschuldigen Sie den altmodischen Begriff – eine Seele: die persönliche Sicht, der Wille und die Fähigkeit zur Reflexion. Das muss Sie aber im Grunde nicht weiter treffen, denn selbst geschrieben haben Sie dieses selten dämliche Machwerk ja ohnehin nicht.

5) Wibke Bruhns: *Meines Vaters Land* (Econ, 386 S., 22 €)
Die Geschichte einer großbürgerlichen deutschen Familie, die sich dem Widerstand gegen Hitler anschloss. Eine Tochter macht sich auf die Suche nach ihrem Vater: Wie wurde aus einem pflichtbewussten Offizier ein Hochverräter? Wenn Sie in diesem Monat nur Zeit für ein Buch haben, lesen Sie dieses.

4) und 3) Michael Moore mit *Stupid White Men* (Deutsch von Michael Bayer, Helmut Dierlamm, Norbert Juraschitz und Heike Schlatterer, Piper, 329 S., 12 €) und *Volle Deckung, Mr. Bush* (Deutsch von Michael Bayer, Helmut Dierlamm, Thomas Pfeiffer und Heike Schlatterer, Piper, 316 S., 12,90 €)

Der Filmemacher Michael Moore steht immer noch gleich mit zwei Rumpelkisten voller journalistischer Gebrauchstexte auf der Bestsellerliste. Beide Bücher enthalten ziemlich viele lahme Witze und jede Menge unhaltbarer, weil miserabel recherchierter Behauptungen. Michael Moore argumentiert nicht, er agitiert: Damit mag er zwar den aktuellen Zeitgeist treffen, das eigentliche Ziel seines Spotts verfehlt er leider meilenweit.

2) Jörg Blech: *Die Krankheitserfinder* (S. Fischer, 255 S., 17,90 €)
Sind Sie schüchtern, vergesslich oder schläfrig? Fühlen Sie sich mitunter gestresst, ausgepowert oder einfach müde? Dann sind Sie krank! Jedenfalls wenn man den Agenten des pharmazeutisch-industriellen Komplexes glaubt. Jede Medizin definiert als Norm, was eigentlich Gesundheit ist. Je unerreichbarer diese Norm in Richtung paradiesisches Glücklichsein verschoben wird, umso kräftiger klingelt die Kasse. Der Journalist Jörg Blech legt eine kompetente und zudem noch amüsant zu lesende Analyse vor, wer sich wie an unseren vermeintlichen Krankheiten gesundstößt.

1) Dietrich Grönemeyer: *Mensch bleiben* (Herder, 192 S. 19,90 €)
Hat man zuvor Jörg Blechs *Krankheitserfinder* gelesen, wird einem manches am Buch des Mediziners Dietrich Grönemeyer wie das Bewerbungsschreiben eines Bockes auf eine freie Gärtnerstelle erscheinen: etwa wenn er fordert, das Wirtschafts- und Gesundheitsministerium doch einfach zusammenzulegen. Alles in allem bietet Grönemeyer aber ein durchaus differenziertes Bild von seiner Forschertätigkeit als einer der Begründer der sogenannten Mikrotherapie. Sein Fazit: Der Arzt möge doch bitte schön wieder zum Heiler werden. Von mir aus gern, als Allererstes sollte aber mal jemand die logischen Brüche und stilistischen Verrenkungen in diesem Buch heilen und bei der Gelegenheit auch die billigen Trostpflästerchen entfernen, die Grönemeyer immer dann auflegt, wenn's ans Sterben geht. Arzt, heile dich selbst!

NOVEMBER 2004

Belletristik

10) Paulo Coelho: *Der Alchimist* (Deutsch von Cordula Swoboda Herzog, Diogenes, 176 S., 17,90 €)
Coelho ist so etwas wie der Graf Dracula des Schunds: Ohne einen Funken eigenes Leben mästet sich dieser literarische Wiedergänger an fremdem Gedankengut, ein Vampir des Esoterikbooms. Wo findet sich der Professor van Helsing, der mit Hammer und Holzpflock diesem Grauen ein Ende setzt?

9) Elizabeth George: *Wer die Wahrheit sucht* (Deutsch von Mechtild Sandberg-Ciletti, Blanvalet, 736 S., 24,90 €)
Die Romane der Amerikanerin George spielen allesamt in England, und man darf sie durchaus altmodisch nennen – nur geht von diesen Krimis eine ganz eigene Faszination aus, weil Elizabeth George in ihren Romanen eine raffinierte Form der Familienaufstellung betreibt: Ihre Bücher beziehen ihre Spannung aus dem gestörten Dreieck Mama-Papa-Kind, was reizvoll kontrastiert mit dem in Breitleinwandformat vorgeführten Setting – in diesem Fall der Kanalinsel Guernsey. Entstanden ist so ein Krimi mit viel Lokalkolorit, der sich auf intelligente Weise am Selbstgespräch unserer Gesellschaft über Gut und Böse, Schuld und Sühne, also über die innere Verfasstheit unseres Gemeinwesens beteiligt.

8) Umberto Eco: *Die geheimnisvolle Flamme der Königin Loana* (Deutsch von Burkhart Kroeber, Hanser, 512 S., 25,90 €)
Der Meister des historischen Romans versucht sich zur Abwechslung an Pulp-Fiction: Ein Mann hat sein Gedächtnis verloren und will es wiedergewinnen mithilfe der Comics und Abenteuergeschichten, die er als Junge gelesen hat. Ecos Roman ist die Kollektivautobiografie seiner Generation, also der heute etwa 70-Jährigen – allein schon aufgrund der ungewöhnlich gelungenen Collagetechnik von Bild und Erzählung ein literarisches Ereignis, die Coda der letzten 50 Seiten ein Triumph!

7) Walter Moers: *Die Stadt der träumenden Bücher* (Piper, 464 S., 24,90 €)
Walter Moers ist nicht nur ein begnadeter Comic-Künstler, sondern auch ein geistreicher Romancier. Wie Bücher in die Welt kommen, die Literatur und ihre Vermittler sind das große Thema dieser neuen Geschichte aus der Fantasiewelt Zamonien, erzählt von einem Dinosaurier namens Hildegunst von Mythenmetz. Ein wenig pennälerhaft wie dieser Name sind auch einige der Gags, doch wenn ein Schriftsteller es schafft, dass sich seine Leser nach wenigen Seiten restlos mit einem larmoyanten Lindwurm identifizieren, dann handelt es sich zweifellos um einen großen Schriftsteller.

6) Sven Regener: *Neue Vahr Süd* (Eichborn, 550 S., 24,90 €)
Entscheidungsschwach, begriffsstutzig und vor allem nervenaufreibend langsam: So ist Frank Lehmann, der Albtraum einer von McKinsey & Co. auf Effizienz getrimmten Gesellschaft. Frank Lehmann ist der Antiheld von Regeners sehr unterhaltsamem Roman, der ein brillantes Gesellschaftsbild der frühen 1980er-Jahre zeichnet. Keine Generation ist so anfällig für das süße Gift der Nostalgie wie die wohlstandsverwahrlosten Westdeutschen der 50er- und 60er-Jahrgänge. In Sven Regener haben sie ihren Chronisten gefunden.

5) Rafik Schami: *Die dunkle Seite der Liebe* (Hanser, 896 S., 24,90 €)
Auf fast 900 Seiten führt dieser große und reiche Roman des in Syrien geborenen, in Deutschland lebenden und deutsch schreibenden Rafik Schami durch den Himmel und die Hölle der verbotenen Liebe in islamischen Gesellschaften. Es ist ein Liebesroman, ein Gefängnisroman, ein Roman über Sippen und Feindschaft, ein Roman über ein kleines Dorf und vor allem ein Roman über Damaskus, jene Stadt, die Rafik Schami »ein Märchen« nennt, »das sich in Häuser und Gassen, Geschichten, Gerüche und Gerüchte kleidet«.

4) François Lelord: *Hectors Reise* (Deutsch von Ralf Pannowitsch, Piper, 187 S., 16,90 €)
Es gibt ja bedauernswerte Menschen, die so richtige Freude am Sex nur empfinden, wenn man sie in Windeln packt und ihnen einen Schnuller in den Mund steckt. So ähnlich verfährt der Autor dieses Buchs mit seinen Lesern: Lustvoll regrediert er in einen Dutsiedutsie-Tonfall, stopft ihnen einen faden Brei von Binsenweisheiten

zum Thema Glück ins Maul und erwartet am Ende ein zufriedenes Bäuerchen. Ich aber sehe nur einen großen dampfenden Haufen, den Monsieur Lelord in die Welt gesetzt hat.

3) Ildikó von Kürthy: *Blaue Wunder* (Wunderlich, 256 S., 17,90 €)
Dies ist ein Buch für Menschen wie die Hauptfigur Elli, Menschen, denen es bei McDonald's richtig gut schmeckt, die klassische Musik langweilig finden, deren Aufmerksamkeitsspanne für einen *Zeit*-Artikel nicht ausreicht und denen *Star Wars* intellektuell zu anspruchsvoll ist. Solche Menschen nennt Ildikó von Kürthy Frauen. Wir aber, wir Leser, wir nennen solche Menschen dämlich, und Autoren, die solch überlebte Rollenbilder transportieren, die nennen wir reaktionäre Sautreiber des gesellschaftlichen Rollbacks – aber nur, wenn wir gute Laune haben.

2) Frank Schätzing: *Der Schwarm* (Kiepenheuer & Witsch, 1008 S., 24,90 €)
Klug, anregend und überaus packend: Lange gab es keinen Unterhaltungsroman wie diesen aus Deutschland. Eine immense Recherchearbeit steckt in Schätzings Roman über das Meer als Sinnbild der Freiheit und Projektionsfläche unserer schlimmsten Ängste. Und das nicht geringste Verdienst dieses mit allen Wassern gewaschenen Autors besteht darin, dass man diese Fleißarbeit dem deutschen Bestseller des Jahres auf keiner Seite anmerkt.

1) Dan Brown: *Sakrileg* (Deutsch von Piet van Poll, Lübbe, 605 S., 19,90 €)
Verschwörungstheorien bilden den heißen, strahlenden Kern der amerikanischen Weltanschauung, und so gesehen ist Dan Brown der amerikanischste Schundautor, den man sich vorstellen kann. Brown hat seinen Thriller über die Kinder von Jesus Christus, den Templerorden und Killerkommandos des Vatikans frei nach Henry Kissingers Maxime geschrieben: »Nur weil ich paranoid bin, heißt das nicht, dass nicht alle hinter meinem Kopf her sind.« Natürlich ist dies reine Kolportage – aber eben auch das Spannendste, was derzeit zwischen zwei Buchdeckeln zu haben ist.

DEZEMBER 2004

Sachbuch

10) Allan und Barbara Pease: *Die kalte Schulter und der warme Händedruck* (Deutsch von Ursula Pesch, Heike Schlatterer und Karin Schuler, Ullstein, 368 S., 16,95 €)
Die Vielfalt der Körpersprache ist das Thema dieses Buchs. Schade nur, dass Pease und Pease dies in Form eines Handbuchs für Handelsvertreter schreiben, in dem jede Geste, jede Regung nur als Möglichkeit gesehen wird, irgendjemand etwas anzudrehen. Rasch kippt ihre zunächst plausible Analyse in schieren Irrsinn um. Oder glauben Sie im Ernst, dass Adolf Hitler, wie in diesem Buch behauptet wird, verlacht worden wäre, hätte er den Hitlergruß mit nach oben statt nach unten gewendeter Handfläche durchgeführt? Körpersprachlich ausgedrückt, kann man sich da nur an die Stirn tippen.

9) Werner Tiki Küstenmacher und Lothar J. Seiwert: *Simplify your life* (Campus, 360 S., 19,90 €)
Seelenfrieden durch Vereinfachung versprechen diese Propheten des schlichten Lebens. In der Tat sind viele ihrer Tipps sinnvoll und praktikabel. Spätestens aber, wenn man zum Verzicht auf »kritische Urteile über andere« aufgefordert wird, ahnt man, dass das Glück, das diese Autoren für uns im Sinn haben, das Glück weidender Kühe ist. Sagen Sie also »Mäh!«, wenn alle »Muh!« machen, und befreien Sie sich von wirklich unnötigem Ballast wie diesem Buch.

8) Wibke Bruhns: *Meines Vaters Land* (Econ, 360 S., 22 €)
Das Drama der deutschen Geschichte im 20. Jahrhundert in Form einer eindringlichen Familiengeschichte über einen Mitläufer. Wirklich lesenswert!

7) Susanne Fröhlich: *Moppel-Ich* (Krüger, 272 S., 13,90 €)
Wäre dieses Buch nur ein extrem dünn angerührtes Wassersüppchen von Banalitäten rund ums Abnehmen, man könnte sagen: nebbich. Weil es tatsächlich aber ein tückisches Programm zur Selbstverblödung durch Anpassung enthält und einen durchaus totalitären

Anspruch erhebt, wird Fröhlichs Kampfschrift des Konformismus zu einem Ärgernis in Vollfettstufe.

6) Ben Schott: *Schotts Sammelsurium* (Deutsch von Matthias Strobel, Bloomsbury Berlin, 160 S., 16 €)
Ein kleines, feines Kompendium des völlig unnötigen, aber staunenswerten Wissens. Schotts Sammelsurium ist der notwendige Gegenpol zu allem, was in Form von Tortengrafiken und – seien wir ruhig ein wenig selbstkritisch – Top-Ten-Listen in Hallo-Mr.-Wichtig-Manier in unser Leben drängt und oft weniger Relevanz besitzt als die Aufzählung merkwürdiger Todesarten burmesischer Könige.

5) Frank Schirrmacher: *Das Methusalem-Komplott* (Blessing, 224 S., 16 €)
Warum werfen wir uns selbst zum alten Eisen? Weshalb käuen wir unreflektiert die Propaganda des Jugendkults wider, dass wir ab 50 Auslaufmodelle und ab 60 im Grunde nur noch unproduktive Parasiten einer Gesellschaft sind, die ohne uns besser dran wäre?

Frank Schirrmachers mitunter in etwas markigem Ton abgefasster Essay ist Pflichtlektüre für alle, die nicht vorhaben, jung zu sterben.

4) Dietrich Grönemeyer: *Mein Rücken-Buch* (Zabert Sandmann, 248 S., 19,95 €)
Dass man sich mit dem aufrechten Gang viele Probleme im Leben einhandelt, hat sich herumgesprochen. Der Mediziner Dietrich Grönemeyer bietet in seinem Ratgeber zumindest für die mit der Wirbelsäule verbundenen Zipperlein kompetent und anschaulich Hilfe. Danke, Herr Doktor.

3) Chris Heath: *Feel: Robbie Williams* (Rowohlt, 606 S., 22,90 €)
Von dieser grauenhaft verquatschten und unstrukturierten Heiligenlegende ist mir offen gestanden nur in Erinnerung geblieben, dass Robbie Williams keinen Führerschein hat, drei Packungen Zigaretten am Tag raucht, jeden Abend neben seinem Bettlein zum Beten kniet und von seinem Biografen, wann immer diesem nichts einfällt, zum Pinkeln geschickt wird, vorzugsweise ins Freie. Da Chris Heath sehr oft nichts einfällt, hat man am Ende den Eindruck, die Memoiren eines Männeken Pis des Pops aus der Feder von Carmen Thomas gelesen zu haben.

2) Senait Mehari: *Feuerherz* (Droemer, 316 S., 16,90 €)
Aus der versteckten Danksagung erfahre ich, dass der eigentliche Autor ein gewisser Lukas Lessing ist, dem die aus Eritrea stammende Senait Mehari ihre Lebensgeschichte diktiert hat. Weil dieses Buch aber weder über eine Sprache noch über einen Willen zur Analyse verfügt, deshalb ist dieser sensationelle Stoff verschenkt und das Ganze kein Buch, sondern nur ein Buch-Placebo. Wann merken unsere Verleger, dass wir nur Bücher lesen wollen von Menschen, die schreiben können? Sonst machen wir's wie in dem Witz über Kate Moss, die Naomi Campbell zu ihrem Buch gratuliert. »He, tolles Buch, wer hat's für dich geschrieben?« Antwort Naomi Campbell: »Danke. Wer hat's für dich gelesen?«

1) Helmut Schmidt: *Die Mächte der Zukunft* (Siedler, 240 S., 19,90 €)
»Wer Visionen hat, soll zum Arzt gehen.« Der Urheber dieses schönen Satzes, Altkanzler Helmut Schmidt, breitet nun selbst seine Vision der nächsten 20 Jahre aus, und das Ergebnis kann sich sehen lassen. Stellen Sie sich vor, ein versierter Berufspolitiker mit außenpolitischer Erfahrung nimmt sich einige Stunden Zeit für Sie, um Ihnen während eines Kamingesprächs in aller Ruhe die künftigen geopolitischen Entwicklungen zu erläutern. Nichts Geringeres leistet dieses Buch, und töricht ist, wer sich diese Einladung zu einem Privatissimum bei Helmut Schmidt entgehen lässt.

2003

Wie verliebe ich mich in ein Buch?

Kann man sich in ein Buch verlieben? Spontan? Mit Haut und Haar, unrettbar, von einem Augenblick auf den anderen – genauso bedingungslos, wie wir uns in einen Menschen verlieben? So verlieben, wie es den Figuren in den Romanen von Jane Austen geschieht: einerseits schockhaft und unvermittelt und mit unabsehbaren Konsequenzen? Andererseits cool geplant, strategisch, ja regelrecht ausbaldowert?

Im Jahr 2003 waren die mit den relevantesten deutschen wie internationalen Literaturpreisen Ausgezeichneten wie so oft schon allesamt Männer. Deshalb möchte ich für dieses Jahr eine Frau in den Mittelpunkt stellen, die in den vergangenen 20 Jahren sehr regelmäßig auf der Bestsellerliste stand: Judith Hermann.

Sich heillos in ein Buch, ja in ein Werk zu verlieben: Vielen Leserinnen und Lesern ist das mit Büchern von Judith Hermann so ergangen. Eigentlich halte ich es ja eher mit Franz Kafka, der bekanntlich forderte, dass man überhaupt nur solche Bücher lesen sollte, die einen »beißen und stechen«. Die meisten Leserinnen und Leser wollen heute aber offenbar von Büchern gestreichelt und besänftigt werden und sind mit Kafka keineswegs einig, wenn er schreibt: »Wenn das Buch, das wir lesen, uns nicht mit einem Faustschlag auf den Schädel weckt, wozu lesen wir dann das Buch?«

Judith Hermanns Literatur bringt das Kunststück fertig, uns zu streicheln, uns gleichzeitig aber auch zu beißen und zu stechen. Keine Hermann-Leserin, kein Hermann-Leser, der nach der Lektüre nicht das Gefühl hätte, von einem unerwarteten Faustschlag getroffen worden zu sein. Hermanns Erzählungen und Romane bringen in uns eine Saite zum Klingen, von der wie nie geahnt haben, dass wir sie überhaupt besitzen. Ein neuer Ton tritt in unser Leben. Ein Sound, der süchtig macht. Seit ihrem millionenfach verkauften Debüt mit den geheimnisvoll-melancholischen Erzählungen *Sommerhaus, später* von 1998 bis zu ihrem jüngsten Buch *Wir hätten uns alles gesagt* verblüfft Judith Hermann durch das, was in ihren Romanen und Geschichten unausgesprochen bleibt. Nicht umsonst tragen ihre Frankfurter Poetikvorlesungen den Untertitel »Vom Schweigen und Verschweigen im Schreiben«. Ein übellauniger Kritiker schrieb mal, Judith Hermann habe zwei Probleme: Sie könne nicht schreiben, und sie habe nichts zu erzählen. In gewisser Weise, bekannte Judith Hermann später, hatte er zumindest halb recht mit diesem bösen Satz. Und das liegt an ihrer Poetologie – also an dem Programm, den Regeln, nach denen sie ihre Texte verfertigt. Judith Hermann praktiziert Ernest Hemingways berühmte Eisberg-Regel, wonach in jeder guten Geschichte mindestens sechs Siebtel dessen, was passiert, was verhandelt wird und was die Figuren motiviert, verborgen bleiben muss – so wie die eigentliche Masse eines Eisbergs ebenfalls nicht zu sehen ist, weil sie unter dem Meeresspiegel liegt. Dieses Unausgesprochene, Unbeschriebene und Verschwiegene erzeugt das eigentümliche Flirren in Hermanns Texten, ein Drängen und Sehnen, das in der deutschsprachigen Gegenwartsliteratur ganz und gar einzigartig ist. Hermanns Geschichten sind schnörkellos, regelrecht entschlackt, könnte man sagen. Man hat sie mal als Enkelin von Anton Tschechow bezeichnet, denn wie Tschechow braucht Hermann zum Erzählen ihrer Geschichten lediglich eine Sie und einen Er. Und manchmal nicht mal das. Zum Beispiel in *Nichts als Gespenster*, ihrem 2003 veröffentlichten, sehnlichst erwarteten zweiten Buch, das sieben großartige Erzählungen über Menschen unterwegs enthält.

Niemand denkt sich so abgedrehte und doch vollkommen überzeugende Liebesgeschichten aus wie Judith Hermann. Für ihren jüngsten Roman etwa, *Daheim* mit Titel. Dieses Buch birgt ein Geheimnis – oder vielmehr gleich mehrere: Warum hat sich die Protagonistin von ihrem Mann getrennt? Wieso zieht sie von Berlin ans Meer und jobbt als Bedienung im Lokal ihres Bruders? Weshalb lässt sie sich auf eine Freundschaft mit ihrer Nachbarin und eine Affäre mit einem Schweinezüchter ein? Und was haben der Klimawandel, die Amour fou ihres Bruders zu einer Kindfrau und die vor Jahrzehnten ausgeschlagene Chance, auf Tournee mit einem Bühnenmagier zu gehen, mit alldem zu tun? Hermanns virtuos konstruierter Roman bleibt keine Antwort schuldig. Am Ende schildert sie, wie eine Tierfalle geöffnet wird. Wir erfahren nicht, was sich in dieser Falle befindet – aber mein Verdacht ist, wir selbst sind es, wir Leserinnen und Leser, die Judith Hermann in ihre wunderbar poetisch konstruierten Erzählfallen gehen und lustvoll darin verharren, auf den Moment wartend, dass wir entdeckt werden und das Licht der Erkenntnis auf uns fällt.

★

Angebliche Massenvernichtungswaffen des Irak liefern den USA, Großbritannien und einer »Koalition der Willigen« den Vorwand zum Dritten Irakkrieg, in dessen Verlauf am 13. April die Nationalbibliothek von Bagdad einer Brandstiftung zum Opfer fällt und unschätzbare Schriftquellen der arabischen Kultur in den Flammen vernichtet werden. Der FDP-Politiker Jürgen Möllemann stirbt bei einem Fallschirmsprung, nachdem bei der Überprüfung der Finanzierung eines antisemitischen Flugblatts die Existenz von Schwarzgeldkonten bei der FDP nachgewiesen wurde. In der chinesischen Provinz Guangdong bricht die SARS-Pandemie aus.

Alle wichtigen internationalen Literaturpreise werden samt und sonders an Männer verliehen – wie schon in den meisten Jahren des 20. Jahrhunderts. Der Literaturnobelpreis geht an den Südafrikaner John Maxwell Coetzee, den auch 20 Jahre nach dieser Entscheidung kaum jemand korrekt auszusprechen vermag: [kʊtˈsiː]. Mit dem Georg-Büchner-Preis wird der Autor
und Filmemacher Alexander Kluge ausgezeichnet. Der Literaturkritiker Jacques-Pierre Amette erhält den Prix Goncourt im hundertsten Jahr von dessen Verleihung für seinen Roman *La Maîtresse de Brecht*. Den Booker Prize gewinnt an DBC Pierre für *Vernon God Little*, und den Pulitzer räumt Jeffrey Eugenides mit seinem bedeutenden Roman *Middlesex* ab, in dem er prophetisch die Themen Sex und Gender mit einer hermaphroditischen Hauptfigur vor historischem Setting erzählt. Die Literaturwelt trauert um Aleksandar Tišma, Walter Höllerer, Peter Hacks, Manuel Vázquez Montalbán, Roberto Bolano, Maurice Blanchot und Leon Uris. Das Wort des Jahres lautet »Das alte Europa«, das Unwort des Jahres »Tätervolk«, der Satz des Jahres »Deutschland sucht den Superstar«.

Lichtblicke auf den deutschen Bestsellerlisten sind Siri Hustvedt, Judith Hermann und Gabriel García Márquez, Tiefpunkte Paulo Coelho und Dieter Bohlen. Mit Christa Wolf und Siegfried Lenz melden sich noch einmal zwei altvertraute Bestseller-Recken der abtretenden Generation zu Wort. Michael

Moore, Jürgen Todenhöfer und Peter Scholl-Latour beschäftigen sich mit dem Krieg in Afghanistan und den Machenschaften der US-amerikanischen Bush-Regierung, Jana Hensel richtet in *Zonenkinder* den Blick ins Inland und versucht sich an einer Kartografie ostdeutscher Identität.

FEBRUAR 2003

Belletristik

10) Michael Crichton: *Beute* (Deutsch von Ulrike Wasel, Blessing, 448 S., 24 €)
Ein außer Kontrolle geratener Schwarm Mikroroboter bedroht die menschliche Zivilisation. Michael Crichton ist der Jules Verne unserer Tage. Mindestens ebenso spannend wie seine düsteren Visionen von der Nachtseite des naturwissenschaftlichen Fortschritts ist seine Darstellung vom Geschlechterkampf in der westlichen Welt. Auch im neuen Crichton tarnt sich das Böse in weiblicher Gestalt. Über die Schwächen des arg mechanischen Krimis aus dem Milieu der Nanotechnologie vermag so der von Buch zu Buch deutlicher zutage tretende Frauenhass des Autors hinwegzutrösten. Ein pathologischer Fall und deshalb interessant.

9) Ken Follett: *Die Leopardin* (Deutsch von Till R. Lohmeyer und Christel Rost, Lübbe, 576 S., 19,99 €)
Wieder erzählt Follett von einem Katz-und-Maus-Spiel im Dritten Reich. Die Großkatze ist eine britische Geheimagentin, die am Vorabend der alliierten Invasion in der Normandie mit einer Schar von Resistancekämpferinnen eine Kommunikationszentrale der Wehrmacht ausschalten will, die Maus ist ein Major aus dem Stab von Generalfeldmarschall Rommel. Das Ganze hat einen gewissen altmodischen Retro-Charme, man fühlt sich wohl in diesem Buch wie in einem ausgelatschten Hausschuh, weil man eben alles schon kennt. Aber seien wir ehrlich: Eigentlich ist das Leben zu kurz für so mittelmäßige Bücher.

J. K. Rowling
8) *Harry Potter und der Feuerkelch* (Deutsch von Klaus Fritz, Carlsen, 704 S., 27 €)

7) *Harry Potter und der Gefangene von Askaban* (Deutsch von Klaus Fritz, Carlsen, 448 S., 20 €)
Wenn schon Eskapismus, dann bitte von der Sorte, wie ihn J. K. Rowling bietet. Lord Voldemort, Eulenpost und Squidditch sind aus

dem Leben nicht mehr wegzudenken, für diese Bereicherung unserer Wirklichkeit gebührt J. K. Rowling großer Dank: Chapeau vor einem Meisterwerk der Jugendliteratur.

6) Siri Hustvedt: *Was ich liebte* (Deutsch von Uli Aumüller, Erica Fischer und Grete Osterwald, Rowohlt, 277 S., 22,90 €)
Der literarische Lichtblick auf dieser Bestsellerliste. In einem großen Erzählbogen, der 25 Jahre umfasst und bis in die jüngste Gegenwart reicht, erzählt Hustvedt eine Geschichte aus dem New Yorker Künstlermilieu, es geht um zwei Paare, den Tod eines Kindes und die Frage, wie das Böse in die Welt kommt. Spannend, anrührend und blitzgescheit: Solange solche Bücher in Deutschland zu Bestsellern werden, muss einem um die literarische Kultur nicht bange sein.

5) Kathy Reichs: *Knochenlese* (Deutsch von Klaus Berr, Blessing, 384 S., 23 €)
Der neue Obduktionskrimi um Reichs' Heldin Tempe Brennan, es ist schon der fünfte, spielt in Guatemala, die forensische Anthropologin

arbeitet für eine Menschenrechtsorganisation, um ein Massaker während des Bürgerkriegs aufzuklären, als sie von der guatemaltekischen Polizei gebeten wird, bei der Aufklärung des Verschwindens von vier Frauen mitzuwirken: Man vermutet einen Serienkiller. Weit bedrückender als die Schilderung der Leichen ist freilich des Massaker, das die Autorin und ihr Übersetzer an der Sprache anrichten. Dieses Buch ist lieblos heruntergeschriebener Schund.

4) Tom Clancy: *Red Rabbit* (Deutsch von Kirsten Nutto und Sepp Leeb, Heyne, 736 S., 19,99 €)
Dass man schlechter als Kathy Reichs schreiben kann, hätte ich eigentlich nicht geglaubt, bis ich das neue Buch von Tom Clancy las. *Red Rabbit* erzählt in klassischer Thrillermanier eine Agentengeschichte über die Hintergründe des Attentats auf den Papst 1981. Dieses Buch krankt an allem, was man auch am American Way of Life hassen kann: einem absurd übersteigerten Patriotismus, der in Lobgesängen auf Ronald Reagan und Margaret Thatcher gipfelt, einem kindischen Weltbild, das manichäisch jederzeit Gut und Böse erkennt, antiintellektuellen Ressentiments sowie der felsenfesten Überzeugung, stets im Besitz der allein selig machenden Wahrheit zu sein. Selten hat sich die schiere Dummheit so dreist zwischen

zwei Buchdeckel gedrängt. Tom Clancy schreibt jene Art von Steinzeitprosa, die beweist, dass man durch Lesen auch durchaus dümmer werden kann. Zudem ist dieser Roman so schlecht geschrieben, wäre er ein Pferd, man müsste ihn aus Mitleid auf der Stelle erschießen.

3) Paulo Coelho: *Der Alchimist* (Deutsch von Cordula Swoboda Herzog, Diogenes, 176 S., 17,90 €)
Ein Märchen über einen andalusischen Hirten auf Schatzsuche. Erbauliche Lebensweisheiten eines brasilianischen Gurus: Die Alchimie, die Herr Coelho betreibt, besteht darin, Erlösungssehnsüchte in Millionenauflagen zu verwandeln. Mit ihm werden noch aus den abgezocktesten Machtmenschen lauter liebe kleine Prinzen. Das hat ihn immerhin zum Lieblingsautor von Boris Jelzin, Bodo Schäfer und Madonna werden lassen, Bloß: Wer will sich als anständiger Leser in dieser Gesellschaft blicken lassen?

2) Gabriel García Márquez: *Leben, um davon zu erzählen* (Deutsch von Dagmar Ploetz, Kiepenheuer & Witsch, 603 S., 24,50 €)

Der Literaturnobelpreisträger erzählt auf rund 600 Seiten von seinen Anfängen als Journalist und Schriftsteller. Es gibt in diesem Buch einige hinreißend geschriebene Episoden von großer Eindringlichkeit, zudem erfährt man, warum für einen Schriftsteller das Bordell der beste Wohnort sei: Ruhe am Vormittag, nachts immer Betrieb und außerdem noch gute Beziehungen zur Polizei. Leider hat man beim Lesen gelegentlich den Eindruck, jeden Einwohner Kolumbiens mit Namen vorgestellt zu bekommen Dennoch: Die gelungenen Passagen trösten über die öden Strecken hinweg.

1) Henning Mankell: *Die Rückkehr des Tanzlehrers* (Deutsch von Wolfgang Butt, Zsolnay, 507 S., 24,80 €)
Die gute Nachricht zum Schluss: Henning Mankell hat seinen melancholischen Kommissar Wallander endgültig in Rente geschickt und mit dem 37-jährigen Stefan Lindmann einen würdigen, weil nicht minder vielschichtigen Nachfolger erfunden. Ein Ermittler, der an Zungenkrebs leidet, das Opfer ein schwedischer Waffen-SSler, leidenschaftlicher Puzzlespieler und passionierter Tangotänzer, und wie immer zeigt uns Mankell die Abgründe hinter den Fassaden der bürgerlichen Wohlanständigkeit. Nicht immer entgeht er der Gefahr

des moralinsauren Gutmenschentums. Aber seine Innenansichten aus dem zerfallenden Gesellschaftsparadies Schweden vermögen zu fesseln, *Die Rückkehr des Tanzlehrers* ist erstklassig gemachte Spannungsliteratur.

MAI 2003

Sachbuch

10) Angelica Domröse: *Ich fang mich selbst ein* (Lübbe, 384 S., 19,90 €)
Sie sind berühmt, können aber nicht schreiben? Kein Problem – lassen Sie doch einfach schreiben. So macht es auch die Schauspielerin Angelica Domröse. Im Kleingedruckten auf der Titelseite ihrer angeblichen Autobiografie findet sich der Hinweis: »Aufgeschrieben von Kerstin Decker«. Und Frau Decker hat gar keinen so schlechten Job gemacht. Putzmunter reiht sie Anekdötelchen an Anekdötelchen aus dem Leben der Domröse in Ost und West. Aber wir Leser sind ja auch nicht blöd: Solche Pseudobücher lesen wir doch nicht selbst, bestenfalls lassen wir sie lesen.

9) Eric Laurent: *Die Kriege der Familie Bush* (Deutsch von Enrico Heinemann, S. Fischer, 255 S., 16,90 €)
Eric Laurent ist von einer These besessen: dass letztlich private ökonomische Motive der Familie Bush hinter den Irakkriegen stecken. Laurent insinuiert in diesem Buch Ungeheuerliches, doch bleibt er jeden echten Beweis schuldig. Tut mir leid, aber nach diesem Muster ließen sich die Bushs auch für das Attentat auf John F. Kennedy verantwortlich machen oder für den verregneten Sommer vom letzten Jahr. So bleibt das Buch Spekulation, Laurent ein Trittbrettfahrer des grassierenden Antiamerikanismus.

8) Jana Hensel: *Zonenkinder* (Rowohlt, 176 S., 14,90 €)
Seit vielen Monaten ganz zu Recht auf der Bestsellerliste. Ein Buch über den kleinen Unterschied. Das spannende Psychogramm jener ostdeutschen Generation, für die der Mauerfall das Ende der Kindheit bedeutete. *Zonenkinder* ist so etwas wie eine magische Eintrittskarte in ein untergegangenes Land, für einen Tagespass im Ossi-Park: schön und gefährlich, gefährlich schön.

7) Königin Noor von Jordanien: *Im Geist der Versöhnung* (Deutsch von Helmut Dierlamm, List, 479 S., 24 €)
Dieses Buch erfüllt eigentlich alle Voraussetzungen, um auf meinem persönlichen literaturkritischen Schafott zu landen. Königin Noor ist

die Witwe des 1999 gestorbenen Königs Hussein. Doch nach 50 Seiten merkt man, dass dieses Werk nicht aus der geistigen Welt des *Goldenen Blatts* stammt, sondern aus der Feder einer politisch hellwachen und hochintelligenten Frau, die mit Marie-Antoinette weiß, wie wichtig es gerade in Krisenzeiten ist, nicht den Kopf zu verlieren.

6) Peter Scholl-Latour: *Kampf dem Terror – Kampf dem Islam?* (Propyläen, 496 S., 24,90 €)
Enorm sachkundig wie stets, unternimmt Scholl-Latour einen Streifzug durch die islamischen Staaten dieser Erde und erklärt, warum aus Menschen fundamentalistische Terroristen werden. Leider bekommt man zu oft unter die Nase gerieben, wie prophetisch viele von Scholl-Latours Analysen der Vergangenheit waren, was einem das Vergnügen an der Lektüre ein wenig vergällt. Aber: Auch eitle Autoren können gute Bücher schreiben. Dies ist eins.

5) Jürgen Todenhöfer: *Wer weint schon um Abdul und Tanaya?* (Herder, 224 S., 19,90 €)

Dieses Buch ist alles andere als ein Glanzstück politischer Essayistik. Und doch imponiert es mir ungemein. Ich glaube, das liegt an Jürgen Todenhöfers Mut zu den entscheidenden Fragen – Fragen wie der, welche moralische Legitimität der Krieg in Afghanistan besaß, bei dem doppelt so viele Zivilisten umkamen als beim Anschlag auf das World Trade Center in New York. Die Antwort darauf muss sich jeder selber geben.

4) Inge und Walter Jens: *Frau Thomas Mann* (Rowohlt, 352 S., 19,90 €)
»Frau Thomas Mann«, das ließ sich Katia Pringsheim, die Ehefrau von Thomas Mann, allen Ernstes auf ihren Briefkopf drucken. Inge und Walter Jens haben nun eine Biografie über die Frau an der Seite des Zauberers geschrieben, ein Buch, das vor allem durch die neuen Quellen besticht, die es erschließt. Diese bislang unbekannten Funde trösten denn auch über den arg diskreten Jens'schen Blick auf Katia Mann hinweg, der sich immer dann abwendet, wenn es gerade spannend wird. Fazit: eine biedere Biografie.

3) Allan und Barbara Pease: *Warum Männer lügen und Frauen immer Schuhe kaufen* (Deutsch von Ulrich Mihr, Ullstein, 367 S., 18 €)
Das dämlichste Buch auf der Liste. Hier werden die Unterschiede zwischen den Geschlechtern nicht erklärt, sondern überhaupt erst konstituiert. Wenn es so etwas wie Rückrufaktionen und Gewährleistungspflichten im Verlagswesen gäbe, also das, was im Autohandel Usus ist, an diesem Machwerk müsste der deutsche Buchhandel pleitegehen.

2) Emmanuel Todd: *Weltmacht USA: ein Nachruf* (Deutsch von Ursel Schäfer und Enrico Heinemann, Piper, 188 S., 13 €)
Von all den Titeln, die der Golfkrieg auf die Bestsellerliste gespült hat, ist Todds glänzend geschriebenes Buch das beste, weil anregendste. Die USA gegen den Rest der Welt – Todd erklärt, wie aus dem Demokratie verbreitenden Ordnungsfaktor USA ein internationaler Unruhestifter und ressourcenhungriger Hegemon wurde. Und warum die USA dieses Endspiel allein schon aus demografischen Gründen verlieren müssen. Wer seinen Groll gegen die Politik der Regierung Bush intellektuell unterfüttern möchte, ist bei Emmanuel Todd an der goldrichtigen Adresse.

1) Michael Moore: *Stupid White Men* (Deutsch von Michael Bayer, Helmut Dierlamm, Norbert Juraschitz und Heike Schlatterer, Piper, 329 S., 12 €)
Ein Buch wie ein missratenes Soufflé. Aus der Ferne prächtig anzusehen, hält man es dann aber in Händen, letztlich nur heiße Luft. Man kann zwar mit dem Hammer philosophieren, mit der Brechstange Satiren schreiben sollte man lieber nicht. Als Schriftsteller ist der geniale Filmemacher Michael Moore leider auch nur ein dummer weißer Mann.

JUNI 2003

Belletristik

10) Amelie Fried: *Liebes Leid und Lust* (Heyne, 320 S., 20 €)
Alles, was deutsche Unterhaltungsautoren so selten können, kann Amelie Fried. Pfiffige Dialoge, glaubhafte Charaktere, treffende Milieubeschreibungen – sogar originelle Sexszenen. Und weil Fried wirklich originell erzählen kann, deshalb ist ihr Roman über Liebe, Luder und Leidenschaften ein klarer Fall von Talentvergeudung. Ich jedenfalls komme mir beim Lesen vor, als sähe ich einer Erwachsenen dabei zu, wie sie den ersten Preis beim Würstchenschnappen einheimst.

9) Yann Martel: *Schiffbruch mit Tiger* (Deutsch von Manfred Allie und Gabriele Kempf-Allie, S. Fischer, 382 S., 19,90 €)
Nicht wer mit wem wann und weshalb durch die Betten tobt, steht

im Mittelpunkt dieses Romans, sondern die weitaus drängendere Frage, wer wen wann frisst. Wie übersteht man 227 Tage allein auf hoher See im Rettungsboot mit einem hungrigen Tiger, einer Hyäne und einem Zebra? Martell hat eine wunderschöne Parabel über das Überleben unter erschwerten Bedingungen geschrieben.

8) Henning Mankell: *Die Rückkehr des Tanzlehrers* (Deutsch von Wolfgang Butt, Zsolnay, 507 S., 24,80 €)
Mankells neuer Roman mit neuem Kommissar erzählt von alten und jungen Nazis im Schweden von heute. Ganz nett, sicher auch ganz schrecklich gut gemeint, aber Nazis als Krimi-Schurken sind so originell wie Topflappen als Weihnachtsgeschenke. Deshalb eben hat dieser Krimi insgesamt so etwas Topflappiges, und darüber kann auch die gewohnt sublime Beschreibungskunst von Henning Mankell nicht ganz hinwegtäuschen.

7) Walter Moers: *Rumo oder Die Wunder im Dunkeln* (Piper, 704 S., 26,90 €)
Ein Roman über wahre Liebe unter Wolpertingern. Wolpertinger, das sind Hundeähnliche aus der Fabelwelt Zamoniens. Wenn Sie jetzt sagen: »Rumo, Wolpertinger, Zamonien – kenn ich nicht!«, dann

haben Sie genau erfasst, worum es bei großer Literatur überhaupt geht, nämlich um die Erweiterung unserer beschränkten Erfahrungswelt. Kaufen Sie diesen Roman ruhig schon jetzt, in 100 Jahren werden Ihre Urenkel ihn in der Schule lesen müssen.

6) Paulo Coelho: *Der Alchimist* (Deutsch von Cordula Swoboda Herzog, Diogenes, 172 S., 17,90 €)
Ein Märchen mit einfachen Antworten auf schwierige Fragen. Der Trost dieser modernen Erbauungsschrift ist so kurzanhaltend und illusionär wie der Trost einer Crackpfeife. Süchtig macht offenbar beides. Coelho ist ein mieser Esoterikdealer.

5) John Grisham: *Die Schuld* (Deutsch von Bernhard Liesen, Bea Reiter, Kristiana Ruhl, Imke Walsh-Araya, Heyne, 448 S., 19,90 €)
Grishams üblicher Juristenschund, eine Schlaftablette in Buchform. Warum kann man eigentlich nicht auch Autoren wegen vorsätzlicher Verbreitung von Langeweile verklagen?

4) Jeffrey Eugenides: *Middlesex* (Deutsch von Eike Schönfeld, Rowohlt, 735 S., 24,90 €)
Gelegentlich ereignen sich auf der deutschen Bestsellerliste Wunder. Dieses Buch ist so ein Wunder. Eine Familiensaga über griechische Einwanderer in den USA, erzählt von einem Hermaphroditen. Aber wie Eugenides erzählt, eben das macht Middlesex zu einem literarischen Ereignis. Originell und nicht nur, was den Unterschied zwischen biologischem und sozialem Geschlecht angeht, ganz auf der Höhe der Zeit.

3) Éric-Emmanuel Schmitt: *Monsieur Ibrahim und die Blumen des Koran* (Deutsch von Annette und Paul Bäcker, Ammann, 101 S., 12 €)
Das ist nun dagegen ein Buch für Menschen, die am liebsten gar nicht lesen. Im Grunde eine kurze Erzählung, durch satztechnische Tricks auf Buchlänge regelrecht aufgebläht. Der Inhalt? Eine Initiationsgeschichte – ein Zwölfjähriger wird von einem Pariser Krämer in die Geheimnisse des Lebens eingeführt oder was dieser dafür hält. Schmitts Buch ist so gefühlig verlogen wie eine Kuschelrock-CD.

2) Ildikó von Kürthy: *Freizeichen* (Wunderlich, 240 S., 17,90 €)
Dieses Romänchen ist so etwas wie Ballermann 6 der Literatur. Über-

raschungslos und vorhersehbar, hinterlässt die Ödnis dieser auf Mallorca spielenden Beziehungsgeschichte mit garantiertem Happy End einen geistigen Kater, der sich gewaschen hat. Wenn Sie dieses Buch auf dem Nachttisch ihres Lebenspartners entdecken – definitiv ein Scheidungsgrund!

1) Nuala O'Faolain: *Ein alter Traum von Liebe* (Deutsch von Marion Sattler-Charnitzky und Jürgen Charnitzky, Claassen, 542 S., 22,90 €)
Selten hat ein Titel treffender den Inhalt eines Buchs auf den Punkt gebracht wie im Fall dieser wirren Schmonzette über Selbstfindungsprobleme alter Schachteln. Unentwegt ist vom Herzen die Rede, und das ist beileibe kein Zufall. O'Faolains kruder Roman stammt aus jenem geistigen Kosmos, wo sich Herz eben auf Schmerz reimt und jeder Topf nach seinem Deckel sucht. Früher stand so ein Buch in den Regalen katholischer Pfarrbibliotheken und hat sich still vor sich hin geschämt. Heute steht es auf Platz eins der Bestsellerliste.

NOVEMBER 2003

Sachbuch

10) Dalai Lama: *Ratschläge des Herzens* (Deutsch von Ingrid Fischer-Schreiber, Diogenes, 244 S., 12 €)
»Purzelbäume des Hirns« wäre für dieses Erbauungsbändchen wohl der treffendere Titel. Es enthält den kleinsten gemeinsamen Nenner einer Allerweltsmoral von nervtötender Belanglosigkeit, im Vergleich dazu stellen Aussagen wie »Auf Regen folgt auch wieder Sonnenschein« intellektuelles Dynamit dar. Ganz schön bitter, dass nun auch der Dalai Lama Leser abzockt.

9) Christa Wolf: *Ein Tag im Jahr* (Luchterhand, 654 S., 26 €)
Die große deutsche Autorin überrascht mit einer Daily Soap der besonderen Art: 41 Jahre lang hat Christa Wolf jeden 27. September festgehalten, was sie an diesem Tag getan und gedacht, gelesen und geschrieben hat. Herausgekommen ist ein Kaleidoskop von Politischem und Privatem, mitunter langatmig, aber nie langweilig. Der schönste Satz findet sich im Eintrag zum 27. September 2000 – er lautet schlicht: »Ich lebe gerne.«

8) Corinne Hofmann: *Zurück aus Afrika* (A1, 232 S., 19,80 €)
Dieses Buch ist ein durchaus exemplarischer Fall. Da hat jemand etwas Außerordentliches erlebt und darüber geschrieben: In *Die weiße Massai* erzählte Corinne Hofmann ihre Liebesgeschichte mit einem Massai-Krieger aus Kenia. Weil sie sich seither aber nicht in einen Eskimo, einen Kopfjäger aus Papua-Neuguinea oder den Mann im Mond verliebt hat, bleibt ihr neues Buch infolge Treibstoffmangel schon auf den ersten Metern liegen. Nun gibt's zwei Möglichkeiten. Entweder erlebt Corinne Hofmann bald wieder was richtig Interessantes. Oder sie lernt einfach schreiben.

7) Peter Glotz: *Die Vertreibung* (Ullstein, 272 S., 22 €)
Am Beispiel Böhmens beschreibt Glotz die Ideengeschichte eines großen Verbrechens namens Vertreibung – und welche Verbrechen diesem vorausgingen. Souverän im historischen Zugriff auf das Thema und durchaus brisant in den daraus abgeleiteten politischen

Folgerungen: Das neue Buch von Peter Glotz ist eine Einladung zum Klügerwerden.

6) Susanne Juhnke mit Beate Wedekind: *In guten und in schlechten Tagen* (Droemer, 320 S., 19,90 €)
Was Frau Juhnke an guten Tagen so treibt, weiß ich nicht. An einem besonders schlechten Tag jedenfalls verfiel sie auf die Idee, der Klatschjournalistin Beate Wedekind ihr Leben zu diktieren: Es ist im Wesentlichen die traurige Geschichte von der Ehe mit einem alkoholkranken Ehemann. Noch trauriger ist allerdings die Oberflächlichkeit, mit der diese Geschichte erzählt wird. Ein Buch, das aufs Schönste Adornos Satz belegt, wonach es bei vielen Menschen bereits eine Unverschämtheit ist, wenn sie Ich sagen.

5) Andreas Englisch: *Johannes Paul II.* (Ullstein, 382 S., 22 €)
Ungewöhnlich persönlich und anschaulich erzählt der Vatikan-Berichterstatter Andreas Englisch davon, wie seine anfängliche Antipathie gegen den Papst in nackte Bewunderung, ja glühende Verehrung umschlug – mit allen Übertreibungen, zu denen Fans eben neigen: »Vermutlich hat kein anderer Mensch im 20. Jahrhundert so viel gearbeitet wie Karol Woytila«, erfährt man da etwa. Am Ende weiß man weniger über den Papst, als man möchte, und mehr über Andreas Englisch, als einem lieb ist.

4) Michael Moore: *Querschüsse* (Deutsch von Heike Schlatterer und Helmut Dierlamm, Piper, 313 S., 12,90 €)
Kapitalismuskritik meets Spaßkultur: Der Polemiker Moore wütet gegen Manager, Republikaner und reiche Deutsche in Florida. Leider schreibt Moore Bücher, in denen es so aussieht wie bei Hempels unterm Sofa: Unbelegte Behauptungen liegen da rum wie vergessene Socken, man findet ganze Wollmäuse aus Widersprüchen, und viele der alten Pointen riechen ziemlich unappetitlich. Irgendwer sollte in diesem Text mal sauber machen.

3) Heiner Geißler: *Was würde Jesus heute sagen* (Rowohlt, 160 S., 16,90 €)
In diesem Buch steht vieles gar nicht so Dummes. Zum Beispiel: »Es hat keinen Sinn, jeden Sonntag in die Kirche zu rennen und fromm zu sein und werktags sich die Mäuler zu zerreißen über Asylbewer-

ber, Strafgefangene und Sozialhilfeempfänger.« Das, schreibt Heiner Geißler, würde Jesus heute sagen. Was dieses Buch zur Weltsensation macht, ist aber etwas anderes: Denn wer hätte gedacht, dass Jesus von Nazareth heute exakt das sagen würde, was Heiner von der CDU heute denkt? Oder andersrum: Heiner Geißler denkt heute genau wie ein ungelernter und ungebildeter Zimmermannssohn aus Galiläa. Was würde Jesus heute dazu sagen? (Jesus' Stimme aus dem Off) *Eigentlich ein recht gutes Buch mit einem saudummen Titel!* Danke, Jesus!

2) Uwe Timm: *Am Beispiel meines Bruders* (Kiepenheuer & Witsch, 159 S., 16,90 €)
Uwe Timms Bruder meldete sich im Zweiten Weltkrieg freiwillig zur Waffen-SS. In diesem sehr aufrichtigen, sehr packenden Buch erzählt Uwe Timm eine exemplarische deutsche Familiengeschichte, und weil er dabei viele linke Klischees über Patriotismus, Schuld und Werte ebenso wenig schont wie sich selbst und die eigene Biografie, deshalb ist dieses Buch ein wirklich großer Wurf.

1) Michael Moore: *Stupid White Men* (Deutsch von Michael Bayer, Helmut Dierlamm, Norbert Juraschitz und Heike Schlatterer, Piper, 329 S., 12 €)
Ein weiterer polemischer Rundumschlag gegen die Bush-Regierung, die amerikanische Ölindustrie und das Großkapital. Zwar stecken in dem Sack, auf den Moore eindrischt, vermutlich die Richtigen: Aber nach der Melodie von Disneys Schlange Ka: »Hör auf mich, glaube mir, Augen zu, vertraue mir …«, kann man nun mal keine überzeugenden Sachbücher schreiben. So ist dieses Buch nicht mehr als eine geistige Schmusedecke für den guten alten urdeutschen Antiamerikanismus.

Register

406

Inhalt